# DROITS RÉELS D'USAGE :
## CONTROVERSES ET RÉFORME

# DROITS RÉELS D'USAGE : CONTROVERSES ET RÉFORME

Sous la direction de
**Pascale Lecocq**

François Boussa, Laura Deru, Noémie Gofflot, Pascale Lecocq

Volume 218

Découvrez toutes nos publications
sur **www.anthemis.be**

La version en ligne de cet ouvrage est disponible sur les plateformes juridiques :
www.lexnow.io     www.jurisquare.be

© 2022, Anthemis s.a. – Liège
Tél. 32 (0)10 42 02 90 – info@anthemis.be – www.anthemis.be

Toutes reproductions ou adaptations totales ou partielles de ce livre,
par quelque procédé que ce soit et notamment par photocopie, réservées pour tous pays.

Dépôt légal : D/2022/10.622/52
ISBN : 978-2-8072-0886-5

Mise en page : Communications s.p.r.l.
Couverture : Vincent Steinert
Impression : Snel
Imprimé en Belgique

# Sommaire

**Prologue** .................................................................................................................. 7

## 1
**Servitudes du fait de l'homme : questions choisies** .................................................... 9
Noémie Gofflot, assistante et maître de conférences à l'ULiège, référendaire près la Cour de cassation

## 2
**Les servitudes légales d'utilité privée** .................................................................... 67
Laura Deru, assistante à l'ULiège, avocate au barreau de Liège-Huy

## 3
**Usufruit : questions choisies** .............................................................................. 123
François Boussa, assistant à l'ULiège et à l'U.L.B., collaborateur notarial

## 4
**Emphytéose et superficie : questions choisies** ...................................................... 159
Pascale Lecocq, professeur à l'ULiège et à l'U.L.B.

# Prologue

Le volume n° 192 de la Commission Université-Palais, paru en octobre 2019, avait pris la forme d'une chronique de jurisprudence sur des questions controversées du droit des biens, mises en regard d'éventuelles modifications ou solutions énoncées dans la proposition de loi n° 173 du 16 juillet 2019 portant insertion du livre 3 « Les biens » dans le nouveau Code civil[1]. Plus précisément, y furent privilégiés les champs fondamentaux de la matière, à savoir les notions de biens, de choses et leurs classifications, ainsi que le droit de propriété, qu'il s'agisse d'en étudier l'acquisition, la preuve, la publicité ou encore son étendue immobilière, mais aussi les distinctions de base de la copropriété, spécialement fortuite ou volontaire.

Ce sont donc les quatre premiers titres (sans entrer toutefois dans l'examen systématique de la copropriété forcée d'immeubles ou groupes d'immeubles bâtis, réformée quant à elle en 2018) du (futur) livre 3 qui furent abordés à l'époque. Depuis lors, cette proposition de loi n° 173 a abouti à l'adoption de la loi du 4 février 2020[2] insérant le livre 3 « Les biens ». Cette dernière suit de peu l'importante loi du 13 avril 2019 portant création d'un Code civil et y insérant un livre 8 « La preuve »[3]. Le livre 3 est donc devenu le deuxième livre du nouveau Code civil à entrer en vigueur. Dès lors, renouant avec l'alternance adoptée depuis quelques années[4], nous centrerons nos propos du présent ouvrage sur les droits réels démembrés – désormais renommés par l'article 3.3 du Code civil « droits réels d'usage » – que sont la servitude, le droit d'usufruit, le droit d'emphytéose et le droit de superficie, réglementés respectivement dans les titres 5, 6, 7 et 8 du livre 3.

L'approche sera identique à celle de nos travaux de 2019 : pointer en jurisprudence et en doctrine[5] des questions délicates, voire controversées, en

---

[1] Voy. Proposition de loi du 16 juillet 2019 portant insertion du livre 3 dans le nouveau Code civil, *Doc. parl.*, Ch. repr., sess. extraord. 2019, 16 juillet 2019, n° 55-0173/001.

[2] Voy. *M.B.*, 17 mars 2020, p. 15753 ; voy., entre autres, pour un exposé chronologique, et plus large également, des réformes en cours, P. Lecocq et V. Sagaert, « La réforme du droit des biens : contextualisation méthodologique et tendancielle », in P. Lecocq, N. Bernard, I. Durant, B. Michaux, J.-Fr. Romain et V. Sagaert (éd.), *Le nouveau droit des biens*, Bruxelles, Larcier, 2020, pp. 2 et s.

[3] Voy. *M.B.*, 14 mai 2019, p. 46353.

[4] Le fidèle lecteur de la CUP sait en effet que, depuis quelques années, sous la pression de l'augmentation quantitative de la jurisprudence et des développements doctrinaux y relatifs, nous traitons tantôt des thèmes concernant les biens, la propriété (et la possession) et la copropriété, tantôt des différents droits réels démembrés.

[5] Et ce sur la période 2014 à 2022, puisque le dernier volume de la Commission Université-Palais consacré aux droits réels démembrés est le volume n° 152, paru en 2014, chez Larcier.

les comparant, le cas échéant, aux dispositions légales aujourd'hui en vigueur. À ce dernier propos, le livre 3 est entré en vigueur, pour sa majeure partie, le 1er septembre 2021 alors que les nouveautés en matière de publicité immobilière sont applicables, dans le respect des règles de droit transitoire, depuis le 1er juillet 2022.

*En vous souhaitant une agréable lecture,*

*Le 28 octobre 2022,*
Pascale Lecocq

# 1

## SERVITUDES DU FAIT DE L'HOMME : QUESTIONS CHOISIES

### Noémie GOFFLOT
assistante et maître de conférences à l'ULiège
référendaire près la Cour de cassation

---

## Sommaire

| | |
|---|---|
| Observations liminaires | 10 |
| **Section 1**<br>Notion et classifications | 10 |
| **Section 2**<br>Modes spécifiques d'acquisition | 21 |
| **Section 3**<br>Droits et obligations des parties | 39 |
| **Section 4**<br>Modes d'extinction | 54 |
| **Section 5**<br>Aspects de droit judiciaire | 61 |

## Observations liminaires

**1.** Un peu plus d'un an après l'entrée en vigueur de la réforme du droit des biens, il est encore un peu tôt pour voir paraître les premières mises en application, par la jurisprudence, des nouvelles dispositions du livre 3. Cela n'est guère surprenant si on tient compte des longueurs inhérentes à la mise en état d'une procédure judiciaire, ainsi que des mesures transitoires accompagnant la loi du 4 février 2020[1], qui emportent, dans de nombreuses hypothèses, une résurgence du droit antérieur. Dans ces circonstances, une chronique hybride s'impose. Nous proposons, dans les lignes qui suivent, de combiner un bref aperçu des articles 3.114 à 3.128 relatifs aux servitudes et, plus particulièrement, aux servitudes du fait de l'homme, avec l'analyse des décisions de jurisprudence publiées depuis la précédente chronique parue dans le volume n° 152 de la Commission Université-Palais[2]. Seront donc répertoriées, sans prétention à l'exhaustivité, les décisions prononcées en la matière par les cours et tribunaux entre 2014 et 2022. À l'un ou l'autre endroit, nous évoquerons aussi des arrêts de la Cour de cassation antérieurs à cette période, mais dont les enseignements nous semblent pertinents à rappeler tantôt pour replacer les décisions de fond les plus récentes dans le sillage jurisprudentiel de la haute juridiction, tantôt pour contextualiser certaines des nouveautés apportées par la réforme.

## Section 1
## Notion et classifications

**2. Charge imposée à un héritage pour l'usage et l'utilité d'un autre héritage.** Le titre IV du livre II de l'ancien Code civil s'ouvre sur l'article 637, qui décrit la servitude comme «une charge imposée sur un héritage (dit "fonds servant") pour l'usage et l'utilité d'un héritage appartenant à un autre propriétaire ("fonds dominant")». On le sait, par ces quelques mots, le législateur révolutionnaire a entendu proclamer le caractère exclusivement foncier des servitudes et condamner, par-là, les asservissements personnels et perpétuels qui avaient cours sous le régime féodal[3]. De manière plus explicite encore, l'article 686 énonce qu'il «est permis aux propriétaires d'établir sur leurs propriétés ou en faveur de leurs propriétés telles servitudes que bon leur semble, pourvu néanmoins que les services établis ne soient imposés ni à la personne, ni en faveur de la personne, mais seulement à un fonds et pour un fonds, et pourvu que ces services n'aient d'ailleurs rien de contraire à l'ordre public». On l'aura compris : dans l'esprit du législateur, la servitude est un lien de service

---

[1] Loi du 4 février 2020 portant le livre 3 «Les biens» du Code civil, *M.B.*, 17 mars 2020, p. 15753.

[2] Voy. S. BOUFFLETTE, «Servitudes du fait de l'homme. Chronique de jurisprudence 2008-2014», *in* P. Lecocq (dir.), *Les droits réels démembrés*, coll. CUP, vol. 152, Bruxelles, Larcier, 2014, pp. 71-127.

[3] Voy. not. J. SACE, «Le caractère du rapport de servitude», note sous Cass., 28 janvier 2000, *Rev. not. belge*, 2000, pp. 229-230.

dépersonnalisé, de fonds à fonds. Il n'empêche qu'en fin de compte, un droit de servitude profite à des personnes[4], celles qui jouissent de l'immeuble avantagé en vertu d'un droit réel ou personnel ; et sont supportées – en principe passivement nous y reviendrons – par d'autres, titulaires de droits sur l'immeuble grevé. Aussi, la Cour de cassation a-t-elle précisé le 16 mai 1952[5], et répété plusieurs fois depuis lors, que les articles 637 et 686 ne doivent pas être pris au pied de la lettre. Pour reprendre l'un des considérants de son arrêt du 30 novembre 2007[6], « [l]es termes des articles 637 et 686 du Code civil, sur lesquels se fonde le moyen, ne peuvent être pris dans leur sens littéral. Le service foncier profite toujours à des personnes. Il y a servitude réelle et non droit personnel dès que le service est en rapport direct et immédiat avec l'usage et l'exploitation d'un fonds, n'eût-il d'autre effet que d'accroître la commodité de cet usage et de cette exploitation ». Il s'agit-là, selon la haute juridiction, du critère distinctif des servitudes : pour valoir servitude réelle, la charge doit tendre à l'usage et l'utilité d'un fonds, étant précisé que cet usage et cette utilité ne doivent pas nécessairement être économiques ; ils peuvent être de pur agrément[7]. L'application concrète de ce critère relève de l'appréciation souveraine des juges du fond. On peut notamment lire, dans un arrêt de la Cour de cassation du 21 septembre 2001[8], que « le juge du fond détermine souverainement, en interprétant la clause d'un acte qui confère un droit de passage, si ce droit est un droit de créance ou s'il a pour objet une servitude conventionnelle, pourvu que cette interprétation ne méconnaisse point la notion légale de servitude ». Dans cette affaire, aux termes d'un acte de vente du 7 février 1990 passé avec les auteurs des défendeurs en cassation, la société I.C., demanderesse en cassation, s'était vue avantagée d'un droit de passage, libellé comme suit : « [l]es biens vendus étant totalement enclavés, [les auteurs des défendeurs] ont par les présentes concédé une servitude de passage en faveur de la société anonyme I.C., qui accepte. La servitude [est] perpétuelle et irrévocable et devra être respectée par tous tiers détenteurs de la propriété appartenant actuellement [aux auteurs des

---

[4] Voy. not. M. Planiol et G. Ripert, *Traité élémentaire de droit civil français*, 10ᵉ éd., Paris, L.G.D.J., 1925, p. 956, n° 2929. Voy., par la suite, N. Bernard, *Précis de droit des biens*, Limal, Anthemis, 2013, p. 444, n° 1008 ; M. Muylle et K. Swinnen, « De contouren van erfdienstbaarheden actuele vraagstukken rond hun ontstaan, uitoefening en duur », in V. Sagaert et A.-L. Verbeke (éd.), *Goederenrecht 2010-2011*, coll. Themis, vol. 62, Bruges, die Keure, 2011, p. 79, n° 2 ; V. Sagaert, « Actualia inzake erfdienstbaarheden », in I. de Knijf (éd.), *Bouwrecht : van A(anneming) tot Z(akenrecht)*, Gand, Larcier, 2009, p. 58 ; J. Hansenne, *Les biens. Précis*, t. II, Liège, éd. Collection scientifique de la Faculté de droit de l'Université de Liège, 1996, p. 1108, n° 1101.
[5] Voy. Cass., 16 mai 1952, *Pas.*, 1952, I, p. 597.
[6] Voy. Cass., 30 septembre 2007, *Arr. cass.*, 2007, p. 2329, *Pas.*, 2007, p. 2164, *R.W.*, 2008-2009, p. 1047, note K. Swinnen ; voy. égal. Cass., 28 janvier 2000, *Arr. cass.*, 2000, p. 243, *Bull.*, 2000, p. 239, *J.T.*, 2000, p. 464, *Rev. not. belge*, 2000, p. 226, note J. Sace, commenté *infra*, n° 22, à propos de la suppression judiciaire d'une servitude pour perte d'utilité.
[7] Voy. P. Lecocq, S. Boufflette, R. Popa et A. Salvé, *Manuel de droit des biens*, t. 2, Droits réels principaux démembrés, Bruxelles, Larcier, 2016, pp. 213-214, n° 3.
[8] Voy. Cass., 21 septembre 2001, *Arr. cass.*, 2001, p. 1506, *J.L.M.B.*, 2002, p. 1045, *Pas.*, 2001, p. 1450, *Res jur. imm.*, 2001, p. 150.

défendeurs] ». Le litige surgit, sans grande surprise, lorsque le fonds grevé du droit de passage change de mains pour devenir la propriété des défendeurs en cassation. L'enjeu est alors, pour la société I.C., de convaincre le juge du fond du caractère réel du droit de passage consenti le 7 février 1990, afin, le cas échéant, de se prévaloir du droit de suite attaché aux servitudes[9] et, partant, de l'opposer aux défendeurs et, plus généralement, à tous ceux qui disposent de droits concurrents sur le fonds asservi. Le tribunal de première instance de Namur, statuant en degré d'appel, s'est livré à une interprétation de l'acte litigieux. Il a recherché la commune intention des parties dans l'acte de vente du 7 février 1990, mais aussi dans « le compromis de vente et les autres documents signés par les parties à cette époque ». À l'issue de son examen, le tribunal a écarté la qualification de servitude pour retenir celle d'un droit personnel de passage, inopposable aux défendeurs. Son analyse peut de prime abord surprendre ; le libellé de la clause précitée plaidait, à notre sens, en faveur du caractère réel du droit de passage : le passage était concédé en considération de l'état d'enclave de l'immeuble vendu et était, des termes mêmes de la clause, une « servitude », « perpétuelle et irrévocable », qui « devra être respectée par tous tiers détenteurs de la propriété ». Pour sa part, la société I.C. estimait qu'il y avait là matière à cassation. C'était perdre de vue que, sur ce point, le contrôle de légalité de la haute juridiction ne s'effectue qu'à la marge. Saisie du pourvoi de la société I.C., la Cour de cassation a décidé « qu'en se fondant sur la commune intention des parties ainsi mise en lumière, le jugement attaqué a pu, sans violer la notion légale de servitude, qualifier le droit litigieux de personnel, et décide dès lors légalement, en reconnaissant à la convention du 7 octobre 1990 l'effet que, dans l'interprétation qu'il lui a donnée, elle a légalement entre les parties et à l'égard des tiers, que ce droit n'était pas transmissible ». On le voit, tout est question de motivation. Parmi les décisions de fond récemment prononcées en la matière[10], nous épinglons un jugement du 7 novembre 2019 du juge de paix de Zoutleeuw[11]. Les parties litigantes se querellaient devant lui sur la portée d'une clause attribuant un droit de passage en faveur de « Monsieur D.M.-D.S., son épouse M.-A.-A.B.B. et leurs enfants (et donc pas en faveur de leurs petits-enfants) ». Les défendeurs déduisaient de cette mention le caractère personnel du droit de passage ainsi concédé. Le tribunal a accueilli leur raisonnement, estimant que la lettre de la clause précitée n'était susceptible d'aucune autre interprétation, à raison selon nous. En effet, si la seule mention, dans l'acte, des noms des bénéficiaires du service n'est pas décisive[12], force est de constater que

---

[9] Sur la notion de droit de suite et les nuances issues du régime de la publicité immobilière, voy. P. LECOCQ, *Manuel de droit des biens*, t. 1, Biens et propriété, Bruxelles, Larcier, 2012, pp. 34-35, n° 18 et pp. 219-221, n° 81.
[10] Voy. égal. J.P. Grammont, 7 mai 2020, *J.J.P.*, 2022, p. 450.
[11] Voy. J.P. Zoutleeuw, 7 novembre 2019, *J.J.P.*, 2020, p. 513.
[12] Voy. S. BOUFFLETTE, « Passage sur le fonds d'autrui : variations sur un même thème », note sous J.P. Fontaine-L'Évêque, 14 mai 2004, *J.L.M.B.*, 2005, pp. 1741-1743 ; H. DE PAGE et R. DEKKERS, *Traité élémentaire de droit civil belge*, t. VI, Bruxelles, Bruylant, 1942, p. 413, n° 509 ; Voy. S. BOUFFLETTE, « Servitudes du fait de l'homme et servitudes légales. Chronique de jurisprudence 2001-2008 », *in* P. Lecocq (dir.),

la clause était ici formulée de manière à exclure tous ceux qui n'y seraient pas expressément énumérés. Comme le relève le juge de paix, si les petits enfants sont privés du jeu de la clause, il en va *a fortiori* de même pour les autres tiers, en ce compris les futurs acquéreurs à titre particulier du fonds concerné. Il s'en déduit que les parties à l'acte avaient manifestement l'intention de dénier tout effet réel à cette stipulation conventionnelle.

Nonobstant l'interprétation souple dont il fait l'objet, il n'en reste pas moins que l'article 686 de l'ancien Code civil prohibe la création de servitudes « imposées à la personne ». Il s'ensuit que le titulaire du fonds servant ne pourrait, en norme, être contraint d'accomplir une quelconque prestation ; selon l'adage, *servitus in faciendo consistere nequit*. Précisons notre propos. *Premièrement*, il ne suit pas de l'article 686 qu'une servitude devrait nécessairement être « négative »[13], en ce sens qu'elle ne pourrait jamais consister en l'accomplissement, par son titulaire, de certains actes sur le fonds asservi. La Cour de cassation l'a rappelé dans un arrêt du 29 mars 2012[14], en rejetant le moyen qui reposait sur le soutènement contraire. Était en jeu la qualification d'une convention autorisant une intercommunale distributrice d'énergie, « à "utiliser" un local aménagé en poste de transformation selon les modalités prévues par cette convention (notamment le libre accès du personnel, l'installation de câbles souterrains et l'indisponibilité de la bande située entre la voie publique et le poste dans lequel se trouvent les câbles) ». La demanderesse en cassation soutenait qu'une telle stipulation ne pouvait être vue comme une servitude car un droit de servitude ne pourrait, selon elle, « consister en des activités exercées sur le fonds servant ». La Cour de cassation balaye cet argument, au motif qu'« [u]ne servitude peut consister en la tolérance de l'usage [limité, dans une vision classique de la servitude[15]] qui est fait du fonds servant ». Pour ne retenir qu'un seul exemple dans la jurisprudence de fond, le juge de paix d'Etterbeek a connu, dans son jugement du 27 novembre 2020[16], d'une servitude conventionnelle consistant en la possibilité pour le fonds dominant d'utiliser de façon permanente un adoucisseur d'eau installé sur le fonds servant. Cela rejoint la doctrine, qui retient traditionnellement[17] deux catégories de services fonciers : d'une part, ceux qui permettent d'accomplir des actes d'usage sur le fonds d'autrui (passage, pui-

---

*Chronique de jurisprudence en droit des biens*, coll. CUP, vol. 104, Bruxelles, Larcier, 2008, p. 244, n° 5 ; en jurisprudence, voy. Civ. Louvain, 25 mai 2012, *R.D.C.I.*, 2013/4, p. 30.

[13] Sur cette distinction, employée par certains auteurs, entre les servitudes négatives et positives, voy. H. De Page et R. Dekkers, *Traité élémentaire de droit civil belge*, t. VI, *op. cit.*, pp. 414-415, n° 512 ; J. Hansenne, *Les biens. Précis*, t. II, *op. cit.*, p. 1105, n° 1096.

[14] Voy. Cass., 29 mars 2012, *Arr. cass.*, 2012, p. 818, *Pas.*, 2012, p. 719, *R.A.B.G.*, 2013, p. 81, note K. Swerts.

[15] Sur la délicate frontière entre les droits réels d'usage et de jouissance généraux et le droit réel d'usage spécial qu'est la servitude, voy. J. Hansenne, *Les biens. Précis*, t. II, *op. cit.*, p. 1022, n° 998. Cette exigence de spécialité du droit de servitude, encore très prégnante en droit français, est désormais appréhendée de manière plus souple en droit belge, voy. V. Sagaert, *Beginselen van Belgisch privaatrecht*, t. V, Goederenrecht, Malines, Kluwer, 2021, pp. 685-699, n°s 750-753.

[16] Voy. J.P. Etterbeek, 27 novembre 2020, *R.C.D.I.*, 2021/2, p. 55.

[17] Voy. P. Lecocq, S. Boufflette, R. Popa et A. Salvé, *Manuel de droit des biens*, t. 2, *op. cit.*, p. 218, n° 10.

sage, cheminée… ; *servitus in patiendo*), d'autre part, ceux qui privent le propriétaire d'un fonds d'exercer certains droits attachés à celui-ci (construire, planter ou créer des ouvertures à certaines distances du fonds voisin… ; *servitus in non faciendo*). *Secondement*, le titulaire du fonds servant n'est certes jamais tenu, *à titre principal*, que d'une obligation réelle passive consistant à laisser s'exercer le droit réel de servitude ; il reste cependant libre de souscrire, *à titre accessoire*, diverses obligations (dites «réelles accessoires»), positives ou négatives, dans l'idée d'optimiser le service rendu au fonds dominant, tel que l'engagement contractuel d'installer à ses frais une grille ou une porte de fermeture de la servitude de passage – cas concerné par un jugement du 28 novembre 2014[18] –, ou d'exécuter les travaux nécessaires à l'exercice de la servitude. En dehors même de toute convention, la loi elle-même prévoit, ici et là, pareilles obligations positives à charge du fonds servant[19].

**3. Objet.** Il ressort des termes de l'article 637 de l'ancien Code civil, analysé au numéro qui précède, d'une part, que la servitude est un droit réel immobilier, établi à charge d'un héritage, au profit d'un autre héritage, d'autre part, que les fonds dominant et servant doivent appartenir à des propriétaires distincts. Il est acquis en doctrine[20] que la notion d'héritage employée à l'article 637 recouvre non seulement le fonds de terre, mais aussi les immeubles par incorporation, au sens de l'article 518 de l'ancien Code civil, à l'exclusion, notamment, des immeubles incorporels et des immeubles par destination. Force est de constater que les décisions qui concernent une servitude due par ou au profit d'un bâtiment ne sont pas légion[21]. On nous pardonnera donc d'illustrer, à nouveau, notre propos avec l'arrêt de la Cour de cassation du 29 mars 2012[22], légèrement antérieur à la période étudiée. Dans le jugement dont pourvoi, les juges d'appel avaient reconnu un droit de servitude au bénéfice de bâtiments d'une intercommunale distributrice d'énergie situés «dans les environs» du fonds servant, sans toutefois que ce point n'ait été soumis à la censure de la Cour.

Quant à l'adage *nemini res sua servit* que traduit la finale de l'article 637 de l'ancien Code civil, il empêche un propriétaire d'asservir son propre bien au

---

[18] Voy. Civ. Bruxelles, 28 novembre 2014, *R.C.D.I.*, 2015/4, p. 21.
[19] Voy. en particulier notre analyse de Cass., 22 octobre 2020, *T. Not.*, 2021, p. 596, note B. Verheye, *infra*, n° 16.
[20] Voy. P. Lecocq, S. Boufflette, A. Salvé et R. Popa, *Manuel de droit des biens*, t. 2, *op. cit.*, p. 217, n° 8 ; J. Hansenne, *Les biens. Précis*, t. II, *op. cit.*, pp. 1095-1096, n°s 1084-1085 ; K. Swinnen, «Erfdienstbaarheden», *in* V. Sagaert, J. Baeck, N. Carette, P. Lecocq, M. Muylle et A. Wylleman (éd.), *Het nieuwe goederenrecht*, Anvers, Intersentia, 2021, p. 380, n° 15 ; V. Sagaert, *Beginselen van Belgisch privaatrecht*, t. V, Goederenrecht, Malines, Kluwer, 2014, p. 466, n° 571 ; H. De Page et R. Dekkers, *Traité élémentaire de droit civil belge*, t. VI, *op. cit.*, p. 397, n° 494).
[21] En doctrine, voy. not. V. Sagaert et K. Swinnen, *Privaatrechtelijke erfdienstbaarheden door het oogst van de 21ste eeuw*, Anvers, Intersentia, 2012, p. 18, n° 19, qui envisagent par exemple une servitude constituée au profit d'une éolienne ou d'une centrale électrique.
[22] Voy. Cass., 29 mars 2012, *Arr. cass.*, 2012, p. 818, *Pas.*, 2012, p. 719, *R.A.B.G.*, 2013, p. 81, note K. Swerts ; *supra*, n° 2.

profit d'un autre de ses biens. La Cour de cassation a mobilisé cette règle contenue à l'article 637 à l'occasion d'un arrêt de cassation du 13 octobre 2006[23], à propos d'un passage entre deux espaces de parking situés au rez-de-chaussée d'un immeuble par appartements. Elle a reproché aux juges d'appel d'avoir vu dans les statuts de la copropriété une servitude conventionnelle de passage entre lesdits emplacements de parking, alors qu'au jour de l'établissement des statuts, ces espaces étaient réunis dans les mains d'une seule personne, et qu'« une servitude suppose l'existence d'un fonds dominant et d'un fonds servant qui appartiennent à différents propriétaires et que, dès lors, aucune servitude ne peut être établie entre des parties d'héritage qui appartiennent à un même propriétaire ». La règle paraît évidente, mais il est une question qui a suscité certaines incertitudes et qui mérite que l'on s'y attarde quelque peu. L'adage *nemini res sua servit* fait-il obstacle à l'établissement d'une servitude au sein d'un immeuble en copropriété forcée ? La Cour de cassation de France l'a affirmé un moment, avant de retourner sa veste dans l'arrêt du 30 juin 2004[24], ce revirement se bornant toutefois à l'hypothèse d'une servitude instituée entre les parties privatives de deux lots. En ce qui concerne l'asservissement des parties communes à un lot, si tant est qu'il existait encore un doute à lecture de jurisprudence de la Cour de cassation, le législateur français l'a définitivement levé avec l'ordonnance du 30 octobre 2019[25]. L'article 6-1A de la loi du 13 juillet 1965 affirme à présent sans détour qu'« aucune servitude ne peut être établie sur une partie commune au profit d'un lot ». Telle est, brièvement résumée, la position française. Assez paradoxalement, en Belgique, la question a été peu discutée. Dans une convaincante étude consacrée à cette problématique, Sophie Boufflette[26] a défendu l'admissibilité tant des servitudes établies entre deux parties privatives[27] (ou, plus largement, entre deux lots) relevant de propriétaires différents, que des servitudes liant une partie commune et une partie privative[28]. Pour les besoins de notre propos, nous retiendrons de son analyse que l'article 637 de l'ancien Code civil ne fait pas obstacle à la constitution d'une servitude sur une partie commune au profit d'une partie privative, et *vice versa* ; il n'y a en effet, dans ce cas, pas d'identité entre les propriétaires des fonds dominant et servant, puisque « d'un côté figure une personne seule en sa qualité de propriétaire exclusif et, de l'autre, un groupe de personnes en leur qualité de copropriétaires ». On consta-

---

[23] Voy. Cass., 13 octobre 2006, *Arr. cass.*, 2006, p. 2015, *Pas.*, 2006, p. 2065, *T.B.O.*, 2007, p. 67.
[24] Voy. Cass. fr., 30 juin 2004, *Bull. civ.*, 2004, II, p. 124.
[25] Voy., à ce sujet, W. Dross, « Les parties communes objets d'une jouissance privative peuvent-elles être grevées d'une servitude au profit d'une partie privative ? », *Rev. trim. dr. civ.*, 2022, p. 161.
[26] Voy. S. Boufflette, « Les servitudes au sein de la copropriété forcée d'immeubles ou groupes d'immeubles bâtis », *Jurim pratique*, 2011, pp. 182-186.
[27] Voy. égal. en ce sens V. Sagaert et K. Swinnen, *Privaatrechtelijke erfdienstbaarheden door het oogst van de 21ste eeuw, op. cit.*, p. 21, n° 22 ; R. Timmermans et F. Baudoncq, « Het gebruik van erfdienstbaarheden als juridische vormgeving voor rechtsverhoudingen tussen naburige flatgebouwen », *R.C.D.I.*, 2003/4, pp. 1-8.
[28] Voy. égal. V. Sagaert et K. Swinnen, *Privaatrechtelijke erfdienstbaarheden door het oogst van de 21ste eeuw, op. cit.*, p. 22, n° 22.

tera avec satisfaction que sa position a été confirmée en 2018, fût-ce implicitement, par l'ajout d'une incise au texte de l'article 577-4, § 1er, alinéa 4, 1°, de l'ancien Code civil, qui dispose depuis lors que «[l]es copropriétaires ont un droit d'usage proportionnel des parties communes, sauf dispositions contraires dans les statuts. Pareille dérogation statutaire est présumée être une servitude, sauf clause dérogatoire »[29]. On retrouve un raisonnement similaire dans la jurisprudence de fond. Ainsi le juge de paix de Gand a-t-il affirmé, le 6 novembre 2019[30], que l'article 637 de l'ancien Code civil n'interdit pas la constitution d'un droit de servitude au profit d'un fonds dominant dont une personne est propriétaire, à charge d'un fonds servant dont la même personne est seulement copropriétaire[31].

*Dans le nouveau livre 3, les servitudes font désormais l'objet d'un sous-titre 3 du titre 5 consacré aux relations de voisinage. L'article 3.114, alinéa 1er, définit la servitude comme « une charge grevant un immeuble, dit fonds servant, pour l'usage et l'utilité d'un immeuble appartenant à autrui, dit fonds dominant ». Si cette définition est proche de celle qui était énoncée à l'article 637 de l'ancien Code civil, le lecteur attentif aura remarqué un changement dans la terminologie employée. Le terme « immeuble » a remplacé le terme « héritage », et le changement n'est pas anodin ; alors que le mot « héritage » renvoyait, on l'a dit, aux immeubles par nature visés par l'article 518 de l'ancien Code, celui d'« immeuble » a une portée plus large et englobe notamment les volumes*[32]. *Suivant l'exposé des motifs*[33], *il s'agissait de tenir compte des modifications opérées, notamment, au titre du droit de superficie. Les hypothèses de dissociations, potentiellement perpétuelles, de la propriété du sol et de la propriété d'un bâtiment ou d'un volume se multipliant, il importait qu'une servitude puisse être constituée en faveur ou à charge d'un bâtiment ou d'un volume seulement. Notons que malgré l'abandon de la référence à un «fonds » pour définir la servitude, le législateur a conservé les termes, très usités en pratique, de fonds dominant et de fonds servant. Dans les articles suivants, ces expressions désignent tantôt l'immeuble favorisé ou grevé du droit de servitude, tantôt leur titulaire, au sens large, afin d'inclure tant le propriétaire que le titulaire d'un droit réel d'usage qui stipulerait, dans*

---

[29] Voy. P. Lecocq et N. Gofflot, « Examen de jurisprudence (2000 à 2020). Les biens – Deuxième partie : Copropriété, Troubles de voisinage, Mitoyenneté », *R.C.J.B.*, 2022, pp. 281-282, n° 114.
[30] Voy. J.P. Gand, 6 novembre 2019, *J.J.P.*, 2022, p. 456.
[31] Voy., *contra* : Liège, 14 octobre 2014, *J.L.M.B.*, 2016, p. 75 : « La demande d'un copropriétaire visant à être autorisé à faire réaliser, à ses frais, sous le chemin commun, des travaux de raccordement à l'eau profitant à son seul immeuble, en application de l'article 577-2, § 10, du Code civil, n'est pas une action tendant à la création d'une servitude du fait de l'homme, *qui suppose l'existence d'un fonds dominant et d'un fonds servant appartenant à des propriétaires différents* » (nous soulignons).
[32] Qui constituent des biens immeubles incorporels.
[33] Voy. Proposition de loi du 16 juillet 2019 portant insertion du livre 3 « Les biens » dans le Code civil, Exposé des motifs, *Doc. parl.*, Ch. repr., sess. extr. 2019, n° 55-0173/001, p. 212 (ci-après « Proposition de loi n° 55-0173/001 »).

*les limites de son droit*[34], *une servitude*[35]. *Pour le reste, le principe demeure : fonds servant et fonds dominant doivent appartenir à deux propriétaires distincts, sous peine d'extinction de la servitude par confusion. Le deuxième alinéa de l'article 3.114 y apporte deux nuances. Premièrement, et toujours en lien avec l'accroissement des possibilités de dissociation de la propriété, il est prévu qu'une servitude peut être constituée entre des immeubles appartenant à une même personne, si l'un d'entre eux est grevé d'un droit réel d'usage*[36] *au profit d'un tiers*[37]. *Cette vision souple de l'exigence de propriétaires distincts était déjà défendue sous les anciennes règles*[38], *elle est désormais expressément confirmée par la loi. Secondement, et conformément aux enseignements de la doctrine et de la jurisprudence en la matière, il est permis de constituer une servitude entre deux immeubles, dont une même personne est propriétaire de l'un et copropriétaire de l'autre. Enfin, l'alinéa 3 précise que la servitude «peut inclure des obligations positives ou négatives qui sont complémentaires à la charge principale constituant la servitude et qui suivent le régime réel de celle-ci », consacrant par-là la notion doctrinale et jurisprudentielle d'obligation réelle accessoire*[39].

**4. Distinctions – Les servitudes légales *sensu lato* et les servitudes du fait de l'homme.** L'exposé de la matière des servitudes implique de multiples distinctions, et la première de celle-ci figure à l'article 639 de l'ancien Code civil. Elle est, selon le texte, tripartite : il est des servitudes qui dérivent « de la situation naturelle des lieux » (« servitudes naturelles »), d'autres « des obligations imposées par la loi » (« servitudes légales *sensu stricto* »), et d'autres encore « des conventions entre les propriétaires » (« servitudes du fait de l'homme »). Cette classification légale a été vivement critiquée par la doctrine, pour des motifs qu'il n'est pas le lieu de rendre compte ici. Bornons-nous pour la suite à reprendre la distinction finalement retenue par les auteurs, bipartite cette fois, entre les servitudes du fait de l'homme, qui feront l'objet de la suite de notre contribution, et les servitudes légales *sensu lato*, examinées par Madame Laura Deru au chapitre suivant.

*Sans surprise, aux termes de l'article 3.116, « [l]es servitudes s'établissent par la loi ou du fait de l'homme ».* Ce premier alinéa reprend donc la distinction, structurante, entre

---

[34] Un usufruitier, un emphytéote et un superficiaire pourraient, dans la limite de leurs droits, accorder une servitude sur le bien qui fait l'objet de leur droit (voy. not. P. Lecocq, S. Boufflette, A. Salvé et R. Popa, *Manuel de droit des biens*, t. 2, *op. cit.*, p. 230, n° 17). Dans son commentaire de la réforme, Sophie Boufflette expose, avec détails, les limites que chaque titulaire de droit d'usage doit respecter lorsqu'il stipule une servitude sur le fonds d'autrui (voy. S. Boufflette, «Chapitre 3. Des servitudes», *in* P. Lecocq, I. Durant, N. Bernard, B. Michaux, J.-Fr. Romain et V. Sagaert (dir.), *Le nouveau droit des biens*, Bruxelles, Larcier, 2020, p. 266, n° 3).
[35] Voy. Proposition de loi n° 55-0173/001, p. 212.
[36] Les droits réels d'usage sont l'appellation légale des « droits réels démembrés » que sont la servitude, l'usufruit, l'emphytéose et la superficie ; voy. l'article 3.3 du Code civil.
[37] La nouvelle servitude légale créée à l'article 3.116, alinéa 2, en faveur des titulaires de droit d'usage est une application de ce tempérament au principe *res nemini sua servit* (voy. sur cette servitude, dans le présent ouvrage, L. Deru, «Les servitudes légales d'utilité privée», n° 38).
[38] Certains préconisaient en effet une approche pragmatique de la question, en se fondant sur la *ratio legis* de la figure de la servitude (voy. sur cette question K. Swinnen, «Erfdienstbaarheden», *op. cit.*, p. 384, n° 24 et références citées).
[39] Voy. S. Boufflette, «Chapitre 3. Des servitudes», *op. cit.*, p. 268, n° 5.

*les servitudes légales*, visées au chapitre 3 du sous-titre 3 du titre 5, et *les servitudes du fait de l'homme*, organisées au chapitre 2. En vertu de l'alinéa 3 de l'article 3.116, le régime des servitudes du fait de l'homme gagne officiellement[40] ses éperons de droit commun des servitudes, ce qui donne vocation à ce dernier à s'appliquer aux servitudes légales, « *sauf dispositions contraires ou incompatibilité avec la finalité poursuivie par le législateur* ». Ainsi, à moins qu'une disposition légale ou que la *ratio legis* de la servitude concernée ne s'y oppose, les articles 3.120 à 3.128 s'appliquent également aux servitudes légales organisées au chapitre 3 du même titre.

**5. Distinctions – Les servitudes d'intérêt privé et les servitudes d'utilité publique.** La *summa divisio* entre servitudes légales et servitudes du fait de l'homme est certes d'une importance indéniable – elle structure d'ailleurs, outre notre modeste chronique, nombre de traités, manuels, et autres contributions en la matière –, mais ne conviendrait-il pas, préalablement à celle-ci, de faire le départ entre les servitudes d'intérêt privé et celles d'utilité publique ? C'est, indirectement, poser la question de l'applicabilité du Code civil aux servitudes légales d'utilité publique. Michel Pâques et Cécile Vercheval y répondent plutôt par la négative, décelant dans l'article 650, alinéa 2, de l'ancien Code civil, l'abandon des servitudes d'utilité publique aux lois et règlements particuliers[41] ; Hugo Vandenberghe se positionne encore plus nettement et écrit que de pareilles charges « affectent l'ordre public et sont soumises au droit administratif *à la place du droit commun du Code civil* »[42] ; autre son de cloche chez Jean-Marie Leloup, sous la plume duquel on peut lire que l'ensemble des différences opposant les servitudes d'intérêt privé aux servitudes d'utilité publique « ne ferait pas obstacle à l'application des règles du droit civil, et notamment des articles 697, 698, 700, 701, 702, aux servitudes, chaque fois que « les lois et règlements particuliers » visés par l'article 650 de l'ancien Code civil ne règlent pas « tout ce qui concerne cette espèce de servitude »[43]. Point d'unanimité en doctrine, donc. En jurisprudence, la cour d'appel de Liège a, dans un récent arrêt du 19 mars 2019[44], tranché dans le sens de l'inapplicabilité des articles 703 et 710*bis* de l'ancien Code civil à une servitude *non aedificandi* d'utilité publique, créée par les normes routières en faveur

---

[40] C'était déjà défendu en doctrine, voy. not. N. Bernard, « Les servitudes légales s'éteignent-elles par non-usage ? », obs. sous Civ. Bruxelles, 25 novembre 2014, *J.T.*, 2015, p. 363 ; L. Coenjaerts, « Les servitudes du fait de l'homme », *in* J.-Fr. Romain (dir.), *Droits réels : Chronique de jurisprudence 2006-2015*, Bruxelles, Larcier, 2017, p. 414 ; J. Hansenne, *Les biens. Précis*, t. II, *op. cit.*, p. 1106, n° 1908, qui évoque la « théorie générale des services fonciers ».

[41] Voy. M. Pâques et C. Vercheval, « Des servitudes légales d'utilité publique », *in Guide de droit immobilier*, f. mob., Waterloo, Kluwer, n° VII. 4.1.1.1.

[42] Traduction libre ; voy. H. Vandenberghe, « Recente ontwikkelingen in het zakenrecht : de evolutie van de erfdienstbaarheden en het vruchtgebruik », *in Zakenrecht – Bijzondere overeenkomsten*, Bruges, die Keure, 1997, p. 24, note 79.

[43] Voy. J.-M. Leloup, « Servitudes et urbanismes », *in* J. Carbonnier (coord.), *L'immeuble urbain à usage d'habitation*, Paris, L.G.D.J., 1963, p. 156, n° 18, cité par J. Hansenne, *La servitude collective, modalité du service foncier individuel ou concept original ?*, Liège-La Haye, éd. Coll. Scientifique de la Faculté de droit de l'Université de Liège, 1969, p. 390, n° 197.

[44] Voy. Liège, 19 mars 2019, *J.L.M.B.*, 2019, p. 791.

de la Région wallonne, sans toutefois que l'arrêt soit spécialement motivé sur ce point.

**6. Distinctions – Les servitudes (non-)apparentes et (dis)continues.** Au sein même des servitudes du fait de l'homme, les articles 688 et 689 de l'ancien Code civil invitent à deux nouvelles distinctions, reposant, pour l'une, sur le critère de l'apparence, pour l'autre, sur le critère de la continuité. Aux termes de l'article 689 de l'ancien Code civil, les servitudes apparentes s'entendent de celles « qui s'annoncent par des ouvrages extérieurs, tels qu'une porte, une fenêtre, un aqueduc », tandis que les servitudes non apparentes « n'ont pas de signe extérieur de leur existence, comme, par exemple, la prohibition de bâtir sur un fonds, ou de ne bâtir qu'à une hauteur déterminée ». Il est intéressant de confronter à la finale de cette disposition, un jugement très fouillé du tribunal civil de Bruges du 6 décembre 2017[45], dans lequel, dans les circonstances particulières de l'espèce qui lui était soumises, le tribunal a décidé qu'une servitude *non aedificandi* revêtait un caractère apparent. Il était question d'un terrain qui avait été, des années plus tôt, divisé en deux parcelles, auxquelles avaient été attribués les numéros de police 9 et 9A. Lors de l'acte de vente opérant division, il était précisé qu'une partie du bâtiment n° 9 surplombait le terrain du n° 9A et que « le terrain sous cette saillie n'est pas compris dans la vente mais que la partie en surplomb du bâtiment est vendue jusqu'à la limite séparative des deux fonds »[46]. Le siège a reconnu une servitude de surplomb, née par destination du père de famille au profit du propriétaire du n° 9, servitude qu'il a définie comme le droit de construire et d'avoir des constructions au-dessus du fonds servant, étant entendu qu'il doit s'agir d'une composante inhérente d'un bâtiment plus grand, situé principalement sur le fonds dominant. Une telle servitude impliquait, selon lui, comme corollaire, une servitude *non aedificandi* ou, à tout le moins, une servitude *non altius tollendi*, le fonds servant ne pouvant pas construire dans le volume qui est déjà occupé ou qui pourrait l'être par le surplomb du fonds dominant[47]. Compte tenu de la configuration des lieux, dès lors que l'interdiction de bâtir ressortait de l'aspect du bâtiment n° 9, dont une partie surplombait déjà le n° 9A au moment de la division, le tribunal brugeois a admis que cette servitude *non aedificandi* était apparente au sens de l'article 689 précité. Toujours sur le critère de l'apparence, relevons encore une décision, plus classique, du juge de paix de Liège du 16 mai 2017[48], qui a qualifié d'apparente une servitude de canalisation qui s'exerçait par le biais d'un tuyau à l'air libre.

Le critère de la continuité figure, quant à lui, à l'article 688 de l'ancien Code. En vertu de l'alinéa 2 de cette disposition, une servitude est continue

---

[45] Voy. Civ. Flandre occidentale, division de Bruges, 6 décembre 2017, *J.J.P.*, 2018, p. 355.
[46] En néerlandais dans le texte : « *dat de grond der poorte of doorgang alhier niet medegaat doch dat de gebouwen erboven opgericht alhier medeverkocht zij tot aan de scheidingslijn der erve gelegen oostkant behoorende heer V.* ».
[47] Étant entendu, a précisé le tribunal, que si le surplomb est limité à un volume déterminé, le fonds servant peut bâtir au-dessus ou en dessous.
[48] Voy. J.P. Liège, 16 mai 2017, *J.L.M.B.*, 2018, p. 1577, note E. Jadoul, *J.J.P.*, 2018, p. 346.

lorsque son usage ne requiert pas le fait actuel et répété de son bénéficiaire ; *a contrario*, sont réputées discontinues par l'alinéa 3 de l'article 688 les servitudes dont l'exercice requiert l'intervention de l'homme. Tel est le cas, suivant un arrêt du 21 mars 2013[49] de la Cour de cassation, de la servitude d'écoulement des eaux ménagères, parfois appelée servitude d'évier[50], ou, suivant le tribunal civil de Bruxelles[51], de la servitude « de stationnement ». Il en va de même, cela est presque un lieu commun, de la servitude de passage ; la Cour de cassation l'a encore récemment réaffirmé dans un arrêt du 30 novembre 2020[52], statuant sur un pourvoi dirigé à l'encontre d'un arrêt de la cour d'appel de Mons. Était en cause le passage dans un couloir d'un immeuble qui donnait accès aux étages du bâtiment voisin. Les juges d'appel avaient constaté que des ouvrages avaient autrefois été réalisés par le propriétaire unique des deux immeubles, soit une porte, un escalier et un mur, d'une telle sorte « qu'une fois les travaux exécutés, [la servitude] fonctionne par elle-même quoique ne s'exerçant pas constamment mais seulement lorsque quelqu'un accède à l'immeuble […] au même titre, par exemple qu'une servitude d'écoulement des eaux pluviales ». Ils en avaient conclu que « [l]a porte, l'escalier et le mur ont été placés dans l'état qu'exige l'exercice de la servitude, ce qui la rend continue ». La Cour de cassation a fustigé leur raisonnement, aux motifs que les servitudes discontinues sont « celles qui ont besoin de l'homme pour être exercées ; tels sont les droits de passage, puisage, pacage et autres semblables » et qu'une servitude discontinue ne perd pas ce caractère encore que des travaux permanents aient été réalisés pour en faciliter l'exercice, rejoignant sur ce point l'opinion doctrinale dominante[53]. Relevons à ce stade que l'intérêt de la distinction entre servitudes continues et discontinues, apparentes et non apparentes, est considérable : ces servitudes sont soumises à des règles différentes sur le plan de la constitution, de la protection et de l'extinction. Nous y reviendrons lors de l'exposé des mécanismes concernés.

*À cet égard, la loi nouvelle emporte une petite révolution : elle abandonne purement et simplement le critère de la continuité, pour ne retenir, à l'article 3.115, que celui de l'apparence. À lire les travaux parlementaires, le critère de la continuité induisait des discussions jurisprudentielles et doctrinales, peu souhaitables sur le plan de la sécurité juridique, quant à la qualification de diverses servitudes, et en particulier celle de la servitude d'évier et des*

---

[49] Voy. Cass., 21 mars 2013, *Arr. cass.*, 2013, p. 798, *Pas.*, 2013, p. 766, *R.W.*, 2014-2015, p. 618, *R.G.D.C.*, 2015, p. 247, *T.B.O.*, 2015, p. 79, note K. SWINNEN.
[50] Cette position n'était pas partagée par tous, voy. not. V. SAGAERT, *Beginselen van Belgisch privaatrecht*, t. V, Goederenrecht, 2014, *op. cit.*, p. 472, qui qualifie de continue la servitude de canalisation (« *nutsleidingen* ») et met en doute la pertinence actuelle de la distinction continu/discontinu. Voy. sur cette question, P. LECOCQ, « Petites mises au point à propos des services fonciers », *R.G.D.C.*, 2015, pp. 250 à 255.
[51] Voy. Civ. Bruxelles, 3 février 2012, *J.T.*, 2012, p. 750.
[52] Voy. Cass., 30 novembre 2020, *T. Not.*, 2022, p. 251, note B. VERHEYE.
[53] Voy. P. LECOCQ, S. BOUFFLETTE, A. SALVÉ et R. POPA, *Manuel de droit des biens*, t. 2, *op. cit.*, p. 220, n° 11 : « les travaux réalisés en vue de permettre l'exercice de la servitude n'ont aucune incidence sur le caractère discontinu de celle-ci » ; N. BERNARD, *Précis de droit des biens*, *op. cit.*, p. 452, n° 1033 ; J. HANSENNE, *Les biens. Précis*, t. II, *op. cit.*, pp. 1101-1103 n° 1092.

*conduites de gaz ou d'électricité, en servitude continue ou discontinue. La définition donnée à l'apparence par l'article 3.115 est la suivante : « [l]es servitudes apparentes sont celles qui s'annoncent au titulaire, prudent et raisonnable, d'un droit réel sur le fonds servant, soit par des ouvrages permanents et visibles, soit par une activité régulière et révélée par des traces sur le fonds servant ».* Suivant l'exposé des motifs, l'apparence serait entendue plus largement que par le passé, dans la mesure où le caractère apparent de la servitude peut résulter non seulement de la présence d'ouvrages extérieurs annonçant son existence, mais également par des traces laissées à la suite d'une activité régulière[54] [55]. Nous relevons, avec Sophie Boufflette[56], que si l'article 3.115 exige que les traces d'une activité régulière révélant la servitude soient situées sur le fonds servant, ce n'est pas le cas des ouvrages permanents, qui doivent simplement, et comme par le passé[57], être visibles depuis ce fonds. La disposition ajoute que la servitude apparente est celle qui s'annonce par l'une de ces deux manifestations extérieures à un titulaire du fonds servant « prudent et raisonnable ». Nous déduisons de cette référence au modèle du « titulaire prudent et raisonnable » que pour qu'une servitude soit considérée comme apparente, l'ouvrage ou les traces d'activités régulières qui la révèlent ne doivent pas nécessairement « sauter aux yeux » mais doivent apparaître au titulaire du fonds assujetti au terme d'un examen raisonnable des lieux.

## Section 2
## Modes spécifiques d'acquisition

**7. Introduction.** Nous évoquions au numéro qui précède l'importance pratique de la distinction entre les servitudes continues et discontinues et entre les servitudes apparentes et non apparentes ; en voici une première manifestation : les articles 690 et 692 de l'ancien Code civil ne permettent l'établissement par prescription acquisitive et par destination du père de famille que des seules servitudes qui sont à la fois continues et apparentes. *A contrario*, en vertu de l'article 691 du même Code, les servitudes qui ne revêtent pas cette double qualité, qui sont donc discontinues et/ou non-apparentes, ne s'acquièrent que par titre. La jurisprudence l'a maintes fois proclamé durant la période recensée[58]. Nous épinglons, parmi tant d'autres, un jugement de la justice de paix de Herzele

---

[54] Voy. Proposition de loi n° 55-0173/001, p. 215.
[55] Il convient toutefois de relativiser cette nouveauté : une certaine doctrine estimait déjà que la seule présence d'un signe extérieur de la servitude était suffisante pour que celle-ci soit apparente au sens de l'article 689 de l'ancien Code civil (voy. not. K. SWINNEN, « Erfdienstbaarheden », *op. cit.*, p. 389, n° 34 ; H. DE PAGE et R. DEKKERS, *Traité élémentaire de droit civil*, t. VI, *op. cit.*, pp. 419-420, n° 518 ; V. SAGAERT, *Beginselen van Belgisch privaatrecht*, t. V, Goederenrecht, 2014, *op. cit.*, p. 474).
[56] Voy. S. BOUFFLETTE, « Chapitre 3. Des servitudes », *op. cit.*, p. 270, n° 7.
[57] Voy., sous les anciennes dispositions, P. LECOCQ, S. BOUFFLETTE, A. SALVÉ et R. POPA, *Manuel de droit des biens*, t. 2, *op. cit.*, p. 222, n° 12 ; V. SAGAERT, *Beginselen van Belgisch privaatrecht*, t. V, Goederenrecht, 2014, *op. cit.*, p. 474, n° 583.
[58] Voy. p. ex. J.P. Gand, 6 novembre 2019, *J.J.P.*, 2022, p. 456 ; J.P. Termonde, 20 novembre 2018, *R.C.D.I.*, 2019/1, p. 67 ; Civ. Mons, 23 mai 2018, R.G. n° 17/1965/A, inédit ; J.P. Louvain, 6 mars 2018, *R.C.D.I.*, 2018/3, p. 31.

du 25 mars 2021[59], à propos d'une servitude de passage. Le tribunal a très justement rappelé que pareille servitude ne pourrait s'établir que par titre, en raison, assurément, de sa discontinuité et, éventuellement, de sa non-apparence. On note que certains plaideurs tentent de déjouer les prévisions de l'article 691 de l'ancien Code civil en invoquant l'acquisition par usucapion non pas d'une servitude de passage, mais d'un droit de copropriété. C'était le cas dans une décision de la justice de paix de Tournai rendue le 3 février 2015[60]. Les défendeurs entendaient continuer à emprunter un passage situé partiellement sur la propriété voisine pour accéder à leur garage et, pour ce faire, prétendaient avoir acquis par usucapion la copropriété de l'assiette du passage. Le tribunal n'a, à juste titre, pas fait droit à ce moyen, qui reposait sur une lecture incomplète des enseignements du professeur Jacques Hansenne[61]. En ce qui concerne l'usucapion de la portion de terrain empruntée par le possesseur, l'éminent auteur a en effet dégagé une règle de portée générale que l'on peut exprimer comme suit. Le simple accomplissement d'actes d'usage ou de jouissance qui correspondent à l'exercice d'une servitude de passage ne peut suffire à légitimer l'acquisition d'un droit de copropriété, car la possession que ces actes traduisent devrait être taxée d'équivoque ; ce n'est que dans le cas où les faits matériels accomplis par le possesseur révèlent une véritable prétention à la copropriété, qu'il pourrait postuler la prescription d'un tel droit. La prétention à l'usucapion d'un droit de copropriété n'est donc pas la panacée, car elle exige la démonstration d'un *corpus possessionis* caractérisé, plus intense que celui découlant de simples actes de passage.

*Les articles 3.117 à 3.119 du Code civil énumèrent trois modes spécifiques*[62] *d'établissement des servitudes : l'acte juridique, la prescription acquisitive et la destination du propriétaire, dénomination qui remplace avantageusement celle de « destination du père de famille ». Précisons ici que si toutes les espèces de servitudes du fait de l'homme peuvent être constituées par titre, le jeu des mécanismes de la prescription acquisitive et de la destination du propriétaire est en revanche réservé aux seules servitudes apparentes*[63]*, peu importe désormais que leur usage requière ou non le fait actuel et répété de l'homme*[64].

**8. Acquisition par titre – Formes, opposabilité et généralités en matière de preuve.** Toutes les servitudes du fait de l'homme peuvent naître par *titre*, selon l'ancien Code civil. On le sait, sous la plume du législateur de 1804,

---

[59] Voy. J.P. Herzele, 25 mars 2021, *J.J.P.*, 2021, p. 473.
[60] Voy. J.P. Tournai, 3 février 2015, *J.L.M.B.*, 2017, p. 958.
[61] Voy. J. HANSENNE, *Les biens. Précis*, t. II, *op. cit.*, pp. 1126-1127.
[62] Sur interpellation du Conseil d'État (voy. Projet de loi portant insertion du livre 3 « Les biens » dans le Code civil, Exposé des motifs, *Doc. parl.*, Ch. repr., sess. ord. 2018-2019, n° 54-3348/001, p. 395), les auteurs ont indiqué que ces règles sont spécifiques, soit en ce qu'elles sont propres au droit réel de servitude (destination du propriétaire), soit parce qu'elles contiennent des précisions aux modes généraux d'acquisition des droits réels prévus à l'article 3.14 (voy. Projet de loi précité, n° 54-3348/001, p. 218).
[63] Sur cette notion d'apparence, voy. l'article 3.115, évoqué *supra*, n° 6.
[64] La distinction entre les servitudes continues et discontinues ayant disparu dans le livre 3 du Code civil, voy. *supra*, n° 6.

le mot « titre » est porteur d'une certaine polysémie. Il est donc revenu à la jurisprudence d'en préciser la teneur. Suivant une jurisprudence constante[65], répétée par la Cour de cassation dans un arrêt du 12 décembre 2013[66], « [l]a notion de "titre" utilisée dans [les articles 686 et 690 à 696 de l'ancien Code civil] vise l'acte juridique (*negotium*) par lequel la servitude est établie. Cet acte juridique peut être déposé dans un acte (*instrumentum*) sous seing privé ou authentique ». On ne peut plus clair, la constitution d'une servitude est un acte consensuel, dont la validité n'est conditionnée à aucune exigence de forme. La constitution d'une servitude « par titre » peut dès lors résulter d'un simple accord entre les propriétaires des fonds dominant et servant, même non écrit[67]. Comment alors expliquer la propension de la pratique à passer pareille convention par écrit, et le plus souvent sous la forme authentique ? On peut trouver un premier élément d'explication dans le même arrêt du 12 décembre 2013 : « [l]'établissement d'une servitude par acte authentique n'est nécessaire qu'en vue de la transcription au bureau des hypothèques, dans les cas où cette formalité est requise pour que la servitude soit opposable aux tiers ». Au regard des articles 1er et 2 de la loi hypothécaire, lorsqu'un droit réel de servitude est constitué entre vifs[68], on ne peut en effet que conseiller l'entérinement de l'accord des parties sous la forme d'un acte authentique, afin de procéder à sa transcription et, partant, assurer son efficacité vis-à-vis des tiers protégés de bonne foi. Une fois transcrite, la servitude est revêtue de l'opposabilité *erga omnes*, dont jouissent les droits réels. La servitude bénéficie aux ayants cause ultérieurs du bien avantagé et l'obligation réelle qui repose sur le propriétaire du fonds servant – le pendant négatif du droit de servitude – se transmet aux propriétaires successifs du fonds asservi, encore que leur titre de propriété ne mentionnerait pas l'existence d'un tel service, a ajouté, le 23 novembre 2020[69], le juge de paix d'Audenarde. Il est donc vain, pour l'actuel propriétaire du fonds servant, d'invoquer son ignorance, en fait, d'une servitude dûment transcrite à laquelle un de ses auteurs a naguère consenti. L'établissement d'un écrit pour constituer une servitude se justifie en outre pour des motifs probatoires évidents : la preuve de l'existence d'une servitude conventionnelle doit être rapportée conformément au droit commun et

---

[65] Dans la jurisprudence des juges du fond, voy. réc. Civ. Hainaut, division de Mons, 21 avril 2021, *J.J.P.*, 2021, p. 467 ; Civ. Mons, 23 mai 2018, R.G. n° 17/1965/A, inédit ; J.P. Louvain, 6 mars 2018, *R.C.D.I.*, 2018/3, p. 31.

[66] Voy. Cass., 12 décembre 2013, *Arr. cass.*, 2013, p. 2758, *Pas.*, 2013, p. 2593, *R.W.*, 2015-2016, p. 145, note S. Demeyere, *R.G.D.C.*, 2015, p. 245, *T.B.O.*, 2013, p. 26. Voy. égal. J.P. Alost, 16 juillet 2014, *J.J.P.*, 2015, p. 88 ; Civ. Bruges, 8 février 2013, *R.C.D.I.*, 2013/4, p. 45 ; J.P. Zomergem, 12 décembre 2008, *J.J.P.*, 2011, p. 273 ; J.P. Hal, 7 mars 2007, *R.G.D.C.*, 2009, p. 295, note A. Salvé ; Civ. Louvain, 17 mai 2006, *Res jur. imm.*, 2006, p. 143 ; J.P. Westerlo, 3 février 2003, *R.G.D.C.*, 2004, p. 291 ; Civ. Anvers, 7 juin 2002, *R.G.D.C.*, 2004, p. 444, note J. Kokelenberg ; J.P. Westerlo, 28 janvier 2000, *R.W.*, 2001-2002, p. 173.

[67] Voy., en France, Cass., 14 septembre 2017, *R.D.I.*, 2017, p. 528, note J.-L. Bergel.

[68] Sous l'empire des règles de l'ancien Code civil, si la servitude est constituée par disposition pour cause de mort, en particulier par un testament, elle ne doit pas être transcrite (voy. not. P. Lecocq, S. Boufflette, A. Salvé et R. Popa, « Le droit des biens. Les droits réels démembrés », *in* Y.-H. Leleu (coord.), *Chroniques notariales*, vol. 60, Bruxelles, Larcier, 2014, pp. 73-75, n° 71).

[69] Voy. J.P. Audenarde, 23 novembre 2020, *J.J.P.*, 2021, p. 491.

un écrit signé est donc, en principe, indispensable[70] lorsqu'il s'agit de prouver un acte juridique d'une valeur égale ou supérieure à 3.500 euros. Il convient cependant de réserver les exceptions de droit commun, et notamment le cas de la perte fortuite de l'*instrumentum*[71], auxquelles s'ajoute le cas particulier de l'article 695 de l'ancien Code civil, dont question au point suivant. À bon escient, le juge de paix de Louvain a précisé, le 6 mars 2018[72], que pour qu'un écrit signé fasse preuve de la servitude, il doit émaner de ceux qui jouissaient, à cet instant, des prérogatives pour constituer un tel droit. Tel n'est notamment pas le cas des énonciations contenues dans un acte notarié auquel le titulaire du fonds servant n'était pas partie[73], ou, ajouterions-nous, des mentions du plan cadastral[74], qui ne peuvent valoir que comme des présomptions humaines, dont la valeur probante relève de l'entière appréciation du magistrat. L'écrit excipé par celui qui se prévaut d'une servitude conventionnelle doit également révéler de manière certaine la volonté des parties de constituer un droit réel de servitude. Cela justifie l'habituel refus de la jurisprudence d'identifier une telle volonté dans des clauses de style, telles que la clause par laquelle «l'acquéreur prend le bien vendu dans l'état où il se trouve avec toutes les servitudes actives ou passives, occultes ou apparentes, etc.»[75]. Observons toutefois que dans un récent jugement du 9 mars 2020[76], le tribunal civil de Namur a, étonnamment, reconnu une servitude d'écoulement des eaux usées conventionnelle dans la combinaison des deux clauses aux termes desquelles «le vendeur déclare qu'à sa connaissance, il n'existe aucune servitude qui grève le bien vendu et qu'il n'en a personnellement conféré aucune, éventuellement sous réserve de ce qui sera dit après» et «la présente vente entraîne la division de l'ensemble sis à […]. Cette division pourrait entraîner un état de choses qui serait constitutif de servitudes si ces fonds avaient appartenu à des propriétaires différents. Il peut en être ainsi notamment des bâtiments, fenêtres et ouvertures ou des plantations

---

[70] Voy., pour une application des règles de preuve de droit commun, Civ. Mons, 23 mai 2018, R.G. n° 17/1965/A, inédit : «une servitude de passage conventionnelle s'établit par titre, en vertu de l'article 691, alinéa 1er, du Code civil, s'agissant d'une servitude discontinue conformément à l'article 688, alinéa 3, de ce code. Si le titre ne doit pas être confondu avec l'*instrumentum*, encore faut-il que la preuve de l'acte juridique lui-même (*negotium*) soit rapportée. Par application des articles 1341 et 1347 du Code civil, cette preuve doit être rapportée par un écrit ou par présomptions s'il existe un commencement de preuve par écrit, selon la valeur du litige. À défaut de commencement de preuve par écrit, les témoignages produits ne peuvent servir de preuve».

[71] Voy. art. 1348, 4°, anc. C. civ. et art. 8.12, *in fine*, C. civ.; voy., en doctrine, J. Hansenne, *Les biens. Précis*, t. II, *op. cit.*, pp. 1118-1119, n° 1110.

[72] Voy. J.P. Louvain, 6 mars 2018, *R.C.D.I.*, 2018/3, p. 31 ; voy. égal. J.P. Louvain, 26 mai 2021, *Res jur. imm.*, p. 260.

[73] Voy. égal. Civ. Louvain, 26 mai 2021, *Res jur. imm.*, 2021, p. 260, qui estime que les mentions d'un passage dans certains actes d'achat des propriétaires des fonds dominants ne constitue pas un écrit signé au sens de l'article 1341 de l'ancien Code civil.

[74] Voy. not. V. Sagaert, *Beginselen van Belgisch privaatrecht*, t. V, Goederenrecht, 2014, *op. cit.*, p. 479, n° 590.

[75] Voy. P. Lecocq, S. Boufflette, A. Salvé et R. Popa, «Le droit des biens. Les droits réels démembrés», *op. cit.*, p. 72, n° 69 ; en jurisprudence, voy. not. Civ. Hainaut, division de Mons, 21 avril 2021, *J.J.P.*, 2021, p. 467 ; J.P. Grammont, 7 mai 2020, *J.J.P.*, 2022, p. 450.

[76] Voy. Civ. Namur, division de Namur, 9 mars 2020, *J.J.P.*, 2020, p. 550.

situées à une distance inférieure à la distance réglementaire, comme aussi des canalisations souterraines (eau, égouts, etc.) ainsi que des tuyaux de décharge, corniches et gouttière, cette énumération étant exemplative. Cet état de choses sera maintenu à titre de servitude par destination du père de famille »[77]. Nous nous interrogeons sur le bien-fondé de cette décision. Eu égard à leur absence totale de précision et à leur caractère type, pouvait-on réellement déduire de ces deux dispositions insérées dans l'acte de vente une volonté certaine des parties d'établir entre leurs fonds un service foncier perpétuel, surtout lorsqu'on relève que les clauses elles-mêmes se réfèrent à la destination du père de famille et non à la convention ?

Au-delà de ces quelques illustrations particulières, nous nous proposons de faire un pas de côté, pour dégager quelques grandes tendances jurisprudentielles en matière de preuve de la servitude née par titre. Nous avons relevé, lors de nos lectures, une certaine inclination du siège à rechercher systématiquement un écrit signé, et en particulier un écrit authentique, lorsqu'est invoquée l'existence d'une servitude née par acte juridique bilatéral, tantôt sans s'attarder sur la valeur dudit acte juridique[78], tantôt sans distinguer selon son origine (selon que l'acte émanerait des parties litigantes ou de leurs auteurs), et parfois en cumulant les deux impairs. Expliquons-nous sur ces aspects. Nous nous étonnons d'abord que la valeur d'un acte constitutif d'une servitude – qui conditionne, selon qu'elle est inférieure ou supérieure à 375 euros hier, 3.500 euros aujourd'hui, l'admissibilité des témoignages et présomptions – ne soit plus fréquemment discutée dans les prétoires. Cela est d'autant plus regrettable que pareille évaluation n'a rien d'évident. On retrouve dans les écrits d'éminents auteurs[79] et dans certaines – quoique trop rares – décisions de fond[80] [81], l'idée que la valeur d'une servitude correspond à la plus ou moins-value que le service foncier représente respectivement pour le fonds dominant et le fonds servant.

---

[77] Dans le jugement commenté, il est précisé par le tribunal qu'en l'espèce, la naissance d'une servitude par destination du propriétaire n'était pas envisageable, n'étant pas question d'une servitude continue et apparente.

[78] Voy. p. ex. Civ. Louvain, 26 mai 2021, *Res jur. imm.*, 2021, p. 260, qui exige la production d'un écrit sans s'interroger sur le dépassement du montant de 375 euros fixé à l'article 1341 de l'ancien Code civil ; Civ. Hainaut, division de Mons, 21 avril 2021, *J.J.P.*, 2021, p. 467 ; J.P. Gand, 6 novembre 2019, *J.J.P.*, 2022, p. 456.

[79] Voy. not. I. DURANT, *Droit des biens*, Bruxelles, Larcier, 2017, p. 453, n° 619.

[80] Dans la jurisprudence publiée entre 2014 et 2022, nous n'avons relevé qu'une seule décision se prononçant sur la question, rendue par la justice de paix de Grammont (voy. J.P. Grammont, 7 mai 2020, *J.J.P.*, 2022, p. 450). Cette dernière prend en compte la plus-value apportée au fonds dominant par la servitude de canalisation dont il se prévaut, considérant que le coût de la mise en place d'un système d'évacuation alternatif excéderait manifestement la limite de 375 euros prévue à l'article 1341 de l'ancien Code civil.

[81] Voy., antérieurement à la période étudiée, J.P. Landen, 20 novembre 2008, *J.J.P.*, 2011, p. 250, commenté par S. BOUFFLETTE, « Servitudes du fait de l'homme. Chronique de jurisprudence 2008-2014 », *op. cit.*, p. 81, n° 14, lequel a rapidement évacué la question, en estimant que la présence d'arbres à une distance inférieure à celle prescrite par le Code rural engendre une moins-value sérieuse dans le chef du fonds servant supérieure à 375 euros ; J.P. Zelzate, 27 avril 2006, *R.G.D.C.*, 2007, p. 532, note J. KOKELENBERG, qui a retenu qu'il y a lieu de tenir compte de la plus-value apportée au fonds dominant, d'une part, et de la moins-value que la servitude représente pour le fonds servant, d'autre part.

Admettons l'idée. Une interrogation nous vient cependant immédiatement à l'esprit : quelle valeur retenir lorsque la plus-value apportée par la servitude au fonds dominant ne correspond pas exactement à la moins-value qui en résulte pour le fonds servant ? La jurisprudence n'en dit mot. À notre avis, la brièveté (si pas l'absence) des débats sur la valeur des actes constitutifs de servitude se justifiait, à tout le moins en partie, par le montant fixé à l'article 1341 de l'ancien Code civil ; nous le concédons, le seuil de 375 euros était aisément franchi. Dès lors que la valeur pivot a été portée, à l'article 8.9 du Code civil, à 3.500 euros par la loi du 13 avril 2019[82], entrée en vigueur le 1er novembre 2020, gageons que la question retiendra davantage l'attention à l'avenir. Nous nous interrogeons ensuite sur le régime probatoire à réserver à celui qui se prévaut d'une servitude née, non de son accord de volonté avec la partie adverse, mais d'une convention intervenue entre l'un de ses auteurs et celui qui était alors le propriétaire (*sensu lato*) du fonds servant. On observe que les magistrats tendent à lui imposer de rapporter un écrit signé, l'assimilant, par-là, indirectement, à une partie à cette convention. On rappellera en effet que les articles 1341 et 8.9 ne s'appliquent qu'à la preuve entre parties et point à la preuve par les tiers – l'article 8.14 du Code civil l'énonce à présent explicitement –, qui sont admis à prouver un acte juridique, quelle qu'en soit la valeur, par toutes voies de droit. Il est vrai que la situation est tout à fait particulière. Tandis qu'en vertu du principe de relativité des effets internes des conventions, consacré à l'article 1165 de l'ancien Code civil, un contrat ne peut obliger un tiers, ni donner un droit à un tiers, les droits réels suivent le bien qu'ils grèvent en quelque main qu'il passe. Résultat : une servitude peut bénéficier au nouveau propriétaire du fonds dominant et, dans son aspect négatif, peut obliger le nouveau propriétaire du fonds servant, quoiqu'aucun d'eux n'était partie au contrat constitutif. Doit-on pour autant les assimiler, sur le plan probatoire, à des parties et leur appliquer l'exigence d'écrit signé dans les cas visés par les articles 1341 et 8.9 ? Ce serait, à notre avis, aller un pas trop loin. Il nous semble permis de raisonner par analogie avec le mécanisme de la stipulation pour autrui. Pour rappel, la stipulation pour autrui est définie comme « une opération aux termes de laquelle une personne, le promettant, s'engage envers une autre personne, le stipulant, à accomplir telle prestation ou à transmettre telle chose en faveur d'une tierce personne, étrangère au contrat, dénommée tiers bénéficiaire »[83] et est généralement analysée comme une dérogation à l'article 1165 de l'ancien Code civil. Le tiers bénéficiaire puise un droit d'une convention à laquelle il n'a pourtant pas concouru. Qu'à cela ne tienne, il demeure, selon la doctrine[84], non soumis aux

---

[82] Loi du 13 avril 2019 portant création d'un Code civil et y insérant un livre 8 « La preuve », *M.B.*, 14 mai 2019, p. 46353.
[83] Voy. P. Van Ommeslaghe, *Traité de droit civil belge*, t. II, *Les obligations*, Bruxelles, Bruylant, 2013, p. 684, n° 440.
[84] Voy. not. H. De Page, *Traité élémentaire de droit civil belge*, t. II, 2e éd., Bruxelles, Bruylant, 1948, p. 638, n° 698 ; P. Wéry, *Droit des obligations*, vol. 1, Théorie générale du contrat, 3e éd., Bruxelles, Larcier, 2021, p. 894, n° 874.

articles 1341 et 8.9 du Code civil lorsqu'il s'agit de prouver l'existence de la stipulation pour autrui et est dès lors dispensé d'en rapporter la preuve écrite. Somme toute, cela est la seule solution raisonnable : comment lui imposer de fournir un écrit signé d'une convention à l'établissement de laquelle il n'a pas participé et, partant, dont il ne s'est pas vu (obligatoirement) remettre un exemplaire ? Par identité de motifs, il nous semble que celui qui se prétend titulaire d'un droit réel de servitude en vertu d'une convention à laquelle il n'était pas partie doit être autorisé à en apporter la preuve par toutes voies de droit. Dans cette optique, nous ne pouvons approuver, par exemple, la décision du 7 mai 2020[85] de la justice de paix de Grammont. Le juge de paix a refusé que le demandeur en reconnaissance d'une servitude de canalisation rapporte par témoignages et présomptions la preuve de la convention (orale) des auteurs des parties litigantes, au motif que pareille convention excède un montant de 375 euros[86]. On nous reprochera peut-être d'ergoter sur les modes de preuve, alors qu'*in fine*, il incombera à celui qui se prévaut d'une servitude conventionnelle de démontrer son opposabilité à l'actuel titulaire du fonds servant et donc, le cas échéant, de rapporter un écrit, et plus précisément un acte authentique dûment transcrit dans les registres fonciers. Que notre propos soit bien compris : nous concevons l'intérêt pratique de traiter de concert la question de la preuve de l'acte juridique et la question de son opposabilité ; sans doute, avouons-le, la solution n'aurait souvent pas été différente si le magistrat les avait traitées distinctement. La distinction s'impose toutefois selon nous, non seulement dans un souci de rigueur juridique, mais aussi, et plus fondamentalement, parce que le débat se pose en des termes différents lorsqu'il est placé sur le terrain de l'opposabilité. D'abord, le défaut d'acte authentique transcrit pourrait, pour les servitudes les plus anciennes, être surmonté si on admet, à l'instar du juge de paix de Louvain dans une décision du 6 mars 2018[87], que « [l]es servitudes établies par un titre qui remontent avant l'entrée en vigueur de la loi hypothécaire de 1851 sont [...] opposables aux tiers de bonne foi sans transcription »[88]. Ensuite, la Cour de cassation a eu l'opportunité de rappeler dans un arrêt du 13 décembre 2002[89] que « le tiers qui connaissait l'existence d'une servitude apparente au moment où il a acquis son droit ne peut se prévaloir du défaut de transcription de l'acte dans le registre visé [à l'article 1er de la loi hypothécaire] ». Cet arrêt de la Cour constitue un à-propos idéal pour évoquer brièvement la divergence d'opinions en doctrine sur l'incidence du caractère apparent d'une servitude dont le titre constitutif n'a pas été transcrit[90]. Pour certains, cette incidence est

---

[85] Voy. J.P. Grammont, 7 mai 2020, *J.J.P.*, 2022, p. 450.
[86] On notera que dans cette décision, le juge a finalement donné raison au demandeur et reconnu l'existence d'une servitude de canalisation à son profit sur le pied de l'article 695 de l'ancien Code civil.
[87] Voy. J.P. Louvain, 6 mars 2018, *R.C.D.I.*, 2018/3, p. 31.
[88] Traduction libre.
[89] Voy. Cass., 13 décembre 2002, *Arr. cass.*, 2002, p. 2755, *Pas.*, 2002, p. 2412, *R.W.*, 2002-2003, p. 1384, note V. Sagaert, *R.G.D.C.*, 2004, p. 503, note N. Vandeweerd, *T. Not.*, 2006, p. 474.
[90] Voy. P. Lecocq, S. Boufflette, R. Popa et A. Salvé, *Manuel de droit des biens*, t. 2, *op. cit.*, pp. 239-240, n° 25.

nulle : la servitude non transcrite est totalement inopposable, nonobstant son caractère apparent[91], celui-ci n'excluant pas automatiquement la bonne foi[92]. D'autres, plus nuancés, soutiennent que s'il existe des ouvrages extérieurs, il faut distinguer : sont-ils susceptibles de plusieurs interprétations (tolérance, droit personnel…) ? Alors la servitude non transcrite est inopposable aux tiers protégés à moins que celui qui se prévaut de l'acte non transcrit ne renverse la présomption de bonne foi. En revanche, si les signes extérieurs ne permettent aucune autre interprétation que celle de l'existence d'une servitude, ces auteurs retiennent une présomption humaine de connaissance de la servitude dans le chef du tiers[93] auquel la servitude est donc opposable. Enfin, d'aucuns[94] ne font aucune distinction et estiment qu'en cas d'ouvrages extérieurs, le tiers est présumé avoir eu connaissance de l'existence de la servitude qui lui est dès lors parfaitement opposable. Au sein de ces deux derniers courants, il convient de relever qu'un consensus semble se dégager quant au caractère réfragable de ladite présomption[95].

*Le nouveau livre 3 du Code civil évite l'écueil terminologique de son prédécesseur, préférant à l'emploi du terme « titre » celui du terme « acte juridique ». L'article 3.117 dispose désormais que « [t]outes les servitudes peuvent s'acquérir par acte juridique ».*

**9. Acquisition par titre – Preuve – titre recognitif.** Selon les termes de l'article 695 de l'ancien Code civil, « [l]e *titre* constitutif de la servitude, à l'égard de celles qui ne peuvent s'acquérir par la prescription, ne peut être remplacé que par un titre recognitif de la servitude, et émane du propriétaire du fonds asservi ». La rédaction de cette disposition est malheureuse, à au moins deux égards. D'une part, on y retrouve le mot « titre », dont il convient, à nouveau, de préciser le sens. Dans un jugement du 6 mars 2018[96], le juge de paix de Louvain considère qu'il faut l'entendre comme le moyen de preuve écrit, soit l'acte authentique ou sous seing privé qui constate l'établissement de la servitude. C'est également l'avis de la doctrine[97]. D'autre part, la portée de l'article 695 de l'ancien Code civil a posé question : doit-on comprendre du libellé de cet article, et en particulier de l'incise « à l'égard de celles qui ne

---

[91] Voy. not. J. HANSENNE, *Les biens. Précis*, t. II, *op. cit.*, pp. 1119-1120, n° 1110.
[92] Voy. J. KOKELENBERG, Th. VAN SINAY et H. VUYE, « Overzicht van rechtspraak. Zakenrecht (1994-2000) », *T.P.R.*, 2003, p. 1104, n° 145.
[93] Voy. V. SAGAERT, « Moeten zichtbare erfdienstbaarheden worden overgeschreven in de hypothecaire registers ? », note sous Cass., 13 décembre 2002, *R.W.*, 2002-2003, pp. 1385 et s., spéc. n° 4. Voy. égal. V. SAGAERT, « Actualia inzake erfdienstbaarheden », *op. cit.*, n°s 21 et 22 ; S. BUYLAERT, « Recente cassatierechtspraak inzake erfdienstbaarheden », *T. Not.*, 2006, n°s 13 et 14.
[94] Voy. N. VANDEWEERD, « De l'opposabilité des servitudes apparentes aux tiers : une connaissance présumée ? », *R.G.D.C.*, 2004, p. 512.
[95] Voy. S. BUYLAERT, « Recente cassatierechtspraak inzake erfdienstbaarheden », *op. cit.*, n° 13 ; N. VANDEWEERD, « De l'opposabilité des servitudes apparentes aux tiers : une connaissance présumée ? », *op. cit.*, p. 513.
[96] Voy. J.P. Louvain, 6 mars 2018, *R.C.D.I.*, 2018/3, p. 31.
[97] Voy. en ce sens, Fr. LAURENT, *Principes de droit civil*, t. VIII, Bruxelles, Bruylant-Christophe, 1869, p. 175, n° 145 ; P. LECOCQ, S. BOUFFLETTE, R. POPA et A. SALVÉ, *Manuel de droit des biens*, t. 2, *op. cit.*, p. 233, n° 21 ; L. COENJAERTS, « Les servitudes du fait de l'homme », *op. cit.*, p. 384, n° 387.

peuvent s'acquérir par la prescription », qu'un titre recognitif ne pourrait suppléer l'absence d'*instrumentum* en ce qui concerne les servitudes continues et apparentes, lesquelles peuvent, précisément, faire l'objet d'une prescription en application de l'article 690 du même Code ?[98] Tant s'en faut. Il s'agit même pour Vincent Sagaert d'une « *non-discussie* »[99] : la formulation de l'article 695 de l'ancien Code civil s'expliquerait par la circonstance que pour les servitudes continues et apparentes, il existe d'autres modes de constitution possibles – la prescription acquisitive et la destination du père de famille –, alors que pour les servitudes qui ne présentent pas cette double qualité, l'unique échappatoire qui s'offre à celui qui ne parvient pas à apporter la preuve de l'acte constitutif d'une servitude est de se procurer un titre recognitif. Retenons donc que le titre recognitif est susceptible de jouer pour les servitudes du fait de l'homme de toute nature. Le titre recognitif peut prendre diverses formes. Pointons à titre illustratif une décision du 21 avril 2021[100] du juge de paix du Tournai, qui a qualifié comme tel un plan d'implantation qui faisait expressément référence à une servitude de passage, dressé sur la base des données fournies par l'auteur de l'actuel propriétaire du fonds servant et signé par lui ; ou encore un jugement rendu le 15 février 2012 par le tribunal civil de Bruges, qui a fait l'objet d'un arrêt de la Cour de cassation du 30 janvier 2014[101]. Dans cette affaire, le tribunal avait estimé qu'une clause d'un règlement de copropriété autorisant la défenderesse en cassation à procéder, en tant que propriétaire de l'exploitation commerciale et de certains garages, à l'adaptation des garages, de l'espace pour manœuvrer et de l'issue et au recouvrement de la cour, valait titre recognitif. Répondant à un moyen de cassation de l'actuel propriétaire du fonds servant qui n'est pas reproduit dans le texte publié, la Cour de cassation a quant à elle décidé qu'« un titre de reconnaissance au sens de l'article 695 du Code civil permet d'établir un droit d'user d'une cour sous la forme d'une servitude ». La Cour de cassation a également admis que le titre recognitif puisse prendre la forme d'un aveu en action[102], soit un aveu tacite déduit du comportement du propriétaire du fonds sur lequel une servitude est revendiquée. C'est peu dire que cela a suscité des réticences en doctrine. Elle est emboîtée par les magistrats, qui font preuve d'une circonspection toute spéciale lorsqu'est invoqué devant eux un aveu extrajudiciaire non écrit, et en particulier une simple abstention du titulaire du fonds servant. Dans le sens de la méfiance, le tribunal de première instance de Bruxelles[103] a débouté la partie demanderesse de son action confessoire d'une servitude de stationnement, entre autres raisons parce que « déduire

---

[98] Certains l'ont soutenu, voy. H. De Page et R. Dekkers, *Traité élémentaire de droit civil belge*, t. VI, *op. cit.*, p. 548, n° 656.
[99] Voy. V. Sagaert, *Beginselen van Belgisch privaatrecht*, t. V, Goederenrecht, 2014, *op. cit.*, pp. 479-480, n° 591.
[100] Voy. Civ. Hainaut, division de Mons, 21 avril 2021, *J.J.P.*, 2021, p. 467.
[101] Voy. Cass., 30 janvier 2014, *Arr. cass.*, 2014, p. 319, *Pas.*, 2014, p. 311, *T. Not.*, 2014, p. 754, *T.B.O.*, 2017, p. 345, note S. De Winter.
[102] Voy. Cass., 28 janvier 1999, *Pas.*, 1999, I, p. 51, *J.L.M.B.*, 2000, p. 885, note J. Hansenne.
[103] Voy. Civ. Bruxelles, 3 février 2012, *J.T.*, 2012, p. 750, commenté par S. Boufflette, « Servitudes du fait de l'homme. Chronique de jurisprudence 2008-2014 », *op. cit.*, p. 83, et L. Coenjaerts, « Les servitudes

un titre recognitif de la passivité des propriétaires successifs de la parcelle litigieuse, sans pour autant que trente années se soient nécessairement écoulées, mettrait en péril le système des articles 690 et 691 du Code civil, puisque l'on pourrait déduire de la passivité du propriétaire un titre recognitif de servitude que l'écoulement du délai de prescription acquisitive ne permettrait pas ». Plus récemment, mais dans la même veine, le tribunal civil de Mons a appelé à la vigilance dans son jugement précité du 21 avril 2021[104] lorsqu'une partie se prévaut d'un aveu extrajudiciaire résultant d'un comportement passif, « sous peine d'admettre qu'une servitude pourtant non susceptible d'être acquise par prescription acquisitive, soit ainsi constituée ». Il arrive toutefois, de temps à autre, que l'argument tiré d'un aveu extrajudiciaire tacite fasse mouche. Dans un jugement du 26 mai 2021[105], le tribunal civil de Louvain a ainsi reconnu un aveu extrajudiciaire, valant titre recognitif d'une servitude de passage, dans l'aménagement spécifique du fonds servant réalisé par un propriétaire antérieur. En l'occurrence, le chemin litigieux était isolé du reste du fonds servant par un mur et débouchait directement – sans que le passage soit obstrué par une porte, un mur ou un autre ouvrage semblable – sur la ruelle en cul-de-sac adjacente aux fonds dominants. Le tribunal a estimé que pareille configuration ne pouvait raisonnablement s'expliquer que par la volonté de l'ancien propriétaire de reconnaître l'existence d'une servitude de passage. En toute hypothèse, quelle que soit sa forme, le tribunal civil de Mons a utilement réaffirmé, dans le même jugement du 21 avril 2021[106], que le titre recognitif doit impliquer la volonté de reconnaître l'existence de la servitude litigieuse « et non la manifestation d'une simple tolérance ou de l'octroi d'un droit personnel ». *Quod non* dans l'espèce tranchée par le tribunal de première instance de Liège, division de Verviers, dans son jugement du 5 octobre 2016[107]. *In casu*, la propriété des intimés (composée des bâtiments portant les numéros de police 7, 8 et 10) était séparée de celle des appelants (n° 9), par une cour privative à ces derniers. Les intimés réclamaient un droit de passage à travers la cour des appelants, d'une part pour le bâtiment n° 7, d'autre part, pour les bâtiments n°s 8 et 10. En premier ressort, le juge de paix de Verviers avait, partiellement, fait droit à leur demande, en leur attribuant une servitude légale pour cause d'enclave uniquement en ce qui concerne le n° 7. Saisi de l'appel de ce jugement, le tribunal liégeois a, notamment, examiné l'argument des intimés pris sur l'ancien article 695, en ce qui concerne les bâtiments n°s 8 et 10. Pour convaincre le siège de l'existence d'une servitude du fait de l'homme, les intimés invoquaient un courrier, signé de la

---

du fait de l'homme », *op. cit.*, p. 386, n° 387 ; voy. égal. J.P. Hal, 7 mars 2007, *R.G.D.C.*, 2009, p. 295, note A. Salvé.

[104] Voy. Civ. Hainaut, division de Mons, 21 avril 2021, *J.J.P.*, 2021, p. 467 ; voy. égal. J.P. Louvain, 6 mars 2018, *R.C.D.I.*, 2018/3, p. 31.

[105] Voy. Civ. Louvain, 26 mai 2021, *Res jur. imm.*, 2021, p. 260.

[106] Voy. Civ. Hainaut, division de Mons, 21 avril 2021, *J.J.P.*, 2021, p. 467. Voy. égal. Cass., 1er octobre 2012, *Arr. cass.*, 2012, p. 2088, *Pas.*, 2012, p. 1794, *R.A.B.G.*, 2013, p. 78, *T.G.R.*, 2013, p. 105, *R.W.*, 2013-2014, p. 1459, *R.G.D.C.*, 2015, p. 250, note P. Lecocq.

[107] Voy. Civ. Liège, division de Verviers, 5 octobre 2016, *J.L.M.B.*, 2017, p. 943.

main de l'un des appelants, qui les autorisait à effectuer des travaux d'aménagement dans la cour sous certaines conditions et indiquait « ne tirer aucun avantage de cette réalisation ». Le tribunal a rejeté cet argument. Il a estimé que le courrier ne pouvait valoir titre recognitif, d'abord parce qu'un tel document écrit n'impliquait aucune volonté de reconnaître une servitude et, ensuite, parce que le courrier n'émanait que d'un seul des appelants, simple copropriétaire de la cour[108]. Il convient en effet que le titre recognitif émane, soit du titulaire actuel du fonds servant, soit de l'un de ses prédécesseurs, pour autant que ce dernier disposait, au moment de sa réalisation, des prérogatives pour grever le fonds servant d'un droit réel de servitude. Devant le juge de paix de Herzele[109], les demandeurs invoquaient au soutien de leur action confessoire de servitude de passage, entre autres arguments, les mentions d'un permis de lotir ainsi que des plans déposés par les demandeurs en vue de son obtention. Ces documents n'ont pas convaincu le juge cantonal. Il a considéré qu'on ne pouvait y déceler aucune volonté des défendeurs de reconnaître l'existence de la servitude querellée. À juste titre, si l'on s'intéresse à l'origine de ces mentions : le juge de paix a relevé que c'est à la suite d'une observation écrite formulée dans le cadre de l'enquête publique que la commune a exigé des défendeurs qu'ils fournissent un nouveau jeu de plans matérialisant la prétendue servitude de passage. *A contrario*, selon un jugement prononcé par le juge de paix de Gand le 6 novembre 2019[110], exprimaient à suffisance la volonté de la défunte propriétaire du fonds servant de reconnaître une servitude de passage, et point un simple droit personnel, les clauses d'un acte notarié « constatant et réitérant authentiquement le contrat de vente et la convention constitutive de servitude », qui énonçaient notamment que « la servitude demeurera à perpétuité et à titre gratuit en faveur du fonds dominant ».

*L'alinéa 1ᵉʳ de l'article 3.117 du Code civil reproduit la possibilité, prévue à l'ancien article 695, de prouver une servitude établie par acte juridique au moyen d'un titre recognitif, et insiste sur la qualité de titulaire au moment de sa réalisation : « [l]es*

---

[108] Cette considération appelle des réflexions intéressantes sur l'étendue des pouvoirs des copropriétaires sur la chose indivise et la sanction en cas de méconnaissance de la règle d'unanimité pour les actes de disposition et ceux dépassant la simple administration provisoire. Nous avions, avec Élisabeth Jadoul, relevé que la sanction de la violation de l'article 3.73 du Code civil (art. 577-2, § 6, anc. C. civ.) n'était pas la nullité de l'acte mais son inopposabilité aux coïndivisaires qui n'ont pas participé à son élaboration (voy. E. Jadoul et N. Gofflot, « Copropriétés fortuite et volontaire : définitions, pouvoirs et extinction – La réforme en deux temps, trois mouvements », *in* P. Lecocq et al. (dir.), *Le nouveau droit des biens*, Bruxelles, Larcier, 2020, pp. 160-162, n° 19). Ruud Jansen en déduit que l'acte ne pourrait avoir aucun effet sur la situation juridique des copropriétaires tiers à l'acte, et, en particulier, ne pourrait créer de droit réel au bénéfice d'autrui (voy. R. Jansen, « Mede-eigendom », *in* V. Sagaert, J. Baeck, N. Carette, P. Lecocq, M. Muylle et A. Wylleman (éd.), *Het nieuwe goederenrecht*, Anvers, Intersentia, 2021, p. 308, n° 38). Dans cette optique, c'est à bon droit que le tribunal relève que le document n'était signé que par l'un des copropriétaires : il ne s'agit pas d'un document émanant de celui qui disposait, à l'époque, des prérogatives requises pour constituer une servitude, et, partant, pas d'un titre recognitif au sens de l'article 695 de l'ancien Code civil.
[109] Voy. J.P. Herzele, 25 mars 2021, *J.J.P.*, 2021, p. 473.
[110] Voy. J.P. Gand, 6 novembre 2019, *J.J.P.*, 2022, p. 456.

*servitudes établies par acte juridique peuvent être prouvées au moyen d'un titre recognitif émanant du titulaire du fonds servant au moment de sa rédaction ».*

**10. Acquisition par prescription acquisitive.** Il découle des articles 690 et 691 de l'ancien Code civil que les servitudes continues et apparentes, et seulement elles[111], peuvent s'acquérir par le jeu de la prescription acquisitive. Il va de soi que ce mode d'établissement des servitudes du fait de l'homme suppose la réunion des conditions générales de la prescription acquisitive, soit une possession utile, pendant un certain délai, en principe de trente ans[112]. Toujours au rang des conditions de la prescription acquisitive, nous observons qu'une jurisprudence émergente refuse qu'une situation contraire à des normes d'ordre public puisse être prescrite à titre de servitude. Dans ce sens, le juge de paix de Herstal a décidé, le 30 juin 2017[113], qu'il ne pouvait être question d'une servitude établie par prescription acquisitive dans l'affaire qui lui était soumise, dès lors que différentes infractions urbanistiques étaient avérées et que les législations relatives à l'aménagement du territoire et à l'urbanisme sont d'ordre public. Qu'on nous permette ici de nous détacher quelque peu de la matière des servitudes pour formuler quelques considérations plus générales : doit-on comprendre qu'on ne pourrait se prévaloir d'actes de possession contraires à une disposition légale ou réglementaire en matière d'aménagement du territoire ou d'urbanisme, telle qu'un règlement de lotissement[114] ? De longue date, une éminente doctrine répète le principe selon lequel on ne peut prescrire à l'encontre des lois d'ordre public[115]. Cela signifie-t-il que les délits ne peuvent jamais fonder une possession utile ? Certains l'ont dit[116], d'autres[117], plus nuancés, sont d'avis qu'il convient de distinguer les infractions instantanées des infractions continues. Selon ces auteurs, les premières pourraient, dans certains cas, conduire à l'usucapion passé le délit initial, alors que les secondes ne pourraient être prises en considération que lorsque la situation délictueuse cesse, s'agissant jusque-là de maintenir une situation de fait contraire à l'ordre public. Aussi, si

---

[111] Sur les raisons historiques et les critiques de cette différence de traitement, voy. V. SAGAERT, *Beginselen van Belgisch privaatrecht*, t. V, Goederenrecht, 2014, *op. cit.*, n° 585 ; J. HANSENNE, *Les biens. Précis*, *op. cit.*, pp. 1124-1125, n° 1116 ; H. DE PAGE et R. DEKKERS, *Traité élémentaire de droit civil belge*, t. VI, *op. cit.*, pp. 508-514, n°s 622 à 624.

[112] On rappelle que même si l'article 690 de l'ancien Code civil ne vise expressément que la seule prescription acquisitive trentenaire, une certaine doctrine estime que le possesseur de bonne foi qui dispose d'un juste titre pouvait se prévaloir de la prescription acquisitive abrégée de dix ou vingt ans de l'article 2265 (voy. P. LECOCQ, S. BOUFFLETTE, A. SALVÉ et R. POPA, *Manuel de droit des biens*, t. 2, *op. cit.*, p. 242, n° 26 et références citées).

[113] Voy. J.P. Herstal, 30 juin 2017, *J.T.*, 2019, p. 773, citant J.P. Fléron, 25 juin 2013, *J.J.P.*, 2015, p. 622.

[114] Voy. J.P. Fléron, 25 juin 2013, *J.J.P.*, 2015, p. 622, s'exprimant toutefois au sujet de la prescription du droit de « maintenir une plantation (en l'espèce un hêtre pourpre) en deçà de la limite légale ».

[115] Voy. not. J. HANSENNE, « Prescription acquisitive », *Rép. not.*, t. II, Les biens, liv. XIII, Bruxelles, Larcier, 1983, n° 16 ; H. DE PAGE et R. DEKKERS, *Traité élémentaire de droit civil*, t. VII, Bruxelles, Bruylant, 1957, p. 1144, n° 1278.

[116] Voy. H. DE PAGE et R. DEKKERS, *Traité élémentaire de droit civil*, t. V, *op. cit.*, p. 752, n° 842.

[117] Voy. J. HANSENNE, « Prescription acquisitive », *op. cit.*, n° 17 ; H. VUYE, *Bezit en bezitbescherming van onroerende goederen en onroerende rechten*, Bruges, die Keure, 1995, pp. 615-616, n° 616.

les seuls actes de possession consistent en le maintien d'actes et travaux infractionnels[118], le délai requis pour prescrire un droit réel ne commencerait à courir que lorsqu'il aurait été mis fin à la situation délictueuse, en particulier lors de l'éventuelle obtention d'un permis de régularisation ou lors de la remise en état des lieux[119]. Nous nous permettons, humblement, quelques réflexions sur cette solution. Nous comprenons de nos lectures que la violation d'une norme d'ordre public n'aurait pas « seulement » pour effet de priver la possession fondée sur des actes délictuels de son effet acquisitif mais, plus fondamentalement, qu'elle affecterait l'élément matériel de celle-ci : de tels actes ne pourraient constituer l'élément matériel de la possession[120]. Force est pourtant de constater que certains actes, quoique contraires à l'ordre public, peuvent répondre à la définition du *corpus*, en ce qu'ils expriment une réelle contradiction du droit du propriétaire de la chose concernée. Ainsi, si nous pouvons admettre que la répétition d'infractions instantanées ne puisse pas, dans tous les cas, concourir à la reconnaissance d'un *corpus possessionis*, nous concevons difficilement que le caractère délictuel d'une infraction continue telle que le maintien, sur le fonds d'autrui, d'un ouvrage contraire à une législation d'aménagement du territoire, puisse faire obstacle à toute prétention à la prescription acquisitive de l'assiette de l'ouvrage, au motif qu'il n'existerait aucun *corpus*. Une telle solution ne procéderait-elle pas d'une conception trop large du principe que nul ne peut acquérir contre l'ordre public ? Ce principe n'impliquerait-il pas, plus modestement, qu'on ne peut prétendre, avoir acquis par l'écoulement du temps un droit au maintien d'une situation contraire à l'ordre public, et donc, dans notre exemple, que le bâtisseur ne peut prétendre avoir prescrit le droit de conserver les constructions infractionnelles[121] ? Mais est-il réellement contraire aux intérêts généraux protégés par la disposition d'ordre public violée de reconnaître un effet acquisitif, en termes de propriété, aux actes matériels délictuels posés sur le bien d'autrui ? La question mérite, à tout le moins, d'être posée.

*Nous l'avons déjà mentionné*[122], *sous le nouveau régime, toutes les servitudes apparentes – l'exigence de continuité ayant disparu – peuvent s'acquérir par usucapion. En conséquence, il devient possible de prescrire certaines servitudes, jusque-là exclues du jeu de la prescription acquisitive en raison de leur caractère discontinu. Nous songeons en particulier à la servitude de passage : pour autant que les faits de passage soient réguliers et se révèlent par des ouvrages permanents ou visibles ou par des traces sur le fonds servant*[123], *une telle servitude peut à présent naître par usucapion, en vertu de l'article 3.118 du*

---

[118] Ce qui est constitutif d'une infraction continue, voy. not. Liège, 15 juin 2018, *J.T.*, 2018, p. 910 ; G. Renard, « La régularisation des infractions urbanistiques – Évolutions », *Amén.*, 2018, p. 29.
[119] Voy. L. Barnich, « Le temps qui passe », in L. Barnich et M. Van Molle (dir.), *La prescription en droit immobilier*, Limal, Anthemis, 2017, p. 21.
[120] Voy. S. Boufflette, « Possession », *Rép. not.*, t. II, Les biens, liv. XII, Bruxelles, Larcier, 2010, n° 6 a) *in fine*.
[121] Pour autant qu'un tel droit soit susceptible d'usucapion…
[122] Voy. *supra*, n° 7.
[123] Par exemple, propose l'exposé des motifs, par la « taille de la végétation, pose de revêtement du sol, aménagement d'une clôture, tonte de l'assiette du passage, traces de roues de véhicule » ; voy. Proposition de loi n° 55-0173/001, p. 290.

*Code civil. On le sait, l'application dans le temps de la loi nouvelle constitue la pierre d'achoppement de toute réforme, en particulier lorsqu'il est touché à la prescription[124]. Ajoutons qu'en droit transitoire, tout est question de fait et d'espèce, ce qui rend périlleuse toute tentative de généralisation. Maîtres Sophie Boufflette et Arianne Salvé se sont brillamment prêtées à cet exercice – à deux reprises pour la première – dans des contributions antérieures auxquelles nous nous permettons de renvoyer le lecteur intéressé[125]. Pour notre part, nous nous proposons plus modestement de présenter synthétiquement les règles de droit transitoire contenues à l'article 37 de la loi du 4 février 2020 applicables à la prescription acquisitive d'une servitude. À notre sens, il convient de distinguer selon que la servitude était ou non continue et, partant, susceptible ou non d'usucapion sous l'ancien droit. Nous proposons l'exemple suivant pour illustrer le premier scénario. Le 1ᵉʳ janvier 2013, le propriétaire du fonds A a réalisé, en toute bonne foi, une terrasse offrant une vue droite sur le fonds B voisin, à une distance inférieure à celle prescrite par la loi[126]. La vue est une servitude à la fois apparente et continue et était donc éligible à une acquisition par prescription acquisitive en application de l'article 690 de l'ancien Code civil, pour autant qu'il y ait empiètement et donc que l'ouverture fasse saillie sur le fonds voisin, par le biais d'un balcon ou d'un quelconque rebord[127]. La possession du propriétaire du fonds A au titre de titulaire d'une servitude de vue a débuté en 2013, sous l'empire de l'ancien Code, mais le délai de prescription, en principe trentenaire, n'était pas encore échu au jour de l'entrée en vigueur de la réforme, soit au 1ᵉʳ septembre 2021. L'article 37, § 2, de la loi du 4 février 2020 prévoit dans ce cas qu'au jour de l'entrée en vigueur de la réforme, le nouveau délai de prescription (en principe de dix ans[128]) se substitue à l'ancien (en principe de trente ans). Au 1ᵉʳ septembre 2021, le délai décennal de l'article 3.27 commence donc à courir, de sorte que le fonds A pourra prétendre avoir acquis une servitude du fait de l'homme au 1ᵉʳ septembre[129] 2031, soit après un peu plus de dix-huit ans de possession. Une nuance à cette substitution de principe s'impose: l'article 37, § 2, précise que la durée totale du délai de prescription ne peut excéder celle applicable sous l'ancien Code civil. Aussi, dans notre exemple, si le balcon avait été réalisé le 1ᵉʳ janvier 1993, la substitution des délais ne pourrait être admise, sous peine de prolonger le délai de prescription acquisitive jusqu'au 1ᵉʳ septembre 2031, alors que l'ancien délai de trente ans aurait expiré le 1ᵉʳ janvier 2023. Cette dernière règle répond efficacement*

---

[124] On se souviendra des questions qui avaient surgi lors de la modification des délais de prescription extinctive; voy. not. J.-Fr. VAN DROOGHENBROECK, «La prescription libératoire: paradigme ou paradoxe de la sécurité juridique – livre III, titre X – Chapitre I», *J.T.*, 2004, pp. 337-339.

[125] Voy. S. BOUFFLETTE et A. SALVÉ, «Chapitre 1. Les principes généraux du droit des biens (titre Iᵉʳ du nouveau livre 3 du Code civil) et le droit transitoire de la réforme du 4 février 2020», in N. Bernard et V. Defraiteur (dir.), *Le droit des biens au jour de l'entrée en vigueur de la réforme*, Bruxelles, Larcier, 2021, pp. 7-12; S. BOUFFLETTE, «Chapitre 3. Des servitudes», *op. cit.*, pp. 272-273, nᵒˢ 12-13.

[126] À l'article 678 hier et à l'article 3.132 aujourd'hui.

[127] P. LECOCQ, S. BOUFFLETTE, A. SALVÉ et R. POPA, *Manuel de droit des biens*, t. 2, *op. cit.*, p. 308, nᵒ 73, et références citées.

[128] L'article 3.27 du Code civil prévoit désormais que le délai de prescription est de dix ans si le possesseur est de bonne foi – et il est présumé l'être par l'article 3.22 – et de trente ans si le possesseur était de mauvaise foi au jour de son entrée en possession.

[129] Aux termes de l'article 2261 de l'ancien Code civil, la prescription est acquise lorsque le dernier jour du terme est accompli; voy. J. HANSENNE, «Prescription acquisitive», *op. cit.*, nᵒ IX.

*au souci du législateur de ne pas décevoir les attentes légitimes de ceux qui sont entrés en possession d'une servitude continue et apparente avant l'entrée en vigueur du livre 3. En bref, ces possesseurs peuvent, au mieux, voir leur délai de prescription écourté, au pire, inchangé, mais leur délai ne sera pas allongé du seul fait de l'entrée en vigueur des nouvelles dispositions. Notre second scénario, celui des servitudes autrefois imprescriptibles parce que discontinues, appelle des développements moindres. On songe en particulier aux servitudes de passage dont la possession peut désormais être pourvue d'un effet acquisitif à la condition qu'elles soient apparentes au sens de l'article 3.115 du Code civil. Nous adhérons à l'analyse de Sophie Boufflette*[130]*, qui estime que l'article 37, § 2, ne trouve pas à s'appliquer dans ce cas, aucun délai de prescription n'ayant commencé à courir avant l'entrée en vigueur de la réforme. Il convient dès lors d'appliquer l'article 37, § 1ᵉʳ, aux termes duquel les dispositions du livre 3 « s'applique[nt] à tous les actes juridiques et faits juridiques qui ont eu lieu après [leur] entrée en vigueur ». Partant, le délai de dix ou de trente ans de l'article 3.27 n'a pu commencer à courir qu'au 1ᵉʳ septembre 2021. Celui qui aurait possédé, de bonne foi, un immeuble au titre de titulaire d'une servitude apparente et, anciennement, discontinue ne pourra donc prétendre avoir acquis un tel droit qu'au plus tôt en 2031.*

**11. Acquisition par destination du père de famille.** Le législateur a organisé aux articles 692 et 693 de l'ancien Code civil un mode d'acquisition propre aux servitudes, appelé « destination du père de famille », lequel est ouvert, à nouveau, aux seules servitudes continues et apparentes. La Cour de cassation a donc logiquement censuré, par un arrêt du 21 mars 2013[131], la décision du tribunal de première instance de Charleroi, d'admettre la création d'une servitude de canalisation (discontinue[132]) par destination du père de famille, qui s'exerçait par le biais d'une canalisation charriant les eaux usées provenant du fonds des défendeurs en cassation. *A contrario*, du côté de la jurisprudence de fond, on trouve par exemple un jugement du 10 octobre 2018 du juge de paix de Westerlo[133], qui a admis l'établissement par destination du père de famille d'une servitude dérogatoire aux distances légales de plantation, au bénéfice du propriétaire d'un érable planté à moins de deux mètres de la limite divisoire des fonds. Ce jugement nous offre l'occasion de rappeler que si nous estimons, avec bien d'autres[134], qu'une servitude du fait de l'homme contraire aux distances légales de plantation ne pourrait être prescrite acquisitivement, à défaut de *corpus* sur le bien d'autrui, pareille servitude pourrait néanmoins s'établir

---

[130] Voy. S. Boufflette, « Chapitre 3. Des servitudes », *op. cit.*, p. 272, n° 12.
[131] Voy. Cass., 21 mars 2013, *Arr. cass.*, 2013, p. 798, *Pas.*, 2013, p. 766, *R.W.*, 2014-2015, p. 618, *R.G.D.C.*, 2015, p. 247, *T.B.O.*, 2015, p. 79, note K. Swinnen.
[132] Voy. *supra*, n° 6.
[133] Voy. J.P. Westerlo, 10 octobre 2018, *R.A.B.G.*, 2019, p. 956, *J.J.P.*, 2019, p. 530.
[134] Voy. P. Lecocq, S. Boufflette, A. Salvé et R. Popa, *Manuel de droit des biens*, t. 2, *op. cit.*, p. 313, n° 77 et références citées en note 1703 ; en jurisprudence, toujours durant la période recensée, voy. Civ. Bruxelles, 25 novembre 2014, *J.T.*, 2015, p. 359, note N. Bernard ; *contra* : le jugement de Westerlo présentement commenté qui, dans l'un de ses motifs, prétend qu'une telle servitude peut s'acquérir par usucapion.

par destination du père de famille, ce mode d'établissement ne supposant pas la démonstration d'un *corpus*, d'une mainmise matérielle, sur le fonds servant.

Venons-en aux conditions d'application de la destination du père de famille. Elles sont au nombre de trois: l'appartenance antérieure des fonds à un seul propriétaire, la réalisation par ce propriétaire d'un lien de service entre les deux fonds et le maintien de ce lien lors de la division[135]. Dans l'affaire soumise à la Cour de cassation durant la période recensée, il était question de vues; et, selon la haute juridiction, «[…], les vues existant au moment où le propriétaire divise son fonds, continuent de grever un des fonds divisés au profit de l'autre fonds divisé »[136]. Sur le plan probatoire, précisons que celui qui se prévaut d'une servitude née par destination du propriétaire a la charge de démontrer, par toutes voies de droit, d'une part, que les fonds aujourd'hui séparés étaient jadis réunis dans les mains d'une seule personne et, d'autre part, que cette dernière a instauré un lien de service entre les fonds[137]. Il ne lui appartient pas, en revanche, d'établir la volonté de maintenir ce lien d'asservissement au jour de la division. La preuve du contraire incombe à celui qui conteste l'existence de la servitude. La Cour de cassation s'est récemment prononcée sur la teneur de cette preuve contraire dans un arrêt du 22 avril 2021[138]. Les faits à l'origine de cette affaire peuvent être brièvement résumés comme suit. Les fonds concernés ont tous deux appartenu à un sieur G.C. Au terme d'un acte notarié du 25 juin 2012, G.C. a vendu à son fils V.C., demandeur en cassation, le bâtiment n° 217 et le terrain y attenant, en restant propriétaire du bâtiment contigu, n° 215. Au jour de cette division-vente, une fenêtre de l'immeuble n° 217 offrait une vue droite sur l'arrière du fonds n° 215. Quelques mois plus tard, le 9 septembre 2013, les défendeurs en cassation ont acquis de G.C. le fonds n° 215 et ont recherché en justice l'obturation de la vue litigieuse, qui ne répondait pas au prescrit de l'article 678 de l'ancien Code civil. Leur demande a été accueillie par le tribunal de première instance de Charleroi, statuant en degré d'appel. Le magistrat a fondé sa décision sur une clause contenue dans le titre de propriété des défendeurs en cassation. L'acte de vente du 9 septembre 2013, conclu entre G.C. et les défendeurs en cassation, énonçait que «le bien est vendu avec toutes les servitudes actives et passives y attachées, continues ou discontinues, apparentes ou occultes pouvant l'avantager ou le grever, sans recours contre le vendeur» et que «[l]e vendeur déclare qu'il n'a personnellement conféré aucune servitude sur le bien vendu et qu'à sa connaissance il n'en existe aucune et que son titre de propriété ne mentionne aucune condition spéciale, à l'exception de celles

---

[135] Voy. not. P. Lecocq, S. Boufflette, A. Salvé et R. Popa, « Le droit des biens. Les droits réels démembrés », *op. cit.*, p. 79, n° 76.

[136] Voy. Cass., 22 avril 2021, R.G. n° C.20.0088.F, disponible sur https://juportal.be; voy. égal. Cass., 25 mars 2013, *Arr. cass.*, 2013, p. 826, *Pas.*, 2013, p. 784, *R.G.D.C.*, 2015, p. 246.

[137] Voy. not. J. Hansenne, *Les biens. Précis*, t. II, *op. cit.*, p. 1130, n° 1119; I. Durant, « La destination du père de famille: un aménagement au potentiel effet créateur et extinctif de servitude », in J.-Fr. van Drooghenbroeck (dir.), *Le temps et le droit*, Bruxelles, Bruylant, 2013, p. 206, n° 6.

[138] Voy. Cass., 22 avril 2021, R.G. n° C.20.0088.F, disponible sur https://juportal.be.

éventuellement reprises ci-après ». Le tribunal a déduit de ces mentions – ultérieures à l'acte opérant division, insistons-y – l'intention du propriétaire initial G.C. de ne pas maintenir le lien de service à charge du fonds n° 215 au profit du fonds n° 217. Il a donc exclu la naissance d'une servitude par destination du propriétaire. La Cour de cassation a cassé le jugement attaqué sur ces points ; elle a décidé qu'il suit des articles 688, alinéa 2, 689, alinéa 2, 692 et 693 de l'ancien Code civil que « sauf volonté contraire des parties à l'acte de division, les vues existant au moment où le propriétaire divise son fonds continuent de grever un des fonds divisés au profit de l'autre », et qu'en conséquence, « [e]n déduisant de la seule volonté [du] propriétaire originaire qu'aucune servitude par destination du père de famille n'est née à la division nonobstant le maintien des lieux en l'état, le jugement attaqué viole l'article 693 de l'ancien Code civil ». Quels enseignements tirer de ces attendus de la haute juridiction ? Cet arrêt accrédite, à notre avis, l'analyse selon laquelle l'article 693 de l'ancien Code civil tire du maintien du lien d'utilité au jour de la séparation des fonds une présomption d'accord tacite des parties à l'acte de division de conserver l'état d'asservissement établi par le « père de famille »[139]. Faut-il également comprendre de cet arrêt que la seule volonté du propriétaire originaire, si elle ne s'extériorise pas à travers une annihilation du lien de service antérieure à la division, serait impuissante à renverser cette présomption et donc à faire obstacle à la transformation de ce lien en servitude lors de la séparation des fonds ? Les circonstances particulières de la cause incitent à la prudence. Dans le jugement attaqué, le tribunal civil de Charleroi avait en effet déduit l'intention du propriétaire originaire de mettre un terme au service foncier d'une clause contenue dans un acte *postérieur* à l'acte de division. Dans ces conditions, la cassation était évidente : la volonté du seul vendeur du fonds servant, quoiqu'autrefois propriétaire de l'ensemble, exprimée à un moment où la division était déjà acquise, ne peut évidemment anéantir le droit réel de servitude né au moment de la séparation des fonds. On peut se demander si l'issue du litige aurait été identique dans l'hypothèse où, nonobstant le maintien des lieux en état, le « père de famille » avait exprimé sa volonté de mettre fin au lien de service avant ou lors de la division des parcelles. La Cour de cassation aurait-elle reproché au juge du fond une violation de l'article 693 de l'ancien Code au motif qu'il aurait déduit « de la seule volonté [du] propriétaire originaire qu'aucune servitude par destination du père de famille n'est née à la division » ? Il est permis d'en douter. Il est en revanche certain que la présomption d'accord sur le maintien du lien de service peut être contredite par une clause issue de l'acte de division. Le juge de paix de Brasschaat[140] a reconnu pareille convention dérogatoire dans une clause de l'acte de division-vente qui qualifiait de mitoyen le mur dans lequel diverses

---

[139] Voy., sur l'existence de cette présomption, J. KOKELENBERG, V. SAGAERT, Th. VAN SINEY et R. JANSEN, « Overzicht van rechtspraak (2000-2008). Zakenrecht », *T.P.R.*, 2009, pp. 1578-1579, n° 466 ; P. LECOCQ, S. BOUFFLETTE, A. SALVÉ et R. POPA, « Le droit des biens. Les droits réels démembrés », *op. cit.*, pp. 81-82, n° 76.
[140] Voy. J.P. Brasschaat, 26 décembre 2001, *R.W.*, 2003-2004, p. 1155.

ouvertures avaient été percées. On peut approuver son analyse, si on garde à l'esprit que l'article 675 de l'ancien Code civil interdit à chaque copropriétaire mitoyen de pratiquer sans le consentement de l'autre une quelconque fenêtre ou ouverture dans un mur mitoyen[141].

À l'article 3.119 du Code civil, la destination du père de famille devient la destination du propriétaire. L'appellation se modernise et le bénéfice de ce mécanisme est étendu à toutes les servitudes apparentes, au sens de l'article 3.115 du Code civil, qu'elles nécessitent ou non le fait actuel ou répété de l'homme.

**12. Destination du père de famille – Cas particulier de l'article 694 de l'ancien Code civil.** L'article 694 de l'ancien Code civil traite non de l'établissement d'une servitude continue et apparente par destination du père de famille, mais du rétablissement d'une servitude apparente. L'article 694 porte que « [s]i le propriétaire de deux héritages entre lesquels il existe un signe apparent de servitude dispose de l'un des héritages sans que le contrat ne contienne aucune convention relative à la servitude, elle continue d'exister activement ou passivement en faveur du fonds aliéné ou sur le fonds aliéné ». Trois étapes sont requises pour l'application de l'article 694 : tout d'abord, les héritages entre lesquels existe un rapport d'assujettissement apparent doivent avoir appartenu à des personnes différentes, ensuite, ils doivent avoir été la propriété d'un même individu ayant maintenu le lien de service entre eux, et, enfin, avoir été à nouveau séparés[142]. La servitude apparente qui s'était éteinte par confusion renaît, étant entendu qu'il appartient à celui qui invoque cet article à son profit qu'il prouve, selon les règles de droit commun, l'existence antérieure de ladite servitude[143] [144].

---

[141] Voy. not. sur cette question J. HANSENNE, *Les biens. Précis*, t. II, *op. cit.*, pp. 1165, n° 1181 et pp. 983-984, n° 1169.

[142] Voy. P. LECOCQ, S. BOUFFLETTE, A. SALVÉ et R. POPA, *Manuel de droit des biens*, t. 2, *op. cit.*, p. 249, n° 30.

[143] Voy. V. SAGAERT, *Beginselen van Belgisch privaatrecht*, t. V, Goederenrecht, 2014, *op. cit.*, p. 484, n° 597 ; J. KOKELENBERG, « Gods (afval)water over Gods akker laten lopen : erfdienstbaarheid, burenhinder of geen van beiden ? », note sous J.P. Zelzate, 27 avril 2006, *R.G.D.C.*, 2007, p. 539, n° 6 ; H. DE PAGE et R. DEKKERS, *Traité élémentaire de droit civil belge*, t. VI, *op. cit.*, n° 634 ; Fr. LAURENT, *Principes de droit civil*, t. VIII, *op. cit.*, p. 220, n° 184.

[144] Nous relevons, avec Pascale Lecocq, Sophie Boufflette, Arianne Salvé et Raluca Popa, que dans le cadre d'un pourvoi en cassation dirigé contre une décision du tribunal civil de Bruxelles, le demandeur en cassation soutenait cependant que l'article 694 n'exige pas l'existence d'une servitude antérieure, mais seulement celle d'un signe apparent de servitude. Il reprochait à la décision attaquée de ne pas avoir constaté, en fait, l'existence d'un signe apparent de servitude. Dans un arrêt de rejet du 8 octobre 2007 (voy. Cass., 8 octobre 2007, *Arr. Cass.*, 2007, p. 1865, *Pas.*, 2007, p. 1721), la Cour de cassation relève que le jugement attaqué constatait bien l'absence d'apparence de servitude entre les fonds concernés et ne décèle dans sa motivation aucune violation de l'article 694 du Code civil, le moyen étant d'ailleurs contradictoire et, partant, irrecevable. Eu égard à la motivation de l'arrêt de rejet, aucun enseignement ne peut être déduit quant à la question de savoir si celui qui invoque l'article 694 du Code civil doit établir la constitution par titre d'une servitude apparente avant la réunion des héritages en une seule main, ou simplement une apparence de servitude (voy. P. LECOCQ, S. BOUFFLETTE, A. SALVÉ et R. POPA, *Manuel de droit des biens*, t. 2, *op. cit.*, p. 250, n° 30).

*Le législateur n'a pas conservé dans le livre 3 le mécanisme de rétablissement d'une servitude apparente de l'ancien article 694*[145]*. Il lui a préféré l'ajout d'une réserve dans la disposition relative à l'extinction des servitudes pour confusion, examinée ultérieurement*[146]*.*

## Section 3
## Droits et obligations des parties

**13. Étape liminaire – Détermination de l'étendue de la servitude.** L'usage et l'étendue d'une servitude du fait de l'homme se règlent par le titre qui les constitue[147]. À propos d'une servitude conventionnelle, le tribunal civil de Charleroi, dans un jugement du 2 mai 2018[148], a précisé que le juge doit interpréter les actes constitutifs de servitude selon les règles contenues aux articles 1156 à 1164 de l'ancien Code civil. Aussi, en application de l'article 1156, doit-il rechercher la volonté réelle des parties, au-delà du sens littéral des termes de la convention, sans pour autant, l'a rappelé le tribunal de première instance de Liège le 14 février 2019[149], dénaturer les termes clairs qu'elle contient. En cas de doute sur la volonté réelle des parties, le titre s'interprète en faveur de celui qui s'oblige en vertu de l'article 1162 de l'ancien Code civil[150], et donc en faveur du fonds servant. Cette règle d'interprétation est d'autant plus importante en matière de servitudes qu'il est classiquement enseigné que la propriété libre est la règle, la propriété assujettie l'exception, de sorte qu'une interprétation restrictive est généralement prônée[151]. On ne saurait dès lors trop insister sur l'importance des termes choisis lors de la rédaction de l'acte constitutif de servitude. La Cour de cassation en fournit encore une belle illustration dans son arrêt du 11 février 2016[152], à propos de l'emploi des termes « décharge » et « chemin de décharge » (*losweg*). L'utilisation de ces termes implique nécessairement, selon la Cour, une restriction du droit de passage concédé. Elle a par conséquent censuré le jugement dont pourvoi, dans

---

[145] Voy. Proposition de loi n° 55-0173/001, p. 223.
[146] Voy. *infra*, n° 20.
[147] Voy. not. Bruxelles, 28 novembre 2014, *R.C.D.I.*, 2015/4, p. 21.
[148] Voy. Civ. Hainaut, division de Charleroi, 2 mai 2018, *J.J.P.*, 2020, p. 537.
[149] Voy. Civ. Liège, division de Liège, 14 février 2019, *J.L.M.B.*, 2019 p. 1805, note E.J.
[150] Voy. toujours Civ. Hainaut, division de Charleroi, 2 mai 2018, *J.J.P.*, 2020, p. 537.
[151] Voy. P. Lecocq, S. Boufflette, A. Salvé et R. Popa, *Manuel de droit des biens*, t. 2, *op. cit.*, p. 251, n° 31 ; N. Bernard, *Précis de droit des biens*, *op. cit.*, n° 1132 ; V. Sagaert, « Over de hoogte van erfdienstbaarheden », note sous Civ. Tongres, 14 novembre 2011, *R.W.*, 2012-2013, pp. 1473 et s. ; H. De Page et R. Dekkers, *Traité élémentaire de droit civil belge*, t. VI, *op. cit.*, n° 619. Comp. J. Hansenne, *Les biens. Précis*, t. II, *op. cit.*, n° 1121, qui préconise une interprétation *stricte*. C'est aussi l'interprétation recommandée par le juge de paix de Mons le 14 mars 2016, *J.J.P.*, 2017, p. 142.
[152] Voy. Cass., 11 février 2016, *T. Not.*, 2016, p. 220, note A. Van den Bossche ; notons que la Cour s'était déjà prononcée dans ce sens, à l'occasion d'un arrêt du 8 juin 1989 : « Les expressions "losweg" et "chemin de décharge" utilisées dans l'acte constitutif d'une servitude contiennent nécessairement une restriction par rapport à une servitude générale de passage, les mots "los" et "décharge", introduisant une qualification de la notion de passage » (voy. Cass., 8 juin 1989, *J.T.*, 1990, p. 269, note J.-Fr. Romain).

lequel les magistrats composant le tribunal de première instance de Bruxelles avaient décidé que le chemin de décharge pouvait être utilisé pour tout ce qui est utile à l'usage du fonds dominant en tant qu'habitation familiale avec jardin. Ce faisant, ils ont donné à l'acte constitutif une interprétation qui n'est pas conciliable avec ses termes et ont méconnu la foi due aux actes[153]. Pour s'aider dans sa tâche d'interprétation, le juge peut utiliser la possession de la servitude comme élément révélateur de la volonté des parties, peu importe que celle-ci soit ou non susceptible d'usucapion[154]. La détermination de la portée d'une servitude conventionnelle peut s'avérer extrêmement délicate lorsque l'opération n'a pas été couchée par écrit ou que l'*instrumentum* n'est pas rapporté. Dans un intéressant jugement du 26 mai 2021[155], le tribunal de première instance de Louvain a dû ainsi se prononcer sur l'étendue d'une servitude de passage dont l'existence avait été reconnue par un aveu extrajudiciaire déduit du comportement d'un précédent propriétaire du fonds servant. Pour ce faire, il a considéré qu'« en l'absence d'écrit fixant les modalités concrètes d'une servitude, il doit être admis que la servitude peut être exercée de n'importe quelle façon, dans les limites de l'objectif pour lequel elle est établie, à condition qu'il n'y ait pas d'aggravation sensible de la situation du fonds servant »[156].

*Dans le livre 3, la détermination de l'étendue d'une servitude du fait de l'homme requiert, comme par le passé, un examen de l'acte juridique ou du fait juridique qui en est à la source. L'article 3.120 dispose que « l'usage et l'étendue d'une servitude du fait de l'homme se règlent en se référant à la volonté des parties telle qu'exprimée au titre qui la constitue ou la reconnaît », « à l'exercice de fait de la servitude », en particulier s'il s'agit d'une servitude née par prescription acquisitive*[157] *— tantum praescriptum quantum possessum —, ou encore « à la situation des lieux constitutive du lien de service », quand une servitude est établie par destination du propriétaire. Lorsqu'il examine cette disposition, Koen Swinnen affirme que ces trois éléments, titre, exercice de fait et situation des lieux constitutive du lien de service, s'appliquent aux servitudes en fonction de leur mode d'établissement et ne sont pas cumulatifs*[158]. *Faut-il déduire de l'article 3.120 qu'en*

---

[153] On retrouve pareille interprétation restrictive dans une décision du tribunal de première instance de Termonde du 12 mai 2016, voy. Civ. Flandre orientale, division de Termonde, 12 mai 2016, *R.G.D.C.*, 2016, p. 523, *T.G.R.*, 2016, p. 272 : « la servitude de décharge et d'accès ne peut être utilisée que conformément à sa destination, à savoir en vue d'apporter ou d'emporter, via le passage, des matériaux, des biens ou des matières premières lorsque c'est plus souhaitable que de le faire via la porte de l'habitation et, par conséquent, aucunement en vue de servir de passage habituel ou de lieu de stockage » (traduction libre).
[154] Voy. P. Lecocq, S. Boufflette, A. Salvé et R. Popa, *Manuel de droit des biens*, t. 2, *op. cit.*, pp. 251-252, n° 31 ; J. Hansenne, *Les biens. Précis*, t. II, *op. cit.*, p. 1132, n° 1122.
[155] Voy. Civ. Louvain, 26 mai 2021, *Res jur. imm.*, 2021, p. 260 ; voy. *supra*, n° 9.
[156] Traduction libre.
[157] Voy. Proposition de loi n° 55-0173/001, p. 223.
[158] Voy. K. Swinnen, « Erfdienstbaarheden », *op. cit.*, p. 394, n° 43 : « *Zoals uit de toelichting blijkt, heeft elk van deze elementen betrekking op erfdienstbaarheden die op een specifieke wijze zijn ontstaan (en gaat het dus niet zozeer om cumulatieve elementen) : 1) de bedoeling van de partijen geldt voor erfdienstbaarheden die door een rechtshandeling zijn ontstaan, 2) de feitelijke uitoefening geldt voor erfdienstbaarheden die door verkrijgende verjaring zijn ontstaan en 3) de plaatselijke gesteldheid geldt voor erfdienstbaarheden ontstaan door bestemming door de eigenaar*».

*présence d'une servitude constituée par acte juridique, il n'est plus permis au praticien d'avoir égard à l'exercice de fait de la servitude par le fonds dominant? La réponse est, à notre avis, négative. Ni la lettre de l'article 3.120, ni même les travaux parlementaires n'excluent que la possession puisse toujours constituer un indice de l'intention commune des parties et, partant, être prise en considération pour déterminer l'étendue de la servitude conférée au fonds dominant. Ajoutons que la servitude étant un acte consensuel*[159]*, dont l'existence pourrait notamment être établie par un titre recognitif, il n'y aura pas forcément de « titre », au sens d'*instrumentum*, révélant la volonté des parties.*

**14. Situation du fonds dominant – Usage selon le titre et interdiction d'aggravation (art. 702 anc. C. civ.) et exercice abusif de la servitude.** Le fonds dominant se voit imposer une double limite à l'article 702 de l'ancien Code civil : d'une part, il ne peut user de la servitude que suivant son titre, et, d'autre part, il ne peut – même en restant dans les prescriptions de son titre – aggraver la situation du fonds servant. C'était la première de ces règles qui était en jeu dans l'arrêt du 21 novembre 2002[160] de la Cour de cassation. Le litige se nouait autour d'une servitude de passage instituée au profit du fonds des défendeurs en cassation par un acte du 15 juin 1976, à charge des parcelles alors cadastrées n^os 8/A, 6/B et 8/B, acquises en 1981 et 1985 par les demandeurs en cassation. Cette servitude permettait l'accès au fonds des défendeurs depuis une certaine rue d'Astenet. Cet accès n'était toutefois qu'indirect : les défendeurs devaient en outre traverser un terrain cadastré n° 8/D qui avait appartenu dans un premier temps à la commune de Raeren, mais qui, le 8 décembre 1988, est arrivé dans les mains des demandeurs. Statuant sur l'action confessoire des défendeurs en cassation, le tribunal civil d'Eupen avait dit pour droit que « la servitude de passage donnant accès à la rue d'Astenet constituée au profit du fonds appartenant à la défenderesse s'exercera sur la totalité du fonds propriété des demandeurs », au motif que « la servitude instituée par l'acte du 15 juin 1976 devait permettre l'accès à la rue d'Astenet au profit du fonds de la défenderesse, en sorte que, par application des articles 696[161] et 701 du Code civil, les demandeurs doivent accepter que la servitude s'exerce également sur le terrain qu'ils ont acquis le 8 décembre 1988 de la commune de Raeren ». À tort suivant la Cour de cassation : le jugement attaqué ne pouvait légalement décider, sur la base des articles 696 et 701, que les demandeurs en cassation étaient tenus de laisser s'exercer la servitude conventionnelle de passage concédée en 1976 sur la parcelle n° 8/D, alors qu'il ne ressortait pas de ses constatations que ladite parcelle était grevée d'une servitude de passage ou que le fonds dominant était enclavé. Le titulaire du fonds dominant ne peut donc, sans violer l'article 702, exercer son droit de passage sur une autre parcelle que celle désignée dans l'acte

---

[159] Voy. *supra*, n° 8.
[160] Voy. Cass., 21 novembre 2002, *Arr. cass.*, 2002, p. 2526, *J.T.*, 2003, p. 117, *Pas.*, 2002, p. 2219, *Res jur. imm.*, 2002, p. 362.
[161] Lequel dispose que « [q]uand on établit une servitude, on est censé accorder tout ce qui est nécessaire pour en user. Ainsi la servitude de puiser de l'eau à la fontaine d'autrui emporte nécessairement le droit de passage ».

constitutif[162]. La lecture de la jurisprudence révèle que les titulaires des fonds servants invoquent fréquemment les limites du titre constitutif lorsque les bénéficiaires d'une servitude de passage entendent l'exercer selon d'autres modalités, et en particulier au moyen d'autres moyens de transport, que celles expressément convenues[163]. C'était le cas dans un jugement du 4 septembre 2014[164] de la justice de paix de Waremme, qui concernait une servitude de passage limitée « aux cas de nécessité seulement, c'est-à-dire au transport de paille, fumier et provisions, entrée et sortie de bêtes à cornes et tous autres cas analogues ». Le tribunal a déduit des termes de l'acte constitutif, de la configuration initiale des lieux (l'assiette de la servitude traversait à l'origine un seuil de trois marches), et d'un précédent jugement du tribunal civil de Liège de 1976 qui tranchait un litige entre les auteurs des adversaires, qu'était seulement autorisé un passage pédestre en vue de l'usage normal d'un jardin ; il en a conclu que le fonds dominant ne pouvait prétendre emprunter l'assiette de la servitude « avec un véhicule automobile à quatre roues pour rejoindre un garage construit par ses soins […] en remplacement de l'abri de jardin dont question au jugement du tribunal de première instance de Liège », car « [i]l s'agit en effet ainsi, non plus d'un accès destiné à un usage normal d'un jardin (et accessoirement d'un abri y établi), mais bien de l'usage d'une voie carrossable, avec un véhicule automobile pour rejoindre un garage à tout moment ».

Nous observons que face à un titre ancien, stipulant des conditions ou des modalités d'exercice devenues obsolètes, une certaine jurisprudence a parfois fait preuve de davantage de souplesse et admis que le titulaire du fonds dominant outrepasse quelque peu son titre, à la condition que la condition du fonds servant n'en soit pas aggravée – ou, à tout le moins, ne le soit pas déraisonnablement[165] – et que la modification de la servitude ne porte pas atteinte à la finalité de la servitude, telle que voulue par les auteurs de l'acte constitutif. Le tribunal de Bruges a résumé, le 7 décembre 2016[166], cette ligne de conduite dans les termes suivants : « l'interdiction d'aggravation de l'article 702 de l'ancien Code civil n'exclut pas une certaine modernisation du mode d'exercice des servitudes. Toutefois, l'usage actuel de la servitude doit correspondre au degré de nuisance prévu par les parties au moment de son établissement »[167]. Entre autres décisions

---

[162] Voy. not., en doctrine, M. Reynebeau, « Evolutieve interpretatie van een erfdienstbaarheid van overgang : hoe ver (of hoe breed) mag de rechter gaan ? », note sous Civ. Flandre occidentale, division de Bruges, 7 décembre 2016, *R.W.*, 2018-2019, p. 28.
[163] Voy. p. ex. J.P. Fontaine-L'Évêque, 26 août 2004, *J.L.M.B.*, 2005, p. 1749 ; Civ. Bruxelles, 12 février 2001, *J.J.P.*, 2002, p. 219.
[164] Voy. J.P. Waremme, 4 septembre 2014, *J.L.M.B.*, 2016, p. 92.
[165] Voy. P. Lecocq, S. Boufflette, A. Salvé et R. Popa, *Manuel de droit des biens*, t. 2, *op. cit.*, p. 254, n° 33.
[166] Voy. Civ. Flandre occidentale, division de Bruges, 7 décembre 2016, *R.W.*, 2018-2019, p. 28, note M. Reynebeau.
[167] Traduction libre, en néerlandais dans le texte « *Het verzwaringsverbod van art. 702 BW sluit een modernisering van de uitoefeningswijze van erfdienstbaarheden niet uit. Het huidige gebruik moet wel binnen de wijze van belasting vallen die de partijen op het ogenblik van de vestiging hebben beoogd* ».

dans ce sens[168], nous épinglons le jugement du 8 janvier 2019 de la justice de paix de Lierre[169] qui a décidé qu'une servitude de passage « pour un cheval et une charrette » devait être interprétée dans un sens qui lui conserve son utilité actuelle, et, partant, comme autorisant un passage avec un véhicule motorisé ou un véhicule de travail, tel qu'un tracteur[170], ce qui n'alourdit pas la charge du fonds servant. C'est la même opinion que l'on découvre dans une décision du 14 mars 2016[171] de la justice de paix de Mons, qui a admis que l'utilité actuelle d'une servitude « de passage à pieds et avec brouettes et bestiaux » figurant dans un acte notarié de 1913, était de permettre l'accès à l'arrière des habitations contiguës, de sorte que le passage en moto ne meconnaît pas l'article 702 de l'ancien Code civil.

La seconde règle de l'article 702 de l'ancien Code civil, qui interdit au fonds dominant de faire des changements qui aggravent la situation du fonds asservi, est le plus souvent invoquée devant les juridictions à propos de modification de l'occupation ou de la destination[172] [173] du fonds dominant. Ainsi, dans son jugement du 14 février 2019[174], le tribunal de première instance de Liège s'est penché sur le projet du propriétaire du fonds dominant de réaliser un duplex au regard d'une servitude de passage constituée au profit d'« un appartement à aménager au troisième étage ». Il n'y a vu aucune violation de l'article 702 de l'ancien Code civil, dans la mesure où l'immeuble concerné était un immeuble de rapport, qui comptait au moins huit studios et hébergeait déjà plus de dix personnes ; il a néanmoins ajouté, à titre d'*obiter dictum*, que l'aménagement du dernier étage en un commerce ou en une salle de sport aurait pu constituer une aggravation prohibée par cette disposition, compte

---

[168] Voy. not. Civ. Flandre occidentale, division de Bruges, 7 décembre 2016, *R.W.*, 2018-2019, p. 28, note M. Reynebeau ; J.P. Mons, 14 mars 2016, *J.J.P.*, 2017, p. 142 ; Civ. Louvain, 25 mai 2012, *R.C.D.I.*, 2013/4, p. 30 ; Civ. Termonde (réf.), 24 septembre 2008, *T.G.R.*, 2009, p. 8 ; J.P. Fontaine-L'Évêque, 26 août 2004, *J.L.M.B.*, 2005, p. 1749 ; Civ. Bruxelles, 12 février 2001, *J.J.P.*, 2002, p. 219, note P.L.

[169] Voy. J.P. Lierre, 8 janvier 2019, *R.A.B.G.*, 2019, p. 969.

[170] Le juge a toutefois précisé que, selon lui, il ne pourrait être question d'accorder au fonds dominant un passage plus large que la largeur conventionnellement déterminée, sous peine de méconnaître l'article 1134 de l'ancien Code civil.

[171] Voy. J.P. Mons, 14 mars 2016, *J.J.P.*, 2017, p. 142.

[172] Voy. p. ex. Civ. Hainaut, division de Charleroi, 2 mai 2018, *J.J.P.*, 2020, p. 537, qui estime que la transformation d'une pièce de vie en garage ne méconnaît pas l'article 702 de l'ancien Code civil, « dès lors que, même sans garage, l'utilité de stationner son véhicule dans la cour subsiste, notamment pour des motifs de confort et de sécurité ». Voy. égal., quoiqu'antérieurs à la période étudiée, J.P. Liège, 20 juin 2012, *J.L.M.B.*, 2013, p. 519, concernant l'impact d'une ouverture d'une salle de sport sur la situation du fonds offrant le passage ; J.P. Saint-Trond, 7 février 2012, *R.C.D.I.*, 2013/4, p. 35, statuant sur la démolition de quatre maisons d'habitation pour construire un complexe de trois bâtiments accueillant 33 appartements ; J.P. Bruges, 6 novembre 2006, *T.G.R.*, 2011, p. 332, à propos d'un magasin devenu parking souterrain ; J.P. Zelzate, 16 octobre 2003, *Rev. dr. rur.*, 2004, p. 146, toujours à propos d'une servitude de passage, initialement consentie à un fonds utilisé pour une exploitation agricole, mais par la suite boisée.

[173] Voy. égal. Civ. Louvain, 25 mai 2012, *R.C.D.I.*, 2013/4, p. 30 ; J.P. Westerlo, 20 avril 2009, *T. Not.*, 2009, p. 567, toutes deux commentées par S. Boufflette, « Servitudes du fait de l'homme. Chronique de jurisprudence 2008-2014 », *op. cit.*, pp. 99-101, n° 37.

[174] Voy. Civ. Liège, division de Liège, 14 février 2019, *J.L.M.B.*, 2019, p. 1805.

tenu de l'accroissement significatif du nombre de passages que cela aurait impliqué. Dans la même veine, ne constitue pas une aggravation d'une servitude de passage, selon un jugement du 19 avril 2018[175] du tribunal de première instance de Marche-en-Famenne, la location d'un chalet à des vacanciers, lorsque le libellé de la clause n'implique pas que seul le propriétaire du fonds dominant peut bénéficier de la servitude et qu'aucun élément ne permet d'établir que la nature ou la fréquence des locations généreraient un passage qui dépasse la charge que doit raisonnablement supporter le fonds servant. Une décision rendue par le juge de paix du troisième canton de Liège en date du 16 mai 2017[176], à propos d'une servitude de canalisation, nous donne l'occasion de préciser que les obligations qui découlent de l'article 702 de l'ancien Code civil sont qualitatives[177], c'est-à-dire qu'elles sont attachées à la qualité de propriétaire du fonds dominant. Il s'ensuit que le propriétaire actuel du fonds dominant peut être condamné à mettre un terme à l'aggravation de la servitude, alors même qu'il n'en est pas personnellement à l'origine[178]. Dans le cas tranché par le juge liégeois, les travaux de rénovation de toiture, qui avaient été réalisés par le précédent propriétaire du fonds dominant, avaient augmenté de façon considérable la quantité d'eau à évacuer en provenance des toits et, partant, aggravé la situation du fonds assujetti. La circonstance que ce soit l'auteur du défendeur qui a réalisé les travaux ayant conduit à l'aggravation de la servitude de canalisation n'a, à bon droit, pas empêché la condamnation du défendeur à procéder à des travaux destinés à rétablir l'exercice licite de la servitude.

Il va de soi qu'outre les limites qui lui sont imposées par l'article 702 de l'ancien Code civil, le fonds dominant devra se garder de tout abus dans l'exercice de ses prérogatives. Récemment, la théorie de l'abus de droit a été appliquée dans la décision du 8 janvier 2019[179] du juge de paix de Lierre, que nous évoquions quelques lignes plus haut. On le sait, les magistrats apprécient l'existence d'un abus de droit à la lumière de toutes les circonstances de la cause, et le jugement présentement commenté n'échappe pas à la règle : les motifs qui ont fondé la décision du juge de paix de Lierre sont intimement liés à la disposition des lieux, de sorte que leur retranscription s'avère particulièrement complexe. Tentons de résumer la situation. La partie défenderesse était propriétaire d'un terrain à front de rue, sur lequel était notamment établie sa maison d'habitation. Ce terrain était grevé d'une servitude conventionnelle de passage d'une largeur de trois mètres « pour un cheval et une charrette » au profit de plusieurs par-

---

[175] Voy. Civ. Luxembourg, division de Marche-en-Famenne, 19 avril 2018, *J.L.M.B.*, 2018, p. 1587, note E. Jadoul.
[176] Voy. J.P. Liège, 16 mai 2017, *J.J.P.*, 2018, p. 346, *J.L.M.B.*, 2018, p. 1577.
[177] Voy. E. Jadoul, « De l'exercice licite d'une servitude du fait de l'homme à son aggravation… il n'y a qu'un pas », obs. sous J.P. Liège, 16 mai 2017, J.P.Vielsalm, La Roche-en-Ardenne, Houffalize, 17 mai 2017 et Civ. Luxembourg, division de Marche-en-Famenne, 19 avril 2018, *J.L.M.B.*, 2018, pp. 1594-1595, n° 13.
[178] Sans préjudice d'un éventuel recours en garantie contre son auteur, à la condition que la violation soit totalement ou partiellement imputable à ce dernier.
[179] Voy. J.P. Lierre, 8 janvier 2019, *R.A.B.G.*, 2019, p. 970.

celles agricoles appartenant à la partie demanderesse, cadastrées n[os] 354A 355C, 355F et 355G. Les demandeurs étaient par ailleurs, au jour de l'introduction de l'instance, propriétaires de parcelles avoisinantes, connues sous les n[os] 352C et 353. Il s'avère que dans les faits, les demandeurs empruntaient le plus souvent la servitude de passage avec des engins agricoles. On l'a vu, dans une perspective fonctionnelle, le juge de paix a admis qu'il faille prendre en compte les évolutions techniques et que le fonds grevé d'une servitude de passage stipulée, de longue date, pour un cheval et une charrette doive dès lors, de nos jours, souffrir le passage d'engins motorisés. Cela ne l'a pas empêché de reconnaître un abus de droit dans le chef des demandeurs, qui exerçaient leur droit d'une manière qui excédait manifestement l'usage de ce droit par une personne normalement prudente et diligente : premièrement, ils circulaient régulièrement sur le fonds dominant avec des véhicules agricoles très imposants, dont la taille ne se justifiait pas tant par l'évolution de la technique que par leur acquisition de toujours plus de terrains ; deuxièmement, ils disposaient d'autres voies d'accès aux fonds dominants depuis la voie publique, en particulier via la parcelle n° 352C dont ils étaient les propriétaires ou via une parcelle contiguë n° 351N qui appartenait à leur fille ; troisièmement, les désavantages causés aux défendeurs par le passage des véhicules agricoles (bruit, traces de boue, danger pour les enfants et risque de dommage à leur habitation) sont sans commune mesure avec l'avantage que les demandeurs en retirent (passage par une allée pavée, d'autant que de telles machines sont conçues pour travailler la terre) ; quatrièmement, les demandeurs ont manqué de bonne foi en faisant donation, en cours de procédure, du terrain n° 352C à une société (en se gardant de mentionner dans leurs écrits de procédure que la gérante de ladite société n'était autre que leur fille), donation que le tribunal qualifie de *pro forma*, « destinée à faire croire que le fonds dominant serait exclusivement serait accessible par la servitude conventionnelle de passage ». Relevons enfin qu'une utilisation abusive d'une servitude a été censurée sur la base de l'article 1382 par le tribunal civil d'Anvers dans un jugement du 23 octobre 2017[180], qui tranche cette fois un litige opposant les bénéficiaires de servitudes de passage portant sur le même fonds[181], mais constituées par des titres distincts. Le juge anversois a écarté l'application des articles 701 et 702 de l'ancien Code civil en l'absence de lien contractuel entre les parties ; il retient en revanche une faute extracontractuelle dans le chef des intimés, qui ont rendu impossible l'usage par les appelants de la servitude de passage, d'abord en murant leur accès au fonds servant et ensuite en modifiant, sans avertissement préalable, le code du portail automatique qui relie l'assiette de la servitude à la voie publique.

---

[180] Voy. Civ. Anvers, 23 octobre 2017, *T.B.O.*, 2018, p. 248.
[181] Sur l'intérêt d'un fonds dominant à agir contre un autre fonds dominant, sans mettre à la cause le propriétaire du fonds servant, voy. not. J. Hansenne, « Examen de jurisprudence. Les biens (1976-1981) », *R.C.J.B.*, 1984, pp. 158-159, n° 86.

*Les auteurs de la réforme ont choisi de ne pas conserver le libellé de l'ancien article 702, en raison, d'une part, d'une volonté de fonctionnalisation des servitudes, d'autre part, des divergences d'appréciation que ce texte suscitait en pratique*[182]. *L'article 3.125 se détache donc de l'exigence du respect littéral du titre et permet au fonds dominant, à certaines conditions, d'apporter des changements dans l'exercice de la servitude qui tiennent compte des évolutions technologiques mais aussi sociétales apparues depuis sa constitution. Ces changements ne sont néanmoins admissibles, selon le texte, que pour autant que la volonté des parties et la finalité de la servitude soient toutes deux respectées.*

**15. Situation du fonds dominant – Entretien et conservation de la servitude (art. 697 et 698 anc. C. civ.).** Parmi les droits du fonds dominant se trouve celui de faire, sur le fonds servant[183], « tous les ouvrages nécessaires pour en user et pour la conserver ». Le jugement dont pourvoi dans l'arrêt de la Cour de cassation du 24 novembre 2016[184] avait ainsi autorisé le propriétaire du fonds dominant à procéder à l'enlèvement du pilastre et du parterre de thuyas qui rendait moins commode l'exercice de la servitude. Les ouvrages réalisés par le titulaire du fonds dominant sur la base de l'article 697 de l'ancien Code civil restent sa propriété pour toute la durée du droit de servitude dont il bénéficie, soit, potentiellement, de manière perpétuelle. La Cour de cassation l'avait expressément confirmé à l'occasion d'un arrêt du 12 juin 2014[185], dans ces termes : « [i]l ressort des articles 696 et 697 du Code civil qu'un droit de superficie accessoire grève le fonds servant dans la mesure où cela s'avère nécessaire pour user et conserver la servitude établie et même si ce droit de superficie n'est pas expressément prévu dans un acte de constitution. Ce droit de superficie accessoire n'est pas lié par la durée maximale de cinquante ans telle que prévue par l'article 4 de la loi du 10 janvier 1824 sur le droit de superficie mais, en tant qu'accessoire de la servitude, ne disparaît que lorsque la servitude elle-même disparaît ». Le tribunal de Bruges a fait une correcte interprétation des principes qui précèdent, combinés au principe d'unité des droits réels[186], dans son jugement du 6 décembre 2017[187], en reconnaissant au fonds dominant un droit de superficie accessoire pour tout ce qui est nécessaire à l'usage et à

---

[182] Voy. Proposition de loi n° 55-0173/001, p. 231.
[183] Comme le soulignent Pascale Lecocq, Sophie Boufflette, Arianne Salvé et Raluca Popa, « [l]'autorisation délivrée par l'article 697 du Code civil vise à l'évidence les ouvrages devant être réalisés sur le fonds servant, puisque le propriétaire du fonds dominant agit à sa guise sur son propre fonds », voy. P. Lecocq, S. Boufflette, A. Salvé et R. Popa, *Manuel de droit des biens*, t. 2, *op. cit.*, p. 255, n° 34, renvoyant à H. De Page et R. Dekkers, *Traité élémentaire de droit civil*, t. VI, *op. cit.*, n° 642.
[184] Voy. Cass., 24 novembre 2016, *T.B.O.*, 2017, p. 483.
[185] Voy. Cass., 12 juin 2014, *Pas.*, 2014, p. 1483, *R.W.*, 2014-2015, p. 905, note V. Sagaert, *T.B.O.*, 2016, p. 303, note M. Muylle et K. Swinnen, *T. Not.*, 2014, p. 751.
[186] Voy. l'article 3.8 du Code civil, commenté par P. Lecocq et R. Popa, « Titre 1. Dispositions générales », *in* P. Lecocq *et al.* (dir.), *Le nouveau droit des biens*, Bruxelles, Larcier, 2020, pp. 30-32, n°s 22-23.
[187] Voy. Civ. Flandre occidentale, division de Bruges, 6 décembre 2017, *J.J.P.*, 2018, p. 355, plus amplement analysé dans E. Jadoul, N. Gofflot, L. Deru et R. Popa, « La réforme du droit des biens. Aspects notariaux », *in* Y.-H. Leleu (coord.), *Chroniques notariales*, vol. 72, Bruxelles, Larcier, 2021, p. 149, n° 127.

la conservation de la servitude de surplomb et de soutien dont il bénéficiait. Il a estimé que le temps que dure son droit de servitude, le fonds dominant demeurait propriétaire de la partie du bâtiment qui surplombait le fonds voisin, ainsi que des murs qui la soutenaient, en ce compris, conformément au principe d'unité, les châssis de porte, la porte et le vasistas qui y était percé (*bovenlicht*). Le principe d'unité suppose en effet que les composantes inhérentes d'un bien immobilier soient, en norme[188], soumises au même régime réel que celui-ci. Les frais relatifs aux ouvrages visés par l'article 697 incombent en principe au propriétaire du fonds dominant en vertu de l'article 698[189]. Il existe cependant des dérogations à ce principe, notamment lorsque les parties mettent conventionnellement ces frais à la charge du fonds servant – hypothèse envisagée à l'article 699, sur lequel nous reviendrons –, lorsque les travaux ont dû être réalisés en raison d'une faute commise par ce dernier ou ont été accomplis dans le seul et unique intérêt du bien grevé[190].

Toujours en lien avec les articles 697 et 698 de l'ancien Code civil, on doit épingler un intéressant arrêt de la Cour de cassation du 17 janvier 2020[191], qui a fait l'objet d'un commentaire fouillé de Benjamin Verheye[192]. L'annotateur y fournit notamment de précieuses informations sur le contexte factuel du litige, que la Cour ne détaille pas dans ses motifs. Nous y apprenons que le différend des parties portait sur une servitude d'aqueduc, qui s'exerçait par une canalisation transportant les eaux usées et les eaux de pluie de la chambre de visite du fonds dominant vers les égouts, en passant sous le fonds servant. Le voisin du fonds asservi, un tiers, déplorait depuis plusieurs années des infiltrations d'eau dans son immeuble, qu'il soupçonnait provenir de ladite canalisation. L'expertise judiciaire ordonnée en instance a confirmé son pressentiment : la canalisation présentait, à la hauteur du fonds servant, plusieurs cassures, dues à la vétusté de la canalisation et à un manque d'entretien. Alors que le tribunal de première instance avait rejeté la responsabilité du fonds servant, la cour d'appel a estimé, dans l'arrêt attaqué, que le fonds servant était devenu propriétaire de la canalisation litigieuse par accession[193] et qu'il avait engagé sa responsabilité sur la base de la théorie des troubles de voisinage. Dans son pourvoi, le propriétaire du fonds servant reprochait à la cour d'appel de l'avoir tenu pour responsable sur la

---

[188] Pascale Lecocq et Raluca Popa envisagent les exceptions à ce principe sous le livre 3, parmi lesquelles on trouve le droit de superficie. Cela explique qu'ici, les murs de soutien ainsi que le surplomb ne sont pas soumis au même régime que le fonds auquel ils sont attachés, mais qu'en revanche, les propres composantes de ceux-ci doivent suivre leur sort, voy. P. Lecocq et R. Popa, « Titre 1. Dispositions générales », *op. cit.*, spéc. p. 31, n° 22.
[189] Voy. P. Lecocq, S. Boufflette, A. Salvé et R. Popa, *Manuel de droit des biens*, t. 2, *op. cit.*, p. 255, n° 34 ; en jurisprudence, voy. J.P. Liège, 4ᵉ canton, 20 juin 2012, *J.L.M.B.*, 2013, p. 519 ; J.P. Bruges, 28 octobre 2010, *T.G.R.*, 2011, p. 332.
[190] Voy. p. ex. J.P. Grâce-Hollogne, 9 mai 2000, *J.L.M.B.*, 2001, p. 659.
[191] Voy. Cass., 17 janvier 2020, *T. Not.*, 2020, p. 537, note B. Verheye.
[192] Voy. B. Verheye, « Burenhinder en ouderhoudsverplichtingen bij erfdienstbaarheden », *op. cit.*, pp. 537-547.
[193] Constat discutable à notre sens.

base de la théorie des troubles de voisinage, alors que la cause des troubles provenait d'un défaut d'entretien des ouvrages nécessaires à l'usage de la servitude par le fonds dominant et que les troubles ne lui étaient dès lors pas imputables. La Cour de cassation n'a pas accueilli son raisonnement. Elle a considéré que les articles 697 et 698 de l'ancien Code civil «n'interdisent pas au titulaire du fonds servant de procéder, sur ce fonds, à tous travaux d'entretien, pourvu qu'il ne fasse rien qui tende à diminuer ou rendre plus incommode l'usage de la servitude. L'arrêt, qui constate que le demandeur a omis de procéder aux travaux nécessaires pour remédier à la porosité de la canalisation, justifie légalement sa décision de le condamner à une compensation destinée à rétablir l'équilibre entre les fonds voisins». Insistons sur le cas de figure envisagé par la haute juridiction dans cet attendu, afin de ne pas tirer de cet arrêt des conséquences qu'il n'implique pas. Il s'agissait ici d'une action introduite par un tiers, étranger aux relations entre le fonds dominant et le fonds servant, sur le fondement de la théorie des troubles de voisinage. On le sait, pour obtenir une juste et adéquate compensation sur le pied de l'article 544 de l'ancien Code civil, il n'est pas requis de démontrer un comportement fautif dans le chef de celui qui dispose d'un attribut du droit de propriété sur l'immeuble d'où proviennent les troubles. Il suffit que les troubles puissent lui être imputés en raison de son omission ou de son comportement[194]. Dans l'arrêt commenté, la Cour de cassation a décidé que l'arrêt attaqué a pu légalement décider que la condition d'imputabilité était rencontrée, dans la mesure où le titulaire du fonds servant pouvait réaliser, sur son fonds, les travaux d'entretien utiles pour remédier à la porosité de la canalisation à l'origine des inconvénients excessifs.

*Concernant la réalisation des «travaux et ouvrages nécessaires pour exercer la servitude et pour la conserver», l'article 3.121 précise, conformément à l'enseignement de la doctrine[195] et de la jurisprudence à cet égard, qu'il s'agit là d'une possibilité pour le fonds dominant. Les travaux préparatoires rappellent néanmoins, fort à propos, que l'action en déchéance a été généralisée à l'article 3.16, 4°, à tous les droits réels d'usage[196]. Aussi, si l'abstention du fonds dominant de procéder aux travaux nécessaires à la conservation de la servitude venait à occasionner des dommages au fonds servant ou à en diminuer manifestement la valeur, une action en déchéance pourrait être intentée à son encontre. Sur la prise en charge des frais, les deuxième et troisième alinéas de l'article 3.121 poursuivent en énonçant que «[c]es travaux et ouvrages sont faits par lui et à ses frais, sauf lorsqu'ils ont été rendus nécessaires par la seule faute du titulaire du fonds servant» et que «[s]i les travaux et ouvrages sont utiles tant pour le fonds servant que pour le fonds dominant, les frais sont partagés en proportion de l'utilité respective pour chaque fonds».*

---

[194] Voy. not. P. LECOCQ et N. GOFFLOT, «Examen de jurisprudence (2000 à 2020). Les biens – Deuxième partie: Copropriété, Troubles de voisinage, Mitoyenneté», *op. cit.*, pp. 447 et s., spéc. n° 194; P. LECOCQ, *Manuel de droit des biens*, t. 1, Biens et propriété, *op. cit.*, pp. 324-325, n° 138.

[195] Voy. not. B. VERHEYE, «Burenhinder en ouderhoudsverplichtingen bij erfdienstbaarheden», note sous Cass., 17 janvier 2020, *T. Not.*, 2020, pp. 539.

[196] Voy. Proposition de loi n° 55-0173/001, p. 225.

**16. Situation du fonds servant – Interdiction de toute entrave à l'usage de la servitude (art. 701, al. 1ᵉʳ et 2, anc. C. civ.).** Le droit de servitude est un droit d'usage spécifique et, en principe, non exclusif[197]. Le propriétaire du fonds servant conserve à l'évidence les attributs de son droit de propriété et peut, en norme, jouir de toutes les utilités de sa chose, le cas échéant, concurremment avec le titulaire du fonds dominant[198]. Il est cependant tenu, par l'article 701, alinéa 1ᵉʳ, de l'ancien Code civil de ne « rien faire qui tende à en diminuer l'usage ou à le rendre plus incommode » et, par le second alinéa de cette disposition, de ne pas « changer l'état des lieux ». Ces dispositions ont souvent été vues comme une application particulière de l'obligation réelle principale négative[199], qui repose sur tout propriétaire ayant mis sa chose au service d'autrui par la concession d'un droit réel, de « laisser le titulaire du droit réel exercer sur la chose les prérogatives impliquées par le droit »[200]. À première vue peut-être. Un arrêt du 22 octobre 2020[201] de la Cour de cassation, à nouveau commenté par Benjamin Verheye[202], apporte néanmoins matière à réflexion. La haute juridiction a inféré de l'article 701, alinéas 1ᵉʳ et 2, de l'ancien Code civil que « le propriétaire du fonds servant doit enlever à ses frais les ouvrages ou plantations qui gênent l'exercice de la servitude » et a cassé sur cette base le jugement attaqué, qui avait délaissé au fonds dominant les frais d'enlèvement des plantations, clôtures, piquets et haies installés sur l'assiette de la servitude de passage. Dans sa note, Benjamin Verheye en déduit que la Cour de cassation a consacré une nouvelle obligation réelle, positive, à charge du fonds servant, consistant à enlever les ouvrages et plantations réalisés par son titulaire (actuel ou antérieur)[203] en méconnaissance de l'article 701, et à en supporter les frais. À la lecture de l'attendu précité, il est en effet raisonnablement permis de penser que si la Cour avait voulu dénier tout effet réel à cette obligation du propriétaire du fonds servant, elle aurait pris le soin de la limiter aux ouvrages et plantations « qu'il a réalisés », *quod non in specie*. En revanche, au contraire de son annotateur, nous ne trouvons pas évidente la solution retenue dans cet arrêt du 22 octobre 2020. La solution inverse avait été soutenue, de manière convain-

---

[197] Voy. V. SAGAERT, *Beginselen van Belgisch privaatrecht*, t. V, Goederenrecht, 2014, *op. cit.*, p. 452, n° 557.
[198] Voy. J. HANSENNE, *Les biens. Précis.*, t. II, *op. cit.*, p. 1141, n° 1127*bis*; voy. égal. V. SAGAERT, *Beginselen van Belgisch privaatrecht*, t. V, Goederenrecht, 2014, *op. cit.*, p. 452, n° 557, qui illustre sa pensée avec l'exemple suivant : si A concède une servitude de passage à B, cela n'empêche pas, en principe, A d'emprunter lui-même l'assiette de la servitude, sur la base de son droit de propriété.
[199] Voy., sur cette obligation réelle principale, Bruxelles, 12 octobre 2018, *Res jur. imm.*, 2019, p. 37.
[200] Voy. J. HANSENNE, *Les biens. Précis.*, t. II, *op. cit.*, n° 28, cité par P. LECOCQ, S. BOUFFLETTE, A. SALVÉ et R. POPA, *Manuel de droit des biens*, t. 2, *op. cit.*, p. 35, n° 18.
[201] Voy. Cass., 22 octobre 2020, *T. Not.*, 2021, p. 596, note B. VERHEYE.
[202] Voy. B. VERHEYE, « Over de verminderingsverbod en de stopzettingsvordering bij erfdienstbaarheden », note sous Cass., 22 octobre 2020, *T. Not.*, 2021, pp. 598-608.
[203] On rappellera qu'une obligation réelle repose sur le propriétaire du fonds servant en tant qu'il est propriétaire et qu'elle se transmet donc d'ayant cause à titre particulier à ayant cause à titre particulier (voy. J. HANSENNE, *Les biens. Précis.*, t. II, *op. cit.*, p. 1142, n° 1128).

cante, par le professeur Jacques Hansenne[204] dans une savante étude consacrée à la notion d'obligation réelle. L'éminent auteur y établissait, parmi les diverses obligations liant un propriétaire à celui qui dispose d'un droit réel sur sa chose, une distinction tripartite entre les obligations « de service », les obligations « de respect » et les obligations de « jouissance passive ». Résumée schématiquement, et imparfaitement, la thèse qu'il défendait est que seules les premières – qui reposent sur l'idée pour le propriétaire de rendre un meilleur service au titulaire de droit réel – pourraient être qualifiées d'obligations réelles accessoires. Tel ne serait en revanche pas le cas, selon lui, des obligations « de respect » – et, en particulier, de l'obligation pour le fonds servant de ne rien faire qui tende à diminuer l'usage de la servitude –, qui ne constitueraient qu'une application du droit commun de la responsabilité civile dans la matière des droits réels. Aussi, le professeur Jacques Hansenne écrivait qu'« il ne nous paraît pas possible de considérer que l'obligation effective de remettre les choses en état, née de la violation de tel devoir puisse se transmettre en même temps que la transmission de la chose et que, par exemple, les conséquences de la violation accomplie par l'ancien propriétaire du fonds servant doivent être définitivement supportées par le nouveau, en cas d'aliénation. Fondée sur une idée de responsabilité, la dette nous paraît en effet devoir revêtir les caractères qu'impose le droit commun de la responsabilité, c'est-à-dire s'attacher à la personne de l'auteur de la violation »[205].

Selon une jurisprudence constante, il appartient au juge du fond d'apprécier en fait s'il y a ou non une entrave à l'exercice de la servitude prohibée par l'article 701 de l'ancien Code civil. A partant été sanctionné d'irrecevabilité par la Cour de cassation, dans un arrêt du 6 mars 2003[206], le moyen qui prétendait substituer sa propre appréciation en fait à celle de la décision attaquée. Au cours de la période étudiée, la jurisprudence a été intarissable sur la question de l'articulation entre le droit de se clore du propriétaire, prévu à l'article 647 de l'ancien Code civil, et l'interdiction d'entraver l'exercice d'une servitude de passage. À l'analyse, on constate que les juges du fond s'accordent généralement pour considérer que ne méconnaît pas l'article 701 le placement ou le maintien d'une clôture sur le fonds servant, pour autant qu'elle présente une porte ou une barrière pouvant être ouverte par le propriétaire du fonds dominant au moyen, par exemple, d'une clé ou d'une télécommande[207]. C'est dans ce sillage que s'inscrit un jugement du tribunal civil de Charleroi du 27 novembre 2019[208]. Le tribunal y a retenu une violation de l'article 701 de l'ancien Code civil, au

---

[204] Voy. J. Hansenne, « De l'obligation réelle accessoire à l'obligation réelle principale », in *Études dédiées à Axel Weill*, Paris, Dalloz, 1983, pp. 325-336, spéc. pp. 331-332.
[205] Voy. J. Hansenne, *ibid.*, p. 332.
[206] Voy. Cass., 6 mars 2003, *Arr. cass.*, 2003, p. 568, *Pas.*, 2003, p. 47.
[207] Voy. p. ex. Civ. Louvain, 26 mai 2021, *Res jur. imm.*, 2021, p. 260 ; Civ. Luxembourg, division de Marche-en-Famenne, 19 avril 2018, *J.L.M.B.*, 2018, p. 1587, note E. Jadoul ; J.P. Mons, 14 mars 2016, *J.J.P.*, 2017, p. 142.
[208] Voy. Civ. Charleroi, 27 novembre 2019, *J.L.M.B.*, 2021, p. 538, obs. N.G.

motif que les deux portes fermant le passage n'avaient pas de clé, mais que la première comportait un système de fermeture intérieure et la seconde était munie d'une chaîne, de telle sorte qu'elles pouvaient être fermées de l'intérieur et empêcher leur ouverture extérieure. On trouve, de temps à autre, une décision qui concerne des servitudes d'une autre nature. Aux termes d'un jugement, déjà évoqué, du 9 mars 2020[209], le tribunal de première instance de Namur, division de Namur, s'est ainsi prononcé sur une servitude de canalisation. Le tribunal a reconnu qu'en bouchant le tuyau d'évacuation des eaux usées, les propriétaires du fonds servant avaient violé l'article 701 de l'ancien Code civil et dès lors commis une faute dont ils sont tenus de réparer les conséquences préjudiciables. Toujours dans le domaine aquatique, le tribunal civil de Marche-en-Famenne a été appelé à connaître, dans un jugement du 1er août 2019[210], d'une servitude conventionnelle dérogatoire au principe de libre disposition des eaux d'une source par son propriétaire, énoncé par l'article 641 de l'ancien Code civil. Le litige opposait l'Abbaye de Saint-Rémy (partie demanderesse) et la S.A. Lhoist (partie défenderesse). On apprend à la lecture de la décision que les trois points d'émergence de la source litigieuse, dite «de Tridaine», se situaient sur la propriété de la S.A. Lhoist et que les eaux étaient ensuite acheminées vers le fonds de l'Abbaye, par le truchement d'une galerie creusée à même la roche. Les difficultés surviennent lorsque la S.A. Lhoist, qui exploitait depuis de nombreuses années la carrière de la Boverie a souhaité envisager des hypothèses d'extraction du calcaire au-delà de la profondeur maximale autorisée par son permis d'extraction. Une phase passive d'étude avait dans un premier temps été menée par la S.A. Lhoist, en coopération avec l'Abbaye et la Ville de Rochefort. Il en était ressorti que la poursuite de l'exploitation de la carrière, par la S.A. Lhoist au-delà de la profondeur maximale autorisée par son permis, aurait impliqué l'assèchement de la source de la Tridaine. Partant, le maintien de l'alimentation en eau de l'Abbaye aurait nécessité que la S.A. Lhoist organise un pompage direct de la nappe et un cheminement de ces eaux via une chambre de mélange vers la galerie menant vers l'Abbaye. Sur la base de ce rapport, la S.A. Lhoist entendait entrer dans la phase active de l'étude et réaliser un test de pompage. Après quelques atermoiements administratifs, ce test est finalement autorisé par un arrêté ministériel du 11 avril 2019. Déboutée de son recours en suspension intenté devant le Conseil d'État, l'Abbaye a saisi le tribunal de Marche-en-Famenne pour faire reconnaître les droits civils dont elle s'estimait titulaire sur les eaux de la source de la Tridaine. Dans ce cadre, le tribunal a reconnu dans la clause d'un acte de partage du 24 avril 1833 une servitude conventionnelle, faisant interdiction au propriétaire du fonds servant (la S.A. Lhoist) de supprimer ou de détourner les eaux alimentant l'Abbaye. L'existence de cette servitude n'était, du reste, pas contestée par la S.A. Lhoist. Cette dernière soutenait en revanche que le système alternatif d'alimentation en eau

---

[209] Voy. Civ. Namur, 9 mars 2020, *J.J.P.*, 2020, p. 550.
[210] Voy. Civ. Luxembourg, division de Marche-en-Famenne, 1er août 2019, *R.G.D.C.*, 2021, p. 221.

de l'Abbaye (pompage direct de la nappe et acheminement via une chambre de mélange) ne constituerait ni une entrave ni une violation de ladite servitude, dès lors que la seule obligation qui reposait sur le fonds dominant était celle d'alimenter en eau l'Abbaye, peu importe l'origine de cette eau. Le tribunal n'a pas été de son avis. Il a déduit de l'acte de partage, tel qu'interprété par un précédent jugement du tribunal de Dinant, et des nombreux actes intervenus entre les parties depuis le début de l'exploitation de la carrière, que la servitude visait l'approvisionnement naturel en eaux s'écoulant du fonds servant. Il a dit par conséquent que « le test de pompage envisagé par Lhoist constituerait une entrave à cette servitude contraire à l'article 701 du Code civil dès lors qu'il aurait pour effet d'assécher la source pour remplacer l'approvisionnement de l'Abbaye par un pompage qui, certes lui serait redistribué via la galerie existante mais en passant par une chambre de mélange et des tuyaux pour l'heure inexistants puisque l'eau débouche à l'Abbaye via une galerie creusée dans la roche et ne doit pas être potabilisée ».

*L'interdiction pour le fonds servant d'entraver l'exercice de la servitude par son titulaire est reprise à l'article 3.124 du Code civil, dont le premier alinéa porte que « [l]e titulaire du fonds servant ne peut rien faire qui diminue l'exercice de la servitude ou le rende moins commode ».*

**17. Situation du fonds servant – Déplacement de la servitude (art. 701, al. 3, anc. C. civ.).** L'article 701 de l'ancien Code civil réserve au fonds servant le droit de solliciter le déplacement de la servitude, à condition, premièrement que l'assignation primitive fasse obstacle à la réalisation de réparations avantageuses[211] ou qu'elle soit devenue plus onéreuse, et, secondement, que le fonds servant offre au propriétaire de l'autre fonds un endroit aussi commode pour l'exercice de ses droits. Le tribunal de première instance du Hainaut, division de Charleroi, a décidé dans un jugement du 10 janvier 2017 que l'agrandissement d'un garage répondait à la notion de « réparation avantageuse », qui inclut « des aménagements de sa propriété tels que la construction d'un bâtiment ou l'agrandissement d'un bâtiment existant et, d'une manière générale, tout ce qui peut améliorer avantageusement la jouissance de la propriété du fonds servant », renvoyant à cet égard aux enseignements d'Arianne Salvé[212]. Pourrait également constituer une réparation avantageuse, d'après le tribunal de Marche-en-Famenne[213], la modification des lieux sans laquelle l'exploitante du fonds servant serait bloquée dans son développement économique. Sur le caractère plus onéreux de l'emplacement initial de la servitude, nous pointons, en guise d'illustration, une décision du 17 août 2015[214] du juge de paix de

---

[211] Sur cette notion, voy. Civ. Hainaut, division de Charleroi, 10 janvier 2017, *J.J.P.*, 2020, p. 544.
[212] Voy. A. Salvé, « Histoires de passage : déplacement, extinction et publicité », *R.G.D.C.*, 2009, p. 300.
[213] Voy. Civ. Luxembourg, division de Marche-en-Famenne, 1er août 2019, *R.G.D.C.*, 2021, p. 221, analysé *supra*, n° 16. Précisons que le tribunal n'a toutefois pas fait droit à la demande en déplacement de la partie défenderesse, au motif que le nouvel emplacement ne serait pas aussi commode.
[214] Voy. J.P. Fontaine-L'Évêque, 17 août 2015, *J.L.M.B.*, 2017, p. 964.

Fontaine-L'Évêque. Le magistrat y a affirmé qu'il devait revêtir un caractère objectif, en ce sens qu'il « ne consiste pas dans le mauvais usage que les utilisateurs des fonds feraient de leurs droits et obligations ni dans une inimitié les opposant : c'est de la disposition matérielle des choses et de l'obligation réelle à vocation perpétuelle qu'il s'agit »[215]. En l'occurrence, la réunion de cette première condition était, selon lui, douteuse : la partie demanderesse invoquait le passage régulier d'un tiers que la défenderesse avait chargé d'entretenir son jardin, ainsi qu'une prétendue impossibilité d'utiliser sa cour en y installant table et chaises. Il est cependant resté assez bref sur ce point, car, en toute hypothèse, la seconde condition, cumulative, de l'article 701, alinéa 3, de l'ancien Code civil, n'était pas rencontrée, car l'alternative proposée par le fonds servant était loin d'être aussi commode pour le fonds bénéficiaire de la servitude : elle n'aurait été accessible que via un sentier, partiellement envahi par la végétation, dont on ignorait le statut juridique et pour lequel le fonds dominant ne bénéficiait dès lors d'aucune certitude sur la pérennité ou son entretien. On note un certain flottement dans la jurisprudence quant à savoir si le nouvel endroit doit nécessairement se situer sur le fonds servant, position qui a été défendue par le juge de paix d'Alost le 16 juillet 2014[216], ou s'il peut, le cas échéant, se situer sur un autre fonds appartenant au propriétaire du fonds servant[217]. Quelle que soit l'opinion professée, il nous semble qu'il faut admettre la possibilité que l'assiette de la servitude puisse être placée sur le fonds d'un tiers qui a marqué son accord, étant donné que l'article 701, alinéa 3, ne touche pas à l'ordre public.

*Au second alinéa de l'article 3.124 du Code civil, le législateur a maintenu, et même élargi, la faculté pour le titulaire du fonds servant d'imposer, à ses frais, au fonds dominant un autre endroit aussi commode d'exercice de la servitude. Le fonds servant est à présent autorisé à solliciter un tel déplacement dès le moment où il démontre y avoir un intérêt objectif, ce qui sera vérifié au cas par cas par les juges du fond, au regard des circonstances concrètes de la cause. Afin de lever les incertitudes que nous venons d'évoquer, le nouveau texte dispose que l'endroit proposé doit se trouver sur le fonds servant – sauf éventuelle dérogation conventionnelle, précise l'exposé des motifs, conformément à la supplétivité de principe des dispositions du livre 3*[218].

**18. Situation du fonds servant – Déguerpissement (art. 699 anc. C. civ.).** Aux termes de l'article 699 de l'ancien Code civil, dans le cas même où le propriétaire du fonds assujetti est chargé par le titre de faire à ses frais les ouvrages nécessaires pour l'usage ou la conservation de la servitude, il peut toujours s'affranchir de la charge, en abandonnant le fonds assujetti au propriétaire

---

[215] Voy. égal. J.P. Grâce-Hollogne, 21 novembre 2006, *J.L.M.B.*, 2017, p. 1484, examiné par A. Salvé, « Histoire de passage : déplacement, extinction et publicité », *R.G.D.C.*, 2009, p. 300, et auquel le juge de paix de Fontaine-L'Évêque renvoie expressément.
[216] Voy. J.P. Alost, 16 juillet 2014, *J.J.P.*, 2015, p. 88 ; voy., en doctrine, V. Defraiteur, *Les servitudes*, Waterloo, Wolters Kluwer, 2015, p. 124 ; V. Sagaert, *Beginselen van Belgisch privaatrecht*, t. V, Goederenrecht, 2014, *op. cit.*, p. 490, n° 605.
[217] Voy. J.P. Tournai, 5 juin 2007, *Rev. dr. rur.*, 2008, p. 52.
[218] Voy. Proposition de loi n° 55-0173/001, pp. 229-230.

du fonds auquel la servitude est due. Cet abandon implique, selon une certaine doctrine[219], que le propriétaire du fonds servant soit libéré de toutes les obligations découlant du titre constitutif, et ce tant pour l'avenir que pour le passé. La cour d'appel de Bruxelles, dans son arrêt du 12 octobre 2018[220], a repris succinctement les principes applicables à la faculté de déguerpissement de l'article 699 de l'ancien Code civil, rappelant au passage que « [l]e propriétaire [du fonds servant] peut n'abandonner que la parcelle matériellement concernée par la servitude » et qu'« [u]n tel abandon doit néanmoins faire l'objet d'une transcription conformément à l'article 1er, a), 2, de la loi hypothécaire »[221], pour assurer son opposabilité aux tiers de bonne foi, ajouterions-nous ; pour être valable, un déguerpissement ne doit en effet obéir à aucune condition de forme.

*L'article 3.122 reprend, en la rééquilibrant[222], la faculté pour le propriétaire du fonds servant tenu par convention de faire à ses frais les travaux et ouvrages nécessaires à l'exercice et à la conservation de la servitude de déguerpir. Suivant le premier alinéa de cette disposition, celui-ci peut « abandonner au propriétaire du fonds dominant soit la totalité du fonds servant, soit la partie du fonds servant nécessaire à l'exercice de la servitude », afin de s'affranchir de ses obligations tant existantes[223] que futures. Soulignons que la mise en œuvre de ce mécanisme de déguerpissement suppose désormais l'accord du propriétaire du fonds dominant. De deux choses l'une : soit celui-ci consent au déguerpissement du propriétaire du fonds grevé, il devient alors propriétaire du fonds servant ou de la portion nécessaire à l'exercice de son droit et le droit de servitude s'éteint par confusion ; soit le propriétaire du fonds dominant refuse, auquel cas le texte prévoit que « le propriétaire du fonds servant conserve sa propriété mais la servitude s'éteint ». Dans les deux hypothèses, en vertu de l'alinéa 3 de l'article 3.122, le propriétaire du fonds servant est libéré de ses obligations existantes ou futures.*

## Section 4
## Modes d'extinction

**19. Généralités.** En guise d'introduction aux modes d'extinction des servitudes du fait de l'homme, rappelons que la perpétuité est inhérente au droit réel de servitude mais n'est pas d'ordre public[224] de sorte que les propriétaires des héritages concernés peuvent y déroger en assortissant la servitude d'un terme extinctif. Tel était le cas dans une décision du juge de paix de Mons du

---

[219] Voy. J. Hansenne, *Les biens. Précis*, t. II, *op. cit.*, p. 1145, n° 1132 ; H. De Page et R. Dekkers, *Traité élémentaire de droit civil belge* t. VI, *op. cit.*, p. 538, n° 644C. Contra : V. Sagaert, *Beginselen van Belgisch privaatrecht*, t. V, Goederenrecht, *op. cit.*, p. 488, n° 601.
[220] Voy. Bruxelles, 12 octobre 2018, *Res jur. imm.*, 2019, p. 37.
[221] Voy. Civ. Bruxelles, 28 mars 2014, R.G. n° 12/11785/A, inédit.
[222] *Voy. Proposition de loi n° 55-0173/001, p. 226.*
[223] *Par exception au principe contenu à l'article 3.17, alinéa 2, du Code civil.*
[224] Voy. P. Lecocq, S. Boufflette, A. Salvé et R. Popa, *Manuel de droit des biens*, t. 2, *op. cit.*, p. 262, n° 38 ; M. Muylle, *De duur en de beëindiging van zakelijke rechten*, Anvers, Intersentia, 2012, p. 90, n° 7.

3 juin 2019[225], à propos d'une servitude éteinte par l'arrivée du terme de 27 ans convenu par les parties. Dans les lignes qui suivent, nous envisagerons successivement l'extinction par confusion, l'extinction par prescription extinctive et l'extinction pour perte de toute utilité.

**20. Confusion (art. 705 anc. C. civ.).** L'article 705 de l'ancien Code civil dispose que toute servitude est éteinte lorsque le fonds dominant et le fonds servant sont réunis en une même main. Dans cette hypothèse, il se peut cependant que l'exercice de la servitude soit en réalité simplement paralysé par la confusion[226]. On l'a vu[227], lorsqu'il s'agit d'une servitude apparente, elle pourra être rétablie, lors de la division des héritages, par le jeu de l'article 694 de l'ancien Code civil, pour autant que les conditions d'application de cette disposition soient réunies, notamment que le lien de service entre les fonds ait été maintenu par leur propriétaire unique[228].

*La confusion est également recensée à l'article 3.16 du Code civil parmi les causes d'extinction des droits réels d'usage en général*[229]. *Le maintien, dans le titre 5, d'une disposition spécifique aux servitudes se justifiait au regard de la suppression du mécanisme de rétablissement des servitudes par destination du père de famille de l'ancien article 694*[230]. *La mise en œuvre de cette disposition posait principalement deux difficultés, d'abord quant à savoir si la démonstration de l'existence d'une servitude apparente avant la réunion des fonds en une seule main était requise ou si la simple apparence d'une servitude était suffisante, ensuite quant au potentiel obstacle que constituait la confusion des fonds pendant trente ans*[231]. *L'article 3.127 dispose désormais que « [t]oute servitude est éteinte lorsque le fonds servant et le fonds dominant sont réunis dans la même main, sans préjudice de l'article 3.119 si les fonds sont à nouveau séparés ». L'abandon de l'ancien article 694 est, de cette manière, contrebalancé par la réserve formulée par la finale de cette disposition. Il convient d'observer que les deux options ne sont cependant pas tout à fait équivalentes sur le plan conceptuel. Comme l'enseigne l'exposé des motifs, « [i]l n'est donc plus question de rétablissement d'une servitude dont l'exercice aurait été "paralysé" pendant la confusion des fonds mais de la naissance d'une nouvelle servitude par destination du propriétaire, sans qu'il soit nécessaire de s'interroger quant à la constitution antérieure d'une servitude, ni sur le temps qu'a duré la confusion »*[232].

---

[225] Voy. J.P. Mons, 3 juin 2019, *J.J.P.*, 2020, p. 556.
[226] Voy., sur les différentes hypothèses de résurrection de la servitude, V. Sagaert, *Beginselen van Belgisch privaatrecht*, t. V, Goederenrecht, 2014, *op. cit.*, n° 655 ; H. De Page et R. Dekkers, *Traité élémentaire de droit civil belge*, t. VI, *op. cit.*, n° 678.
[227] Voy. *supra*, n° 12.
[228] Voy. P. Lecocq, S. Boufflette, A. Salvé et R. Popa, *Manuel de droit des biens*, t. 2, *op. cit.*, p. 268, n° 46.
[229] Voy. art. 3.16, 3°, C. civ.
[230] Voy. *supra*, n° 12.
[231] Voy. Proposition de loi n° 55-0173/001, p. 235 : « si la persistance, pendant plus de trente ans, de la confusion du fonds dominant et du fonds servant entraînait, par prescription, l'extinction définitive de la servitude, de sorte qu'elle ne puisse plus renaître par destination du père de famille ».
[232] Voy. Proposition de loi n° 55-0173/001, p. 235.

**21. Prescription extinctive (art. 706 à 710 anc. C. civ.).** À la grande différence du droit de propriété, imprescriptible[233], tous les droits réels d'usage s'éteignent si leur titulaire n'en a pas fait usage pendant trente ans. La servitude, bien qu'accessoire à la propriété[234], ne fait pas exception à la règle ; l'article 706 de l'ancien Code civil le confirme sans détour, « [l]a servitude est éteinte par le non-usage pendant trente ans ». L'assertion est simple, mais son application nécessite, à nouveau, de mobiliser le critère de la (dis)continuité. La distinction entre les servitudes continues et discontinues est véritablement décisive lorsqu'est invoquée l'extinction par prescription d'une servitude. Elle impacte tant le point de départ du délai de prescription que la charge de la preuve. Pour ce qui est du point de départ de la prescription, en vertu de l'article 707 de l'ancien Code civil, les trente ans commencent à courir, pour les servitudes continues, du jour où un acte contraire à la servitude a été réalisé, et, pour les servitudes discontinues, du jour où on[235] a cessé d'en jouir. Il est toutefois un cas qui n'est pas réglé à l'article 707 de l'ancien Code civil : *quid* d'une servitude discontinue qui n'aurait jamais été exercée ? Tout récemment, la question a été (brièvement) débattue devant le juge de paix de Genk, qui a estimé, le 2 avril 2019[236], qu'en pareilles circonstances, le délai de prescription débute à partir du moment où la servitude de passage a pu être utilisée « utilement et effectivement ». Cette affirmation du juge cantonal nécessite un bref mot d'explication, afin de dissiper toute confusion quant à sa portée. Il est généralement admis par la doctrine que si une servitude conventionnelle discontinue n'a jamais été utilisée, les trente ans se comptent à dater du jour où son titre constitutif est entré en vigueur[237]. Certes, Jozef Kokelenberg nuance cette opinion, en réservant la stipulation d'un éventuel terme ou condition suspensifs (*contra non valentem agere non currit praescriptio*)[238] ; il n'en reste qu'en l'absence de tels éléments adventices, le titulaire du fonds dominant ne peut se retrancher derrière l'existence d'un obstacle matériel qui a empêché, dès l'origine, l'exercice effectif de la servitude, pour contrer l'argument tiré de la prescription extinctive. En l'absence de terme ou condition, il appartient au fonds dominant d'agir pour que les lieux soient dans un état qui permette l'usage de la servitude convenue. S'il s'en abstient pendant trente ans, il doit, à notre sens, subir la prescription extinctive de son

---

[233] Voy. not. Cass., 4 octobre 2012, *Arr. cass.*, 2012, p. 2111, *J.T.*, 2013, p. 565, *J.L.M.B.*, 2013, p. 1298, note J. Van Drooghenbroeck, *Pas.*, 2012, p. 1825, concl. Th. Werquin, *R.W.*, 2013-2014, p. 25, note M. Muylle, *T.B.O.*, 2013, p. 165, note M. Muylle.
[234] Voy. P. Lecocq, S. Boufflette, A. Salvé et R. Popa, *Manuel de droit des biens*, t. 2, *op. cit.*, p. 215, n° 6.
[235] Selon Henri De Page et René Dekkers, l'usage du pronom indéfini « on » implique qu'il est indifférent que l'usage ou le non-usage soit le fait du propriétaire du fonds dominant ou d'un tiers (voy. H. De Page et R. Dekkers, *Traité élémentaire de droit civil belge*, t. VI, *op. cit.*, p. 553, n° 662) ; voy. égal. J. Kokelenberg, « Privaatrechtelijke erfdienstbaarheden », *T.P.R.*, 1983, p. 159, n° 44 ; P. Hamelink et G. Blockx, « Erfdienstbaarheden : algemene leer en erfdienstbaarheden door 's mensen toedoen », *in Het onroerend goed in de praktijk*, Malines, Kluwer, 2005, n° I.M. 15-3.
[236] Voy. J.P. Genk, 2 avril 2019, *R.W.*, 2019-2020, p. 475.
[237] Voy. P. Lecocq, S. Boufflette, A. Salvé et R. Popa, *Manuel de droit des biens*, t. 2, *op. cit.*, p. 262, n° 39 ; H. De Page et R. Dekkers, *Traité élémentaire de droit civil belge*, t. VI, *op. cit.*, p. 554, n° 662.
[238] Voy. J. Kokelenberg, « Privaatrechtelijke erfdienstbaarheden », *op. cit.*, pp. 160-162, n° 46.

droit de servitude. Tel était pourtant le raisonnement présenté par les défendeurs au juge de paix de Genk : ils ne contestaient pas n'avoir jamais exercé la servitude de passage mais soutenaient que le délai de trente ans n'avait pas commencé à courir, car des murs sur le fonds servant auraient depuis toujours barré le passage. Le tribunal a refusé cet argument, car l'exercice de la servitude « était possible et pouvait être utile dès la construction des murs séparatifs en 1978 »[239]. Nous comprenons son raisonnement dans le seul sens qu'autorisent les principes : en l'occurrence, l'exercice de la servitude était « possible » dès l'entrée en vigueur de l'acte qui la constitue – soit, à défaut d'indications contraires, le 25 septembre 1978 – et pouvait être « utile » dès cette date, à charge pour le titulaire du fonds dominant d'agir pour assurer l'exercice effectif de la servitude convenue. Résultat : la prescription était acquise en 2008 et l'action des demandeurs introduite sur la base de l'article 706 fondée.

Pour ce qui est de la charge de la preuve, la distinction entre les servitudes continues et discontinues s'impose aussi. Pour les premières, qui s'exercent d'elles-mêmes sans le fait actuel de l'homme, *affirmanti incumbit probatio* : le titulaire du fonds assujetti supporte la charge de la preuve et ne pourra dès lors triompher que s'il établit l'existence d'un obstacle à l'exercice de la servitude depuis plus de trente ans[240]. Pour les secondes, aux termes notamment d'un arrêt du 15 janvier 2015[241] de la Cour de cassation, incombe à celui qui « revendique l'exercice d'un droit [de servitude] sur la base d'un titre de plus de trente ans […] la preuve que la prescription a été interrompue et que l'extinction par non-usage a été évitée, soit du fait que la servitude a été exercée depuis moins de trente ans avant l'introduction de l'action, soit du fait que l'existence de la servitude a été reconnue au cours de cette période par le propriétaire du fonds asservi ». Il appartient donc, en règle, au titulaire du fonds dominant de démontrer une interruption de la prescription[242], et en particulier que la servitude discontinue a été exercée durant les trente dernières années[243]. Cette règle probatoire appelle cependant deux précisions issues de la jurisprudence de la Cour de cassation. Premièrement, cette dernière a énoncé, dans un arrêt du 30 mai 2003[244], que « quiconque oppose l'extinction du droit de passage par la prescription trentenaire acquise avant le plus ancien acte interruptif de prescription établi accompli dans le délai de trente ans précédant l'introduction

---

[239] Traduction libre.
[240] Selon Jacques Hansenne, la formulation de l'article 707 est trompeuse : il n'est pas nécessaire que l'obstacle à l'exercice de la servitude soit le fait de l'homme, il peut aussi provenir de quelque accident ou événement de force majeure (voy. J. Hansenne, *Les biens. Précis*, t. II, *op. cit.*, p. 1148, n° 1134).
[241] Voy. not. Cass., 12 janvier 2015, *Pas.*, 2015, p. 84, *T.B.O.*, 2016, p. 112, *T. Not.*, 2016, p. 223, note H. Goedgebeur.
[242] Voy. p. ex. J.P. Herzele, 25 mars 2021, *J.J.P.*, 2021, p. 473 ; Civ. Flandre orientale, division de Termonde, 1er mars 2018, *R.A.B.G.*, 2019, p. 961.
[243] Précisons que, selon le juge de paix de Lierre, pour empêcher l'extinction d'une servitude de passage, il n'est aucunement nécessaire que le passage concerné soit fréquemment utilisé (voy. J.P. Lierre, 8 janvier 2019, *R.A.B.G.*, 2019, p. 969).
[244] Voy. Cass., 30 mai 2003, *Arr. cass.*, 2003, p. 1283, *Pas.*, 2003, p. 1084.

de la demande, est tenu de prouver le non-usage trentenaire ». Ainsi, lorsque le propriétaire du fonds dominant a rempli son rôle en établissant un fait d'usage de la servitude discontinue dans les trente ans précédant l'introduction du litige, mais que le propriétaire du fonds servant prétend qu'avant ce fait, trente ans de non-usage s'étaient déjà écoulés, il incombe à ce dernier de prouver ce qu'il allègue[245]. Secondement, la haute juridiction a, dans un arrêt déjà ancien[246], admis une exception à la règle susmentionnée lorsque la prescription extinctive d'une servitude discontinue est fondée sur un non-usage partiel.

L'article 708 de l'ancien Code civil stipule que le mode de la servitude peut se prescrire comme la servitude même, et de la même manière. Dans un arrêt du 6 janvier 2006[247], la Cour de cassation a confirmé qu'il s'en déduit que l'usage restreint d'une servitude pendant un délai de trente ans peut entraîner son extinction partielle. Le non-usage partiel d'une servitude ne peut cependant mener, en application de l'article 708, à l'extinction partielle de la servitude que si ce non-usage résulte d'un obstacle matériel à son exercice. Suivant en cela une certaine doctrine[248] et une jurisprudence séculaire, la Cour de cassation a en effet précisé dans l'arrêt précité que, pourvu que l'état matériel de la servitude en permette l'usage complet, la circonstance que le propriétaire du fonds dominant, tout en respectant son titre, en limite l'usage à ses besoins et à ses convenances ne peut être considérée comme un usage restreint pouvant entraîner l'extinction partielle de la servitude. Dans un arrêt du 22 mai 2020[249], la Cour de cassation a ajouté que le juge du fond apprécie souverainement si l'usage de la servitude a été restreint par un obstacle matériel. Aussi, a légalement justifié sa décision le juge d'appel qui, par une appréciation qui gît en fait, a refusé de réduire la largeur de la servitude de passage au motif que la demanderesse, propriétaire du fonds servant, « échoue à établir que des obstacles végétaux [aient] empêché, pendant une durée de trente années » l'usage complet de la servitude de passage.

*La prescription extinctive des servitudes du fait de l'homme a été notablement revue par la réforme avec l'article 3.126, qui simplifie doublement la matière. Premièrement, et pour rappel[250], la loi nouvelle laisse de côté la distinction entre les servitudes continues et les servitudes discontinues, qui impactait sous l'ancien Code le point de départ du délai de prescription et la charge de la preuve. En application de l'article 3.126, dans tous les cas, la charge de la preuve repose sur le fonds assujetti et « [l]e délai de trente ans commence à courir à compter du non-usage ». Secondement, l'article 3.126 unifie le régime*

---

[245] Voy. S. BOUFFLETTE, « Servitudes du fait de l'homme. Chronique de jurisprudence 2008-2014 », *op. cit.*, p. 120, n° 63.
[246] Voy. Cass., 5 avril 1990, *Pas.*, 1991, p. 916.
[247] Voy. Cass., 6 janvier 2006, *J.T.*, 2007, p. 91, *J.L.M.B.*, 2006, p. 570, obs. P.-P. RENSON ; égal. commenté par P. LECOCQ, « L'extinction des servitudes : de nuances en précisions », *J.T.*, 2007, pp. 81-86.
[248] Voy. J. HANSENNE, *Les biens. Précis*, t. II, *op. cit.*, pp. 1149-1150, n° 1137 ; H. DE PAGE et R. DEKKERS, *Traité élémentaire de droit civil belge*, t. VI, *op. cit.*, pp. 562-563, n° 670.
[249] Voy. Cass., 22 mai 2020, *A.P.T.*, 2021, p. 156, *J.L.M.B.*, 2021, p. 516, obs. E.J.
[250] Voy. *supra*, n° 6.

*du non-usage, quelle qu'en soit la cause. Il importe peu désormais que le non-usage, total ou partiel, soit justifié par un obstacle matériel, par une cause de force majeure, ou encore par la volonté du fonds dominant.*

**22. Suppression judiciaire (art. 710*bis* anc. C. civ.).** L'article 710*bis*, inséré dans l'ancien Code civil par une loi du 22 février 1983[251], offre au juge la possibilité d'ordonner, à la demande du propriétaire du fonds servant, la suppression d'une servitude du fait de l'homme lorsqu'elle a perdu toute utilité pour le fonds dominant[252]. Depuis un arrêt du 28 janvier 2000[253] de la Cour de cassation, il est acquis que l'utilité visée à l'article 710*bis* doit s'entendre largement et être appréhendée tant sous un angle économique que sous celui du pur agrément et qu'il est tenu compte de l'utilité tant actuelle que future, et même seulement potentielle. La jurisprudence abonde dans ce sens[254]. Pour synthétiser cette position prétorienne, nous nous permettons de reproduire les excellents motifs d'une décision du juge de paix de Fontaine-L'Évêque du 15 mai 2017[255] : « [s]i donc il subsiste une utilité, même de minime importance, la servitude doit être maintenue. Par ailleurs, il faut avoir égard tant à l'utilité actuelle qu'à l'utilité future ou potentielle. Enfin, l'utilité doit être appréhendée tant sous un angle économique que sous celui du pur agrément […]. La servitude conserve son utilité lorsqu'elle continue à accroître la commodité de l'usage ou de l'exploitation du fonds dominant et à lui conférer une plus-value ». Il est dès lors indifférent, à suivre le jugement du 23 juin 2015[256] du juge de paix de Merelbeke, de vérifier si « l'utilité de la servitude pour le fonds dominant est proportionnelle à la charge de la servitude pour le fonds servant »[257]. On le conçoit aisément, une telle vision de l'utilité fait le plus souvent échec à la demande de suppression judiciaire du fonds servant. Par exemple, la seule circonstance que le fonds dominant bénéficie d'un nouvel accès à la voie publique n'implique pas, en soi, que la servitude conventionnelle de passage ait perdu toute utilité, encore que ce nouveau passage ferait cesser l'état d'enclave du fonds dominant. Les juges du fond ont eu l'opportunité de rappeler,

---

[251] Sur la genèse de cette loi, voy. S. BOUFFLETTE, « L'article 710*bis* du Code civil et la suppression partielle des servitudes du fait de l'homme », obs. sous J.P. Fontaine-L'Évêque, 26 mai 2005, *Rev. dr. ULg.*, 2007, pp. 282 et s., spéc. n° 4.
[252] Voy. P. LECOCQ, S. BOUFFLETTE, A. SALVÉ et R. POPA, *Manuel de droit des biens*, t. 2, *op. cit.*, p. 264, n° 42.
[253] Voy. Cass., 28 janvier 2000, *Arr. Cass.*, 2000, p. 243, *Bull.*, 2000, p. 239, *J.T.*, 2000, p. 464, *Rev. not. belge*, 2000, p. 226.
[254] Voy. not. Civ. Namur, division de Namur, 9 mars 2020, *J.J.P*, 2020, p. 550 ; J.P. Lierre, 8 janvier 2019, *R.A.B.G.*, 2019, p. 969 ; Civ. Luxembourg, division de Marche-en-Famenne, 19 avril 2018, *J.L.M.B.*, 2018, p. 1587, note E. JADOUL ; J.P. Louvain, 6 mars 2018, *R.C.D.I.*, 2018/3, p. 31 ; J.P. Eeklo, 8 juin 2017, *T.G.R.*, 2017, p. 273 ; Civ. Hainaut, division de Charleroi, 10 janvier 2017, *J.J.P*, 2020, p. 544 ; Civ. Flandre orientale, division de Termonde, 12 mai 2016, *R.G.D.C.*, 2016, p. 523, *T.G.R.*, 2016, p. 272 ; J.P. Vielsalm, La Roche-en-Ardenne, Houffalize, 17 mai 2017, *J.L.M.B.*, 2018, p. 1582 ; J.P. Merelbeke, 23 juin 2015, *J.J.P*, 2017, p. 154 ; J.P. Zottegem, 16 juillet 2014, *R.W.*, 2014-2015, p. 629.
[255] Voy. J.P. Fontaine-L'Évêque, 15 mai 2017, *J.T.*, 2018, p. 661.
[256] Voy. J.P. Merelbeke, 23 juin 2015, *J.J.P*, 2017, p. 154.
[257] Sous réserve, cela va de soi, d'un abus de droit.

à de nombreuses reprises[258], que les servitudes conventionnelles échappent aux prévisions de l'article 684 de l'ancien Code civil, lequel concerne exclusivement les servitudes légales de passage pour cause d'enclave. Le juge de paix de Vielsalm, la Roche-en-Ardenne, Houffalize est l'un d'eux. Dans l'affaire ayant donné lieu à un jugement du 17 mai 2017[259], le propriétaire du fonds dominant (la parcelle n° 804E, appartenant à Hubert) bénéficiait d'un droit réel de passage sur le fonds voisin (la parcelle n° 805C, appartenant à Anne), pour accéder à son chalet depuis la voirie. Au jour de la création de la servitude, il n'était, en pratique, possible d'atteindre le chalet que moyennant un détour par le « chemin du moulin » sis en partie sur la parcelle n° 805C, car la parcelle n° 803A, qui était également la propriété de Hubert et de son auteur et qui était située directement en contrebas du chalet, était un bois présentant une pente abrupte. Le juge de paix a correctement décidé que le déboisement partiel, par Hubert, de la parcelle n° 803A et, partant, la création d'un nouveau passage praticable vers le chalet, ne privait pas d'utilité la servitude conventionnelle grevant la parcelle d'Anne n° 805C, vu « l'état actuel des lieux et vu leur configuration particulière, la parcelle longeant la chaussée se situe largement en contrebas par rapport à la parcelle n° 804E sur laquelle se trouve le chalet ; la pente d'une parcelle à l'autre est très abrupte ; il n'y a, entre les deux, qu'un petit chemin en forme de sentier étroit et sinueux ; l'accès à cette parcelle pour un véhicule automoteur n'est actuellement possible que par le Chemin du Moulin et le passage sur la parcelle d'Anne ». Anne s'est pourvue en appel contre cette décision, mais n'a pas eu davantage de succès devant le tribunal de première instance de Marche-en-Famenne. Le 19 avril 2018[260], le juge d'appel a confirmé en tous points le jugement du juge cantonal, constatant à son tour que le chemin querellé est nettement plus commode que la seconde voie d'accès, sinueuse, étroite et abrupte. Pour conclure sur l'article 710*bis*, nous précisons que les demandes en suppression d'une servitude conventionnelle, établie dans les formes prescrites par l'article 2 de la loi hypothécaire[261], – tant les demandes initiales que les demandes incidentes ou reconventionnelles, qu'elles soient formulées à titre principal ou à titre subsidiaire[262] –, doivent, en norme[263],

---

[258] Voy. not., sur la période étudiée, Civ. Flandre orientale, division de Termonde, 1er mars 2018, *R.A.B.G.*, 2019, p. 961 ; J.P. Eeklo, 8 juin 2017, *T.G.R.*, 2017, p. 273 ; J.P. Vielsalm, la Roche-en-Ardenne, Houffalize (siège de Houffalize), 17 mai 2017, *J.L.M.B.*, 2018, p. 1582, note E. Jadoul ; Civ. Hainaut, division de Charleroi, 10 janvier 2017, *J.J.P.*, 2020, p. 544 ; Civ. Flandre occidentale, division de Bruges, 7 décembre 2016, *R.W.*, 2018-2019, p. 28, note M. Reynebeau.

[259] J.P. Vielsalm, la Roche-en-Ardenne, Houffalize (siège de Houffalize), 17 mai 2017, *J.L.M.B.*, 2018, p. 1582, note E. Jadoul.

[260] Voy. Civ. Luxembourg, division de Marche-en-Famenne, 19 avril 2018, *J.L.M.B.*, 2018, p. 1587, note E. Jadoul.

[261] Voy. Cass., 6 septembre 1991, *J.T.*, 1992, p. 311 ; voy. en doctrine P. Lecocq, S. Boufflette, A. Salvé et R. Popa, *Manuel de droit des biens*, t. 2, *op. cit.*, p. 265, n° 42.

[262] Voy. not. S. Jacmain, « Portée de l'article 3, alinéa premier de la loi hypothécaire du 16 décembre 1851 », note sous Cass., 20 avril 2001, *R.G.D.C.*, 2003, p. 442 et J.-L. Ledoux, « Chronique de jurisprudence – La publicité foncière (1994-2001) », *J.T.*, 2002, p. 781.

[263] Pascale Lecocq, Sophie Boufflette, Arianne Salvé et Raluca Popa enseignent qu'en présence d'un acte respectant une des formes prescrites par l'article 2 de la loi hypothécaire, mais qui n'a pas été transcrit,

faire l'objet d'une inscription marginale auprès de l'Administration générale de la Documentation patrimoniale territorialement compétente[264]. Le tribunal civil de Namur souligne, le 9 mars 2020[265], que la méconnaissance de cette formalité est sanctionnée procéduralement[266] par une fin de non-procéder et qu'il y a donc lieu, en pareilles circonstances, de « surseoir à statuer sur [la] demande le temps que cette formalité soit accomplie ». Il s'en abstient pourtant, considérant que la demande de suppression de la servitude était en tout état de cause non fondée et, surabondamment, que « l'objectif visé par l'accomplissement de la formalité a été rencontré dans la mesure où lors de la vente de l'immeuble bénéficiant de la servitude lors de la présente instance, les acquéreurs ont été informés du présent litige et de son contenu ».

*Pour contrer la vision large du concept d'utilité insufflée par la jurisprudence sous l'ancien Code civil, qui vidait, pour ainsi dire, ce mode extinctif de toute substance, le législateur annonce, dans les travaux préparatoires, avoir choisi de restreindre la suppression judiciaire de la servitude à l'utilité, même de pur agrément, présente et future, et non plus potentielle*[267]. *L'article 3.128 dispose désormais qu'« [à] la demande du propriétaire du fonds servant, le juge peut ordonner la suppression d'une servitude lorsque celle-ci a perdu toute utilité, même future, pour le fonds dominant ».*

## Section 5
## Aspects de droit judiciaire

**23. Actions possessoires (art. 1370 et 1371 C. jud.).** S'il est une distinction que le praticien ne doit pas perdre de vue lorsqu'il procède en justice, c'est celle entre les actions possessoires et les actions pétitoires. C'est une antienne bien connue, le pétitoire et le possessoire ne peuvent être cumulés. La portée exacte de cette règle, inscrite à l'article 1371 du Code judiciaire, doit être correctement cernée. Concernant une servitude publique de passage, la Cour de cassation a ainsi précisé, le 20 octobre 2000[268], que l'interdiction prévue par cette disposition légale ne fait pas obstacle à ce que, une action possessoire ayant été introduite en ordre principal, une action pétitoire le soit en ordre subsidiaire. L'interdiction de cumuler les deux instances s'impose non seulement aux parties, mais également au juge. Celui-ci doit en particulier vérifier la nature des faits qui lui sont soumis

---

l'action tendant à l'anéantissement de la servitude en cause devra faire l'objet d'une certaine publicité. Il n'est alors pas question d'une mention marginale, à défaut d'une transcription, mais d'une mention dans le corps des registres de la conservation des hypothèques (voy. P. Lecocq, S. Boufflette, A. Salvé et R. Popa, *Manuel de droit des biens*, t. 2, *op. cit.*, p. 265, n° 42).

[264] Voy. not. J.P. Vielsalm, la Roche-en-Ardenne, Houffalize (siège de Houffalize), 17 mai 2017, *J.L.M.B.*, 2018, p. 1582, note E. Jadoul ; J.P. Merelbeke, 23 juin 2015, *J.J.P.*, 2017, p. 154.
[265] Voy. Civ. Namur, division de Namur, 9 mars 2020, *J.J.P.*, 2020, p. 450.
[266] Une sanction de fond est également attachée à l'absence de mention marginale, voy. P. Lecocq, *Manuel de droit des biens*, t. 1, *Biens et propriété*, *op. cit.*, pp. 231-232, n° 88.
[267] Voy. Proposition de loi n° 55-0173/001, p. 237.
[268] Voy. Cass., 20 octobre 2000, *Arr. cass.*, 2000, p. 1623, *Bull.*, 2000, p. 1589.

et peut, sur la base des termes employés dans la citation, estimer que la demande est en réalité pétitoire. Fort de cet enseignement, le tribunal civil de Namur a décidé, dans une décision du 9 mars 2020[269], que l'action en reconnaissance d'une servitude et en cessation de troubles émanant du titulaire du fonds servant est en réalité une action pétitoire et non une action possessoire. Le juge doit également se garder de statuer sur l'action au possessoire pour des motifs tirés du fond du droit[270]. Au cours de la période recensée, le tribunal civil de Dinant, siégeant en degré d'appel, a, le 17 janvier 2017[271], réformé sur ce point un jugement du juge de paix de Gedinne. Les faits à l'origine de cette affaire sont complexes et leur correct exposé nécessiterait, à tout le moins, l'esquisse d'un plan des lieux[272]. On nous pardonnera donc une certaine imprécision dans nos explications, destinée à en simplifier la lecture. Pierre était propriétaire d'un ensemble immobilier, qu'il avait décidé de répartir, dans un codicille testamentaire, entre ses deux enfants, Luc et Mélanie. L'ensemble a été divisé en cinq lots. Retenons pour notre propos qu'au décès de Pierre, Luc s'est vu attribuer le lot 3, et que Mélanie a reçu le lot 2 et le lot 4, sur lequel était érigée une porcherie. Compte tenu de l'état d'enclave de la porcherie, Pierre avait veillé, au verso du codicille, à créer une servitude de passage au bénéfice du lot 4, qui prenait cours à partir de la rue à l'extrémité droite du lot 2, et qui longeait ensuite la limite séparative du lot 3 et coupait par le jardin du lot 3. En 1980, le plan de division de l'ensemble immobilier est établi. Ce plan de division portait le germe du litige à venir : sur ce dernier, l'assiette de la servitude de passage ne correspondait pas à celle figurant dans le codicille ; ladite servitude était matérialisée entre la porcherie présente sur le lot 4 et l'extrémité gauche du lot 3 et ne transitait donc pas par le lot 2 jusqu'à la rue. Au jour du litige, le lot 2 appartenait à Maria, le lot 3 à Frédéric, et le lot 4 à Alain et Élisabeth. En 2013, Maria a décidé d'entamer sur le lot 2 des travaux de construction d'une maison d'habitation. Dans ce contexte, Frédéric a constaté que la construction projetée empiétait sur l'assiette de la servitude dont il se prétendait titulaire. Étant dans l'impossibilité d'utiliser la servitude avec des engins agricoles, Frédéric a intenté une action possessoire afin qu'il soit fait défense à Maria d'empêcher son passage sur l'assiette de la servitude et injonction de remettre les lieux dans leur pristin état, sous peine d'astreinte. Le juge de paix de Gedinne avait donné raison à Frédéric – car le codicille dressé par Pierre, ainsi que son plan présent au verso du document constituaient le titre dont avait besoin Frédéric pour justifier l'existence de sa servitude – et avait fixé en droit l'assiette de la servitude litigieuse. Le tribunal civil de Dinant n'a pas souscrit au raisonnement du premier juge, qui outrepassait les limites imposées au juge par l'article 1371 du Code judiciaire. On rappellera qu'initialement, l'article 1370, 1°, du Code judiciaire n'accordait une protection au possesseur qu'aux seules servitudes susceptibles d'être acquises par

---

[269] Voy. Civ. Namur, 9 mars 2020, *J.J.P.*, 2020, p. 550.
[270] Voy. P. Lecocq, S. Boufflette, A. Salvé et R. Popa, *Manuel de droit des biens*, t. 2, *op. cit.*, p. 399, n° 62.
[271] Voy. Civ. Namur, division de Dinant, 17 janvier 2017, *J.L.M.B.*, 2017, p. 949, obs. R.P.
[272] Ce que Madame Popa propose très opportunément au titre d'observation de la décision, voy. *J.L.M.B.*, 2017, p. 955.

prescription, soit aux servitudes à la fois continues et apparentes. À la suite d'un arrêt de la Cour constitutionnelle du 13 octobre 2011[273], déjà maintes fois commenté, le législateur a inséré en finale de l'article 1370 un alinéa en vertu duquel « [l]a condition indiquée au 1° n'est pas applicable lorsqu'il s'agit d'une servitude légale ou conventionnelle de passage et quand la dépossession ou le trouble a été causé par violence ou voie de fait ». Il faut donc admettre qu'en matière de protection possessoire des servitudes, plus précisément en cas de réintégrande, le juge examine et recherche l'existence d'un titre légal ou conventionnel fondant la servitude possédée et troublée[274]. Dans la décision du tribunal civil de Dinant que nous commentons[275], le tribunal a insisté sur la nécessité pour le juge du possessoire de rester vigilant dans l'examen du titre allégué et ne pas émettre des considérations tenant au fond du droit en vérifiant si ledit acte confère, en définitive, à celui qui l'invoque une servitude de passage sur la propriété des défendeurs au possessoire : « [l]'action en réintégrande étant ouverte aux simples détenteurs d'un droit, par application de l'article 1370, dernier alinéa, du Code judiciaire, il n'y a pas lieu, en principe, de vérifier si […] Maria renverse la présomption de Frédéric de se comporter comme titulaire d'un droit réel » ; « [c]ependant, le caractère discontinu de la servitude de passage impose de considérer différemment cette position : s'il n'était pas requis, à charge de la personne qui exerce une action possessoire ayant pour objet le respect d'un droit de passage, que cette personne justifie le titre qui lui confère ce droit par application de l'article 691 du Code civil, indépendamment de tous débats quant au fond, il serait admis que de simples faits de passage, résultant peut être d'une tolérance, puissent justifier, sans autre examen, des décisions aussi graves et économiquement dommageables qu'une remise en état des lieux à charge des propriétaires d'un fonds ». Avec pertinence, le tribunal a relevé que le codicille destinait la servitude au lot 4, et non au lot 3 appartenant à Frédéric et qu'aucun élément ne permettait de conclure à l'existence d'un titre dans son chef. Dans ces conditions, il déboute Frédéric de son action en réintégrande. Dans la même veine, la justice de paix du canton de Dour a indiqué, le 10 octobre 2017[276], que le juge saisi d'une réintégrande portant sur un droit de passage doit vérifier que ce droit repose sur un titre et non sur une simple tolérance.

Venons-en ensuite, brièvement, aux conditions pour agir au possessoire. En vertu de l'article 1370 du Code judiciaire, les actions possessoires ne concernent que les immeubles, susceptibles d'être acquis par prescription acquisitive (sauf, en ce qui concerne la réintégrande, les servitudes légales ou conventionnelles de passage), et doivent être introduites dans l'année du trouble ou de la dépos-

---

[273] Voy. C.C., 13 octobre 2011, n° 151/2011, *J.L.M.B.*, 2011, p. 2006, note P. LECOCQ, *R.W.*, 2011-2012, p. 1803, note V. SAGAERT, *J.T.*, 2012, p. 580, note Fl. LOOSEN, *R.A.B.G.*, 2013, p. 71, note B. VERLOOY, *T.B.O.*, 2013, p. 13, note D. VERHOEVEN.
[274] Voy. sur cette question J.P. Westerlo, 2 septembre 2015, *R.W.*, 2015-2016, p. 714.
[275] Décision également commentée par P. LECOCQ, « Examen de jurisprudence (2000-2020). Les biens – Première partie : Dispositions générales, classifications des biens, propriété », *R.C.J.B.*, 2021, p. 548, n° 26.
[276] Voy. J.P. Dour, 19 octobre 2017, *J.J.P.*, 2019, p. 517.

session. À ces conditions, communes à toutes les actions possessoires, s'ajoutent deux exigences propres à la complainte (et, donc, à la dénonciation de nouvel œuvre) : il s'agit de l'exigence d'une possession utile d'abord et d'une possession annale ensuite[277]. Pour ce qui est de la réintégrande, il est instructif de citer l'un des attendus du jugement du 5 juillet 2017[278] de la justice de paix d'Anderlecht : « la règle héritée du droit romain selon laquelle *spoliatus ante omnia restituendus est* suppose que l'on reconnaisse l'exercice de la réintégrande à tous ceux qui ont un pouvoir de fait sur un bien immobilier, à quelque titre que ce soit, sans avoir à examiner si la possession revêt les qualités requises pour prescrire et même sans avoir à rechercher si le plaignant est un véritable possesseur », de sorte que « la réintégrande est accordée au simple détenteur ». *In concreto*, le juge cantonal a constaté qu'il ne peut raisonnablement être contesté que la demanderesse exerçait un pouvoir de fait sur la chose et a reconnu le fondement de l'action possessoire qu'elle a intentée et qui tendait à la suppression de la clôture posée *manu militari* par ses adversaires.

*La réforme du droit des biens opère un profond changement au niveau des actions possessoires. Dans le nouveau livre 3, on ne retient plus qu'un seul type d'action possessoire : l'action en réintégrande (art. 3.25 C. civ.). Les conditions d'exercice de la réintégrande connaissent par ailleurs plusieurs modifications. Tout d'abord, l'action en réintégrande devient limitée au seul possesseur, à l'exclusion du détenteur. La réintégrande devient ensuite applicable à tout droit réel immobilier, sans qu'il ne soit plus requis qu'il s'agisse d'un bien susceptible d'être acquis par prescription. Il est ainsi mis un terme aux discussions entourant la question de la protection possessoire des servitudes, qui subsistaient malgré l'arrêt de la Cour constitutionnelle du 13 octobre 2011 et l'intervention législative subséquente ; la possession de toute espèce de servitude devient susceptible de protection. Enfin, l'article 3.25 exige que la possession soit paisible et publique afin de pouvoir être protégée contre les violences ou voies de fait. Le législateur a estimé qu'il n'était en revanche pas opportun d'exiger une possession non équivoque, ni une possession continue, au risque de détricoter la protection possessoire.*

**24. Actions pétitoires.** Sous les termes d'actions pétitoires, nous désignons une palette d'actions réelles : il y a d'abord les actions confessoires, celles qui visent l'établissement d'une servitude, ainsi que celles, d'après un jugement du tribunal civil de Namur du 9 mars 2020[279], qui tendent à la reconnaissance d'une servitude[280] et la cessation des troubles par le fonds servant ; il y a ensuite les actions négatoires, qui visent à dénier ou à supprimer une servitude. Il est évident que les propriétaires des fonds dominant et servant ont intérêt et qua-

---

[277] Pour une étude de la jurisprudence en matière de protection possessoire entre 2000 et 2020, voy. P. Lecocq, « Examen de jurisprudence (2000-2020). Les biens – Première partie : Dispositions générales, classifications des biens, propriété », *op. cit.*, p. 543.
[278] Voy. J.P. Anderlecht, 5 juillet 2017, *J.J.P.*, 2021, p. 406.
[279] Voy. Civ. Namur, division de Namur, 9 mars 2020, *J.J.P.*, 2020, p. 550.
[280] Voy. égal. J.P. Gand, 6 novembre 2019, *J.J.P.*, 2022, p. 456.

lité pour introduire pareilles actions[281]. À tout le moins tant qu'ils en restent propriétaires ajoutent, en substance, le tribunal civil de Louvain le 26 mai 2021[282] et le tribunal civil de Namur le 9 mars 2020[283]. Le premier a considéré qu'en suite de la vente du fonds dominant, ce n'était plus la venderesse, partie demanderesse originaire, qui avait qualité pour la procédure d'appel, mais bien l'acquéreuse, appelée à la cause en intervention forcée. Devant le second, les appelants prétendaient que l'intimée n'aurait plus d'intérêt à soutenir une action ayant pour objet d'entendre consacrer une servitude d'écoulement des eaux et d'entendre faire interdiction de modifier le tuyau d'évacuation, dès lors qu'elle avait vendu, en cours de procédure, son immeuble. Le juge namurois apporte une réponse tout en nuances à cette prétention. Il a estimé que l'intimée conservait son intérêt à réclamer des dommages et intérêts, au titre de réparation de son préjudice personnel, d'autant qu'une clause de l'acte de vente prévoyait que le vendeur « sera le seul à la cause en ce qui concerne les dommages personnels qu'il a subis et qui ne sont pas encore définitivement jugés » ; or, « [a]fin d'examiner le droit à obtenir des dommages et intérêts sur une action fondée sur les articles 701 et 1382 du Code civil, le tribunal doit nécessairement se positionner sur l'existence ou non d'une servitude ». En revanche, par la vente, l'intimée a, selon le tribunal, perdu intérêt à sa demande concernant les aménagements futurs de la situation et sa demande d'interdiction, dans la mesure où elle n'était plus propriétaire de l'immeuble. La question de droit judiciaire abordée par l'une et l'autre décision, est particulièrement délicate et on regrettera qu'aucune d'elles ne renseigne plus précisément la date exacte de l'aliénation du fonds dominant. Celle-ci apparaît en effet capitale au regard d'un enseignement majoritaire, quoique point unanime[284], de la doctrine et de la jurisprudence, selon lequel l'intérêt à agir visé aux articles 17 et 18 du Code judiciaire s'apprécie en fonction du moment où la demande est introduite[285] – soit, pour les cas qui nous occupent, au jour de l'introduction de l'appel[286] –, sans qu'il puisse dépendre de circonstances postérieures qui auraient rendu celle-ci sans objet. Aussi, le transfert de la propriété du fonds dominant au cours de l'instance d'appel ne devrait pas être pris en compte par le juge lorsqu'il statue sur la recevabilité. La Cour de cassation est même allée un pas plus loin dans un arrêt du 24 avril 2003[287], dans lequel elle a décidé qu'« une partie qui, en tant que propriétaire d'un immeuble, avait qualité et

---

[281] Voy. J. Kokelenberg, Th. Van Sinay et H. Vuye, « Overzicht van rechtspraak (1994-2000). Zakenrecht », *op. cit.*, n°ˢ 166 et 167 ; J. Hansenne, *Les biens. Précis*, t. II, *op. cit.*, pp. 1155-1159, n° 1145.
[282] Voy. Civ. Louvain, 26 mai 2021, *Res jur. imm.*, 2021, p. 260.
[283] Voy. Civ. Namur, division de Namur, 9 mars 2020, *J.J.P.*, 2020, p. 550.
[284] Voy. C. De Boe, « Le défaut d'intérêt né et actuel », *Ann. dr. Liège*, 2006, p. 158, n° 79.
[285] Voy. not. M. Baetens-Spetschinsky, M. Berwette, J. Biart, E. de Lophem, G. Eloy, J. Englebert, F. Laune, Fr. Lejeune, J.-S. Lenaerts et X. Taton, *Droit du procès civil*, vol. 1, coll. Bibliothèque de l'Unité de droit judiciaire de l'U.L.B., Limal, Anthemis, 2018, p. 71, n° 60.
[286] *Ibid.*, p. 159, n° 79.
[287] Voy. Cass., 24 avril 2003, *Arr. cass.*, 2003, p. 1018, *Pas.*, 2003, p. 854, concl. De Riemaecker, *R.C.J.B.*, 2004, p. 349, note A. Decroës.

intérêt pour agir [...] justifie de l'intérêt et de la qualité requis pour interjeter appel du seul fait qu'elle a été déboutée par le premier juge de l'un des chefs de sa demande, la propriété de ce bien eût-elle été cédée avant la prononciation de cette décision ». Cette considération de la haute juridiction fait cependant l'objet de vives critiques par une éminente doctrine[288], tenant à des considérations de droit judiciaire qu'il n'est pas le lieu d'approfondir ici.

Outre le propriétaire, doit-on reconnaître un droit d'action à ceux qui disposent, sur le bien d'autrui, d'un droit réel d'usage, tels que l'usufruitier, l'emphytéote ou le superficiaire ? Sophie Boufflette répond par l'affirmative, raisonnant au départ de leur faculté à stipuler des servitudes, dans le respect, il va de soi, de l'adage *nemo plus iuris ad alium transferre potest quam ipse habet*. Si le titulaire d'un droit réel peut créer une servitude profitant ou grevant l'objet de son droit, il doit logiquement pouvoir agir en justice à son sujet[289]. Durant la période étudiée, la jurisprudence a été appelée à trancher l'hypothèse inverse : une action confessoire de servitude peut-elle être dirigée à l'encontre de l'occupant du fonds servant ? Fort avisé, le tribunal de première instance du Hainaut, division de Charleroi, a accueilli pareille action dans un jugement du 27 novembre 2019[290] : « [l]'action confessoire de servitude de passage dirigée à l'encontre de l'occupant du fonds servant est recevable. Le droit réel de servitude étant un droit opposable *erga omnes*, le propriétaire du fonds dominant a un intérêt à agir par la voie judiciaire pour en faire reconnaître l'existence à l'égard de l'occupant du fonds servant et pour en demander la protection ». *In casu*, l'action visant à la reconnaissance et à la protection de la servitude de passage querellée visait non seulement la propriétaire du fonds servant, mais également son compagnon, qui ne disposait d'aucun droit réel sur le fonds. Le président du tribunal civil de Liège, statuant en référé, a quant à lui admis le 25 novembre 2019[291] que « [l]'action d'un propriétaire tendant à se voir autorisé à placer un échafaudage sur le fonds voisin en vue de réaliser des travaux sur le mur pignon de son immeuble en cours de construction peut valablement être introduite à l'encontre d'un usufruitier », car « [l]'octroi d'une autorisation précaire et limitée dans le temps de placer un échafaudage, voire d'une servitude de tour d'échelle limitée dans le temps, constitue un pur acte d'administration, qui relève des prérogatives de l'usufruitier sur l'objet de son droit ».

---

[288] Voy. not. G. Closset-Marchal, J.-Fr. van Drooghenbroeck, S. Uhlig et A. Decroës, « Droit judiciaire », *R.C.J.B.*, 2006, p. 192, n° 160 ; A. Decroës, « Recevabilité de l'appel : qualité et intérêt », note sous Cass., 24 avril 2003, *R.C.J.B.*, 2004, pp. 376 à 378.

[289] Voy. S. Boufflette, « Servitudes du fait de l'homme. Chronique de jurisprudence 2008-2014 », *op. cit.*, pp. 111-112, n° 52 ; voy. égal. Br. Maeschaelck et S. Declercq, « Procedurele aspecten inzake erfdienstbaarheden – *Actio confessoria, actio negatoria* en bezitsvorderingen », in V. Sagaert (dir.), *De betekenis van erfdienstbaarheden bij vastgoedtransacties*, Anvers, Intersentia, 2017, p. 297.

[290] Voy. Civ. Hainaut, division de Charleroi, 27 novembre 2019, *J.L.M.B.*, 2021, p. 538.

[291] Voy. Civ. Liège (réf.), 25 novembre 2019, *J.L.M.B.*, 2021, p. 534.

# 2
# LES SERVITUDES LÉGALES D'UTILITÉ PRIVÉE

Laura Deru
assistante à l'ULiège
avocate au barreau de Liège-Huy

## Sommaire

Introduction — 68

Section 1
Le régime des eaux — 68

Section 2
Les distances — 78

Section 3
L'enclave — 106

Section 4
Les « nouvelles » servitudes légales — 121

## Introduction

En réponse aux critiques émises par la doctrine quant à la distinction entre les servitudes naturelles, à savoir celles « qui dérivent de la situation des lieux » et les servitudes « établies par la loi », les auteurs de la réforme ont choisi de les réunir sous un seul et même titre intitulé « les servitudes légales d'utilité privée », lesquelles sont désormais organisées en trois sections distinctes, la première étant consacrée au régime des eaux (art. 3.129 à 3.131 C. civ.), la deuxième aux distances légales (art. 3.132 à 3.134 C. civ.) et la dernière à l'enclave (art. 3.135 à 3.137 C. civ.). L'examen de la présente contribution ne peut se réaliser qu'en gardant à l'esprit qu'en application de l'article 3.116, *in fine*, du Code civil, les dispositions relatives aux servitudes du fait de l'homme constituent le droit commun des servitudes légales, « sauf dispositions contraires ou incompatibilité avec la finalité poursuivie par le législateur ». Quelques exemples ne manqueront d'ailleurs pas d'illustrer l'application subsidiaire de ces dispositions à la matière.

À travers l'examen des lignes qui suivent, le lecteur constatera qu'en matière de servitudes légales d'utilité privée, la réforme n'est pas synonyme de révolution, mais plutôt de continuité, quoiqu'assurément ponctuée de quelques nouveautés. La présente contribution propose un aperçu des questions clés de la matière, à travers des illustrations jurisprudentielles antérieures à la réforme, mises en perspectives avec les nouvelles dispositions consacrées aux servitudes légales, en vigueur depuis le 1er septembre 2021.

## Section 1
## Le régime des eaux

### A. Écoulement d'eaux entre fonds voisins

**1. Champ d'application. Eaux naturelles et autres matières charriées.** L'article 3.129 du Code civil énonce, en son alinéa 1er, que « sans préjudice de l'article 3.131, les fonds inférieurs doivent recevoir les eaux naturelles, et autres matières charriées par celles-ci, en provenance des fonds supérieurs ». Du moins dans un premier temps, la nouvelle disposition s'inscrit donc dans le prolongement de l'article 640 de l'ancien Code civil, de sorte que les précisions jurisprudentielles antérieures à la réforme restent pleinement d'application pour tracer les contours de son champ d'application. Ainsi, *le tribunal de première instance de Luxembourg, division d'Arlon, dans une décision du 23 octobre 2018*, définit les eaux naturelles comme « celles qui découlent naturellement d'un fonds et s'écoulent en suivant la pente naturelle du sol, sans intervention de l'homme »[1]. Il précise que l'article 640 de l'ancien Code civil ne distingue pas les eaux pluviales, de source, d'infiltration ou provenant de la fonte des neiges. Outre les

---

[1] Voy. Civ. Luxembourg, division d'Arlon, 23 octobre 2018, *R.G.D.C.*, 2021, p. 169.

eaux naturelles, la disposition vise également les matières qu'elles transportent. À cet égard, *le juge de paix du canton de Wavre, dans une décision du 16 septembre 2014*[2], que nous aurons l'occasion de commenter plus amplement par la suite, rappelle la jurisprudence de la Cour de cassation[3] suivant laquelle le sable et la boue, entraînés par les eaux naturelles, font partie de cet écoulement naturel[4].

Les eaux naturelles et les matières qu'elles charrient doivent donc, en principe, être supportées par le fonds servant. Néanmoins, leur quantité et leur intensité varient en fonction des conditions météorologiques rencontrées, lesquelles peuvent avoir des conséquences parfois dramatiques pour le fonds inférieur qui subit l'écoulement. Le souvenir, mais aussi et surtout les prévisions, d'épisodes climatiques extrêmes ont donc vraisemblablement guidé le législateur dans la rédaction de l'article 3.129, alinéa 4, du Code civil puisqu'il énonce que « les droits et les obligations [visées à l'article 3.129 du Code civil] ne s'appliquent pas aux situations résultant de la force majeure ». À défaut de préciser de quelles obligations il s'agit, tant celles du fonds servant que celles du fonds dominant nous semblent être visées[5]. En application de cette disposition, le fonds servant peut donc se défendre contre les conséquences dommageables des évènements accidentels, tandis que le fonds dominant, lui, n'est pas *ipso facto* responsable du dommage causé au fonds inférieur, sauf s'il y a contribué par l'activité déployée sur son fonds, et pour autant, bien entendu, qu'il s'agisse de circonstances météorologiques et climatiques exceptionnelles. Les travaux parlementaires recommandent en effet de « limiter l'application de cette dérogation aux situations exceptionnelles en ces périodes climatiques troublées »[6]. C'est donc bien de force majeure dont il est question, ce qui implique nécessairement de tenir compte du caractère imprévisible et inévitable de l'évènement dommageable[7]. Avant la réforme déjà, les plaideurs ne manquaient pas d'invoquer le concept de force majeure afin de tenter de déroger aux droits et obligations assignés aux fonds servant ainsi qu'au fonds dominant. Dans *la décision du 23 octobre 2018 du tribunal de première instance de Luxembourg, division d'Arlon*, il est question d'inondations subies par les demandeurs en raison du manque d'entretien, par l'autorité locale compétente, des avaloirs publics, lequel a entraîné leur obstruc-

---

2   Voy. J.P. Wavre, 16 septembre 2014, inédit.
3   Voy. Cass., 18 novembre 1999, *Arr. cass.*, 1999, p. 1454, *Bull.*, 1999, p. 1519, *Huur*, 2000, p. 156, *R.W.*, 2000-2001, p. 15 ; Cass., 4 novembre 2005, *Arr. cass.*, 2005, p. 2127, *J.T.*, 2006, p. 90, note P. Renson, *Pas.*, 2005, p. 2120, *R.A.B.G.*, 2006, p. 707, *T.B.O.*, 2006, p. 16, note M. Muylle et L. Matthys.
4   D'autres matières telles que les débris végétaux, le limon, les graviers peuvent également faire partie de l'écoulement naturel. À cet égard, voy. not. R. Derine, F. Van Neste et H. Vandenberghe, *Beginselen van Belgisch privaatrecht*, deel V, *Zakenrecht*, deel I B, Anvers, Standaard Uitgeverij, 1974, n° 3045 ; H. De Page et R. Dekkers, *Traité élémentaire de droit civil belge*, t. V, 2ᵉ éd., Bruxelles, Bruylant, 1975, p. 545, n° 553 ; F. Laurent, *Principe de droit civil*, Bruxelles, Bruylant, 1976, n° 358.
5   Voy. V. Defraiteur, « Copropriété et relations de voisinage », *in* N. Bernard (dir.), *Le droit des biens réformé*, Bruxelles, Larcier, 2020, p. 223.
6   Voy. Proposition de loi du 16 juillet 2019 portant insertion du livre 3 « Les biens » dans le nouveau Code civil, Commentaires des articles, *Doc. parl.*, Ch. repr., sess. extr. 2019, n° 55-0173/001, p. 240 (ci-après « Proposition de loi n° 55-0173/001 »).
7   Voy. *ibid.* et art. 5.226 C. civ.

tion partielle. La commune s'est par ailleurs abstenue de mettre en place des équipements publics adaptés au relief du terrain et à l'urbanisation du quartier. Le tribunal estime que ce manque d'entretien et l'aménagement aléatoire des lieux ont pour conséquence d'aggraver la servitude d'écoulement des eaux au sens de l'article 640 de l'ancien Code civil. Afin de tenter d'échapper à sa responsabilité, la commune se retranche derrière le prétendu cas de force majeure qu'ont constitué les événements météorologiques survenus dans la commune d'Habay le 28 octobre 1998. Considérant toutefois le refus du gouverneur de reconnaître à la commune le statut de zone sinistrée, au regard du rapport de l'IRM, et l'absence d'intervention de la commune alors que des inondations ont été déplorées avant et après le 28 octobre 1998, le tribunal considère que les fortes pluies survenues à cette date ne sont pas constitutives d'un cas de force majeure[8].

À défaut pour le texte de loi de le préciser explicitement[9], il ressort en revanche des travaux parlementaires que les éboulements rocheux, en raison de leur dangerosité, sont exclus du champ de l'article 3.129 du Code civil, « chacun devant prendre ses précautions afin que les pierres et rochers ne portent pas atteinte aux fonds voisins »[10]. La nouvelle disposition s'écarte donc ici de la doctrine classique[11] et de la jurisprudence antérieure[12], qui assimilaient aux eaux naturelles les éboulements rocheux se détachant du fonds supérieur, sans intervention de l'homme, excluant ainsi, en norme, la responsabilité du propriétaire du fonds dominant en cas d'éboulement.

S'agissant des fonds visés par la disposition, l'emploi du pluriel traduit la volonté du législateur de ne pas limiter ce mécanisme de servitude légale aux seuls fonds contigus. Ainsi, « les terrains inférieurs sont tenus de recevoir les eaux naturelles qui s'écoulent tant des fonds immédiatement supérieurs que de ceux plus élevés encore »[13]. Contiguïté et voisinage n'étant donc pas, ici, synonymes, c'est bien dans son acceptation large que doit s'entendre cette dernière notion.

**2. Droits et obligations des parties. Fonds servant.** À l'instar de ce que prévoyait l'article 640, alinéa 2, de l'ancien Code civil, quoique formulé en des termes un peu différents, l'article 3.129 du Code civil énonce que « le titulaire d'un fonds inférieur ne peut réaliser aucun ouvrage qui entrave cet écou-

---

[8] Voy. Civ. Luxembourg, division d'Arlon, 23 octobre 2018, *R.G.D.C.*, 2021, p. 169.
[9] Voy. à ce sujet, V. Defraiteur, « Copropriété et relations de voisinage », *op. cit.*, p. 222. L'auteur estime qu'il aurait été préférable de viser expressément cette exclusion dans la disposition dès lors qu'il peut être raisonnablement soutenu qu'une roche qui se détache d'une paroi est « charriée par les eaux naturelles ».
[10] Voy. Proposition de loi n° 55-0173/001, p. 239.
[11] Voy. J. Hansenne, *Les biens. Précis*, t. II, Liège, éd. Collection scientifique de la Faculté de droit de l'Université de Liège, 1996, p. 1173 ; R. Derine, F. Van Neste et H. Vandenberghe, *Beginselen van Belgisch privaatrecht*, deel V, *Zakenrecht*, deel I B, *op. cit.*, p. 584.
[12] Voy., quoiqu'en dehors de la période recensée, Liège, 23 juin 2003, *R.R.D.*, 2003, p. 417, *R.G.A.R.*, 2004, n° 13.878, *J.L.M.B.*, 2004, p. 1093 ; J.P. Huy, 9 juillet 1987, *Ann. dr. Liège*, 1988, p. 430, note M.-Fr. Hubert, « Et si le ciel nous tombait sur la tête…? » ; Civ. Liège, 30 septembre 1975, *J.L.M.B.*, 1975-1976, p. 261 ; Liège, 4 avril 1952, *Pas.*, 1953, II, p. 82.
[13] Voy. Proposition de loi n° 55-0173/001, p. 238.

lement », sauf cas de force majeure comme expliqué ci-dessus. Il s'agit ni plus ni moins d'un cas d'application de l'article 3.124 du Code civil suivant lequel « le titulaire du fonds servant ne peut rien faire qui diminue l'exercice de la servitude ou le rende moins commode »[14]. À cet égard, dans une affaire soumise au *tribunal de première instance de Flandre orientale le 10 septembre 2014*, les propriétaires du fonds dominant se plaignent de l'entrave occasionnée à l'écoulement de leurs eaux naturelles par le propriétaire du fonds servant. Plus précisément, ils imputent l'inondation de leur propriété à la modification du relief du sol réalisée sur le fonds inférieur. Suivant le juge du fond, le remblayage réalisé n'est pas à l'origine du trop-plein d'eau récolté sur le fonds dominant. D'une part, les travaux de remblayage n'ont pas modifié la perméabilité du fonds inférieur, d'autre part, le terrain inférieur a été remblayé de manière égale avec des terres identiques à celles qui s'y trouvaient déjà, sans que le degré de la pente ait été modifié, de sorte que la quantité d'eau résultant des précipitations qui découle du terrain supérieur est identique et suit la même direction. *La Cour de cassation, dans son arrêt du 1er octobre 2015*, rejette le pourvoi dirigé à l'encontre de ce jugement, estimant qu'il résulte des constats opérés dans la décision attaquée que les défendeurs n'ont pas « élevé de digue, ni par le remblayage de leur fonds, diminué ou rendu plus incommode l'usage de la servitude des demandeurs »[15]. L'obligation de respecter le libre écoulement des eaux naturelles n'empêche pas le propriétaire du fonds servant de réaliser, sur son fonds, des ouvrages visant à limiter les inconvénients résultant de l'écoulement des eaux naturelles du fonds supérieur, par exemple, en canalisant l'écoulement des eaux ou en rectifiant le tracé, si cela n'a pas pour effet de faire refluer les eaux[16].

**3. Droits et obligations des parties. Fonds dominant.** L'article 3.129, alinéa 3, du Code civil, dans la droite ligne de l'article 640 de l'ancien Code civil toujours, dispose que « le titulaire d'un fonds supérieur ne peut aggraver cet écoulement en quantité ou en qualité ». La notion d'aggravation est néanmoins affinée dans le nouveau texte puisqu'il est précisé que « cette obligation ne l'empêche pas d'utiliser normalement son fonds d'après sa destination, si l'ampleur de l'aggravation est raisonnable ». Ces nuances consacrent la jurisprudence antérieure à la réforme[17], suivant laquelle le propriétaire du fonds dominant peut bâtir ou cultiver son fonds conformément à sa destination, un usage normal de son héritage n'impliquant pas, en soi, une aggravation de la

---

[14] Voy. à ce propos, dans le présent ouvrage, N. GOFFLOT, « Servitudes du fait de l'homme : questions choisies », pp. 9-66, spéc. n° 16.
[15] Voy. Cass., 1er octobre 2015, *T.B.O.*, 2016, p. 147, *R.W.*, 2016-2017, p. 1224.
[16] Voy. P. LECOCQ, S. BOUFFLETTE, A. SALVÉ et R. POPA, *Manuel de droit des biens*, t. 2, *Droits réels principaux démembrés*, Bruxelles, Larcier, 2016, p. 286, n° 55.
[17] Voy. Cass., 4 novembre 2005, *T. Not.*, 2006, p. 446, note S. BUYLAERT, *T.B.O.*, 2006, p. 16, note M. MUYLLE et L. MATTHYS, *J.T.*, 2006, p. 90, obs. P.-P. RENSON ; voy., en doctrine, L. COENJAERTS, « Quand peut-on parler d'une aggravation de la servitude légale d'écoulement des eaux ? », note sous Liège, 17 janvier 2012, *J.T.*, 2012, pp. 747-749.

servitude[18]. *A contrario*, une aggravation déraisonnable de la charge peut être sanctionnée quand bien même elle résulterait d'un usage normal du fonds dominant. Quant à déterminer ce qui est raisonnable et ce qui ne l'est pas, c'est au juge qu'il appartient de placer le curseur[19].

En guise d'illustrations, nous épinglons *un arrêt de la cour d'appel d'Anvers du 2 avril 2014*, dans lequel les propriétaires d'un fonds inférieur se plaignent des inondations causées à leur parcelle par le ruissellement des eaux en provenance des fonds voisins. Ils accusent leurs voisins « de droite » d'avoir surélevé le niveau de leur parcelle par des remblais, tandis qu'ils font grief à leurs voisins « arrière » d'avoir modifié l'implantation de leurs arbres fruitiers de manière telle que l'exutoire naturel des eaux a disparu, entraînant un déversement d'eau et de boue sur leur propriété. S'agissant de la modification du niveau du terrain voisin, l'expert désigné estime qu'elle est sans lien avec les inondations subies par les plaignants. En revanche, il relève que l'implantation des arbres fruitiers a été réalisée dans un sens de la pente tel que l'écoulement s'en trouve modifié. La cour confirme néanmoins la décision du tribunal d'instance en rappelant que les fonds inférieurs sont assujettis à recevoir les eaux naturelles qui s'écoulent des fonds supérieurs. Or, en l'espèce, la modification de l'implantation des arbres n'implique pas une aggravation de la servitude dans la mesure où le travail des terres destinées à l'agriculture ne constitue pas une intervention humaine qui affecte le drainage naturel de l'eau[20]. Dans une affaire soumise au *juge de paix de Wavre*, la partie demanderesse a fait construire sur sa propriété un mur et des rigoles destinées à recevoir les eaux de ruissellement en provenance du fonds situé en amont, initialement affecté à l'usage de prairie. À la suite du changement d'affectation de cette prairie en parcelle cultivée, l'écoulement des eaux est devenu tel que les aménagements destinés à les recevoir ont été endommagés. Par *une décision du 16 septembre 2014*, le juge de paix considère toutefois que la défenderesse ne démontre pas en quoi ce changement d'affectation aggrave la servitude d'écoulement des eaux en les dirigeant de manière artificielle vers la propriété de la demanderesse, l'affectation d'un fonds à une activité agricole ne constituant pas en soi une aggravation de la servitude d'écoulement des eaux[21]. Dans un litige soumis au *tribunal de première instance de Namur, en date du 7 octobre 2014*, un agriculteur se plaint du fait que les eaux pluviales, récoltées dans un fossé situé le long de la voie publique, sont canalisées au point bas de ce fossé par un aqueduc, qui se déverse ensuite dans la prairie qu'il exploite. Ces aménagements, réalisés par les autorités communales, ont plus précisément pour but de canaliser et d'écouler les eaux ruisselant des terres agricoles situées en amont de la voirie, afin d'en éviter l'inondation. À cet égard, le tribunal constate qu'en

---

[18] Voy. N. GOFFLOT, L. DERU et Fr. BOUSSA, « Questions choisies de droit des biens – Les classifications des biens, les troubles de voisinage et les servitudes », in *Chronique de droit à l'usage des juges de paix et de police 2022*, vol. 34, Bruxelles, la Charte, 2022, p. 58.
[19] Voy. Proposition de loi n° 55-0173/001, p. 239.
[20] Voy. Anvers, 2 avril 2014, *R.G.D.C.*, 2015, p. 508, note A. APPERS.
[21] Voy. J.P. Wavre, 16 septembre 2014, inédit.

réalisant le fossé et l'aqueduc litigieux, l'autorité publique défenderesse aggrave la servitude légale établie par l'article 640 de l'ancien Code civil en concentrant en un seul point les eaux qui, précédemment, se dispersaient sur l'ensemble des terres situées en aval. Ces ouvrages ayant néanmoins été réalisés à une époque qu'il n'est plus possible de dater avec certitude mais qui, en toute hypothèse, est antérieure à 1965, la défenderesse a acquis, par prescription acquisitive, une servitude plus étendue que celle découlant, à l'origine, de la situation des lieux. Les ouvrages litigieux ont en effet été maintenus pendant trente années sans que le propriétaire du fonds servant s'oppose à l'écoulement ainsi aggravé. À cet égard, le magistrat estime que des travaux visant à préserver l'efficacité d'une telle servitude aggravée, *in casu* le curage du fossé, ne peuvent être considérés, au vu de leur caractère conservatoire, comme une nouvelle aggravation[22].

Notons enfin que le nouvel article répète, pour des raisons de clarté, la prise en charge, par le fonds dominant des travaux d'entretien, conformément à l'article 3.121 du Code civil[23].

**4. Sanctions.** Suivant la jurisprudence de la Cour de cassation, le juge du fond peut condamner le propriétaire contrevenant à mettre fin à l'aggravation de la servitude. En revanche, il ne peut le contraindre à effectuer des travaux de nature à empêcher totalement l'écoulement naturel des eaux sur le fonds servant[24].

Sur la période recensée, nous relevons *un arrêt de la Cour de cassation rendu le 4 septembre 2014*, à propos d'un pourvoi dirigé à l'encontre d'une décision de la cour d'appel de Liège du 29 mai 2012[25]. Dans cette affaire, les parcelles des demandeurs originaires subissent des inondations et des coulées de boue en provenance d'une parcelle, située en amont, appartenant à la Ville de Liège. Le terrain supérieur est affecté à l'agriculture, alors qu'il se trouve pourtant enclavé dans l'habitat et est incliné vers les propriétés riveraines situées en aval. Au regard du rapport d'expertise, la cour d'appel estime qu'« en affectant à la culture une parcelle enclavée dans l'habitat et en pente vers celui-ci, ce qui entraîne pour les propriétés en contrebas des dommages à répétitions liés au ruissellement d'eaux chargées de boue, en maintenant cette parcelle sous culture (conclusion d'un nouveau bail à ferme au 1er janvier 1993) et en s'abstenant de prendre toute mesure d'ordre administratif ou urbanistique pour assainir le site alors qu'elle avait connaissance des sinistres survenus depuis les années 1980 […], la demanderesse a aggravé la servitude d'écoulement […] ». Selon la cour d'appel, seul le changement d'affectation de la parcelle en prairie, plutôt qu'en zone de « maraîchage, potagers-cultures » est susceptible d'éviter de nouveaux sinistres afin de permettre aux demandeurs originaires de réintégrer leur bien dans des

---

[22] Civ. Namur, 7 octobre 2014, *J.L.M.B.*, 2016, p. 84.
[23] Voy. à ce propos, dans le présent ouvrage, N. GOFFLOT, « Servitudes du fait de l'homme : questions choisies », pp. 9-66, spéc. n° 15.
[24] Voy. Cass., 19 décembre 1963, *Pas.*, 1964, I, p. 418.
[25] Inédit.

conditions de sécurité suffisante. *Par un arrêt du 4 septembre 2014*, la Cour de cassation considère néanmoins qu'en ordonnant à une autorité administrative une telle mesure à titre de sanction de l'aggravation de la servitude légale d'écoulement des eaux, la cour d'appel de Liège a méconnu le principe général de la séparation des pouvoirs[26].

**5. Modification et extinction.** Les dérogations aux principes énoncés ci-dessus restent possibles, tant au profit du fonds servant que du fonds dominant. Ainsi, le propriétaire du fonds dominant peut acquérir une servitude du fait de l'homme plus étendue que la servitude légale d'écoulement des eaux par convention, par prescription acquisitive[27] – à condition qu'un véritable empiétement sur la propriété voisine soit constaté – ou par destination du propriétaire[28] et pour autant, dans ces deux dernières hypothèses, que la condition d'apparence soit rencontrée, la condition de continuité ayant quant à elle disparu avec la réforme[29]. Ainsi, dans *la décision précitée du tribunal de première instance de Namur du 7 octobre 2014*, c'est bien de l'acquisition, par prescription acquisitive trentenaire, d'une servitude plus étendue que celle découlant, à l'origine, de la situation des lieux, dont il est question[30].

Si l'on se place à présent du côté du fonds servant, celui-ci peut également faire l'acquisition d'une servitude du fait de l'homme, inverse de la servitude légale d'écoulement des eaux naturelles par convention, par prescription acquisitive – à condition qu'un véritable empiétement sur la propriété voisine soit constaté – ou par destination du propriétaire, la condition d'apparence étant également, mais uniquement, requise pour ces deux derniers modes d'établissement. Le propriétaire du fonds inférieur pourra alors faire obstacle à l'écoulement des eaux en provenance du fonds supérieur, dans une plus ou moins grande mesure[31].

Notons enfin qu'en application de l'article 3.126 du Code civil, la charge de recevoir les eaux naturelles pour le fonds servant peut s'éteindre en raison

---

[26] Cass., 4 septembre 2014, *R.C.A.*, 2015, p. 46 note G. Jocqué, *N.j.W.*, 2015, p. 244, note G. Jocqué, *R.G.D.C.*, 2015, p. 569, note D. Renders.

[27] Voy. L.-L. Christians, « Ancienneté et servitudes d'écoulement des eaux », *Ann. dr. Liège*, 1986, pp. 101 et s. ; H. De Page et R. Dekkers, *Traité élémentaire de droit civil belge, op. cit.*, t. VI, p. 432, qui précisent que la prescription trentenaire commence à courir à partir de l'achèvement des ouvrages. En jurisprudence, voy. Cass., 16 décembre 1970, *Res jur. imm.*, 1971, p. 207, qui confirme Liège, 16 décembre 1970, *Jur. Liège*, 1971, p. 217 ; Civ. Dinant, 27 septembre 1995, *J.L.M.B.*, 1995, p. 1672, commenté par N. Verheyden-Jeanmart, Ph. Coppens et C. Mostin, « Examen de jurisprudence (1989-1998). Les biens », *R.C.J.B.*, 2000, p. 469.

[28] Voy. J.P. Visé, 3 novembre 1999, *J.J.P.*, 2000, p. 306.

[29] Voy. à ce propos, dans le présent ouvrage, N. Gofflot, « Servitudes du fait de l'homme : questions choisies », pp. 9-66, spéc. n° 6.

[30] Voy. Civ. Namur, 7 octobre 2014, *J.L.M.B.*, 2016, p. 84.

[31] P. Lecocq, S. Boufflette, A. Salvé et R. Popa, *Manuel de droit des biens*, t. 2, *op. cit.*, p. 290, n° 56.

d'un non-usage de la servitude d'écoulement des eaux pendant un délai de trente ans, lequel prend cours au jour où un obstacle à son exercice est posé[32].

## B. Égout des toits

**6. Principes.** Sous réserve d'une seule émendation d'ordre terminologique[33], l'article 3.131 du Code civil est la réplique exacte de l'ancien article 681 puisqu'il dispose que « [t]out propriétaire doit établir ses toits de manière à ce que les eaux pluviales s'écoulent sur son fonds ou sur la voie publique. Il ne peut les faire verser sur une parcelle contiguë ». Il n'est donc plus question de « parcelle voisine », comme le prévoyait l'article 681 de l'ancien Code civil, mais bien de « parcelle contiguë ». Contrairement à la servitude d'écoulement des eaux naturelles, seul le voisinage au sens strict du terme est ici visé. En application de cette disposition, tout propriétaire doit donc établir ses toits de manière à ce que les eaux pluviales ne se déversent pas directement sur le fonds de son voisin. En revanche, si, après les avoir recueillies sur son propre fonds, la déclivité naturelle du terrain conduit les eaux sur le fonds voisin, ce dernier doit les recevoir, à la condition que ces eaux ne « causent pas plus de dommages appréciables que les eaux qui découleraient naturellement du fonds s'il était nu de constructions »[34]. Et à défaut pour le fonds dominant de collecter les eaux du toit sur son propre fonds, il doit alors assurer leur écoulement sur la voie publique, cette dernière étant entendue comme tout type de voie publique qui longe une ou plusieurs habitations[35]. *La décision rendue par la justice de paix de Charleroi le 8 mars 2017* illustre ce dernier scénario. Dans cette affaire, un voisin se plaint de l'écoulement des eaux pluviales en provenance du fonds de la défenderesse, sur le trottoir jouxtant sa propriété. Le tribunal constate que les eaux pluviales litigieuses sont récoltées depuis le toit de la défenderesse, dans la gouttière ancrée sur la façade de l'immeuble et se déversent ensuite sur le trottoir qui longe son habitation, lequel fait sinon partie de la voie publique, en tous cas de la propriété de la défenderesse. Dans un cas comme dans l'autre, l'eau transite sur un autre fonds que celui de la demanderesse (voie publique ou propriété de la demanderesse) avant que la déclivité naturelle du sol l'achemine sur la parcelle contiguë, conformément à ce que prévoit l'article 681 de l'ancien Code civil[36].

---

[32] Voy. à ce propos, dans le présent ouvrage, N. GOFFLOT, « Servitudes du fait de l'homme : questions choisies », pp. 9-66, spéc. n° 21.
[33] Voy. K. SWINNEN, « Erfdienstbaarheden », in V. Sagaert et al. (éd.), *Het nieuwe goederenrecht*, Anvers, Intersentia, 2021, p. 404.
[34] Voy. J. HANSENNE, *Les biens. Précis*, t. II, *op. cit.*, p. 1175 ; N. BERNARD, *Précis de droit des biens*, Limal, Anthemis, 2013, p. 477.
[35] Voy. P.-P. RENSON, « La servitude d'égout des toits et la servitude d'écoulement des eaux ménagères », *J.L.M.B.*, 2007, p. 1481.
[36] Voy. J.P. Charleroi, 8 mars 2017, *J.J.P.*, 2018, p. 350.

Enfin, les travaux préparatoires précisent que la disposition s'applique non seulement aux propriétaires, mais également à tout titulaire d'un droit réel d'usage « dans la mesure où il est concerné »[37].

**7. Servitudes du fait de l'homme.** Au même titre que la servitude légale d'écoulement des eaux, une dérogation à celle d'égout des toits est possible, tant par voie consensuelle que par le jeu de la prescription acquisitive ou encore par la destination du propriétaire[38], de sorte que les eaux pluviales en provenance du toit d'un immeuble voisin se déversent alors directement sur le fonds contigu. Une interversion des rôles est alors constatée puisque le fonds servant devient le fonds dominant, et *vice versa*[39]. Dans un litige soumis au *juge de paix du 3ᵉ canton de Liège en date du 16 mai 2017*, il ressort de la disposition des lieux que, depuis au minimum trente ans, les propriétaires successifs des immeubles contigus ont établi et maintenu une servitude de canalisation entre leurs deux immeubles : les eaux de toiture du fonds n° 25 sont dirigées vers la corniche du n° 23 et s'écoulent à travers le tuyau du n° 23 qui relie cette corniche aux égouts. Le juge de paix constate que les parties ont ainsi dérogé à l'article 681 de l'ancien Code civil relatif à l'égout des toits. Selon lui, les conditions requises pour prescrire cette servitude sous l'empire de l'ancien Code civil sont rencontrées dès lors que « le tuyau qui part de la corniche du 25 est parfaitement visible, étant "à l'air libre" » et qu'il s'agit d'eaux de pluie qui s'écoulent par cette canalisation, attestant ainsi du caractère continu de la servitude. Notons néanmoins qu'au terme de cette décision, le tribunal conclut à une aggravation de la servitude acquise par prescription dans la mesure où « la modification importante apportée par les travaux à la toiture du n° 25 augmente considérablement la quantité d'eau à évacuer ». Compte tenu de l'identité du nouvel article et de l'ancien, ces enseignements jurisprudentiels restent évidemment pertinents.

## C. Réglementation des sources et des eaux courantes

**8. Champ d'application.** L'article 3.130 du Code civil est l'archétype de l'objectif de simplification et d'instrumentalisation[40] cher à la réforme du droit des biens. Alors que l'ancien Code civil consacrait plusieurs articles[41] à la réglementation des sources et eaux courantes, la matière est désormais rationalisée et unifiée au sein d'une seule et même disposition, laquelle doit être toutefois

---

[37] Voy. Proposition de loi n° 55-0173/001, p. 246.
[38] À la condition, dans ces deux derniers cas, que la condition d'apparence (et, sous l'empire de l'ancien droit, de continuité) soi(en)t rencontrée(s).
[39] Voy. K. Swinnen, « Erfdienstbaarheden », *op. cit.*, p. 404.
[40] Voy. P. Lecocq et V. Sagaert, « Introduction La réforme du droit des biens : contextualisation méthodologique et tendancielle », *in* P. Lecocq, N. Bernard, I. Durant, B. Michaux, J.-Fr. Romain et V. Sagaert (dir.), *Le nouveau droit des biens*, Bruxelles, Larcier, 2020, pp. 7-12.
[41] Voy. les articles 641, 643, 644 et 645 de l'ancien Code civil.

complétée par les dispositions de droit administratif relatives à ces questions[42]. L'article 3.130 du Code civil dispose ainsi que «[l]e propriétaire d'une source ou le riverain d'un cours d'eau peut utiliser l'eau, uniquement pour ses propres besoins et à condition qu'il ne modifie pas de manière substantielle le cours, la quantité et la qualité de l'eau». L'appréciation du caractère substantiel ou non de la modification est laissée à l'appréciation des cours et des tribunaux, faute pour le texte et les travaux préparatoires de fournir les guides nécessaires à cette appréciation. Si le texte ne vise ici que le propriétaire du fonds concerné et non le titulaire d'un droit réel sur le fonds, les travaux préparatoires[43] invitent néanmoins le praticien à une application extensive du texte de sorte que tout titulaire d'un droit réel d'usage sur les parcelles en cause est également concerné par la disposition[44]. Enfin, au même titre que les servitudes analysées ci-dessus, il peut être dérogé à l'article 3.130 du Code civil en vertu d'une servitude du fait de l'homme acquise par titre, prescription acquisitive ou destination du propriétaire, pour autant, dans ces deux derniers cas, que le service présente un caractère apparent.

**9. Illustration.** Nous relevons, dans une décision du *tribunal de première instance du Luxembourg, division de Marche-en-Famenne, du 1er août 2019*, un cas d'application de la matière, suffisamment rare que pour être développé. Le litige se noue autour de la Source de la Tridaine. Les trois points d'émergence de l'eau de la source et la tête de la galerie se trouvent sous le fonds appartenant à la S.A. Lhoist, la galerie acheminant l'eau se dirigeant ensuite vers la propriété de l'Abbaye Saint-Rémy. Une partie de l'eau est captée en sortie de galerie et alimente à la fois l'Abbaye et la Ville de Rochefort. En 1982, une convention intervient entre les trois parties afin, notamment, de définir une zone de protection autour du point d'émergence principal de la Source de la Tridaine, limitant ainsi la profondeur d'extraction. Au terme d'une étude réalisée sur les potentielles conséquences d'un approfondissement de la zone d'extraction en vue d'anticiper l'épuisement des ressources en calcaire, la S.A. Lhoist souhaite réaliser une campagne d'essai de pompage, ce à quoi s'oppose systématiquement l'Abbaye Saint-Rémy, ces dernières revendiquant «des droits civils (réels ou personnels) sur la source ou sur les eaux de source telles qu'elles existent actuellement». En synthèse, la question de la propriété des eaux qui émergent à la source, sur le fonds de la S.A. Lhoist, est d'abord envisagée dans la décision commentée. Sur ce point, le tribunal estime, au regard du contenu de l'acte de partage déposé par l'Abbaye, que la clause visée dans l'acte de partage, qui interdit de supprimer ou de détourner, en tout ou en partie, les eaux qui alimentent un fonds, ne consiste pas en la reconnaissance

---

[42] Voy. Proposition de loi n° 55-0173/001, p. 241.
[43] *Ibid.*, p. 242.
[44] Noémie Gofflot illustre cette extension du champ d'application *ratione personae* de la disposition par l'hypothèse d'un emphytéote d'un terrain joignant un cours d'eau qui peut en faire usage, dans les limites prévues par le texte, ou solliciter la réparation des conséquences dommageables de l'utilisation dudit cours d'eau par un «propriétaire» voisin (voy. N. Gofflot, L. Deru et Fr. Boussa, «Questions choisies de droit des biens – Les classifications des biens, les troubles de voisinage et les servitudes», *op. cit.*, p. 59).

d'un droit de propriété, en faveur de ce fonds, sur les eaux qui surgissent de la source. En revanche, le tribunal estime qu'elle peut être analysée comme une servitude du fait de l'homme sur les eaux émanant de la source située sur le fonds de la S.A. Lhoist dès leur émergence. L'acte de partage constitue ainsi une exception au principe de la libre disposition de la source par son propriétaire, énoncé à l'entame de l'article 641 de l'ancien Code civil. À l'égard de cette servitude, la S.A. Lhoist indique qu'il n'y a ni violation de la servitude établie conventionnellement ni entrave à celle-ci dès lors que la seule obligation qui s'impose au fonds servant est celle d'alimenter en eau la propriété de l'Abbaye, peu importe l'origine de cette eau. Le tribunal estime toutefois que la servitude concerne l'approvisionnement naturel en eaux qui s'écoule du fonds servant, propriété de la S.A. Lhoist vers le fonds dominant, propriété de l'Abbaye. Partant, le test de pompage envisagé par la S.A. Lhoist constituerait une entrave à cette servitude, contraire à l'article 701 de l'ancien Code civil, dès lors qu'il aurait pour effet d'assécher la source et de remplacer l'approvisionnement de l'Abbaye par un pompage qui, certes lui serait redistribué via la galerie existante, mais en passant par une chambre de mélange et des tuyaux. Or, pour l'heure, ces aménagements sont inexistants puisque l'eau débouche à l'Abbaye via une galerie creusée dans la roche et ne doit pas être potabilisée. Au terme de sa décision, le tribunal reconnaît donc à l'Abbaye un droit réel de servitude établi conventionnellement sur les eaux qui surgissent de la Source de la Tridaine, située sur le fonds voisin appartenant à la S.A. Lhoist. Et, en vertu de cette servitude, le propriétaire du fonds servant ne peut ni supprimer ni détourner les eaux alimentant l'Abbaye.

## Section 2
## Les distances

**10. Observation liminaire.** Si, pour les servitudes légales, la réforme implique certes peu de bouleversements majeurs, le régime des « distances légales » a été davantage dépoussiéré, justifiant ainsi l'adoption d'une structure un peu différente pour l'exposé de cette matière. Il s'agit en effet de comparer plus systématiquement l'ancien et le nouveau droit de manière à mettre en lumière les modifications auxquelles il convient d'être attentif.

### A. Distances pour les fenêtres, ouvertures de murs et autres ouvrages semblables

**11. Ancien régime *versus* nouveau régime.** Le praticien se souviendra sans doute de la complexité du régime organisé aux articles 675 à 680*bis* de l'ancien Code civil, lesquels opéraient des distinctions entre les jours et les vues, mais également les vues droites et les vues obliques ou encore entre les jours situées au rez-de-chaussée et celles à l'étage. Cette dispersion des règles, jugée parfois « peu raisonnable »[45], cède aujourd'hui le pas à une seule et même norme applicable à toutes les fenêtres à vitrage transparent, aux ouvertures murales, aux balcons, aux terrasses ou aux ouvrages similaires : seule une distance de 19 décimètres doit être respectée. Voyons.

**12. Les jours et vues *versus* les fenêtres, ouvertures de murs et autres ouvrages semblables.** Sous l'ancien régime, les jours s'entendaient des ouvrages qui ne s'ouvrent pas et qui ne laissent passer que la lumière, à l'exclusion de l'air[46]. Quant aux vues visées à l'ancien article 678, elles concernaient toutes les ouvertures[47] qui laissent passer l'air et la lumière de sorte qu'y étaient assimilés les terrasses, balcons, loggias, etc.[48].

À titre d'illustrations, nous relevons *une décision de la justice de paix de Fléron du 28 mai 2015*. Dans cette affaire, les demandeurs se plaignent de la construction, par leur voisin, d'un carport qui impliquerait, selon eux, des vues illégales, en violation de l'article 678 de l'ancien Code civil. Le tribunal rappelle à cette occasion que la disposition en cause s'applique aux fenêtres, balcons ou autres semblables saillies de nature à incommoder le voisin. Partant, un carport destiné à accueillir la plupart du temps un véhicule, sans personne à l'intérieur, est caractérisé par une absence de vue permanente et ne pose donc aucune difficulté au regard des prescriptions de la disposition en cause[49]. Selon *le juge de paix de Forest, le 17 janvier 2017*, une simple plateforme n'est pas soumise à l'article 678 de l'ancien Code civil. En revanche, une plateforme qui est aménagée par le placement d'un revêtement de sol, une possibilité d'accès ou une balustrade de manière telle qu'il est possible d'y circuler et d'y séjourner, constitue une terrasse susceptible de procurer des vues interdites par l'ancien Code civil[50]. *Le juge de paix de Charleroi*, quant à lui, décide *le 20 février 2019* qu'une baie munie d'un châssis fixe et sur laquelle a été apposé un film translucide est soumise au régime des jours uniquement et non à celui des vues[51].

L'article 3.132 du Code civil abandonne désormais cette distinction entre jours et vues au profit de notions plus concrètes, telles que « des fenêtres au vitrage transparent, des ouvertures de mur, des balcons, des terrasses et autres ouvrages semblables ».

**13. Distances et hauteurs *versus* (seule) distance.** Dans l'ancien Code civil, aucune distance particulière ne devait être respectée pour le percement d'un jour. En application de l'article 676 de l'ancien Code civil, une certaine hauteur, à mesurer depuis le plancher, devait néanmoins être observée[52] : si le

---

45   Voy. Proposition de loi n° 55-0173/001, p. 246.
46   Voy. P. Lecocq, S. Boufflette, A. Salvé et R. Popa, *Manuel de droit des biens*, t. 2, *op. cit.*, p. 299, n° 67.
47   Ou de tous dispositifs généralement quelconques.
48   Voy. J. Hansenne, « Jours et vues. Deux ingrédients à ne pas mélanger (terrasse) », *J.L.M.B.*, 1999, p. 470.
49   Voy. J.P. Fléron, 28 mai 2015, *J.J.P.*, 2017, p. 99.
50   Voy. J.P. Forest, 17 janvier 2017, *J.J.P.*, 2019, p. 595.
51   Voy. J.P. Charleroi, 20 février 2019, *J.J.P.*, 2019, p. 600.
52   Voy. N. Bernard, *Précis de droit des biens*, *op. cit.*, p. 469.

jour était réalisé au rez-de-chaussée, elle était de 2,60 mètres, tandis qu'une hauteur de 1,90 mètre s'imposait si l'ouverture était percée à l'étage. Aussi, l'article 676 de l'ancien Code civil imposait de rendre le jour hermétique par le placement d'un verre dormant, recouvert d'un treillis de fer dont les mailles n'ont pas plus d'un décimètre[53]. Pour les vues, en revanche, une distance de retrait devait être respectée, laquelle variait suivant le caractère droit ou oblique de la vue. Dans l'hypothèse d'une vue droite[54], la distance était de 1,90 mètre[55], à calculer « depuis le parement extérieur du mur où celle-ci est réalisée et, en cas de balcons ou semblables saillies, depuis leur ligne extérieure jusqu'à la limite de propriété »[56]. Et dans l'hypothèse d'une vue oblique[57], c'est une distance de 60 centimètres[58] qui devait être mesurée depuis le côté de l'ouverture le plus proche du fonds voisin[59].

Nous relevons, sur la période recensée, plusieurs décisions dans lesquelles les magistrats ont été amenés à se positionner sur le respect des distances imposées dans l'hypothèse d'une vue droite. Ainsi, *le tribunal de première instance de Liège, division de Huy*, a décidé, *le 14 janvier 2015*, que l'article 678 de l'ancien Code civil ne s'applique pas à un velux dans la mesure où celui-ci ne permet aucune vue droite sur la propriété voisine, mais seulement une vue directe vers le ciel et un morceau de toiture[60]. S'agissant de velux toujours, la *justice de paix de Woluwe-Saint-Pierre, le 7 mars 2017*, a été saisie d'une demande relative aux prétendues vues droites créées par des velux placés dans le toit d'un atelier situé dans le fond du jardin des défendeurs. Le juge considère que lesdits velux « impliquent effectivement la création d'une vue droite dès lors qu'ils sont munis d'un mécanisme d'ouverture et que le verre n'est ni opaque ni translucide, mais bien transparent ». La nécessité de disposer d'un outil ou de monter sur une échelle pour ouvrir ces fenêtres n'implique pas l'impossibilité pour son usager d'ouvrir la fenêtre et « de jeter un regard au travers de celle-ci ». La nature de la vue qu'impliquent les « velux » litigieux étant déterminée, le tribunal constate que la distance de 190 cm prescrite par l'article 678 n'est pas respectée[61] en l'espèce. Dans une affaire soumise à *la cour d'appel d'Anvers, le 18 octobre 2017*, il est constaté que la construction d'une terrasse qui implique

---

[53] Voy. I. DURANT, *Droit des biens, op. cit.*, p. 490.
[54] La jurisprudence définit la vue droite comme une vue établie de manière telle « qu'il soit possible de mener sur le plan délimité par son ouverture une perpendiculaire qui atteigne en un point quelconque le plan ou l'un des plans élevés verticalement sur la ligne séparative des héritages » (voy. Cass., 23 janvier 2009, *Res jur. imm.*, 2009, p. 156).
[55] Art. 678 anc. C. civ.
[56] Art. 680 anc. C. civ.
[57] La vue est oblique lorsqu'il est nécessaire de tourner la tête pour ou de se pencher afin de porter le regard sur la propriété voisine.
[58] Art. 679 anc. C. civ.
[59] J. HANSENNE, *Les biens. Précis*, t. II, *op. cit.*, p. 1175 ; N. BERNARD, *Précis de droit des biens, op. cit.*, p. 1191 ; R. DERINE, F. VANNESTE et H. VANDENBERGHE, *Beginselen van Belgisch privaatrecht, deel V, Zakenrecht, deel I B, op. cit.*, p. 950.
[60] Voy. Civ. Huy, 14 janvier 2015, *R.G.D.C.*, 2017, p. 268.
[61] Voy. J.P. Woluwe-Saint-Pierre, 7 mars 2014, *J.L.M.B.*, 2017, p. 961.

« une vue directe depuis une grande partie de cette terrasse sur la cour et le jardin latéral de la parcelle adjacente » doit respecter la distance légale visée à l'article 678 de l'ancien Code civil[62]. *Le 29 janvier 2018, la cour d'appel d'Anvers* toujours constate que le placement de fenêtres dans la façade latérale d'un bâtiment à une distance de moins de 1,90 mètre de la limite de la parcelle constitue une infraction à l'article 678 de l'ancien Code civil. La cour estime en outre néanmoins que le trouble anormal de voisinage qui découle de cette violation est adéquatement compensé et pallié par l'obligation d'équiper les fenêtres d'un système tel que celles-ci ne puissent pas être entièrement ouvertes mais uniquement orientées en position de basculement[63]. Enfin, dans une décision de *la justice de paix de Gand, du 22 octobre 2018*, le défendeur sur reconvention sollicite la condamnation de son voisin à remplacer la fenêtre de sa chambre à coucher, donnant sur la terrasse du défendeur, par une fenêtre à vitre opaque qui ne peut être ouverte dans la mesure où la fenêtre litigieuse ne respecte pas la distance légale de 19 décimètres[64]. Le tribunal estime toutefois qu'en construisant la terrasse en surplomb, c'est le défendeur qui a lui-même créé un problème de vue qui n'existait pas auparavant.

De même qu'a disparu la distinction entre les jours et les vues dans la réforme, le législateur fait également table rase de celle qui existait entre les vues obliques et les vues droites au profit d'une règle générale et uniforme. Désormais, on l'a dit, l'aménagement des ouvrages visés à l'article 3.132 du Code civil est uniquement balisé par le respect d'une distance de retrait de 19 décimètres, à calculer par une ligne tracée perpendiculairement à l'endroit le plus proche de l'extérieur de la fenêtre, de l'ouverture de mur, du balcon, de la terrasse ou des ouvrages semblables, jusqu'à la limite des parcelles. S'agissant du point de mesure à partir duquel se vérifie le respect de la distance applicable, un enseignement est à tirer de la décision du *tribunal de première instance d'Anvers du 6 mars 2018*. Dans cette affaire, le demandeur sollicite la démolition de la toiture-terrasse aménagée sur le toit de la propriété contiguë à la sienne dans la mesure où celle-ci ne respecte pas les distances prescrites à l'article 678 de l'ancien Code civil. Le premier juge considère que la demande n'est pas fondée dans la mesure où la distance minimale prescrite légalement doit se mesurer à partir de la façade arrière du bâtiment appartenant au demandeur jusqu'au bord de l'aménagement litigieux. La distance en cause est dès lors largement supérieure aux 190 centimètres prescrits par la loi. En toute hypothèse, il estime qu'une toiture-terrasse n'est pas un balcon ou un autre ouvrage en saillie et est donc exclu du champ d'application de la disposition. En appel, le tribunal de première instance considère que le premier juge a fait une lecture erronée des articles 678 et 680 de l'ancien Code civil et que c'est donc à tort que la distance a été mesurée à partir de la façade arrière de la propriété du demandeur plutôt

---

[62] Voy. Anvers, 18 octobre 2017, *N.j.W.*, 2018, n° 385, p. 539, note G. Degeest.
[63] Voy. Anvers, 29 janvier 2018, *N.j.W.*, 2018, n° 391, p. 846, note G. Degeest.
[64] Voy. J.P. Gand, 22 octobre 2018, *T.B.O.*, 2019, p. 462.

qu'entre le bord de la toiture-terrasse litigieuse et la limite séparative de propriété. Considérant que la toiture-terrasse est implantée en limite de propriété, la distance de 190 centimètres n'est pas respectée. C'est donc la limite des fonds qui constitue le point de mesure de la distance légale de 1,90 mètre, et non l'emplacement de la construction voisine[65] [66].

**14. Complexité inutile *versus* simplification excessive ?** La simplification radicale de l'ancien régime n'impliquerait-elle toutefois pas l'apparition de certaines zones grises dans le nouveau droit ? Premièrement, on l'a dit, la notion de vue oblique a désormais disparu puisque seule une « distance droite » de 19 décimètres est visée à l'article 3.132 du Code civil. La doctrine relève donc qu'une fenêtre pourrait être construite dans une façade arrière perpendiculaire au voisin, au bord de la limite séparative des fonds, « car si une droite est tracée perpendiculairement à la façade arrière d'un immeuble, cette droite ne rencontrera jamais la limite parcellaire »[67]. Ensuite, le libellé de la nouvelle disposition n'offre pas de certitude sur le sort à réserver aux (anciens) jours, à savoir ces ouvrages qui laissent passer la lumière à l'exclusion de l'air. En effet, les « fenêtres au vitrage transparent », les « ouvertures de mur », les « balcons », « terrasses » et « autres ouvrages semblables » visés dans la disposition, s'identifient à l'ancienne notion de *vue* plutôt qu'à celle de *jour*. Faut-il alors en déduire qu'un ouvrage qui laisse passer la lumière, à l'exclusion de l'air, peut désormais être percé dans un mur jointif, sans devoir respecter aucune hauteur particulière pas plus qu'une distance de retrait ? Si une certaine doctrine répond par l'affirmative à la question[68] [69], nous pensons que cette interprétation aurait en réalité pour effet de vider la disposition de son sens. En effet, l'article 3.132 du Code civil, comme l'ancien régime des jours et des vues d'ailleurs, vise à éviter « les troubles qu'une curiosité inopportune peut causer dans la vie privée des voisins »[70] ainsi qu'à prévenir d'éventuelles nuisances olfactives et sonores[71]. Nous nous rallions donc à l'interprétation – nous semble-t-il pragmatique et fidèle à l'esprit de la loi – proposée par Noémie Gofflot. Au terme d'une démonstra-

---

[65] Voy. Civ. Anvers, 6 mars 2018, *R.C.D.I.*, 2018/2, p. 35.
[66] Voy. N. GOFFLOT, L. DERU et Fr. BOUSSA, « Questions choisies de droit des biens – Les classifications des biens, les troubles de voisinage et les servitudes », *op. cit.*, p. 60.
[67] Voy. V. DEFRAITEUR, « Copropriété et relations de voisinage », *op. cit.*, p. 225.
[68] Voy. N. BERNARD et V. DEFRAITEUR, *Le droit des biens après la réforme de 2020*, Limal, Anthemis, 2020, p. 587, n° 1272 ; V. DEFRAITEUR, « Copropriété et relations de voisinage », *op. cit.*, p. 225, n° 106.
[69] Notons qu'il reste néanmoins possible, dans cette hypothèse, d'introduire une action pour trouble anormal de voisinage sur le pied de l'article 3.101 du Code civil.
[70] Voy. Cass., 22 novembre 1973, *Pas.*, 1974, I, p. 316, cité par P. LECOCQ, S. BOUFFLETTE, A. SALVÉ et R. POPA, *Manuel de droit des biens*, t. 2, *op. cit.*, p. 298, n° 66.
[71] Voy. A.-L. VERBEKE, B. TILLEMAN et V. SAGAERT, *Vermogensrecht in kort bestek*, 6e éd., Anvers, Intersentia, 2020, p. 354.

tion en trois temps, l'auteur estime que le terme « fenêtre » visé à l'article 3.132 du Code civil n'exclut pas nécessairement les ouvrages qui ne s'ouvrent pas[72]. Ainsi, premièrement, le Larousse définit la fenêtre comme une « [b]aie comportant une fermeture vitrée, pratiquée dans un mur d'un bâtiment pour permettre l'entrée de la lumière, la vision vers l'extérieur et, *habituellement*, l'aération »[73]. Deuxièmement, les anciens articles 675 et 676 de l'ancien Code civil évoquaient des fenêtres « à verre dormant », à savoir « un châssis dans lequel le verre est placé [qui] ne peut s'ouvrir habituellement voire même accidentellement et partant doit être scellé dans le mur », étant précisé qu'« il est unanimement admis qu'un "verre dormant" ne vise nullement un verre au travers duquel la vue est impossible »[74]. Enfin, l'article 3.132 du Code civil vise expressément « les fenêtres au vitrage *transparent* »[75]. Partant, au vu de ce qui précède, il nous semble raisonnable de soutenir que si les jours sont dotés d'un vitrage transparent, ils sont soumis à cette nouvelle disposition et devront respecter un retrait de 19 décimètres par rapport à la limite de propriété du fonds dominant. À l'inverse, les fenêtres garnies d'un verre dépoli et qui ne s'ouvrent pas sont exclues du champ d'application de la disposition[76].

**15. Mur mitoyen.** L'article 675 de l'ancien Code civil stipulait qu'aucune ouverture ne pouvait être pratiquée, de quelque manière que ce soit, dans un mur mitoyen sans le consentement de tous les copropriétaires. Corrélativement à ce principe, l'acquéreur de la mitoyenneté était donc en droit d'exiger la suppression de l'ouverture réalisée dans le mur initialement privatif, quel que soit la distance ou la hauteur à laquelle la percée avait été réalisée et peu importe son ancienneté[77]. La règle est maintenue dans la réforme et énoncée en ces termes à l'article 3.132, alinéa 2, du Code civil : « [u]n propriétaire ne peut placer de fenêtres, d'ouvertures de mur, de balcons, de terrasses ou d'ouvrages semblables dans ou sur un mur mitoyen ». Le lecteur attentif remarquera qu'aucun qualificatif particulier n'est adjoint à la notion de « fenêtre »[78], de sorte que son caractère ouvrant, dormant, opaque ou transparent importe peu. Aucune ouverture, d'aucune sorte, n'est admise.

---

[72] Voy. N. GOFFLOT, L. DERU et Fr. BOUSSA, « Questions choisies de droit des biens – Les classifications des biens, les troubles de voisinage et les servitudes », *op. cit.*, p. 60.
[73] C'est nous qui soulignons.
[74] Voy. N. VERHEYDEN-JEANMART, « L'utilisation des briques translucides et la réglementation relative aux jours », *Ann. dr. Louvain*, 1969, p. 213 ; G. BAUDRY-LACANTINERIE, *Précis de droit civil*, t. I, *op. cit.*, p. 947, n° 1531.
[75] Nous soulignons.
[76] Voy. A.-L. VERBEKE, B. TILLEMAN et V. SAGAERT, *Vermogensrecht in kort bestek*, *op. cit.*, p. 354.
[77] Voy. Cass., 19 avril 1845, *Pas.*, 1845, I, p. 330 ; Cass., 19 mai 1853, *Pas.*, 1853, I, p. 316 ; Cass., 28 décembre 1893, *Pas.*, 1894, I, p. 69 ; Cass., 21 décembre 1939, *Pas.*, 1939, I, p. 531 ; J.P. Westerlo, 27 novembre 1998, *R.W.*, 2001-2002, p. 134. Voy. égal. J.P. Bruxelles, 28 juin 2004, *J.J.P.*, 2006, p. 133.
[78] Voy. N. BERNARD et V. DEFRAITEUR, « Titre 5. Relation de voisinage », in *Le droit des biens après la réforme de 2020*, *op. cit.*, p. 470.

L'affirmation doit toutefois être nuancée au regard de la jurisprudence antérieure à la réforme[79] : le propriétaire à l'origine des fenêtres, ouvertures, balcons, terrasses et autres ouvrages semblables, peut en effet avoir acquis une servitude du fait de l'homme lorsque le mur était encore privatif, que ce soit par convention, par destination du propriétaire ou par prescription acquisitive en cas d'empiétement[80]. Dans une affaire soumise au *juge de paix de Zoutleeuw, dans une décision du 7 novembre 2019*, il est question d'une fenêtre fixe, percée dans un mur, initialement privatif, devenu ensuite mitoyen en raison d'une modification de la limite de propriété. L'acte d'achat des défendeurs précise que la fenêtre percée dans le mur devenu mitoyen peut être maintenue pour prendre « la vue, la lumière et l'air ». Le tribunal constate ainsi qu'il s'agit d'une dérogation à l'article 675 de l'ancien Code civil suivant lequel « l'un des voisins ne peut, sans le consentement de l'autre, pratiquer dans le mur mitoyen aucune fenêtre ou ouverture, en quelque manière que ce soit, même à verre dormant ». En 2018, la fenêtre fixe est remplacée par une fenêtre ouvrante, modification à laquelle s'opposent les défendeurs qui exigent son remplacement par une nouvelle fenêtre à châssis fixe ou, à tout le moins, par la pose d'un treillis en fer. Selon les demandeurs, la clause visée dans les actes notariés, constitutive d'une servitude de jour et de vue, n'est valable qu'aussi longtemps que la configuration de la fenêtre existante au jour de la rédaction de la clause reste inchangée, une modification entraînant automatiquement la résiliation de la servitude consentie. Mais suivant le magistrat, les défendeurs procèdent à une lecture erronée de l'acte notarié : la clause ne prévoit pas que la servitude de jour et de vue s'applique uniquement au cadre de la fenêtre tel qu'il existe au moment des actes, mais à bien à *l'ouverture* pratiquée dans le mur. Partant, le remplacement de ladite fenêtre et/ou de son verre est sans incidence sur l'existence de la servitude pour autant que l'ampleur de l'ouverture reste, elle, inchangée. En effet, le titre de propriété prévoit expressément que les propriétaires de la fenêtre litigieuse peuvent prendre, à travers la fenêtre percée dans le mur mitoyen, des vues, de la lumière, mais également de l'air, et ce à perpétuité, pour autant que la fenêtre conserve les mêmes dimensions que celles existantes au moment de l'accord. Dès lors que seul le « cadre » de l'ouverture a été modifié, à l'exclusion de toute altération de ses dimensions, la servitude consentie persiste. Se pose en outre, dans cette affaire, la question de l'aggravation de la servitude dès lors qu'il s'agit initialement d'une fenêtre à châssis dormants, remplacés par des châssis ouvrants. À cet égard, le magistrat insiste à nouveau sur le fait que l'acte notarié autorise le fonds dominant à prendre des vues, de la lumière et de l'air à travers l'ouverture créée dans le mur mitoyen. Il rappelle que l'on parle de jour lorsqu'il s'agit de laisser entrer la lumière, mais pas l'air, que l'on parle de

---

[79] Voy. Cass., 17 décembre 1908, *Pas.*, 1909, I, p. 52 ; J.P. Zottegem, 29 juillet 2010, *T. Not.*, 2011, p. 51 ; J.P. Etterbeek, 31 mars 2006, *J.J.P.*, 2008, p. 81 ; J.P. Brasschaat, 26 décembre 2001, *R.W.*, 2003-2004, p. 1155.
[80] Voy. P. LECOCQ, « Les biens », in *Chronique de droit à l'usage du notariat*, vol. XXXV, Bruxelles, Larcier 28 mars 2002.

« prendre l'air », lorsqu'il s'agit de faire entrer de l'air dans une propriété et que le terme « vue » doit être compris comme une fenêtre qui laisse passer l'air et la lumière. Partant, les défendeurs ont pu, sans aggraver la servitude, remplacer la fenêtre existante en une fenêtre ouvrante afin de pouvoir « prendre l'air », en plus de la lumière[81].

**16. Sanctions, abus de droit et exceptions.** Conformément à la sanction prévue antérieurement à la réforme, le fonds dominant peut exiger la suppression des ouvrages qui ne respectent pas la distance légale, désormais unique, visée à l'article 3.132 du Code civil. Dans la droite ligne des tempéraments antérieurement admis, tantôt par la loi elle-même, tantôt par la jurisprudence, l'article 3.132, § 2, du Code civil prévoit néanmoins quatre hypothèses dans lesquelles la demande de suppression de l'ouvrage litigieux est exclue.

**Premièrement**, le texte étant supplétif, un accord entre voisins peut assurer le maintien de l'ouvrage illégal. Le cas échéant, la constitution d'une servitude du fait de l'homme en découlera[82], entraînant donc une inversion des pôles par rapport à la servitude légale[83]. **Deuxièmement**, les ouvertures réalisées sur les biens appartenant au domaine public au moment de la réalisation des travaux échappent à la sanction de la suppression[84]. Il en est de même pour les ouvertures réalisées sur un bien qui, au moment de la réalisation des travaux toujours, était un bien indivis, accessoire à la construction dont l'ouvrage concerné fait partie[85]. **Troisièmement**, il ne sera pas fait droit à la demande de suppression de l'ouvrage lorsqu'il ne présente pas le moindre risque pour la vie privée et les bonnes relations de voisinage. Il s'agit d'une consécration de la théorie de l'abus de droit à laquelle recouraient déjà régulièrement les cours et tribunaux avant la réforme[86]. Ainsi, dans l'affaire soumise au *tribunal de première instance de Liège, division de Huy, le 14 janvier 2015*, la demande d'enlèvement des velux est considérée comme constitutive d'un abus de droit dès lors que l'ouverture donne sur un mur plein, un toit ou une plateforme goudronnée[87]. Il en est de même dans le jugement de la *justice de paix de Woluwe-Saint-Pierre du 7 mars 2017* puisque le tribunal estime que même si la distance légale n'est pas respectée, la demande de suppression des ouvertures pratiquées dans la toiture est abusive dès lors qu'elles ne permettent pas de vue directe, autrement qu'en montant sur une échelle. L'avantage que retireraient les demandeurs de la suppression des velux (ou de

---

[81] Voy. J.P. Zoutleeuw, 7 novembre 2019, *J.J.P.*, 2020, p. 513.
[82] Voy. Proposition de loi n° 55-0173/001, p. 247.
[83] Le fonds initialement dominant qui pouvait exiger le respect du prescrit légal, devient servant, tandis que le fonds initialement servant, qui était contraint de se plier aux exigences du Code civil, devient dominant (voy. P. Lecocq, S. Boufflette, A. Salvé et R. Popa, *Manuel de droit des biens*, t. 2, *op. cit.*, p. 307).
[84] Cette règle constitue l'aménagement de l'article 680*bis* du Code civil qui faisait exception aux distances légales lorsqu'il s'agissait de biens situés en bordure du domaine public.
[85] Vincent Defraiteur estime que dans ce cas, l'ouverture est devenue servitude par destination du propriétaire (voy. V. Defraiteur, « Copropriété et relations de voisinage », *op. cit.*, p. 226).
[86] Voy. V. Sagaert, *Beginselen van Belgisch privaatrecht*, t. V, *Goederenrecht*, Malines, Wolters Kluwer, 2021, p. 738, n° 817.
[87] Voy. Civ. Huy, 14 janvier 2015, *R.G.D.C.*, 2017, p. 268.

leur déplacement) serait disproportionné par rapport au dommage subi par les défendeurs qui se verraient ainsi privés de lumière naturelle, ou qui seraient contraints de supporter des coûts substantiels pour assurer le déplacement des velux[88]. À propos de la demande de démolition de la terrasse évoquée ci-dessus, *la cour d'appel d'Anvers* décide, *le 18 octobre 2017*, que c'est à juste titre que le plaignant sollicite la démolition partielle de la terrasse dès lors qu'il s'agit de la seule mesure susceptible de mettre fin à l'illégalité commise. Selon la cour, il ne s'agit pas d'un abus de droit, mais bien du seul moyen susceptible de mettre fin au non-respect de l'article 678 de l'ancien Code civil et aux nuisances qui en découlent[89]. La même juridiction considère en revanche, au terme d'une *décision du 29 janvier 2018,* que la violation de l'article 678 de l'ancien Code civil et le trouble anormal de voisinage qui en résulte sont adéquatement compensés et palliés par l'obligation d'équiper les fenêtres d'un système limitant leur ouverture de manière telle qu'elles peuvent uniquement être placées en position de basculement. La demande de démolition de l'ouvrage est donc écartée au regard de l'interdiction de l'abus de droit[90]. Enfin, *le tribunal de première instance d'Anvers* estime, dans sa *décision du 6 mars 2018*, que la demande de démolition de la toiture-terrasse, construite en violation de la distance légale de 19 décimètres, est abusive puisque la démolition et la suppression totale de la terrasse seraient disproportionnées par rapport au désavantage que le voisin prétend subir en raison de cet aménagement. La **quatrième** exception visée à l'article 3.132 du Code civil est celle dans laquelle la construction litigieuse existe depuis plus de trente ans, la nature acquisitive ou extinctive[91] de la prescription découlant du maintien de l'ouvrage illégal pendant trente ans, n'étant pas précisée[92]. On le sait, l'acquisition d'une servitude de jour ou de vue a, sous l'empire de l'ancien Code civil, suscité le débat. En substance et de notre avis, ce n'est que lorsqu'un véritable empiétement est constaté, par un balcon en saillie ou le seuil d'un châssis par exemple, qu'une telle servitude peut s'acquérir par prescription acquisitive trentenaire. L'absence de pareil débordement ne saurait en revanche faire jouer l'usucapion, faute pour le fonds servant d'exercer un véritable *corpus* sur le bien d'autrui. Dans cette dernière hypothèse, c'est alors en termes de prescription extinctive qu'il convient de raisonner[93]. Le titulaire du fonds dominant perd ainsi le droit de solliciter l'enlèvement des ouvrages irréguliers mais dispose de la faculté d'aménager sa propriété à sa

---

[88] Voy. J.P. Woluwe-Saint-Pierre, 7 mars 20147, *J.L.M.B.*, 2017, p. 961.
[89] Voy. Anvers, 18 octobre 2017, *N.j.W.*, 2018, p. 539, note G. DEGEEST.
[90] Voy. Anvers, 29 janvier 2018, *N.j.W.*, 2018, p. 846, note G. DEGEEST.
[91] Voy., sur cette question, P. LECOCQ, S. BOUFFLETTE, A. SALVÉ et R. POPA, *Manuel de droit des biens*, t. 2, *op. cit.*, p. 308, n° 73 ; S. BOUFFLETTE, « Servitudes du fait de l'homme. Chronique de jurisprudence 2008-2014 », *in* P. Lecocq (dir.), *Les droits réels démembrés*, coll. CUP, vol. 152, Bruxelles, Larcier, 2014, pp. 87-88, n° 126.
[92] Voy. Proposition de loi n° 55-0173/001, p. 247.
[93] Voy. S. BOUFFLETTE, « Servitude du fait de l'homme et servitude légale. Chronique de jurisprudence 2001-2008 », *in* P. Lecocq (dir.), *Chronique de jurisprudence en droit des biens*, coll. CUP, vol. 104, Liège, Anthemis, 2008, p. 302.

guise, sans avoir à respecter aucune distance particulière pour l'implantation de ses ouvrages, sous réserve, bien sûr, de se rendre coupable d'un abus de droit ou auteur d'un trouble anormal de voisinage. Cette position n'est pas partagée par *le tribunal de première instance du Hainaut, division de Charleroi qui, dans sa décision du 18 septembre 2019*, déduit d'éléments constatés lors de la vue des lieux que dès l'origine de la construction et en tout cas depuis plus de 30 ans, une vue existe à l'endroit de l'ouverture actuelle et du châssis actuel, aux mêmes dimensions que ceux-ci. Il estime qu'une servitude de vue a donc été acquise, par une possession de plus de trente ans, conformément à l'article 690 de l'ancien Code civil. Selon lui, la présence d'un *corpus*, empiétant sur la propriété d'autrui, n'est pas requise pour l'acquisition d'une servitude de vue au terme d'une possession de plus de trente ans, la servitude de vue étant, en elle-même, continue et apparente. Il considère que l'appréciation d'un empiétement n'aurait d'intérêt que dans l'hypothèse de l'acquisition d'une *servitude non aedificandi* au profit de la propriété dans laquelle les ouvertures illégales ont été pratiquées. Le tribunal se rallie ainsi à une certaine doctrine suivant laquelle le propriétaire qui maintient pendant plus de trente ans une ouverture illégale acquiert par prescription acquisitive une servitude *d'aspect* qui consiste dans le seul droit pour ce dernier de maintenir l'ouverture sans néanmoins pouvoir empêcher le voisin, autrefois fonds dominant, de construire sur son fonds, devant l'ouverture ainsi maintenue[94] [95]. **Enfin**, l'article 3.132, § 2, du Code civil ne le mentionne pas, mais il va de soi que l'acquisition d'une servitude par destination du propriétaire peut également faire obstacle à l'obturation de l'ouverture litigieuse[96].

## B. Distances de plantations

**17. Ancien régime *versus* nouveau régime.** Le régime des distances de plantations, autrefois organisé au sein des articles 35 et 36 du Code rural, est rapatrié dans le Code civil, à l'article 3.133. La référence obscure aux « usages constants et reconnus » qui devaient, pourvu qu'ils existent, déterminer la distance à respecter en matière de plantation a disparu afin de ne pas entamer la sécurité juridique. De même, les concepts aléatoires d'arbres de « haute tige » et de « basse tige » ont été abandonnés dans la réforme au profit d'un critère distinctif objectif : la hauteur mesurée de l'arbre[97].

---

[94] Voy. Civ. Charleroi, 18 septembre 2018, *J.L.M.B.*, 2012, p. 523.
[95] Voy. V. Defraiteur, « Les servitudes », *in Guide de droit immobilier*, f. mob., Liège, Kluwer, pp. I.17.5-17 à 19.
[96] Voy. N. Gofflot, L. Deru et Fr. Boussa, « Questions choisies de droit des biens – Les classifications des biens, les troubles de voisinage et les servitudes », *op. cit.*, p. 63.
[97] Voy., à propos de ces différentes notions, V. Moors, « Auprès de mon arbre, je vivais heureux. Qu'il disait... », *J.L.M.B.*, 1997, p. 671 ; A.-L. Verbeke, B. Tilleman et V. Sagaert, *Vermogensrecht in kort bestek*, *op. cit.*, p. 354 ; S. Boufflette, « Chapitre 3. Des servitudes », *in* P. Lecocq *et al.* (dir.), *Le nouveau droit des biens, op. cit.*, p. 281.

**18. Usages, arbres de haute tige et de basse tige *versus* arbres de plus ou moins deux mètres de haut.** Dans l'ancien droit, les distances de plantations visées à l'article 35 du Code rural[98] devaient céder le pas aux éventuels usages ayant cours dans le ressort de la juridiction concernée par le litige. Les exemples ne sont pas légion. Nous relevons néanmoins une décision *du 15 juin 2015*, dans laquelle *le juge de paix de Courtrai* estime que la plantation de nombreux arbres dans le centre-ville de Courtrai, à une distance inférieure à celle visée à l'article 35 du Code rural, ne démontre pas l'existe d'un usage constant et reconnu. Il précise que les coutumes locales doivent être demandées au greffe de la justice de paix compétente et conclut que, pour la Flandre occidentale, seul le juge de paix d'Izegem a une coutume locale différente pour les distances de plantation des saules têtards. À défaut de coutume propre au sein du ressort de sa juridiction, le juge ordonne l'arrachage des érables litigieux, plantés sur la propriété du défendeur, à moins de deux mètres de la limite séparative de propriété[99].

En l'absence d'usages applicables dans le canton judiciaire concerné, c'est alors la distinction entre les arbres de haute tige et ceux de basse tige qui devait déterminer la distance à respecter[100]. Ces notions étaient également source d'incertitude pour les plaideurs puisqu'à défaut de définition légale, il incombait au juge d'opérer cette qualification[101]. *Le juge de paix de Wavre, dans sa décision du 28 octobre 2014*, considère que c'est davantage l'entretien qui est apporté à l'arbre qui doit en déterminer la qualité plutôt que sa nature ou son essence. Il illustre sa position par l'exemple d'un charme ou d'un hêtre qui peuvent être plantés « en isolé » et atteindre une taille importante comme peuvent le faire le ligustrum, le cognassier du japon, les différents lauriers, cyprès, ifs, thuyas, photinias, etc., mais qui peuvent aussi être maintenus, par un entretien régulier, à des tailles plus réduites pour créer des haies de hauteurs variées. Le magistrat cantonal évoque également d'autres arbres, comme le chêne, le noyer, le marronnier, le châtaignier, etc. qui ne sont pas destinés à la taille et qui entrent donc nécessairement dans la catégorie des arbres à haute tige[102]. Suivant le juge de paix de Boom, un arbre d'une taille supérieure à trois mètres est un arbre de haute tige[103]. De même, *le tribunal de première instance de Bruges, dans sa décision du 13 novembre 2015*, estime qu'un arbre est de haute tige, de basse tige ou en

---

[98] Pour rappel, les arbres de hautes tiges devaient respecter une distance de retrait de deux mètres par rapport à la ligne séparative des deux héritages, tandis qu'une distance d'un demi-mètre s'imposait pour les autres arbres et haies vives.
[99] Voy. J.P. Courtrai, 15 juin 2015, *T.G.R.*, 2015, p. 264.
[100] Par le passé, une certaine jurisprudence avait retenu l'essence de l'arbre comme critère distinctif. La jurisprudence et la doctrine ont ensuite davantage plaidé en faveur de l'aménagement concret de l'arbre et le développement que lui donne son propriétaire (voy. P. Lecocq, S. Boufflette, A. Salvé et R. Popa, *Manuel de droit des biens*, t. 2, *op. cit.*, p. 312 et les références citées en note sub-paginale n° 1697).
[101] Voy. S. Boufflette, « Servitude du fait de l'homme et servitude légale. Chronique de jurisprudence 2001-2008 », *op. cit.*, p. 302.
[102] Voy. J.P. Wavre 28 octobre 2014, *J.J.P.*, 2015, p. 617.
[103] Voy. J.P. Boom, 16 avril 2015, *J.J.P.*, 2017, p. 200.

espalier suivant l'aménagement qu'on lui donne et le développement qu'on lui laisse. Il s'agit d'une question de fait qui dépend de la taille et du développement que l'on donne à l'arbre et non de l'essence même de l'arbre dont question. Partant, un hêtre est un arbre de basse tige lorsque l'intervention humaine le maintient à basse tige tandis qu'un arbre qui est planté seul est à haute tige, mais peut devenir un arbre de basse tige lorsqu'il est implanté dans une structure en espalier[104]. *Le juge de paix de Wavre,* à nouveau, rappelle *le 17 novembre 2015* que la distinction entre arbre de basse tige et arbre de haute tige est une question laissée à l'appréciation des juridictions[105]. Il évoque en outre l'enseignement de Nicolas Bernard suivant lequel « par arbre à haute tige, les usages entendent généralement un arbre – si on le laisse pousser évidemment – dont le tronc mesure au moins 40 cm de circonférence (à 1,50 m de hauteur), et qui dépasse les 4 m de hauteur »[106]. Enfin, *le tribunal de première instance de Bruxelles, dans une décision inédite du 14 mai 2018,* considère que, si de prime abord, les bambous ne correspondent pas à l'image que l'on se fait habituellement des arbres à haute tige, notamment en termes de largeur de tronc et de densité de feuillage, ils présentent toutefois des caractéristiques qui génèrent des nuisances similaires pour l'environnement immédiat : développement rapide, hauteur pouvant atteindre vingt mètres, débordement du feuillage sur le fonds voisin, envahissement du sol par les racines et rhizomes. Selon le tribunal, ces caractéristiques justifient d'imposer la distance préconisée pour les arbres à haute tige, soit deux mètres.

Il convient de rappeler que les arbres fruitiers échappaient aux prescriptions de l'ancien article 35 du Code rural dans la mesure où il est possible de les planter en espaliers, de chaque côté du mur séparatif sans que doive être observée une certaine distance[107]. Si le mur n'est pas mitoyen, seul son propriétaire peut y appuyer les espaliers[108]. *Dans un arrêt du 23 janvier 2014, la Cour de cassation* précise que l'ancien article 35 du Code rural ne règle que la distance qui doit être respectée lors de la plantation d'arbres et de haies et prévoit une exception pour les arbres fruitiers plantés en espalier. Il ne peut, selon la Cour, être déduit de cette exception une interdiction pour le voisin de faire pousser du lierre et de la vigne vierge contre un mur mitoyen[109].

Dans la réforme, seule compte désormais la hauteur de l'arbre pour déterminer la distance de plantation à respecter : à partir d'une hauteur de deux mètres, l'arbre doit être planté à au moins deux mètres de la limite séparative des héritages tandis qu'une distance de 50 centimètres est à observer pour les plan-

---

[104] Voy. Civ. Bruges, 13 novembre 2015, *T.G.R.*, 2006, p. 107.
[105] Voy. J.P. Wavre, 17 novembre 2015, *J.J.P.*, 2017, p. 96, note B. Van Hove.
[106] Voy. N. Bernard, *Précis de droit des biens, op. cit.*, p. 474, n° 1090.
[107] Voy., à cet égard, C.C., 5 mars 2020, n° 36/2020, *T.M.R.*, 2020, p. 484 où le juge *a quo* s'interrogeait sur l'ancien article 35 du Code rural dans la mesure où il est uniquement applicable aux propriétaires des parcelles sur lesquelles des arbres fruitiers sont plantés en espaliers, et non aux propriétaires de parcelles sur lesquelles d'autres arbres sont plantés en espaliers.
[108] Voy. Bruxelles, 14 mai 2018, inédit.
[109] Voy. Cass., 23 janvier 2014, *T.B.O.*, 2014, p. 138, *Rev. dr. rur.*, 2015, p. 20.

tations d'une hauteur inférieure à deux mètres. Dans un cas comme dans l'autre, la distance se mesure à partir du milieu du tronc[110]. L'article 3.133 du Code civil n'aménage pas de régime spécifique pour les arbres fruitiers de sorte qu'ils doivent être plantés conformément à la distance de retrait applicable aux arbres en général. Une certaine doctrine fait toutefois remarquer que les arbres en espalier sont souvent d'une hauteur de deux mètres, au moins, ce qui implique le respect d'une distance de plantation de deux mètres depuis la limite séparative de propriété, conformément à la nouvelle disposition. Cette prescription risque de mettre à mal l'intérêt que certains propriétaires, désireux de préserver leur intimité, portent aux arbres en espaliers lorsqu'ils peuvent constituer un écran de verdure efficace entre deux propriétés contiguës[111]. En effet, si les espaliers sont d'une hauteur supérieure à deux mètres – ce qui est souvent le cas s'ils sont utilisés en guise de par-vues – la perte d'espace qu'implique le respect d'une distance de retrait de deux mètres risque de décourager certains de recourir à ce type de plantation, surtout dans les quartiers densément urbanisés où le besoin d'intimité est recherché, mais où les jardins sont également plus petits… Les dérogations aux distances légales de plantations, analysées ci-dessous, peuvent certainement constituer un remède efficace à ce type de situation.

**19. Sanctions, abus de droit et troubles de voisinage.** L'ancien article 36 du Code rural prévoyait que si les arbres, haies, arbrisseaux, arbustes étaient plantés à une distance moindre que la distance légale ou en violation des usages reconnus et constants, le voisin pouvait en solliciter purement et simplement l'arrachage, sans même avoir à démontrer un quelconque dommage dans son chef. La théorie de l'abus de droit, mais également le droit de l'environnement sont, heureusement, venus tempérer le rigorisme de cette sanction à travers de nombreuses décisions.

Dans un jugement du *1er juin 2017 du juge de paix de Binche*, le demandeur sollicite le déplacement de plantations d'1,50 mètre de hauteur situées à moins de 50 cm de la limite séparative de propriété. Le tribunal rappelle à cette occasion que le droit d'arrachage consacré à l'article 36 du Code rural n'est pas absolu puisque la théorie de l'abus de droit peut trouver à s'appliquer lorsque le préjudice causé est disproportionné par rapport à l'avantage recherché. Partant, après avoir constaté que les demandeurs ne prétendent pas subir un préjudice ou désagrément quelconque du fait que la haie n'est pas plantée à une distance conforme à la loi, le tribunal estime qu'en réclamant l'arrachage pur et simple de la haie, les défendeurs commettent un abus de droit qui occasionne un préjudice disproportionné dans le chef des défendeurs[112]. Au croisement de la notion d'abus de droit et de celle d'intérêt général, nous relevons une décision du *juge de paix de Grâce-Hollogne*, saisi d'une demande d'arrachage d'arbres, de haies,

---

[110] Voy. Proposition de loi n° 55-0173/001, p. 250.
[111] Voy. J. BAECK et P. WYMEERSCH, « Leibomen onder het nieuwe goederenrecht », *R.W.*, 2022, p. 202.
[112] J.P. Binche, 1er juin 2017, *J.J.P.*, 2018, p. 342. Voy. *contra*, J.P. Enghien, 16 juillet 2015, *J.J.P.*, 2016, p. 241.

d'arbrisseaux et d'arbustes, plantés à une distance inférieure à la distance légale. Au terme de *sa décision du 21 janvier 2020*, conciliant ainsi les intérêts particuliers à ceux de la collectivité, le juge de paix estime que la demande de « tout arracher », sans considération pour l'environnement, est manifestement abusive, surtout à l'ère de la naissance d'une convention internationale des droits de l'arbre[113].

En matière de plantation, le litige peut également s'envisager à travers le prisme des troubles de voisinage, en ce compris d'ailleurs même lorsque les distances légales sont respectées, pourvu que l'arbre soit à l'origine de trouble excessif causé au voisin. Ce pis-aller que constitue la théorie des troubles de voisinage en matière de plantation est rappelé par *le juge de paix de Westerlo dans une décision du 17 août 2017*. Selon lui, si le maintien, pendant plus de trente ans, d'arbres de haute tige confère le droit de les conserver à une distance moindre que celle autorisée par l'article 35 du Code rural (deux mètres), une demande fondée sur les troubles de voisinages reste possible[114]. En l'espèce, il considère que la rangée de peupliers de plus de vingt mètres de haut constitue une grave entrave à la lumière du soleil pour la parcelle attenante, tout comme les feuilles tombantes et les branches cassantes constituent un inconvénient excessif. Les racines des peupliers se sont en outre développées sous terre, entraînant le soulèvement de l'allée de la parcelle adjacente en divers endroits. Tous ces facteurs convergent vers la reconnaissance, par le juge, d'un trouble de voisinage anormal qui doit être compensé par la réduction de la moitié de la hauteur des arbres litigieux[115]. Dans la décision inédite du *tribunal de première instance de Bruxelles du 14 mai 2018*, il est énoncé qu'« au-delà de la distance de 2 mètres de la ligne séparative des fonds, les propriétaires d'un fonds sont en droit de planter ce que bon leur semble, sous la seule réserve qu'ils ne doivent pas causer un trouble excédant les inconvénients normaux de voisinage ». En l'espèce, la présence de bambous plantés à deux mètres de la ligne séparative des fonds, d'une hauteur maximale de 4,5 mètres, génère des inconvénients (perte d'ensoleillement, perte de perspective) qui sont acceptables compte tenu de la configuration des lieux. Néanmoins, leur développement à une hauteur supérieure aggrave ces troubles d'une manière totalement disproportionnée par rapport à l'avantage qu'en retire leur propriétaire, ce qui constitue une rupture d'équilibre de la relation de voisinage et même, un usage abusif du droit de propriété. *Le 31 mars 2020, le juge de paix de Wavre* considère que si le trouble de voisinage consistant en un manque d'ensoleillement peut être compensé par la taille de certains arbres, d'autres cyprès doivent en revanche être enlevés et remplacés, à frais communs, par des arbres ne dépassant pas une hauteur de trois mètres[116]. L'élagage ou l'étêtage de l'arbre litigieux est donc généralement

---

[113] J.P. Grâce-Hollogne, 21 janvier 2020, *J.L.M.B.*, 2021, pp. 552-554, note A. Lebrun, « L'abus de droit rattrapé par la défense de l'intérêt général – Les arbres en première ligne », p. 555.
[114] Voy. égal. J.P. Fontaine-L'Évêque, 9 janvier 2017, *J.L.M.B.*, 2018, p. 1556, note R. Popa.
[115] J.P. Westerlo, 17 août 2017, *J.J.P.*, 2018, p. 42.
[116] Voy. J.P. Wavre, 31 mars 2020, *J.J.P.*, 2020, p. 489.

ordonné pour rétablir l'équilibre[117]. Néanmoins, l'abattage pur et simple est parfois la seule manière d'assurer au voisin victime une juste et adéquate compensation[118] comme l'a admis la Cour de cassation dans son arrêt du 8 février 2010[119]. Ainsi, *le juge de paix de Fontaine-L'Évêque, dans sa décision du 9 janvier 2017*, rappelle la jurisprudence de la Cour de cassation selon laquelle l'abattage des arbres litigieux est la seule solution « qui s'impose, compte tenu de l'essence de ces arbres et du dommage subi »[120] [121].

Suivant le nouvel article 3.133, alinéa 2, du Code civil « le voisin peut exiger l'élagage ou l'arrachage des plantations qui sont situées à une distance moindre, sauf si le juge estime que cette demande constitue un abus de droit. Le juge tient compte, dans son appréciation, de toutes les circonstances de la cause, y compris de l'intérêt général ». La jurisprudence développée ci-dessus conserve donc toute sa pertinence puisque la loi prévoit la possibilité d'élaguer les arbres litigieux, plutôt que de les arracher, tout en réservant l'hypothèse de l'abus de droit et la référence à l'intérêt général comme garde-fous pour la sanction prononcée. Le dernier alinéa de l'article 3.133 du Code civil consacre légalement un cas d'application de l'abus de droit puisqu'il énonce que « le voisin ne peut pas s'opposer à la présence de plantations qui ne sont pas plus hautes que la clôture existant entre les parcelles. Dans ce cas, s'il s'agit d'une clôture non mitoyenne, son propriétaire a le droit de s'en servir comme appui pour ses plantations ». On perçoit toute l'utilité de ce dernier tempérament dans l'hypothèse d'arbres en espalier qui n'auraient pas été plantés à bonne distance. Enfin, le dernier paragraphe de cet article vise le propriétaire, mais il convient de l'appliquer plus largement à tout titulaire d'un droit réel d'usage dans la mesure où il est concerné[122].

**20. Servitudes du fait de l'homme.** Suivant la jurisprudence antérieure à la réforme, une servitude du fait de l'homme, constituée par titre[123], pouvait constituer une dérogation aux distances légales de plantations, de même, également, qu'une servitude acquise par destination du père de famille, comme

---

[117] Voy. égal. J.P. Bruges, 6 juillet 2017, *T.G.R.*, 2018, p. 90, où le juge estime que lorsque deux parcelles voisines sont situées dans une résidence au cœur d'un parc, la perte de lumière du fait d'arbres présents depuis longtemps ne peut être considérée comme un trouble anormal de voisinage dès lors que le jardin est entretenu de façon normale.

[118] Voy. S. Boufflette, « Servitude du fait de l'homme et servitude légale. Chronique de jurisprudence 2001-2008 », *op. cit.*, p. 306 ; V. Defraiteur, « Copropriété et relations de voisinage », *op. cit.*, p. 227.

[119] Voy. Cass., 20 février 2010, *Pas.*, 2010, p. 388 dans lequel la Cour a admis l'interdiction pour un voisin de conserver des sapins dans la mesure où cette interdiction ne le prive pas du droit d'avoir des plantations qui ne causent pas un trouble qui excèdent les inconvénients normaux de voisinage.

[120] Voy. Cass., 8 février 2010, *Pas.*, 2010, p. 388, *R.G.A.R.*, 2010, n° 14.630, *Rev. dr. ULg.*, 2011, p. 243, *R.A.B.G.*, 2011, p. 769, note E. Lievens et S. Vereecken, « Volledig verbod van een niet-foutief feit : slaat cassatie een nieuwe weg in ? », *R.G.D.C.*, 2011, p. 403, note J. Kokelenberg, « Bomen : bron van gezonde lucht en van ongezond inspanningen », *T.B.O.*, 2011, p. 209, *J.J.P.*, 2013, p. 107, note A. Salvé.

[121] J.P. Fontaine-L'Évêque, 9 janvier 2017, *J.L.M.B.*, 2018, p. 1556, note R. Popa.

[122] Voy. Proposition de loi n° 55-0173/001, p. 250.

[123] Voy. P.-P. Renson, « La distance des plantations », *J.T.*, 2007, p. 89, n° 16.

l'admet *le juge de paix de Westerlo dans sa décision du 10 octobre 2018*. Dans cette affaire, les demandeurs sont propriétaires d'un appartement situé dans une résidence « I », adjacente à la résidence « II ». Sur les parties communes de cette seconde résidence est implanté un érable à une distance inférieure aux deux mètres prescrits par l'article 35 du Code rural depuis la limite séparative de propriété avec la résidence « I », de sorte que les défendeurs sollicitent l'arrachage de cet arbre en application de l'article 36 du Code rural. Si le tribunal reconnaît que l'érable litigieux est effectivement situé en deçà des deux mètres prescrits par la loi, il admet toutefois que le propriétaire d'un arbre peut acquérir le droit de le maintenir à une distance inférieure à celle visée dans la loi, soit par titre, soit par destination du père de famille, soit par prescription acquisitive trentenaire. Le tribunal relève ainsi que les deux héritages sur lesquels s'implantent aujourd'hui les résidences « I » et « II » appartenaient initialement à un seul et même propriétaire et formaient dès lors une propriété unique, laquelle a ensuite été divisée en deux propriétés distinctes. Dès lors qu'il ne fait aucun doute que l'arbre litigieux a été planté il y a plus de dix-sept ans, et donc avant la division du bien, par l'ancien propriétaire de l'héritage aujourd'hui divisé, les conditions de l'article 693 de l'ancien Code civil sont remplies, s'agissant d'une servitude continue et apparente. L'ancien propriétaire ayant planté l'arbre litigieux sans avoir égard aux distances prescrites par l'article 35 du Code rural et fixé la limite de propriété à une distance inférieure à deux mètres de l'arbre préexistant, une servitude est née par destination du père de famille au jour de la division. Partant, les demandeurs ne peuvent aujourd'hui exiger l'arrachage de l'érable en application des articles 35 et 36 du Code rural[124].

La question de savoir si la prescription acquisitive peut faire échec à une action fondée sur les articles 35 et 36 du Code rural en cas de méconnaissance des distances légales de plantation a, au vu de sa complexité, alimenté la doctrine. Certains auteurs[125] et magistrats admettent la prescription acquisitive comme mode constitutif d'une servitude du fait de l'homme. Sur la période recensée, *le juge de paix de Westerlo, le 5 juin 2019*, saisi d'une demande d'arrachage d'un érable implanté à moins de deux mètres de la limite séparative de propriété, rappelle que le propriétaire de l'arbre a pu acquérir le droit de maintenir cet arbre à une distance inférieure à la distance légale imposée soit par titre, soit par prescription trentenaire ou par destination du père de famille. En l'espèce, le tribunal considère que c'est en vertu de la prescription acquisitive que l'arbre peut être maintenu puisque, selon l'expert judiciaire, la probabilité que l'érable ait été planté à cet endroit il y a moins de trente ans est inférieure à 3 %, l'arbre pouvant, selon l'expert, avoir « 50 ou 60 ans ». À suivre le raisonnement du tri-

---

[124] Voy. J.P. Westerlo, 10 octobre 2018, *R.A.B.G.*, 2019, p. 956, *J.J.P.*, 2019, p. 530.
[125] Voy. P.-P. RENSON, « La distance des plantations », *op. cit.*, p. 89 et les références jurisprudentielles citées ; J. KOKELENBERG, Th. VAN SINAY, V. SAGAERT et R. JANSEN, « Overzicht van rechtspraak. Zakenrecht (2000-2008) », *T.P.R.*, 2003, n° 495 ; B. DERVEAUX, *La distance des plantations*, Bruxelles-Courtrai-Namur, UGA, 1991, p. 59 ; R. DERINE, F. VAN NESTE et H. VANDENBERGHE, *Beginselen van Belgisch privaatrecht*, deel V, *Zakenrecht*, deel I B, *op. cit.*, n° 330 ; Fr. LAURENT, *Principes de droit civil*, t. VIII, *op. cit.*, éd. 1873, n° 11.

bunal, le fonds servant devient donc celui qui pouvait autrefois prétendre au respect des distances légales de plantation, tandis que le fonds dominant n'est autre que le propriétaire de l'immeuble sur lequel se trouve l'arbre implanté en violation de l'ancien article 35 du Code rural, autrefois fonds servant[126]. Comme pour les (anciens) jours et vues, cette inversion des rôles met, à elle seule, en lumière la difficulté que pose l'acquisition d'une servitude du fait de l'homme par prescription acquisitive en matière de distances de plantation. Dans ce scénario en effet, un élément constitutif de la possession fait défaut : le *corpus*, la mainmise matérielle sur un objet corporel[127]. Dès lors que la plantation trentenaire litigieuse se situe sur la propriété du (nouveau) fonds dominant, son propriétaire n'exerce en réalité aucun *corpus* sur le fonds voisin. Partant, c'est davantage en termes de prescription extinctive du droit, pour le fonds dominant, du droit d'exiger le respect des distances légales, qu'un autre pan de la doctrine préconise de raisonner[128], à raison selon nous. C'est en faveur de la seconde thèse que se positionne *le tribunal de première instance de Bruxelles, dans une décision du 25 novembre 2014*. Il estime, pour reprendre ses termes, que « sans empiétement sur la propriété voisine, il ne saurait être question de prescription acquisitive d'arbres plantés à une distance inférieure à la distance légale ; seule la prescription extinctive de la servitude est susceptible de s'appliquer. Toutefois, l'extinction par non-usage du droit ne concerne que les servitudes du fait de l'homme, pas les servitudes légales (comme la servitude de plantation d'arbres à haute tige). En revanche, l'action réelle (d'arrachage des arbres) découlant de cette servitude est, elle, sujette à prescription trentenaire, ce délai se calculant à partir du jour où il est devenu apparent que, par l'aménagement qui lui a été donné, l'arbre litigieux doit être qualifié d'arbre à haute tige. Ce laps de temps, toutefois, n'a pas été atteint »[129]. À travers cette motivation, le tribunal distingue donc l'anéantissement de la servitude légale elle-même et l'extinction de l'action confessoire relative à cette servitude. Selon lui, seules les servitudes du fait de l'homme peuvent, certainement, s'éteindre par non-usage, à l'inverse des servitudes légales pour lesquelles il « demeure un doute sur le fait qu'une servitude légale peut s'éteindre par prescription ». Partant, c'est sous l'angle de l'action judiciaire plutôt que sous celui du droit en cause que doit s'envisager la prescription extinctive, le tribunal estimant qu'« il n'appartient pas au juge d'étendre

---

[126] Voy. J.P. Westerlo, 5 juin 2019, *J.J.P.*, 2020, p. 484.
[127] Voy. P. Lecocq, *Manuel de droit des biens*, t. 1, *Biens et propriété*, Bruxelles, Larcier, 2012, p. 181 (« § 3. La prescription acquisitive »).
[128] Voy. P. Lecocq, S. Boufflette, A. Salvé et R. Popa, *Manuel de droit des biens*, t. 2, *op. cit.*, p. 313 ; S. Boufflette, « Servitude du fait de l'homme. Chronique de jurisprudence 2008-2014 », *op. cit.*, p. 86 ; L. Coenjaerts, *in* J.-Fr. Romain (dir.), *Droits réels. Chronique de jurisprudence (1998-2005)*, Bruxelles, Larcier, 2007, p. 247 ; P. Lecocq, « Les biens », *in Chronique de droit à l'usage du notariat*, vol. XXXV, *op. cit.*, p. 397 ; N. Verheyden-Jeanmart, Ph. Coppens et C. Mostin, « Examen de jurisprudence (1989-1998). Les biens », *op. cit.*, p. 303 ; H. De Page et R. Dekkers, *Traité élémentaire de droit civil belge*, t. VI, *op. cit.*, éd. 1953, n° 557 ; N. Bernard, « Les servitudes légales s'éteignent-elles par non-usage ? », *J.T.*, 2015, p. 35, note sous Civ. Bruxelles, 25 novembre 2014.
[129] Voy. Civ. Bruxelles, 25 novembre 2014, *J.T.*, 2015, p. 359 (sommaire), note. N. Bernard.

par analogie une cause de prescription extinctive à une servitude qui n'a pas été visée par le législateur ». Or, selon la doctrine et la jurisprudence, bien que les articles 706 à 710 de l'ancien Code civil relatifs à la prescription extinctive se trouvent inscrits dans le chapitre dédié aux servitudes conventionnelles, les servitudes légales d'intérêt privé sont également prescriptibles en raison d'un non-usage trentenaire[130]. La frilosité, à notre sens injustifiée, dont fait preuve le tribunal quant à l'extension du champ d'application de la prescription extinctive en matière de servitude, est néanmoins sans impact en l'espèce puisque seul un arbre, bien précis, était concerné par la demande d'arrachage et qu'en toute hypothèse, l'action dont question n'était pas prescrite[131]. Le *tribunal de première instance de Charleroi, dans sa décision du 25 juillet 2018,* rappelle quant à lui cette controverse relative à la prescription acquisitive trentenaire : « la première thèse en présence consiste à dire qu'il y aurait acquisition par prescription d'une réelle servitude, tandis que la seconde revient à considérer qu'il s'agit davantage d'une extinction, par prescription trentenaire, du droit pour le propriétaire du fonds dominant d'invoquer la servitude légale dont il bénéficie sur le fonds de son voisin où ont été réalisées les plantations illégales ». C'est à cette seconde thèse que se rallie le tribunal en l'espèce[132].

L'article 3.133 du Code civil, en son alinéa 1er, réserve expressément l'accord contraire des parties et l'existence, depuis plus de trente ans, des arbres plantés en deçà de la distance imposée, comme dérogation aux distances légales de plantation. Tout comme pour les distances relatives aux fenêtres, ouvertures de mur et autres ouvrages semblables, le législateur ne précise pas s'il s'agit d'une prescription acquisitive ou extinctive, préférant ainsi ne pas trancher la controverse relatée ci-dessus. De même, bien que l'article 3.133 du Code civil ne mentionne pas expressément cette possibilité, la destination du propriétaire peut toujours être invoquée par le propriétaire des plantations irrégulières pour faire échec à la demande d'arrachage dirigée à son encontre.

**21. Exclusion du domaine public *versus* inclusion du domaine public.** Dans un arrêt immémorial, la Cour de cassation avait décidé que « les prescriptions relatives à la distance à observer pour les plantations ne sont pas applicables au cas de deux propriétés voisines dont l'une se trouve incorporée dans la voirie et, comme telle, affectée à l'usage public »[133]. Par *un arrêt du 12 octobre 2017, la Cour constitutionnelle* a été saisie de la question de la conformité de cette jurisprudence, impliquant une différence de traitement entre les biens du domaine public et les biens privés, aux principes d'égalité et de non-discrimination. La Cour estime qu'en raison de leur nature et de leur vocation

---

[130] N. Bernard, « Les servitudes légales s'éteignent-elles par non-usage ? », *op. cit.*
[131] On ajoutera encore que l'article 3.16, 3°, du Code civil vise tous les droits réels d'usage et que, pour rappel, l'article 3.116 du Code civil affirme le caractère de droit commun des servitudes du chapitre 2 consacré aux servitudes du fait de l'homme.
[132] Voy. J.P. Charleroi, 25 juillet 2018, *J.J.P.*, 2019, p. 541.
[133] Voy. Cass., 20 juin 1872, *Pas.*, 1872, I, p. 352. La Cour de cassation se prononce néanmoins uniquement sur la voirie publique et non sur le domaine public au sens large.

de domaine public, les voies publiques et leurs plantations diffèrent des plantations sur les propriétés privées. Considérant cette différence, un règlement distinct peut raisonnablement être justifié. Toutefois, la Cour précise que cette différence de traitement ne peut être maintenue que dans la mesure où le juge est autorisé à vérifier, concrètement, si le juste équilibre entre les impératifs de l'intérêt général et ceux de la protection du droit au respect des biens est garanti. Il appartient donc au juge compétent d'apprécier *in concreto*, en tenant compte de tous les aspects privés et publics de chaque cas, les nuisances qui pourraient découler des plantations de protection des talus d'une voie publique pour un propriétaire voisin et d'attacher à cette appréciation la conséquence adéquate. Partant, les articles 35, 36 et 37 du Code rural, dans l'interprétation selon laquelle ils ne sont pas applicables aux voies publiques et à leurs équipements, ne violent pas les articles 10 et 11 de la Constitution, combinés avec l'article 16 de la Constitution et avec l'article 1$^{er}$ du Premier Protocole additionnel à la Convention européenne des droits de l'homme, « pour autant que le juge compétent puisse examiner *in concreto* si les nuisances qui pourraient découler des plantations de protection des talus d'une voie publique excèdent la charge qui peut être imposée dans l'intérêt général à un particulier »[134].

Dans le nouvel article 3.133 du Code civil, aucune exception n'est prévue pour le domaine public[135] [136]. Considérant que cette disposition (de même que l'article 3.134[137]) s'applique aux biens relevant du domaine public de l'administration, des associations actives dans la protection de la nature ont introduit un recours en annulation partielle à l'encontre de ces dispositions devant la *Cour constitutionnelle*, lequel a été rejeté au terme d'un *arrêt du 21 octobre 2021*[138]. Dans leur premier moyen, les requérantes invoquent une violation des règles répartitrices de compétences, dans la mesure où seules les Régions peuvent déterminer comment aménager le domaine public. L'autorité fédérale ne peut donc pas, selon les parties requérantes, prévoir des règles relatives aux distances de plantations et aux branches et racines envahissantes sur le domaine public. Au fil de son développement, la Cour estime que suivant le principe de subsidiarité du

---

[134] Voy. C.C., 12 octobre 2017, n° 115/2017, *Amén.*, 2018, p. 154, note E. ORBAN DE XIVRY, *N.j.W.*, 2017, n° 371, p. 793, note J. TOURY, « Het Veldwetboek en de erfdienstbaarheid van openbaar nut », *T. Not.*, 2018, p. 927, note J. TOURY, « Het openbaar domein en het Veldwetboek ».

[135] Voy. Proposition de loi n° 55-0173/001, p. 250.

[136] Selon le professeur Vincent Sagaert, trois éléments plaident en faveur de l'applicabilité de l'article 3.133 du Code civil aux biens du domaine public : (1) l'article 3.45 du Code civil a généralisé, sous certaines conditions, la possibilité de constituer des droits personnels et réels d'usage sur les biens du domaine public ; (2) le législateur a prévu une exception pour le domaine public à l'article 3.132, ce qu'il n'a pas fait à l'article 3.133 ; (3) les travaux parlementaires mentionnent qu'« [a]ucune exception n'est prévue pour le domaine public » (voy. V. SAGAERT, *Beginselen van Belgisch privaatrecht*, t. V, *Goederenrecht, op. cit.*, p. 741, n° 822).

[137] La question des branches et racines envahissantes est également développée au sein de cette analyse de l'arrêt dans la mesure où elle est indissociable de l'examen des différents moyens relatifs à l'article 3.133 du Code civil.

[138] Voy. C.C., 21 octobre 2021, n° 148/2021, *Amén.*, 2022, n° 2, p. 124, *M.E.R.*, 2022, n° 1, p. 36, note C. BORUCKI, et p. 71, note J. VAN DE VOORDE.

livre 3 consacré à l'article 3.2 du Code civil[139], « les règles fédérales de droit commun en matière de "biens" ne s'opposent pas à l'application de règles régionales spécifiques concernant certains biens du domaine public ». En d'autres termes, les articles 3.133 et 3.134 ne s'appliqueront que pour autant qu'il n'y soit pas dérogé par une loi spéciale. Les dispositions attaquées doivent donc céder le pas à celles, régionales, qui régissent les biens du domaine public. La Cour constitutionnelle épingle en outre l'article 3.45 du Code civil. Il résulte d'une lecture combinée des dispositions attaquées avec cet article 3.45 du Code civil que « les servitudes légales concernant, d'une part, des distances de plantations et, d'autre part, les branches et racines envahissantes, qui sont réglées par les articles 3.133 et 3.134 du Code civil, pourront concerner un bien du domaine public uniquement "dans la mesure où la destination publique de ce bien n'y fait pas obstacle" »[140]. La Cour estime ainsi le premier moyen non fondé. Le deuxième moyen invoqué n'a pas davantage de succès. La première branche du moyen, prise de la violation des articles 10 et 11 de la Constitution est déclarée non fondée, notamment en raison du fait qu'elle repose sur la prémisse, erronée, que les biens du domaine public seraient traités de la même manière que les biens des particuliers. Quant à la seconde branche du moyen, nous y consacrons un numéro particulier dès lors qu'il concerne le droit transitoire des dispositions attaquées[141]. Enfin, la violation de l'article 23 de la Constitution et l'obligation de *standstill* sont invoquées à l'appui du troisième et dernier moyen. La Cour estime, à cet égard, que même s'il s'avère que l'application des articles 3.133 et 3.134 du Code civil n'est pas incompatible avec l'affectation publique du bien du domaine public concerné, le juge est tenu de contrôler la demande d'arrachage ou d'élagage à l'aune de l'abus de droit, en tenant compte de toutes les circonstances de l'espèce, y compris l'intérêt général. D'autre part, lorsque les plantations se trouvent sur un bien du domaine public, leur propriétaire dispose d'un délai raisonnable de soixante jours à compter de la mise en demeure du voisin empiété pour s'opposer à l'enlèvement des branches ou racines excédentaire. La Cour en conclut qu'« eu égard à ce qui précède, il ne peut être admis que les dispositions attaquées entraînent un recul significatif du degré de protection existant du droit à un environnement sain »[142] [143].

**22. Interactions entre droit civil et droit administratif.** En matière de plantations, droit civil et droit administratif sont amenés à se côtoyer régulièrement. Afin de tenter d'échapper à la condamnation d'abattre leur arbre, cer-

---

[139] Les travaux préparatoires évoquent d'ailleurs expressément le fait que certaines compétences relèvent des Régions ou des Communautés et que « [p]ar conséquent, des décrets contiennent également de plus en plus de dispositions susceptibles d'affecter le droit des biens. C'est le cas, par exemple des biens du domaine public […] » (voy. Proposition de loi n° 55-0173/001, p. 13).
[140] Cons. B.12.4.
[141] Voy. *infra*, n° 26.
[142] Cons. B.28.
[143] Voy. N. GOFFLOT, L. DERU et Fr. BOUSSA, « Questions choisies de droit des biens – Les classifications des biens, les troubles de voisinage et les servitudes », *op. cit.*, pp. 65-66.

tains plaideurs invoquent en effet la nécessité d'obtenir un permis d'urbanisme autorisant l'abattage de l'arbre en application de l'article D.IV.4 du CoDT. Or, cette exigence administrative ne fait pas obstacle au prononcé d'une décision judiciaire imposant l'abattage d'un arbre[144]. Noémie Gofflot relève toutefois que la doctrine administrativiste[145], « au visa du principe de la séparation des pouvoirs, invite les juridictions de l'ordre judiciaire à libeller la condamnation sous réserve de l'obtention dudit permis, afin de ne pas empiéter sur les compétences de l'administration »[146]. À l'inverse, une décision judiciaire n'a pas pour effet de couvrir une irrégularité résultant de l'abattage d'un arbre réalisé sans permis d'urbanisme[147]. Mais, selon Michel Pâques, « en présence d'une décision judiciaire, l'administration doit coopérer et prêter son concours à l'exécution de la décision judiciaire si elle est saisie d'une demande à cet effet et en tenir compte dans la sphère des compétences qui lui sont propres »[148].

En guise d'illustration, nous relevons *un arrêt du 24 septembre 2021 du Conseil d'État*. Il était question d'un jugement du tribunal de première instance de Liège par lequel la ville de Liège est condamnée, à la demande des parties intervenantes – parties appelantes dans le jugement du tribunal civil –, à abattre un Pinus Sylvestric. L'arbre remarquable occasionne un trouble anormal de voisinage en raison de la perte de ses aiguilles sur le toit des plaignants, difficilement accessible. À la suite de cette condamnation, la ville de Liège introduit une demande de permis d'urbanisme ayant pour objet l'abattage de cet arbre remarquable. Après avoir considéré que « l'arbre est sain et ne présente aucun défaut mécanique qui justifierait un abattage […] [et] que l'intérêt du maintien de l'arbre au sein de l'espace public prime sur l'intérêt particulier », le Fonctionnaire délégué, statuant sur la demande de permis, rappelle néanmoins l'existence du jugement de condamnation lequel « doit être exécuté ». Un recours en annulation est introduit à l'encontre de cette décision par des particuliers désireux de voir l'arbre subsister. La partie adverse conteste la compétence du Conseil d'État dans la mesure où, selon elle, l'acte attaqué constitue une décision d'une autorité administrative qui concourt à l'exécution d'un jugement rendu par une juridiction de l'ordre judiciaire. Le Conseil d'État ne serait donc pas compétent pour en connaître, en vertu de l'article 14 des lois coordonnées

---

[144] Voy. A. Maes, « Raad van State verfijnt "medewerkingsplicht van het bestuur" na herintroductie ervan door de Raad voor vergunningsbetwistingen », *T.R.O.S.*, 2020, p. 44.

[145] Voy. B. Warnez, « De burgerrechtelijke hold-up van de vergunningverlenende overheid », note sous C.E., 15 juillet 2015, *V.D.B.-C.D.P.K.*, 2015, p. 583.

[146] Voy. N. Gofflot, L. Deru et Fr. Boussa, « Questions choisies de droit des biens – Les classifications des biens, les troubles de voisinage et les servitudes », *op. cit.*, p. 64.

[147] Voy. P.-P. Renson, « La distance des plantations », *J.T.*, 2007, p. 90, n° 19 ; J. Van De Voorde, « Vergunningsrechtelijk onvolkomen constructies als uitdaging voor het eigendomsrecht », in *Niet-vergunde constructies – tussen gedogen en regulariseren*, Anvers, Intersentia, 2020, p. 276, n° 38.

[148] Voy. M. Pâques, *Droit wallon et urbanisme*, Bruxelles, Larcier, 2015, p. 320 ; voy. égal. J. Van De Voorde, « Vergunningsrechtelijk onvolkomen constructies als uitdaging voor het eigendomsrecht », *op. cit.*, p. 277, n° 41.

sur le Conseil d'État[149]. Or, selon la haute juridiction administrative, le jugement de condamnation de la ville de Liège produit à l'égard du Fonctionnaire délégué, non pas un effet obligatoire, mais un effet d'opposabilité. Partant, si la partie adverse ne dispose plus, en raison de l'existence de ce jugement, d'un pouvoir d'appréciation plein et entier qui lui permette de refuser le permis sollicité pour un simple motif d'opportunité, elle conserve cependant un pouvoir d'appréciation restreint concernant les modalités de l'abattage. En conséquence, le Conseil d'État est compétent pour connaître du recours. Quant au fond, à travers les trois branches d'un unique moyen, les requérants critiquent, en substance, la prépondérance que l'acte attaqué donne au jugement. Selon eux, « l'autorité administrative ne peut se trouver ligotée par une décision judiciaire et […]elle doit rester sensible à la balance des intérêts ». Le Conseil d'État n'estime aucun des trois moyens sérieux et motive sa décision comme suit : « il n'est pas contestable qu'en présence d'une décision judiciaire ordonnant l'abattage d'un arbre, l'administration doit coopérer et prêter son concours à l'exécution de la décision judiciaire si elle est saisie d'une demande à cet effet et en tenir compte dans la sphère des compétences qui lui sont propres. Si, conformément à l'article 23 du Code judiciaire, un jugement ne produit d'effets qu'entre les parties, en revanche, par son existence même, il modifie l'ordonnancement juridique et cette modification doit être objectivement reconnue et respectée par tous. Ainsi, alors qu'un jugement produit un effet obligatoire à l'égard des parties, il produit, à l'égard des tiers, un effet d'opposabilité, dont le fonctionnaire délégué doit en l'espèce tenir compte. Par conséquent, l'auteur de l'acte attaqué a pu considérer, sans violer les dispositions visées au moyen, que le jugement du 17 mars 2020 devait être exécuté, ce motif suffisant à justifier valablement le permis sollicité […] Par ailleurs, l'acte attaqué autorise l'abattage d'un seul arbre, de sorte qu'il n'est pas de nature à compromettre à lui seul le développement durable et le droit à la protection d'un environnement sain. Les parties intervenantes affirment d'ailleurs, sans être contredites, que d'autres arbres sont présents dans le voisinage »[150].

## C. Branches et racines envahissantes

**23. Ancien régime *versus* nouveau régime.** L'ancien article 37 du Code rural instituait deux remèdes dans l'hypothèse où les branches et racines d'un arbre, quoique planté à une distance réglementaire, avançaient sur le fonds voisin. Ainsi, le propriétaire du fonds surplombé par les branches de l'arbre voisin devait intenter une action en justice afin d'obtenir la condamnation de

---

[149] Le moyen d'irrecevabilité était fondé sur l'article D.VII.15 du CoDT suivant lequel : « Lorsque le jugement ordonne, à la demande du fonctionnaire délégué ou du collège communal conformément à l'article D.VII.13, soit la remise en état des lieux, soit l'exécution d'ouvrages ou de travaux d'aménagement, le jugement vaut permis et la remise en état des lieux ou les ouvrages et travaux d'aménagement sont exécutés par le condamné sans qu'il doive obtenir le permis visé à l'article D.IV.4 ».
[150] Voy. C.E., 24 septembre 2021, *Amén.*, 2022, p. 130, *J.L.M.B.*, 2022, p. 503.

son voisin à élaguer les branches. Lorsqu'il était en revanche question de racines envahissantes, elles pouvaient être directement coupées par le propriétaire du fonds envahi. Dans une affaire soumise au *juge de paix de Saint-Hubert le 8 juin 2016*[151], un emphytéote sollicite notamment, la condamnation du propriétaire voisin à procéder à la coupe des racines et à l'élagage des branches empiétant sur sa propriété, en application de l'article 37 du Code rural. S'agissant de la coupe des racines, le magistrat cantonal précise, à raison, qu'aucune autorisation préalable n'est requise et que l'emphytéote peut donc y procéder d'autorité. Quant aux branches qui surplombent le fonds du demandeur, le juge énonce que l'article 37 « ne prévoit pas non plus l'intervention directe du propriétaire des arbres pour ces travaux d'élagage ». Il estime ainsi que l'emphytéote doit être autorisé à couper lui-même les branches surplombant sa parcelle, à charge pour lui de récupérer les frais exposés auprès du propriétaire de l'arbre, sans exclure toutefois la possibilité pour ce dernier de procéder à un élagage volontaire. Le tribunal interprète l'article 37 du Code rural, qui dispose « celui sur la propriété duquel avancent les branches des arbres du voisin peut contraindre celui-ci à couper ces branches », comme accordant, non pas le pouvoir de couper soi-même d'initiative les branches litigieuses, mais celui d'exiger, le cas échéant judiciairement, du voisin qu'il les coupe lui-même. Et en l'espèce, il s'agit bien d'obtenir la condamnation du propriétaire de l'arbre à procéder à l'élagage, sous peine d'astreinte, de manière à éviter que l'emphytéote ne doive faire l'avance des frais d'élagage. Cette décision a le mérite d'être pragmatique puisque, plutôt que de devoir subir l'éventuelle mauvaise volonté du défendeur de s'exécuter, le demandeur est autorisé à procéder lui-même à l'élagage des branches litigieuses. Plus étrange nous paraît être en revanche le fait qu'il ne soit pas réservé à statuer sur la question de l'avance des frais de l'élagage. En effet, à défaut pour le défendeur de s'exécuter et de procéder lui-même à la coupe nécessaire, le demandeur devra introduire une nouvelle procédure afin d'obtenir le remboursement de la facture qu'il aura acquittée et ce, une nouvelle fois, à ses frais[152].

Dans une optique de transparence et de lisibilité, les auteurs de la réforme ont fait le choix d'aborder successivement les distances de plantation à respecter pour ensuite envisager le sort à réserver à une invasion végétale[153]. Il convient toutefois d'insister sur le fait que, contrairement à l'article 3.133 du Code civil, il ne s'agit pas, pour les branches et racines envahissantes, d'instituer un autre cas de servitude légale entre deux immeubles voisins, mais bien de consacrer légalement une application de l'étendue verticale de la propriété immobilière[154] visée

---

[151] Voy. J.P. Saint-Hubert, 8 juin 2016, *J.J.P.*, 2017, p. 123, note R. POPA.
[152] Voy. R. POPA, « Bornage et plantations : prérogatives d'un emphytéote », note sous J.P. Saint-Hubert, 8 juin 2016, *J.J.P.*, 2017, pp. 128-130.
[153] Voy. Proposition de loi n° 55-0173/001, p. 251.
[154] Voy. not. B. VERHEYE, « Over overhangende takken en doorschietende wortels », note sous Cass., 3 janvier 2020, *T. Not.*, 2020, p. 676, n° 4.

à l'article 3.63 du Code civil[155]. Les deux dispositions n'ont en commun que leur objet, mais point leur essence. Le régime applicable aux branches et racines envahissantes est désormais consacré à l'article 3.134 du Code civil. Quant au contenu de la nouvelle disposition, le législateur abandonne l'ancienne distinction entre le régime des branches et celui des racines au profit d'un régime uniforme. Désormais, il est prévu que « si un propriétaire de plantations dont les branches ou les racines dépassent la limite séparative des propriétés néglige de couper celles-ci dans les soixante jours d'une mise en demeure par envoi recommandé du voisin, ce dernier peut, de son propre chef et aux frais du propriétaire des plantations, couper ces branches ou racines et se les approprier. Si le voisin coupe lui-même ces branches ou racines qui dépassent, il assume le risque des dommages causés aux plantations. Il peut également exiger que leur propriétaire procède à leur coupe, sauf si le juge estime que cette demande constitue un abus de droit ». Certains considèrent que ce strict *modus operandi* constitue une procédure inutilement lourde pour le règlement d'un contentieux qui, sous l'empire de l'ancien texte, ne suscitait pas de difficultés particulières[156]. Pour notre part, la disposition nous semble plutôt pragmatique puisqu'elle permet au propriétaire envahi d'éviter le détour d'une procédure longue et potentiellement aussi coûteuse que les travaux de taille qu'il peut désormais lui-même réaliser.

Quant au sort des fruits qui tombent sur le fonds voisin, l'ancienne disposition est reprise de sorte que l'attribution des fruits par le voisin « envahi » n'est permise que dans l'hypothèse d'une chute naturelle. Cette attribution se fait non seulement au bénéfice du propriétaire du fonds mais aussi au profit de celui qui a la jouissance actuelle du fonds sur lequel les fruits sont naturellement tombés.

**24. Imprescriptibilité.** L'ancien article 37 du Code rural disposait que le droit pour le propriétaire du fonds envahi d'exiger l'élagage des branches qui le surplombe ou de couper lui-même les racines est imprescriptible. Partant, lorsqu'un propriétaire laissait les branches et racines de l'arbre voisin se développer sur ou sous son fonds, il ne s'agissait que d'une tolérance[157], excluant le jeu du mécanisme de la prescription acquisitive[158]. Dans la décision précitée

---

[155] Sur cette disposition, voy. not. N. BERNARD, « Le droit de propriété », *op. cit.*, pp. 121-122, n°s 74-76 ; D. GRUYAERT, « Eigendomsrecht », in *Het nieuwe goederenrecht*, Anvers, Intersentia, 2021, p. 284, n° 67 ; D. VANDYCK, « Droit de propriété », in *La réforme du droit des biens à l'attention du notariat*, Limal, Anthemis, 2021, p. 119, n° 144 ; P.-P. RENSON, « Questions choisies liées à l'étendue de la propriété immobilière », in *Le droit des biens revisité*, Limal, Anthemis, 2021, p. 74, n° 23.

[156] Voy. V. DEFRAITEUR, « Copropriété et relations de voisinage », *op. cit.*, p. 229, n° 112.

[157] Voy. not. J. HANSENNE, *Les biens. Précis*, t. II, *op. cit.*, p. 1184, n° 1170.

[158] Voy., à propos de l'article 37 du Code rural, P. LECOCQ et R. POPA, « Examen de jurisprudence (2000 à 2020). Les biens – Première partie : Dispositions générales – Classifications des biens – Propriété », *R.C.J.B.*, 2021, n° 3, pp. 627-628, n° 66 ; sur l'affirmation générale de l'imprescriptibilité des actions qui sanctionnent le droit de propriété, voy. art. 3.51, al. 2, C. civ. Pour une critique de l'ancien article 37 du Code rural, voy. P.-P. RENSON, « Le sort des branches et racines qui avancent sur un héritage voisin : l'article 37 du Code rural viole-t-il les articles 10 et 11 de la Constitution ? », *J.T.*, 2011, pp. 241 et s.

de *la justice de paix de Saint-Hubert du 8 juin 2016*[159], il est ainsi rappelé que «le droit de demander la taille de ces branches est imprescriptible et absolu». À cet égard, une question a été posée à la *Cour constitutionnelle* de savoir si l'ancien article 37, alinéa 4, du Code rural institue une discrimination en ce qu'il restreint l'étendue de la servitude continue et apparente acquise par prescription permettant de maintenir des plantations à une distance inférieure à celle prévue par l'article 35 du Code rural en ce sens qu'il exclut le maintien des branches ou des racines qui avancent depuis plus de trente ans sur l'immeuble voisin, alors que la possession trentenaire d'une vue avec surplomb, par un balcon, une saillie ou autres, du fonds contigu permet d'acquérir une servitude active en vertu de laquelle les constructions empiétant matériellement sur l'héritage voisin seront maintenues. Il transparaît du libellé de la question que le juge *a quo* raisonne en termes de prescription acquisitive afin de justifier le maintien d'arbres plantés à une distance inférieure à la distance légale et qu'il s'interroge sur l'extension de cette servitude ainsi acquise aux branches et racines qui se développeraient sur le fonds voisin. Or, on l'a dit, les arbres plantés à une distance qui ne respecte pas le prescrit légal ne peuvent faire jouer le mécanisme de la prescription acquisitive, faute de *corpus* sur le fonds voisins, tandis que le surplomb des branches ou le développement de racines sur la propriété voisine n'est que l'expression du caractère tridimensionnel de la propriété et non un autre type de servitude légale. À notre sens, ces éléments auraient pu, à eux seuls, suffire à justifier le traitement différencié. Pourtant, la Cour, dans sa *décision du 5 juillet 2018*[160], estime que la différence de traitement, telle qu'invoquée par le juge *a quo*, repose sur un critère de distinction objectif et pertinent dès lors que l'ouvrage d'une vue non conforme se matérialise par le fait de l'homme de sorte que l'on peut l'observer, à tout moment, sans que son ampleur se modifie par le seul écoulement du temps. À l'inverse, s'agissant d'un phénomène naturel, le développement des branches et racines évolue avec le temps et constitue donc une donnée temporelle variable de sorte que le point de départ du délai de la prescription trentenaire ne peut être déterminé avec certitude[161]. La Cour constitutionnelle, dans l'interprétation de la disposition donnée par le juge *a quo*, considère que le mécanisme de la prescription acquisitive en matière de plantations. Aussi, dans un *arrêt du 3 janvier 2020*[162], la Cour de cassation a été saisie d'un pourvoi dirigé à l'encontre d'une décision octroyant une servitude de surplomb au propriétaire d'un arbre, planté à une distance inférieure de la distance légale, dont les branches et racines surplombent et se propagent sur la propriété voisine. La Cour rappelle qu'en application de l'article 37, alinéa 4, du Code rural, le droit de faire couper les branches est imprescriptible et qu'il

---

[159] Voy. J.P. Saint-Hubert, 8 juin 2016, *J.J.P.*, 2017, p. 123, note R. Popa, «Bornage et plantations : prérogatives d'un emphytéote».
[160] Voy. C.C., 5 juillet 2018, n° 83/2018, *Rev. dr. rur.*, 2018/4, p. 178, note E. Orban de Xivry, *Amén.*, 2019/1, p. 35.
[161] Voy. E. Orban de Xivry, note sous C.C., 5 juillet 2018, n° 83/2018, *Rev. dr. rur.*, 2018/4, p. 178.
[162] Cass., 3 janvier 2020, *T. Not.*, 2020, n° 7-8, p. 674, note B. Verheye.

résulte donc de cette disposition que le droit de conserver des branches qui surplombent une propriété voisine ne peut s'acquérir par usucapion. Il résulte de cette jurisprudence que le maintien d'arbres plantés à une distance non conforme aux distances légales, en vertu de la prescription (extinctive du droit de réclamer leur arrachage), n'emporte pas pour autant celle du droit du voisin d'en faire couper les racines envahissantes et les branches qui surplombent sa propriété[163]. Et pour cause, une fois encore, les articles 35 et 36 du Code rural n'ont de commun à l'article 37 que leur objet et non leur fondement, les premiers instituant une servitude légale, tandis que le second n'est que l'expression de l'étendue verticale du droit de propriété.

Le nouvel article 3.134 du Code civil énonce également et expressément que « [l]e droit d'exiger l'enlèvement ne peut s'éteindre par prescription », les travaux préparatoires rappelant, à cet égard, que le fait, pour un propriétaire, de laisser des branches ou racines s'avancer sur son fonds ne constitue qu'une simple tolérance ne pouvant aboutir à une prescription acquisitive[164].

**25. Abus de droit.** Tout comme en matière d'arrachage d'arbres plantés à une distance inférieure aux distances légales de plantation, l'abus de droit vient temporiser l'automatisme avec lequel s'applique l'ancien article 37 du Code rural, le propriétaire du fonds envahi étant en effet dispensé de démontrer un quelconque dommage dans son chef[165]. Ainsi, *le juge de paix du canton de Furnes-Nieuport, dans une décision du 7 avril 2015*, considère que le fait d'exiger la coupe des branches qui surplombent la propriété du voisin constitue un abus de droit compte tenu de l'impact négligeable que cette coupe impliquerait sur la quantité de feuilles qui tombent chez le voisin alors qu'il en résulterait un dommage disproportionné pour le propriétaire de l'arbre litigieux, son élagage impliquant une mutilation de l'arbre irréversible[166]. Un *arrêt de la Cour de cassation du 22 octobre 2021* est surtout à épingler. Concernant le contexte factuel, des propriétaires voisins d'un parc arboré, situé au cœur de la ville de Liège, se plaignent de voir les branches des arbres du parc voisin dépasser sur leur propriété, ce surplomb entraînant son lot d'inconvénients : ombrage, humidité, feuilles mortes, etc. Le tribunal de première instance, statuant en appel, rappelle que l'examen de la proportionnalité, auquel la théorie de l'abus de droit l'astreint, consiste à opérer une mise en balance entre les intérêts respectifs des parties en litige, à savoir, d'une part, les nuisances occasionnées par la présence des branches et d'autre part « le plaisir [pour les propriétaires des arbres litigieux] de disposer d'un rideau de verdure et de voir leur propriété, située en pleine ville, continuer à être bordée d'arbres anciens et abondants ». Dans un premier temps, c'est en faveur des voisins préjudiciés par le surplomb des

---

[163] Voy. B. Verheye, « Over overhangende takken en doorschietende wortels », *op. cit.*, pp. 678-679.
[164] Voy. Proposition de loi n° 55-0173/001, p. 252.
[165] Voy. J.P. Saint-Hubert, 8 juin 2016, *J.J.P.*, 2017, p. 123, note R. Popa. Voy. égal. J.P. Wavre, 16 décembre 2014, *R.C.D.I.*, 2015, p. 43.
[166] Voy. J.P. Furnes-Nieuport, 7 avril 2015, *J.J.P.*, 2017, p. 202.

branches que semble pencher la balance. Mais le tribunal franchit ensuite un pas supplémentaire en intégrant à l'examen de proportionnalité « les conséquences humaines, environnementales et sociales », en d'autres mots, *les dimensions collectives* de l'usage du droit en cause. L'intérêt collectif est donc inclus dans l'équation, le tribunal appliquant vraisemblablement les enseignements de la Cour de cassation suivant lesquels lorsqu'« il existe différentes façons d'exercer son droit, avec la même utilité, il n'est pas permis de choisir celle qui est dommageable pour autrui ou qui méconnaît l'intérêt général »[167]. Au terme de son analyse, le tribunal estime que la demande est abusive puisque, suivant l'expert désigné en première instance, l'élagage des arbres risquerait de compromettre leur viabilité. Pour le tribunal, l'intérêt collectif doit donc s'ajouter à la mise en balance de ceux, purement privés, des propriétaires en litige. Statuant sur le pourvoi dirigé à l'encontre de cette décision, la Cour de cassation estime que « lorsqu'une personne privée invoque un droit envers une autre personne privée, le juge ne peut apprécier la proportionnalité de l'exercice qu'elle fait de ce droit à l'aune d'un intérêt collectif distinct de leurs intérêts respectifs »[168]. L'intérêt général serait-il donc congédié au profit des seuls intérêts privés ? Le contrepied pris par la Cour de cassation au regard de la mouvance sociétale, environnementale, doctrinale, jurisprudentielle mais également législative actuelle, peut laisser perplexe. Afin de limiter l'impact de cet arrêt, certains en ont livré une analyse sémantique[169] tandis que d'autres ont soigneusement détaillé les raisons pour lesquelles il ne fallait pas y voir une décision de principe qui viendrait compromettre la prise en considération de l'intérêt général dans l'application du critère de la proportionnalité[170]. D'autres encore ont fait le vœu que cette jurisprudence constitue un cas isolé[171]. Nous nous permettons de renvoyer le lecteur à l'ensemble de ces contributions.

Pas de doute, dans la réforme, l'intérêt collectif doit intervenir dans l'appréciation du caractère abusif ou non de la demande soumise au juge, l'article 3.134 du Code civil précisant que « le juge tient compte, dans son appréciation, de toutes les circonstances de la cause, y compris de l'intérêt général »[172]. Appliquant la nouvelle disposition, *la justice de paix de Genk estime, le 1ᵉʳ juin 2021*, que les hautes branches qui surplombent la propriété du demandeur ne peuvent être élaguées par un grimpeur-élagueur professionnel, depuis une plateforme

---

[167] Cass., 16 novembre 1961, *Pas.*, 1962, I, p. 332, *R.W.*, 1962-1963, p. 1157 ; Cass., 23 mai 1991, *Arr. cass.*, 1990-1991, p. 943, *R.W.*, 1991-1992, p. 463, *R.C.J.B.*, 1992, p. 177, note J. Hansenne.
[168] Voy. Cass., 22 octobre 2019, *J.T.*, 2022, p. 76, note Fr. Glansdorff, *J.L.M.B.*, 2022, p. 106, *Rev. not. belge*, 2022, p. 47, note J.-L. Van Boxstael, *R.W.*, 2021-2022, p. 1105, note D. Gruyaert, *R.D.C.*, 2022, p. 407, note J. Van de Voorde, *T.M.R.*, 2022, p. 270.
[169] Voy. J.-L. Van Boxstael, « Des arbres, des voisins, de l'intérêt collectif et de l'abus », *Rev. not. belge*, 2022, p. 49 ; J. Van De Voorde, « De beplantingen op het openbaar domein : onderworpen aan het gemene recht ? », *T.M.R.*, 2022, p. 20.
[170] Voy. Fr. Glansdorff, « Abus de droit et intérêt général », *J.T.*, 2022, pp. 77-78.
[171] Voy. D. Gruyaert, « Het Hof van Cassatie aanvaardt geen duurzaamheidsargumenten bij de beoordeling van rechtsmisbruik », *R.W.*, 2022, p. 1105-1108.
[172] Voy. V. Sagaert, *Beginselen van Belgisch privaatrecht*, t. V, *Goederenrecht*, *op. cit.*, p. 742.

élévatrice. Le coût que représentent ces travaux pour les propriétaires des arbres litigieux est jugé disproportionné par rapport au bénéfice qu'en retirerait le demandeur de sorte que sa demande est abusive[173].

**26. Droit transitoire.** Revenons un temps sur *l'arrêt rendu par la Cour constitutionnelle le 21 octobre 2021*, dans lequel il était également question de l'application du droit transitoire aux articles 3.133 et 3.134 du Code civil[174]. En substance, les requérants critiquaient un prétendu effet rétroactif de ces dispositions, lesquelles s'appliqueraient, selon eux, immédiatement à toutes les plantations. En réponse à ce grief, la Cour estime qu'il découle de l'article 37 de la loi du 4 février 2020 que « [l]es articles 35, 36 et 37 du Code rural restent [...] applicables aux plantations réalisées avant l'entrée en vigueur de la loi du 4 février 2020, auxquelles les articles 3.133 et 3.134 de ladite loi ne sont pas applicables »[175]. Selon la Cour, les plantations existantes au 1er septembre 2021 restent donc soumises à la loi ancienne, compte tenu de l'article 37 de la loi du 4 février 2020, suivant lequel les nouvelles dispositions s'appliquent uniquement aux faits juridiques, comme les plantations, survenus *après* l'entrée en vigueur de la loi.

Premièrement, on perçoit les difficultés que risque de causer l'enseignement de la Cour constitutionnelle en termes de preuve. On peut en effet supposer aujourd'hui que tous les arbres d'un certain âge ont été plantés avant le 1er septembre 2021, mais en 2030 ou en 2060, cette antériorité sera moins évidente à démontrer[176]. Ensuite, au regard du droit transitoire, la brièveté du raisonnement de la Cour peut laisser le lecteur sur sa faim lorsque l'on connaît la prudence avec laquelle doit être traitée la question de la succession des lois dans le temps. On peut donc regretter que la Cour considère, sans distinction, que les articles 3.133 et 3.134 du Code civil ne s'appliquent qu'aux plantations réalisées à partir du 1er septembre 2021, ne prenant ainsi pas en considération la spécificité de l'article 3.134 du Code civil. En effet, la Cour affirme que les règles « contenues dans les dispositions attaquées concernent des droits réels d'usage et relèvent plus précisément de la catégorie des servitudes légales »[177]. Or, on l'a dit, le seul lien entre ces dispositions, ce sont les plantations. Pour le reste, l'article 3.133 du Code civil institue une servitude légale sur un immeuble au profit d'un autre, tandis que l'article 3.134 du Code civil, lui, encadre l'exercice du droit de propriété du voisin empiété. Si nous partageons la position de la Cour constitutionnelle lorsqu'elle estime que ce sont les articles 35 et 36 du Code rural qui s'appliquent aux plantations réalisées avant le 1er septembre 2021 c'est en raison du fait que le non-respect des distances légales de plantation implique

---

[173] Voy. J.P. Genk, 1er juin 2021, *J.J.P.*, 2022, p. 439, note. L. Carens.
[174] Voy. *supra*, n° 21.
[175] Cons. B.22.
[176] Voy. J. Van De Voorde, « De beplantingen op het openbaar domein : onderworpen aan het gemene recht ? », *T.M.R.*, 2022, pp. 20-26.
[177] Cons. B.9.2.

des effets réels dans le cadre de l'article 3.133 du Code civil : il s'agit d'un acte matériel contraire à la servitude légale de plantations, susceptible de justifier une prescription, à tout le moins extinctive, du droit pour le fonds dominant d'exiger la suppression des plantations irrégulières. En revanche, la décision de la Cour de limiter l'application de l'article 3.134 du Code civil aux seules plantations établies après son entrée en vigueur pose question. En effet, le jour de l'établissement des plantations, pas plus que celui où les branches et racines ont dépassé la limite de propriété n'entraînent, en eux-mêmes, une contradiction au droit de propriété du voisin puisque l'empiétement est considéré comme une simple tolérance. Partant, c'est plutôt la date à laquelle le voisin empiété exprime formellement sa volonté de voir cesser la simple tolérance relative au déploiement de racines et de branches sur sa propriété qui nous semble devoir constituer le point de départ adéquat pour l'application de l'article 37 de la loi du 4 février 2020[178] et déterminer ainsi qui du nouveau ou de l'ancien droit doit s'appliquer. C'est vraisemblablement à cette interprétation que se rallie *le juge de paix de Genk* lorsqu'il applique les nouvelles dispositions relatives aux branches et racines envahissantes dans sa *décision du 1er juin 2021*[179] pour considérer la demande d'élagage abusive compte tenu du de la disproportion existant entre le coût qu'impliquent les travaux d'élagage pour les propriétaires des arbres litigieux et le bénéfice qui en ressortirait pour le demandeur.

## Section 3
# L'enclave

### A. Notions

**27. Définition.** Autrefois consacrée à l'article 682 de l'ancien Code civil, la servitude légale de passage est aujourd'hui définie à l'article 3.135, alinéa 1er, du Code civil comme le droit pour « le propriétaire dont le fonds est enclavé soit qu'il n'ait aucune issue sur la voie publique, soit qu'une issue suffisante ne puisse être aménagée sans frais ou inconvénients excessifs, [de] réclamer un passage sur, au-dessus ou en dessous du fonds de voisins pour l'utilisation normale de son fonds d'après sa destination actuelle ou future ». Décortiquons ces différents éléments constitutifs.

**28. L'état d'enclave.** La distinction entre l'enclave absolue et l'enclave relative est conservée[180]. Dans le premier cas, aucun accès à la voie publique n'existe. Dans le second, l'issue, quoiqu'existante, est insuffisante pour assurer l'utilisation normale du fonds d'après sa destination et ne peut être aménagée

---

[178] Voy. N. Gofflot, L. Deru et Fr. Boussa, « Questions choisies de droit des biens – Les classifications des biens, les troubles de voisinage et les servitudes », *op. cit.*, p. 68.
[179] Voy. J.P. Genk, 1er juin 2021, *J.J.P.*, 2022, p. 439, note. L. Carens.
[180] Pour une évolution de la notion d'enclave absolue et relative, voy. not. V. Defraiteur, *Les servitudes*, Waterloo, Kluwer, 2015, p. 66.

sans inconvénient ni frais excessifs[181]. En ligne avec l'ancien droit, il ressort de l'article 3.135 du Code civil que pour apprécier l'état d'enclave, il convient d'avoir égard à l'*utilisation normale* du fonds enclavé, au regard de sa destination[182]. Très récemment, *la Cour de cassation, dans un arrêt du 3 février 2022*, a été saisie d'un pourvoi dirigé à l'encontre d'une décision qui estime que le fonds du demandeur n'est pas enclavé puisqu'il dispose d'un accès à la voie publique via le terrain voisin qui appartient au même propriétaire. La Cour casse le jugement dont pourvoi dans la mesure où le juge *a quo* omet d'examiner si le demandeur dispose d'un accès suffisant à la voie publique pour l'utilisation normale du fonds d'après sa destination, en ce compris tout rendement économique que permet la destination de ce fonds[183].

S'agissant de l'appréciation *in concreto* du caractère normal (ou non) de l'utilisation du fonds enclavé, plusieurs décisions sont à épingler. Dans un litige où le demandeur estime que l'usage normal d'une maison ne peut plus, à l'heure actuelle, se concevoir sans un accès en voiture, le *tribunal de première instance de Charleroi, le 21 février 2014*, décide pourtant que l'impossibilité d'accéder au fonds de l'appelant avec un véhicule automobile n'empêche pas l'utilisation normale de celui-ci, eu égard à sa destination. Tout au plus rend-il son usage moins commode[184]. *Le juge de paix de Tournai, le 3 février 2015*, considère que l'état d'enclave allégué par les demandeurs pour accéder à leur garage, construit en contravention des prescriptions urbanistiques, n'est pas établi dès lors que le plan de mesure réalisé par l'expert judiciaire démontre que les demandeurs disposent d'un passage d'une largeur amplement suffisante au regard des dimensions d'un véhicule de taille normale pour accéder audit garage[185]. *Le juge de paix de Nivelles, dans une décision du 26 janvier 2018*, considère que l'utilisation normale du bien du demandeur, selon sa destination exclusivement résidentielle, nécessite de pouvoir y accéder en voiture eu égard, notamment, à la présence de deux garages destinés aux véhicules automobiles[186].

Quant à la destination[187] qui doit être prise en compte pour apprécier l'utilisation normale ou non de la parcelle enclavée, les travaux préparatoires

---

[181] Voy. N. Gofflot, L. Deru et Fr. Boussa, « Questions choisies de droit des biens – Les classifications des biens, les troubles de voisinage et les servitudes », *op. cit.*, p. 69.
[182] Voy. V. Defraiteur, « Copropriété et relations de voisinage », *op. cit.*, p. 230.
[183] Voy. Cass., 3 février 2022, *T.B.O.*, 2022, p. 26 ; Cass., 11 décembre 2014, *Larc. Cass.*, 2015, p. 167, *T.B.O.*, 2015, p. 252.
[184] Voy. Civ. Charleroi, 21 février 2014, *J.L.M.B.*, 2014, p. 1254.
[185] Voy. J.P. Tournai, 3 février 2015, *J.L.M.B.*, 2017, p. 958.
[186] J.P. Nivelles, 26 janvier 2018, *J.J.P.*, 2018, p. 338.
[187] À ce sujet, voy. P. Lecocq, « Suivi jurisprudentiel : la destination du fonds en matière d'enclave », *R.G.D.C.*, 2017, p. 183 ; P. Lecocq, note sous Cass., 4 octobre 2010, *J.L.M.B.*, 2011, p. 1128 ; M. Werquin, note sous Cass., 14 octobre 2010, *T.B.O.*, 2011, p. 210 ; S. Boufflette, « Appréciation de l'état d'enclave d'un fonds à la lumière de sa destination actuelle ou future… mais certaine », note sous J.P. Tubize, 15 janvier 2013, *Rev. dr. ULg.*, 2013, p. 83.

précisent, conformément à la jurisprudence antérieure[188], que la destination future doit être considérée à condition qu'elle soit suffisamment établie[189]. Dans *son arrêt du 8 septembre 2016, la Cour de cassation* réitère son enseignement de 2010, suivant lequel, outre la destination primitive du fonds enclavé, la destination future doit également être prise en compte, à savoir « toute utilisation dont le fonds est susceptible économiquement ». Elle ajoute que l'article 682, § 1er, de l'ancien Code civil ne requiert pas que le propriétaire qui projette d'affecter son fonds à la bâtisse ait l'intention d'y faire ériger lui-même une construction. La prise en considération de la destination future du fonds est néanmoins balisée par un certain degré de certitude qu'elle doit présenter. Une destination future purement potentielle, qui n'est étayée par aucun élément probant, est donc insuffisante pour justifier l'attribution d'une servitude pour cause d'enclave[190]. S'agissant des décisions de fond, *le tribunal de première instance de Liège, division de Huy, dans un jugement rendu le 12 novembre 2014*, estime qu'en évoquant un projet de rénovation d'un bâtiment pour y installer une habitation, sans que cette déclaration ne soit corroborée par aucun élément, la destination future invoquée est incertaine[191]. *La même juridiction, dans une décision du 18 février 2015*, estime qu'« il ne peut suffire d'invoquer une destination future potentielle, voire hypothétique, d'un bien pour établir la nécessité d'une servitude de passage sur un fonds voisin. Il est nécessaire de démontrer que la destination future est soit certaine, soit raisonnablement possible, en tenant compte pour ce faire de toutes les données de fait ou de droit régulièrement soumises par les parties au tribunal »[192]. En l'espèce, le tribunal constate que le projet envisagé par le propriétaire du fonds enclavé a fait l'objet d'un avis défavorable de la commune et que l'absence d'accès à la parcelle n'est pas le seul obstacle à son urbanisation dès lors que la commune estime que le projet ne cadre pas avec l'environnement concerné, qu'il implique une perte de quiétude pour le quartier et génère des nuisances liées au trafic des véhicules. Partant, la destination future invoquée par le propriétaire du fonds enclavé est incertaine puisque la concrétisation du projet est soumise à plusieurs conditions, outre celle de créer un accès à la voie publique. Il n'est donc pas possible, selon le tribunal, de fixer l'assiette de la servitude de passage revendiquée, faute pour le fonds dominant de déterminer les nécessités requises pour l'exploitation de son fonds. Certains magistrats ont pourtant été plus loin. Ainsi le *juge de paix de Westerlo, dans un jugement du 19 avril 2017*, décide, pour apprécier l'état d'enclave, de prendre en compte le seul caractère constructible d'un terrain, alors même qu'aucun permis n'a été introduit pour l'urbanisation des parcelles concernées[193]. *La juge de paix de Sprimont,*

---

[188] Voy. Cass., 14 octobre 2010, *Larc. Cass.*, 2011, p. 46, *J.L.M.B.*, 2011, p. 1128, obs. P. Lecocq, *T.B.O.*, 2011, p. 210.
[189] Voy. Proposition de loi n° 55-0173/001, p. 254.
[190] Voy. Cass., 8 septembre 2016, *T.B.O.*, 2017, p. 481.
[191] Voy. Civ. Liège, division de Huy, 12 novembre 2014, *R.G.D.C.*, 2017, p. 179, note P. Lecocq.
[192] Voy. Civ. Liège, 18 février 2015, *R.G.D.C.*, 2017, p. 174, note P. Lecocq.
[193] Voy. J.P. Westerlo, 19 avril 2017, *R.A.B.G.*, 2019, p. 980.

*le 23 octobre 2018*, constate, pour sa part, que si le chemin vicinal assure l'accès au bien des nus-propriétaires, demandeurs à l'action, tel qu'utilisé actuellement par l'usufruitier agriculteur, il est toutefois insuffisant pour assurer l'accès à une habitation familiale dès lors que ledit terrain est constructible. Considérant que la destination du bien est celle de devenir un terrain bâtissable et que le chemin vicinal qui en assure actuellement l'accès n'est pas suffisant pour en garantir une utilisation normale d'après cette destination, le bien est, selon le magistrat cantonal, enclavé[194].

**29. Enclave en surface *versus* enclave en sous-sol ou en sursol.** Alors que l'article 682 de l'ancien Code civil prévoyait uniquement la possibilité d'accorder un droit de passage « en surface », le nouvel article 3.135 du Code civil dispose que le passage peut être octroyé également en sursol ou en sous-sol, et ce même à titre principal, afin de permettre l'utilisation normale du fonds enclavé, suivant sa destination (future ou actuelle). Cette idée était déjà défendue par la doctrine[195] et la jurisprudence antérieures[196]. Dans le cadre d'un litige relatif à l'inondation fréquente des parkings résultant de fuites d'eau provenant d'un avaloir situé en sous-sol, le *tribunal de première instance de Bruxelles*, rappelle, dans une *décision du 12 octobre 2018*, qu'« une servitude de passage peut s'effectuer en sous-sol, notamment pour tirer des canalisations, et ce, alors même qu'aucune servitude n'aurait été consentie sur le terrain lui-même »[197]. *Le juge de paix de Zottegem* décide, le *13 novembre 2014*, qu'une servitude de passage en surface et souterraine ne peut être refusée au motif qu'une autorisation de bâtir fait défaut, de sorte que pour l'appréciation de la situation actuelle, il ne peut être tenu compte que de ce qui est certain quant à la destination concernant l'aménagement du territoire[198].

**30. Exclusions.** En son second alinéa, l'article 3.135 du Code civil prévoit quatre hypothèses dans lesquelles la servitude légale de passage pour cause d'enclave est exclue.

**Premièrement**, lorsque le propriétaire du fonds enclavé dispose d'un accès à la voie publique à travers un autre fonds contigu non enclavé, il ne peut réclamer un droit de passage sur l'héritage d'autrui. L'enseignement de la *Cour*

---

[194] Voy. J.P. Sprimont, 23 octobre 2018, *J.J.P.*, 2019, p. 157, et n° 9-10, p. 589.
[195] Voy. P. Lecocq, « L'article 682, al. 1er, du Code civil et la pose de canalisations souterraines. De la victoire de la nécessité sur la propriété », note sous Cass., 1er mars 1996, *R.C.J.B.*, 1997, pp. 480 à 494 ; S. Boufflette, « Servitude du fait de l'homme et servitude légale. Chronique de jurisprudence 2001-2008 », *op. cit.*, p. 323 ; N. Verheyden-Jeanmart, Ph. Coppens et C. Mostin, « Examen de jurisprudence (1989-1998). Les biens », *R.C.J.B.*, p. 458 ; J. Hansenne, « Les biens », in Chronique de droit à l'usage du notariat, vol. XXVI, Liège, 23 octobre 1997, p. 71.
[196] Voy., pour l'arrêt de principe, Cass., 1er mars 1996, *R.W.*, 1996-1997, p. 189, *Arr. cass.*, 1996, p. 330, note S. Snaet, *T. Not.*, 1997, p. 228, *R.C.J.B.*, 1997, p. 47, note P. Lecocq.
[197] Voy. Civ. Bruxelles, 12 octobre 2018, *Res jur. imm.*, 2019, p. 37.
[198] Voy. J.P. Zottegem, 13 novembre 2014, *J.J.P.*, 2015, p. 637.

*de cassation* est ainsi consacré dans la loi puisque, dans un *arrêt du 3 mai 2013*[199], elle estime que n'est pas enclavée une parcelle qui « dispose d'une issue sur la voie publique en passant sur [un autre] fonds du propriétaire de cette parcelle »[200]. **Deuxièmement**, la disposition envisage l'hypothèse d'exclusion dans laquelle, grâce à l'existence d'une unité d'exploitation entre le fonds au profit duquel la servitude est demandée et le fonds voisin qui, lui, dispose d'un accès à la voie publique, nonobstant leur appartenance à des propriétaires distincts, il n'existe pas de situation d'enclave. Ainsi en est-il, par exemple, de la demande formulée par le propriétaire d'un fonds enclavé, mais contigu à une parcelle pourvue d'un accès à la voie publique, propriété de l'épouse du demandeur. Certes, les deux parcelles relèvent de propriétés distinctes mais dans les faits, il s'agit d'une seule et même entité, la parcelle enclavée constituant le jardin de la maison d'habitation érigée sur la parcelle pourvue d'un accès à la voie publique[201]. *Le tribunal de première instance de Termonde* rappelle ainsi, dans *une décision du 1ᵉʳ mars 2018*, qu'en cas d'unité d'exploitation, la revendication d'une servitude de passage pour cause d'enclave n'est pas fondée en raison de l'absence de clôtures[202]. **Troisièmement**, le propriétaire du fonds qui dispose d'une servitude de passage du fait de l'homme suffisante ne peut pas non plus obtenir une servitude légale de passage pour cause d'enclave, pour autant, évidemment, que cette servitude du fait de l'homme lui assure une utilisation normale de son fonds, suivant sa destination actuelle ou future. Il reste néanmoins possible, faute de précision contraire dans les travaux préparatoires, de compléter le droit légal de passage par un droit conventionnel si celui-ci s'avère, par la suite, insuffisant pour garantir l'utilisation normale d'un fonds en raison de son changement d'affectation ou des modifications y apportées[203]. Sur la période recensée, la décision du *juge de paix du premier canton de Liège du 23 mars 2017* est une illustration de cette fonction « complétive » de la servitude légale de passage. Le magistrat cantonal décide en effet d'attribuer une servitude légale de passage au profit d'un fonds qui bénéficie pourtant déjà d'un droit de passage conventionnel, ce dernier étant néanmoins jugé insuffisant pour assurer l'utilisation normale du fonds dominant d'après sa destination d'entrepôt affecté au stockage de matériaux et de véhicules. Dans son appréciation, le magistrat cantonal a non seulement tenu compte de la destination primitive du fonds dominant (celle de cinéma d'abord, d'atelier d'artisanat ensuite), mais également de sa destination future, à savoir le stockage de matériaux et de véhicules. Suivant cette dernière destination, l'assiette du passage conventionnel dont bénéficiait le propriétaire de l'entrepôt ne permettait pas aux véhicules lourds d'accéder à

---

[199] Voy. Cass., 3 mai 2013, *R.C.D.I.*, p. 54, note F. LOOSEN, « La servitude légale de passage pour cause d'enclave : contours et précision ». Voy. égal. Civ. Courtrai, 16 décembre 1994, *Rev. dr. rur.*, 1995, p. 101 ; Civ. Malines, 12 mai 1986, *Pas.*, 1986, III, p. 87 ; J.P. Andenne, 20 mai 1966, *Jur. Liège*, 1966-1967, p. 72.
[200] Voy. P. LECOCQ, S. BOUFFLETTE, A. SALVÉ et R. POPA, *Manuel de droit des biens*, t. 2, *op. cit.*, p. 328.
[201] Voy. J.P. Huy, 15 avril 2004, *J.J.P.*, 2004, p. 368.
[202] Voy. Civ. Termonde, 1ᵉʳ mars 2018, *R.A.B.G.*, 2019, p. 961.
[203] Voy. P. LECOCQ, S. BOUFFLETTE, A. SALVÉ et R. POPA, *Manuel de droit des biens*, t. 2, *op. cit.*, p. 329.

l'entrepôt. Partant, dans une perspective de dynamisme économique et considérant les intérêts en cause, le tribunal décide de « compléter » la servitude conventionnelle de passage par une servitude légale de passage de manière à en étendre l'assiette pour permettre le passage des véhicules indispensables à l'exploitation de l'entrepôt[204]. Enfin, la **quatrième et dernière exception** est l'hypothèse dans laquelle l'état d'enclave découle de la propre faute ou négligence du propriétaire qui réclame le droit de passage ou de son fait personnel qui ne peut être justifié par l'utilisation normale du fonds d'après sa destination actuelle, en ce compris donc en cas d'enclave volontaire[205]. Les travaux préparatoires enseignent néanmoins que cette exception ne peut être opposée qu'au propriétaire qui, par sa propre faute ou son fait personnel, a créé cet état d'enclave et non à ses ayants droit. Le caractère personnel de cette quatrième et dernière exception[206] est ainsi confirmé puisque déjà admise par la doctrine[207] et la jurisprudence[208], antérieurement à la réforme. Par exemple, *le juge de paix de Nivelles, dans sa décision du 26 janvier 2018* énonce que « l'exception d'enclave volontaire ne peut être opposable qu'au seul propriétaire qui a généré l'enclave, l'exception d'enclave volontaire revêtant un caractère personnel »[209]. S'agissant du caractère volontaire de l'enclave, nous épinglons la *décision du tribunal de première instance de Liège, division de Huy, du 12 novembre 2014* qui estime que l'intimé, demandeur originaire, ne peut concevoir la rénovation de son bien en comptant sur le fait que l'accès du bâtiment arrière se fera sur le fonds d'un tiers, auquel cas cet immeuble se trouve alors en situation d'enclave volontaire qui exclut la possibilité d'obtenir une servitude de passage au profit de ce fonds, désormais enclavé[210]. Dans une affaire soumise au *tribunal de première instance de Liège, division de Verviers, du 5 octobre 2016*, les parties se disputent quant à l'utilisation d'une cour autour de laquelle sont aménagés d'anciens bâtiments de ferme, reconvertis en maisons d'habitation et appartenant aux parties en litige : à l'entrée de la cour se trouvent les bâtiments n° 7 et n° 9 et à l'arrière de la cour, les bâtiments n° 8 et n° 10. Les bâtiments n° 7 et n° 8 sont implantés le long de la voie publique tandis que le bâtiment n° 9 est accessible par l'entrée

---

[204] Voy. J.P. Liège, 3e canton, 23 mars 2017, *R.G.D.C.*, 2017, p. 522 ; voy. égal. à propos de l'existence d'une servitude conventionnelle de passage, sur la période recensée, Civ. Tournai, 15 mars 2021, *R.G.D.C.*, 2021, p. 389.
[205] Voy. S. BOUFFLETTE, « Chapitre 3. Des servitudes », *op. cit.*, p. 283.
[206] Voy. N. GOFFLOT, L. DERU et Fr. BOUSSA, « Questions choisies de droit des biens – Les classifications des biens, les troubles de voisinage et les servitudes », *op. cit.*, p. 70.
[207] Voy. not. S. VAN DER JEUGHT, « Erfdienstbaarheid van overgang *versus* recht van uitweg », *J.J.P.*, 2003, p. 355 ; S. SNAET, « Het recht van uitweg », *A.J.T.*, 1996-1997, p. 4 ; J. HANSENNE, *Les biens. Précis*, t. II, *op. cit.*, n° 1191 ; S. BOUFFLETTE, « Enclave volontaire, utilisation normale de la propriété et tolérance : *Jus est ars boni et aequi* », *J.L.M.B.*, 2007, p. 1471 ; P. LECOCQ, S. BOUFFLETTE, A. SALVÉ et R. POPA, *Manuel de droit des biens*, t. 2, *op. cit.*, p. 70.
[208] Voy. Cass., 6 février 2009, *R.W.*, 2009-2010, note K. SWINNEN, « Het recht van uitweg. Over een gedogende buurman en zelf veroorzaakte ingeslotenheid », *R.G.D.C.*, 2010, p. 491, note S. BOUFFLETTE, « L'enclave volontaire, une affaire à suivre… ».
[209] Voy. J.P. Nivelles, 26 janvier 2018, *J.J.P.*, 2018, p. 341.
[210] Voy. Civ. Liège, division de Huy, 12 novembre 2014, *R.G.D.C.*, 2017, p. 179, note P. LECOCQ.

de la cour. Les demandeurs originaires sont les propriétaires des n[os] 7, 8 et 10 et, approximativement, de la « moitié arrière » de la cour, tandis que les défendeurs originaires sont propriétaires du n° 9 et de la « première moitié » de la cour. Au moment de leur acquisition, les habitations n° 7 et n° 8 formaient une seule et même unité d'habitation (identifiée n° 7), laquelle a ensuite été divisée en deux logements distincts par les demandeurs (identifiées n° 7 et n° 8). La porte existante assurait donc l'accès au n° 8, tandis qu'une nouvelle porte a été percée pour garantir un accès indépendant au n° 7, mis en location par les demandeurs, ces derniers occupant personnellement le n° 8. Afin d'agrandir leur espace de vie (au n° 8 donc), des travaux de transformation sont réalisés par les demandeurs, ce qui entraîne toutefois la suppression de l'accès indépendant dont bénéficiait le n° 7, les deux portes « à rue » étant désormais toutes les deux localisées au n° 8. Considérant cette nouvelle configuration, il n'est plus possible d'accéder au n° 7 autrement que par l'entrée de la cour, située sur la propriété des défendeurs originaires. Face à l'opposition de ces derniers de tolérer le passage, les demandeurs revendiquent, notamment, l'attribution d'une servitude légale de passage pour cause d'enclave, le n° 7 ne bénéficiant pas (ou, en tout cas, plus) d'un accès à la voie publique[211]. Considérant cette chronologie et les aménagements réalisés par les demandeurs, à l'origine de l'enclavement, le tribunal estime que ces derniers ne peuvent revendiquer l'attribution d'une servitude de passage pour cause d'enclave sur la propriété des défendeurs originaires dès lors qu'il n'est pas établi que l'utilisation économique du fonds suppose une division de l'unité d'habitation initiale, sans possibilité de prévoir une issue praticable côté rue depuis ce fonds. Et à supposer même que l'état d'enclave soit établi, les demandeurs originaires ont effectué leurs aménagements tout en sachant qu'ils ne bénéficiaient d'aucune servitude. Ils ont néanmoins décidé de réaliser leurs travaux, et doivent dès lors en assumer les conséquences[212]. Suivant le *tribunal de première instance de Tournai, dans une décision du 15 mars 2021*, l'extinction d'une servitude conventionnelle de passage par prescription ne constitue un cas d'enclave volontaire que dans l'hypothèse où une faute a été commise par le propriétaire du fonds enclavé. En l'espèce, le propriétaire dudit fonds, revendiquant actuellement la servitude, n'a fait que poursuivre le système utilisé par son prédécesseur consistant à passer sur les autres fonds dont il était propriétaire pour rejoindre la voie publique de sorte qu'il ne faisait plus usage de cette servitude conventionnelle. Ce comportement n'est pas constitutif d'une faute de sorte que les parcelles concernées sont bien enclavées et doivent bénéficier d'une servitude légale de passage[213].

---

[211] Il est à noter que les demandeurs originaires revendiquaient également l'attribution d'une servitude de passage pour le n° 8 et le n° 10, le tribunal estimant néanmoins qu'il ne pouvait être question d'enclave pour ces deux immeubles, le n° 8 disposant non pas d'un, mais de deux accès à la rue et le n° 10 étant accessible par la portion de la cour propriété des demandeurs originaires.
[212] Voy. Civ. Liège, division de Verviers, 5 octobre 2016, *J.L.M.B.*, 2017, p. 943.
[213] Voy. Civ. Hainaut, division de Tournai, 15 mars 2021, *R.G.D.C.*, p. 389.

Antérieurement à la réforme, la liste de ces exclusions était complétée par celle relative à la tolérance consentie au bénéfice du propriétaire du fonds enclavé, bien ancrée dans la jurisprudence de la Cour de cassation[214], suivie par les juridictions de fond. Ainsi, *le tribunal de Flandre orientale, division de Termonde, dans une décision du 1ᵉʳ mars 2018*, considère que l'enclavement cesse lorsque le terrain bénéficie d'un passage sur tout autre terrain, même lorsque ce passage consiste en une simple tolérance et quand bien même il n'est pas nécessairement le moins commode[215]. En revanche, *le tribunal de première instance du Hainaut, division de Charleroi*, considère, *le 4 décembre 2019*, que lorsque le propriétaire de la parcelle sur laquelle s'exerce le passage s'oppose au maintien de ce passage, la tolérance prend fin de sorte que le fonds concerné est bien enclavé[216]. À l'inverse des autres exclusions examinées ci-dessus, le législateur a décidé de ne pas consacrer celle de la tolérance, se ralliant ainsi à une doctrine récente particulièrement critique sur le sujet[217]. On saisit en effet toute la précarité de la situation dans laquelle se trouve le propriétaire du fonds enclavé qui, en bénéficiant d'une tolérance de passage, se voit en réalité privé de la possibilité de désenclaver durablement son fonds en raison de cette simple tolérance qui ne lui confère aucun droit et qui peut être retirée à tout moment[218].

## B. Acquisition de la servitude légale de passage

**31. Voie unique du jugement.** Suivant l'article 3.136 du Code civil, le jugement est la voie unique pour la création d'une servitude légale de passage. Le bénéfice de cette servitude n'est donc pas automatique et ne peut résulter d'un règlement amiable[219]. Le législateur confirme ainsi la tendance doctrinale majoritaire[220], encore récemment confirmée par la *Cour de cassation dans un arrêt du 15 juin 2018* en ces termes : « la servitude légale de passage ne peut pas s'acquérir par prescription mais doit être réclamée en justice par le propriétaire

---

214 Voy. Cass., 6 avril 2000, *Larc. Cass.*, 2000, p. 182, *R.W.*, 2000-2001, p. 908 (erronément identifiée comme une décision du 3 février 2000) ; Cass., 6 février 2009, *R.W.*, 2009-2010, p. 447 ; Cass., 26 septembre 2013, *Larc. Cass.*, 2014, p. 45, *J.J.P.*, 2014, p. 80, *R.G.D.C.*, 2015, p. 35.
215 Voy. Civ. Flandre orientale, division de Termonde, 1ᵉʳ mars 2018, *R.A.B.G.*, 2019, p. 961.
216 Voy. Civ. Hainaut, division de Charleroi, 4 décembre 2019, *J.J.P.*, 2020, p. 529.
217 Voy. E. Riquier et P. Van Hooland, « Enclave et tolérance de passage : où le quiproquo devient source de droit », *R.G.D.C*, 2004, p. 475 ; K. Swinnen, « Het recht van uitweg. Over een gedogende buurman en zelf veroorzaakte ingeslotenheid », note sous Cass., 6 février 2009, *R.W.*, 2009-2010, p. 447.
218 Voy. C. Dermaut et P. Scheirlynck, « Erfdienstbaarheden van overgang of uitweg : een struikelpad ? », *Rev. dr. rur.*, 2014, p. 66.
219 Voy. Proposition de loi n° 55-0173/001, p. 257.
220 Voy. F. Baudoncq, « De notaris en de erfdienstbaarheidswegen », *Not. fisc. Maand.*, 2002, p. 175 ; N. Verheyden-Jeanmart, Ph. Coppens et C. Mostin, « Examen de jurisprudence (1989-1998). Les biens », *R.C.J.B.*, 2000, p. 459 ; S. Van der Jeught, « Erfdienstbaarheid van overgang *versus* recht van uitweg », *J.J.P.*, 2003, p. 347 ; S. Snaet, « Het recht van uitweg », *A.J.T.*, 1996-1997, p. 6 ; J. Kokenlenberg, Th. Van Sinay et H. Vuye, « Overzicht van rechtspraak (1989-1994). Zakenrecht », *T.P.R.*, 1995, p. 678 ; L. Lindemans, « Erfdienstbaarheden », *A.P.R.*, 1958, p. 448.

dont le fonds est enclavé »[221]. Ce monopole du juge judiciaire est également rappelé dans une affaire du *19 avril 2018* à l'occasion de laquelle le *tribunal de première instance du Luxembourg, division de Marche-en-Famenne*, est saisi d'une demande visant à faire dire pour droit qu'une servitude légale de passage n'est plus nécessaire de sorte qu'il convient de la faire cesser. À cette occasion, il est énoncé que le passage litigieux ne peut être constitutif d'une servitude légale au profit du fonds enclavé, au sens de l'article 682 de l'ancien Code civil, puisque pareille servitude trouve son origine dans la loi et ne peut être établie que par un jugement qui, en l'espèce, n'existe pas[222].

**32. Fixation de l'assiette.** Outre l'attribution de la servitude de passage pour cause d'enclave, le juge en détermine également l'assiette, laquelle doit être fixée de la façon la moins dommageable possible, moyennant le paiement d'une indemnité proportionnelle au dommage causé. L'article 3.136, alinéa 2, de l'ancien Code civil précise en outre que, dans l'hypothèse d'une action en acquisition d'une servitude de passage, « la procédure est menée contre les propriétaires des fonds voisins qui, à première vue, offrent le passage le moins dommageable ». Dans une décision du *tribunal de première instance du Hainaut, division de Charleroi, du 4 décembre 2019,* le choix, quant à la détermination de l'assiette, devait s'opérer entre deux parcelles, l'une appartenant à un particulier, l'autre à un pouvoir public. Après avoir rappelé qu'en application de l'article 683 de l'ancien Code civil, doit être préféré le passage qui est le moins dommageable, le tribunal précise que cette appréciation doit être réalisée au regard du fonds servant et non en fonction de l'inconvénient qui résulterait du passage ainsi déterminé pour le fonds dominant. En l'espèce, la dangerosité ou non de la sortie du passage au regard de la circulation routière ne peut donc être prise en compte pour déterminer laquelle des deux parcelles doit être grevée de l'assiette du passage dans la mesure où il s'agit d'une considération qui intéresse uniquement le fonds dominant et non le fonds servant. Après avoir analysé les différents éléments susceptibles de considérer que le dommage causé à la parcelle de l'un serait plus important que celui causé à la parcelle de l'autre, le tribunal décide que l'assiette doit être aménagée sur la parcelle du particulier puisque, pour ce fonds, le passage implique une emprise d'une quinzaine de mètres à concurrence d'une emprise de cinquante mètres pour la propriété de la commune, la largeur du passage étant quant à elle identique[223].

Par ailleurs, à l'instar de ce que prévoyait l'article 683, alinéa 2, de l'ancien Code civil, les travaux parlementaires précisent que si l'enclave résulte de la division d'un fonds non enclavé, le passage ne peut être pris que sur les parties qui composaient initialement ce fonds[224]. En d'autres termes donc, le passage ne peut être demandé qu'aux propriétaires des fonds qui le composaient avant

---

[221] Voy. Cass., 15 juin 2018, *J.L.M.B.*, 2019, note E.J.
[222] Voy. Civ. Luxembourg, division de Marche-en-Famenne, 19 avril 2018, *J.L.M.B.*, p. 1587.
[223] Voy. Civ. Hainaut, division de Charleroi, 4 décembre 2019, *J.J.P.*, 2020, p. 529.
[224] Voy. Proposition de loi n° 55-0173/001, p. 257.

sa division[225]. La réserve suivant laquelle le juge pouvait décider en équité que la voie publique n'était pas suffisamment accessible que pour fixer le passage sur les parcelles qui composaient le fonds avant sa division, et rappelée par *la Cour de cassation, dans un arrêt du 7 décembre 2020*[226], n'est pas reprise dans la nouvelle disposition. Le recours à cette notion est en effet apparu injustifié aux rédacteurs de la réforme[227]. À titre d'exemples antérieurs au nouveau droit, dans une décision du *tribunal civil du Hainaut, division de Tournai, du 15 mars 2021*, les propriétaires d'un fonds enclavé se prévalent de l'article 683, alinéa 2, du Code civil de sorte que l'assiette de la servitude légale dont ils bénéficient doit porter sur le fonds de la partie appelante. Si, selon eux, l'enclave est née de la division des fonds, le tribunal estime en revanche qu'il n'y a pas d'élément qui permette d'établir que les parcelles enclavées aient, un jour, formé une seule et même parcelle avec celle des appelants. Ainsi, ce n'est pas parce que, pendant un temps, ces parcelles ont appartenu au même propriétaire qu'il faut « confondre la division d'un fonds avec l'aliénation d'un des fonds appartenant à un même propriétaire ». Le juge explique que l'article 683, alinéa 2, du Code civil vise l'hypothèse dans laquelle un fonds est divisé de manière telle que certaines parcelles, issues de cette division, se trouvent enclavées. L'enclavement résulte donc d'une division « qui présentait auparavant une unité ». Or, en l'espèce, il s'agit bien de parcelles qui, certes, ont appartenu au même propriétaire pendant une certaine période, mais qui n'ont jamais formé une seule et même unité. Le juge conclut donc à l'inapplicabilité de l'article 683, alinéa 2, de l'ancien Code civil puisque « la cause de l'enclavement ne provient pas de la division des fonds ni de leurs ventes. L'enclave existait déjà auparavant même si elle n'a plus pu avoir de conséquences juridiques en termes de servitude de passage durant la période ou la propriété des différentes parcelles a été réunie dans le chef de la même personne »[228].

Rappelons en outre qu'un bien du domaine public peut être grevé d'une servitude légale de passage pour cause d'enclave, comme le décide *le juge de paix de Nivelles dans une décision du 20 janvier 2017*. Dans cette affaire, la partie demanderesse est propriétaire d'un immeuble contigu à l'ancien tracé d'une ligne de chemin de fer, devenue une voie carrossable à la suite du démontage des voies. La SNCB avait en effet autorisé la demanderesse à emprunter cette voie pour accéder à son immeuble, en ce compris avec son véhicule. Quelques années plus tard, à l'initiative de la Ville de Nivelles, un RAVel est aménagé sur l'ancien tracé de la ligne de chemin de fer, entraînant la résiliation, par la SNCB, de l'autorisation donnée à la demanderesse de pouvoir emprunter ce chemin en voiture. La demanderesse continue néanmoins à exercer le passage, au mépris de la résiliation intervenue. Après avoir considéré qu'à la suite des aménagements

---

[225] Voy. S. BOUFFLETTE, « Chapitre 3. Des servitudes », *op. cit.*, p. 284.
[226] Voy. Cass., 7 décembre 2020, *R.W.*, 2020-2021, p. 1474.
[227] Voy. Proposition de loi n° 55-0173/001, p. 258.
[228] Voy. Civ. Hainaut, 15 mars 2021, *R.G.D.C.*, 2021, p. 389.

réalisés l'immeuble de la demanderesse est effectivement enclavé, le tribunal considère que l'assiette du passage peut soit grever l'ancienne ligne de chemin de fer, relevant donc du domaine public, soit deux autres parcelles appartenant, chacune, à des particuliers. Examinant la situation en fait, le tribunal estime que la solution consistant à établir le passage sur le tracé du RAVel est la solution la moins dommageable puisque la demanderesse a, pendant des années, emprunté ce tracé sans que personne ne déplore le moindre dommage ou inconvénient lié à cette utilisation. À l'inverse, grever d'un passage la propriété de particuliers entraînerait une perte d'intimité qu'ils sont pourtant en droit d'attendre. Le tribunal rappelle ainsi qu'«il est acquis qu'une servitude peut être établie sur le domaine public pour autant que la servitude ne fasse pas obstacle avec la destination publique de ce domaine et ne porte pas atteinte au droit de l'administration de régler cet usage d'après les besoins de la collectivité». Considérant en outre que l'enclave a été créée par des décisions administratives qui n'ont nullement tenu compte de la situation de la demanderesse et qu'il n'est pas démontré que le passage est incompatible avec la fonction publique du bien, le tribunal dit pour droit que «le passage s'exercera sur l'assiette du chemin du RAVel»[229].

**33. Indemnité.** Lorsque l'attribution de la servitude légale de passage occasionne un dommage au fonds servant, une indemnité proportionnée au dommage subi est fixée par le juge, au profit de son propriétaire[230], à charge pour ce dernier de démontrer l'existence et l'ampleur de son préjudice. À cet égard, dans la décision précitée du *juge de paix de Liège* intervenue le *23 mars 2017*[231], l'extension de l'assiette de la servitude, nécessaire à l'utilisation normale de l'entrepôt de stockage, limite l'usage auquel le fonds servant pouvait précédemment affecter sa cour. Considérant cette perte de la jouissance comme un dommage admissible, le juge de paix décide de lui accorder une indemnité. Précisons que l'indemnité est ainsi fixée par le juge s'il estime le dommage établi, et en fonction de ce critère uniquement[232]. Elle peut prendre la forme d'une somme annuelle ou d'une somme unique et globale et se prescrit selon le régime des droits de créance périodiques ou non, et donc conformément à l'article 2262*bis*, § 1er, du Code civil[233]. La question du point de départ du délai de prescription est traitée par *la Cour de cassation dans son arrêt du 15 juin 2018*[234]. La haute juridiction censure la décision qui estime que la demande en indemnité des propriétaires du fonds grevé par la servitude légale de passage est prescrite aux motifs que «le passage est utilisé par [les défendeurs] depuis au moins une quarantaine d'années [et que] la prescription […] commence à courir dès que le passage s'exerce, indépendamment du jour où le droit est

---

[229] J.P. Nivelles, 20 janvier 2017, *Res jur. imm.*, 2017, p. 163, qui renvoie à l'arrêt du 27 septembre 1990 de la Cour de cassation (voy. Cass., 27 septembre 1990, *Pas.*, 1991, I, p. 78).
[230] Voy. art. 3.136, al. 2, C. civ.
[231] Voy. J.P. Liège, 23 mars 2017, *R.G.D.C.*, 2017, p. 522.
[232] Voy. Proposition de loi n° 55-0173/001, p. 257.
[233] *Ibid.*
[234] Voy. Cass., 15 juin 2018, *J.L.M.B.*, 2019, n° 38, p. 1785, note E.J.

demandé ». Partant, la prescription de l'action en indemnité visée à 685 de l'ancien Code civil ne peut commencer à courir qu'à partir du jour du prononcé du jugement par lequel une servitude de passage pour cause d'enclave est attribuée au fonds dominant puisque l'action qui sanctionne une obligation naît le jour où cette obligation doit être exécutée et, par conséquent, se prescrit à partir de ce moment également. Cette décision est fondée sur le fait que, depuis la modification législative de 1978, une servitude de passage ne peut naître que par jugement et non par le seul effet de la loi, auquel cas le délai commencerait à courir au jour où le propriétaire du fonds enclavé passe, pour la première fois, sur le (futur) fonds servant[235].

## C. Modification et suppression de la servitude légale de passage

**34. Modification de la servitude légale de passage.** Suivant le premier alinéa de l'article 3.137 du Code civil, le propriétaire du fonds dominant peut solliciter la modification de l'assiette de la servitude d'enclave qui lui a été attribuée lorsque des circonstances nouvelles ne permettent plus l'utilisation normale du fonds d'après sa destination. Et corrélativement, si des circonstances nouvelles se manifestent, le propriétaire du fonds servant est habilité à demander la modification de l'assiette du passage lorsqu'elle peut être fixée à un endroit moins dommageable pour son propriétaire. Dans cette dernière hypothèse, si l'on s'en tient au sens littéral du texte, il n'est donc pas question, pour le fonds servant, de demander la modification de l'assiette initialement fixée (par exemple sa largeur), mais bien de déplacer le passage à un autre endroit, alors que le fonds dominant peut, lui, se prévaloir de circonstances nouvelles pour obtenir une modification de l'assiette du passage (et donc pas nécessairement son déplacement). En d'autres termes, le propriétaire du fonds servant ne peut voir sa charge allégée en raison de nouvelles circonstances *que* lorsqu'il est possible de déplacer le passage à un autre endroit. À défaut d'autre emplacement possible, le fonds servant reste donc identiquement grevé du passage décidé par le juge, alors pourtant même que son maintien, dans sa configuration initiale, ne se justifie plus en raison des « nouvelles circonstances ». Afin d'éviter ce type d'incohérences, c'est assurément une interprétation large du texte qui doit être privilégiée, le terme « déplacement » recouvrant également l'hypothèse d'une « modification » de l'assiette de la servitude. Cette disposition vise donc tant

---

[235] Comme le relève Pascale Lecocq, certains ont défendu cette dernière hypothèse dans la mesure où ils estimaient qu'une servitude pour cause d'enclave ne pouvait naître que par l'effet de la loi et que seules l'assiette de la servitude et les modalités d'exercice devaient être déterminées par un jugement (voy. P. Lecocq, S. Boufflette, A. Salvé et R. Popa, *Manuel de droit des biens*, t. 2, *op. cit.*, p. 343). Cette opinion n'est toutefois plus tenable depuis que les articles 682 à 684 de l'ancien Code civil ont été modifiés par la loi du 1er mars 1978 modifiant la section V du titre IV du livre II (art. 682 à 685) du Code civil, relative au droit de passage, en manière telle que la servitude légale de passage ne peut pas s'acquérir par prescription mais doit être réclamée en justice par le propriétaire dont le fonds est enclavé.

l'hypothèse dans laquelle la configuration même de l'assiette de la servitude initialement fixée est modifiée (par exemple, une réduction de sa largeur) que le déplacement en tant que tel du passage (par exemple, la fixation du passage, quelques mètres plus loin que sa position initiale). Par ailleurs, guidés par les enseignements de la *Cour de cassation dans son arrêt du 14 octobre 2010*[236], les travaux parlementaires précisent que la modification peut résulter de la nouvelle destination assignée au fonds enclavé par son propriétaire[237].

En l'absence de circonstances nouvelles, les règles qui régissent les servitudes du fait de l'homme peuvent s'appliquer, celles-ci constituant le droit commun[238]. Ainsi, le fonds servant, désireux de voir l'assiette du passage déplacée à un autre endroit, peut recourir au mécanisme de l'article 3.124 du Code civil[239] en offrant, à ses frais et sur son immeuble, un endroit aussi commode pour l'exercice des droits du fonds dominant[240]. Noémie Gofflot relève, à l'inverse, que le propriétaire d'un fonds grevé d'une servitude conventionnelle de passage ne peut se prévaloir de l'article 3.137 du Code civil pour obtenir le déplacement du passage à un endroit moins dommageable[241]. Avant la réforme, *le tribunal civil du Hainaut, division de Charleroi*, saisi d'une demande de modification de l'assiette d'une servitude conventionnelle, énonce très clairement, dans sa *décision du 10 janvier 2017* que « l'article 684 du Code civil n'est pas applicable en l'espèce, car consacré au droit de passage en cas d'enclave et non à la servitude de passage, régie […] par l'article 701, alinéa 3, visé ci-dessus »[242]. Aussi, *le tribunal de première instance de Flandre occidentale, division de Bruges*, a considéré, dans une *décision du 7 décembre 2016*[243], que la servitude dont le fonds servant sollicite la suppression sur la base de l'article 684 de l'ancien Code civil est une servitude établie par un acte notarié et que, par conséquent, l'article 684 de l'ancien Code civil ne trouve pas à s'appliquer.

**35. Suppression de la servitude légale de passage.** Le deuxième alinéa de l'article 3.137 envisage deux scénarios dans lesquels la servitude légale de passage peut s'éteindre. **Premièrement**, la servitude cesse lorsqu'elle n'est plus nécessaire, quelle que soit la durée de son existence. Assez logiquement, la disparition de l'état d'enclave entraîne l'extinction de la servitude légale de pas-

---

[236] Voy. Cass., 14 octobre 2010, *Larc. Cass.*, 2011, p. 46, *J.L.M.B.*, 2011, p. 1128, obs. P. Lecocq, *T.B.O.*, 2011, p. 210, note M. Werquin, *Res jur. imm.*, 2011, p. 88, *Jurim pratique*, 2011, p. 215 ; commenté par S. Boufflette, « Utilisation et destination : concepts clés de l'article 682 du Code civil », note sous J.P. Fontaine-L'Évêque, 8 décembre 2011, *J.J.P.*, 2013, p. 117.
[237] Voy. Proposition de loi n° 55-0173/001, p. 258.
[238] *Ibid.*
[239] Voy. à ce propos, dans le présent ouvrage, N. Gofflot, « Servitudes du fait de l'homme : questions choisies », pp. 9-66, spéc. n° 22.
[240] Voy. N. Gofflot, L. Deru et Fr. Boussa, « Questions choisies de droit des biens – Les classifications des biens, les troubles de voisinage et les servitudes », *op. cit.*, p. 73.
[241] *Ibid.*
[242] Voy. Civ. Hainaut, division de Charleroi, 10 janvier 2017, *J.J.P.*, 2020, p. 544.
[243] Voy. Civ. Flandre occidentale, division de Bruges, 7 décembre 2016, *R.W.*, 2018-2019, p. 28, note R. Reynebeau.

sage[244]. À l'inverse d'une servitude du fait de l'homme, la suppression d'une servitude légale de passage n'exige pas qu'il soit démontré que le passage a perdu toute utilité pour le fonds servant, même de pur agrément[245]. Cette distinction, combinée avec l'emploi du terme « cesse », pourrait laisser penser que, dès la fin de l'état d'enclave, la servitude légale de passage disparaît automatiquement. Or, le troisième alinéa de l'article 3.137 vise bien « l'action en déplacement ou en suppression du passage » de sorte qu'une décision judiciaire doit constater la suppression de la servitude[246]. La **seconde hypothèse d'extinction** visée dans la disposition, et il s'agit là d'une nouveauté par rapport au droit antérieur, est celle où la destination future du bien, au regard de laquelle le droit de passage a été reconnu, n'est pas mise en œuvre endéans un délai de dix ans à compter du jugement attributif de servitude, le législateur tenant compte de la lenteur de certaines procédures administratives et de l'arriéré judiciaire[247].

Enfin, une fois le passage modifié ou supprimé, l'indemnité peut être réévaluée par le juge ou, pour le passé, remboursée totalement ou partiellement en fonction du dommage subi par le fonds servant[248].

## D. Éléments communs aux deux types d'action

**36. Acteurs à l'action en attribution, suppression ou modification de la servitude légale de passage.** Les articles 682, § 3, et 684, alinéa 3, de l'ancien Code civil, visaient, outre le propriétaire, l'« occupant », comme titulaire de l'action en acquisition, modification ou suppression d'une servitude légale de passage, sans distinguer selon que l'occupant est titulaire d'un droit réel ou personnel. Les nouvelles dispositions précisent désormais le champ d'application *ratione personae* de ce type d'action. Ainsi, elle est ouverte au propriétaire du fonds enclavé ou, en cas d'inaction de ce propriétaire, au titulaire d'un droit réel ou personnel d'usage du fonds, qu'il s'agisse notamment d'un locataire, d'un superficiaire, d'un usufruitier ou d'un emphytéote[249]. Dans cette dernière hypothèse, le propriétaire du fonds est appelé à la cause. L'action pouvant être introduite par toute personne qui dispose d'un attribut du droit de propriété, elle est imprescriptible[250].

**37. Questions de procédure et de compétence.** L'article 3.136 renvoie aux règles de procédure des articles 1345 et 1371*bis* Code judiciaire. Suivant la première de ces dispositions, l'invitation en conciliation préalable est obligatoire. Le non-respect de cette formalité, qui doit être soulevé *in limine*

---

[244] Voy. S. BOUFFLETTE, obs. sous J.P. Fontaine-L'Évêque, 14 mai 2004, *J.L.M.B.*, 2005, p. 1737.
[245] Voy. sur ce point, Civ. Flandre orientale, 1er mars 2018, *R.A.B.G.*, 2019, p. 961.
[246] Voy. K. SWINNEN, « Erfdienstbaarheden », *op. cit.*, p. 409.
[247] Voy. Proposition de loi n° 55-0173/001, p. 257.
[248] Voy. N. GOFFLOT, L. DERU et Fr. BOUSSA, « Questions choisies de droit des biens – Les classifications des biens, les troubles de voisinage et les servitudes », *op. cit.*, p. 73.
[249] Voy. K. SWINNEN, « Erfdienstbaarheden », *op. cit.*, p. 408.
[250] Voy. P. LECOCQ, S. BOUFFLETTE, A. SALVÉ et R. POPA, *Manuel de droit des biens*, t. 2, *op. cit.*, p. 335.

*litis* par le défendeur²⁵¹, entraîne l'irrecevabilité de la demande, la procédure ne pouvant être régularisée par un appel en conciliation postérieur²⁵² ²⁵³. Dans un litige soumis au *juge de paix de Charleroi*, à propos de l'attribution d'une servitude légale de passage, les demandeurs, interpellés à ce sujet, ont reconnu ne pas avoir fait précéder leur action d'un appel en conciliation. Par une *décision du 27 septembre 2017*, le tribunal rappelle toutefois que l'appel en conciliation ne relève pas de l'ordre public de sorte que si la partie défenderesse ne le soulève pas avant tout débat au fond, elle se voit privée de la possibilité de s'en prévaloir ensuite, de même que le juge ne peut le faire d'office. En l'espèce, les demandeurs n'ayant soulevé aucun moyen tiré du non-respect de l'article 1345 du Code judiciaire, l'action ne peut être rejetée sur ce fondement²⁵⁴. Si la demande de passage pour cause d'enclave est sollicitée à titre reconventionnel, le *juge de paix de Florennes*, dans une *décision du 30 juin 2015*, énonce, conformément à la jurisprudence de la Cour de cassation²⁵⁵, que « l'obligation d'appel préalable en conciliation et l'inscription en marge au Bureau de la Conservation des Hypothèques ne trouvent pas d'application aux demandes reconventionnelles »²⁵⁶.

Quant à l'article 1371*bis* du Code judiciaire, il prévoit que l'action en attribution, suppression ou déplacement d'un passage est introduite par requête²⁵⁷ contenant l'indication des noms, prénoms et domicile du propriétaire de chacune des parcelles concernées²⁵⁸. Dans la même *décision du 27 septembre 2017*, *le juge de paix de Charleroi* s'interroge sur l'éventuelle sanction à retenir à l'encontre de la partie demanderesse du droit de passage pour cause d'enclave qui avait introduit son action par citation. Selon lui, il ne peut être question d'irrecevabilité puisque la citation demeure le « mode commun d'introduction de l'instance ». Par ailleurs, il estime, à raison, que l'irrégularité ne peut être sanctionnée de nullité que dans l'hypothèse où la loi prévoit pareille sanction, conformément à ce qu'énonce l'article 860 du Code judiciaire. Dès lors que

---

²⁵¹ Voy. Cass., 20 novembre 1989, *Arr. cass.*, 1989-1990, p. 383, rendu en matière de bail à ferme, pareillement soumis à l'obligation de conciliation préalable.
²⁵² Voy. H. Boularbah, « Chapitre 1. La tentative de conciliation préalable à l'introduction de l'instance », *in* G. de Leval (dir.), *Droit judiciaire*, t. 2, *Procédure civile*, vol. 1, *Principes directeurs du procès civil : Compétence – Action – Instance – Jugement*, 2ᵉ éd., Bruxelles, Larcier, 2021, p. 507. L'auteur vise toutefois l'obligation de conciliation préalable en matière de bail à ferme mais le raisonnement est transposable au cas d'espèce puisqu'il est pareillement soumis à cette obligation de conciliation préalable.
²⁵³ S'agissant de l'application de l'article 1345 du Code judiciaire aux demandes reconventionnelles, nouvelles, en intervention et subsidiaires, voy. P. Lecocq, S. Boufflette, A. Salvé et R. Popa, *Manuel de droit des biens*, t. 2, *op. cit.*, p. 343.
²⁵⁴ Voy. J.P. Charleroi, 27 septembre 2017, *J.T.*, 2018, p. 665.
²⁵⁵ Voy. Cass., 23 février 2001, *Pas.*, 2001, p. 348, *Rev. dr. rur.*, 2001, p. 209. S'agissant d'une demande reconventionnelle précisément, voy. J.P. Tournai, 15 octobre 2003, *J.J.P.*, 2008, p. 85 ; J.P. Soignies, 11 décembre 2000, *Rev. dr. rur.*, 2001, p. 239, commenté par P. Lecocq, « Les biens », *in Chronique de droit à l'usage du notariat*, vol. XXXV, *op. cit.*, p. 391.
²⁵⁶ Voy. J.P. Florennes, 30 juin 2015, *J.J.P.*, 2016, p. 245.
²⁵⁷ Il s'agit d'une requête contradictoire qui implique le respect des articles 1034*bis* à 1034*sexies* du Code judiciaire.
²⁵⁸ Voy. P. Damman, « La conciliation », *in Droit judiciaire. Commentaire pratique*, Kluwer, Liège, 2022, p. 82.

ni l'article 1371*bis* du Code judiciaire, ni aucun autre article d'ailleurs ne sanctionne l'introduction de la demande par citation, plutôt que par requête, et que la citation demeure de toute façon le mode commun d'introduction de l'instance, une demande d'attribution d'une servitude légale pour cause d'enclave peut être introduite par cette voie[259] [260]. Dans cette dernière hypothèse néanmoins, le demandeur pourrait se voir condamné à supporter les frais d'huissier qui auraient pu être évités par le recours à la requête compte tenu du surcoût qu'impliquent les frais de citation[261].

Par ailleurs, alors que l'article 1371*bis* du Code judiciaire vise expressément les actions en attribution, suppression ou modification d'un passage, l'article 1345 du Code judiciaire, lui, évoque, globalement, les actions «en matière de droit de passage». Dans un souci de cohérence et de sécurité juridique, nous pensons devoir considérer que cette dénomination générale englobe les actions en attribution, modification et suppression d'une servitude légale pour cause d'enclave.

## Section 4
## Les « nouvelles » servitudes légales

**38. L'article 3.116 du Code civil.** Au cœur de la disposition générale consacrée aux différentes sources des servitudes, une nouvelle servitude légale est consacrée au bénéfice du titulaire d'un droit réel d'usage immobilier sur le bien d'autrui. L'article 3.116, alinéa 2, du Code civil, dispose ainsi qu'« outre les servitudes légales établies par le chapitre 3, le titulaire d'un droit réel d'usage d'un immeuble profite, en vertu de la loi, de toutes les servitudes nécessaires à l'exercice de son droit sur le fonds grevé dudit droit réel ». La servitude n'est donc pas définie au regard du service ou de l'utilité précise qu'elle confère au fonds dominant, mais vise « tout ce qui, sur un fonds grevé d'un droit réel d'usage, est nécessaire pour que celui qui dispose d'un tel droit sur l'immeuble puisse l'exercer ». Considérant la généralité et la relative abstraction de la formulation, un exemple est le bienvenu. Benjamin Pirlet envisage ainsi l'hypothèse d'un emphytéote dont le droit se limite au seul bâtiment et non au terrain sur lequel il est implanté. Grâce à ce nouveau mécanisme, il bénéficie d'une servi-

---

[259] Voy. J.P. Charleroi, 27 septembre 2017, *J.T.*, 2018, p. 665.
[260] Voy. égal. dans le même sens J.P. Westerlo, 26 septembre 1997, *J.J.P.*, 1999, p. 248.
[261] Voy. N. Gofflot, L. Deru et Fr. Boussa, « Questions choisies de droit des biens – Les classifications des biens, les troubles de voisinage et les servitudes », *op. cit.*, p. 73. Noémie Gofflot rappelle le prescrit de l'article 1017, alinéa 1er, du Code judiciaire suivant lequel « tout jugement définitif prononce, même d'office, la condamnation aux dépens contre la partie qui a succombé, à moins que des lois particulières n'en disposent autrement et sans préjudice de l'accord des parties que, le cas échéant, le jugement décrète. Toutefois, les frais inutiles, y compris l'indemnité de procédure visée à l'article 1022, sont mis à charge, même d'office, de la partie qui les a causés fautivement ».

tude de passage sur le terrain qui sert d'assise au bâtiment sur lequel porte son droit et peut ainsi y accéder[262].

**39. L'article 3.67 du Code civil et l'ancienne servitude de tour d'échelle.** Avant la réforme, l'article 31 du Code rural consacrait la servitude dite «de tour d'échelle», applicable aussi bien en ville qu'à la campagne. En application de cette disposition, le propriétaire d'une haie ou d'un mur non mitoyen disposait de la faculté de passer sur le fonds voisin lorsqu'un entretien de la haie ou du mur s'imposait, de même que des travaux de réparation. Il était bien question de travaux de rénovation et/ou d'entretien, mais pas de travaux de constructions neuves[263] [264]. C'est en tout cas à cette interprétation restrictive de la disposition que se rallie *le juge de paix de Westerlo dans sa décision du 13 février 2019* puisqu'il estime que l'article 31 du Code rural est une limitation au droit de propriété et n'est dès lors applicable que lorsqu'il s'agit d'un mur existant et non lorsqu'il s'agit de travaux de construction d'un nouveau mur. En revanche, s'agissant d'une demande relative au placement d'un échafaudage dans la cour de l'immeuble des défendeurs afin de pouvoir réaliser la pose des isolants et du parement étanche sur la façade de l'immeuble en construction, le *président du tribunal de première instance de Liège, statuant en référé dans une décision du 25 novembre 2019*, décide, *prima facie*, que l'article 31 du Code rural doit pouvoir être interprété de manière extensive afin qu'une servitude de droit d'échelle puisse également s'entendre «s'entendre d'un accès temporaire pour permettre l'isolation d'un mur»[265].

Si l'article 31 du Code rural a été abrogé par la réforme du droit des biens, la disposition s'est néanmoins réincarnée à l'article 3.67, paragraphe 2, du Code civil, lequel énonce sous l'intitulé «simples tolérances du propriétaire», que chacun doit, après notification préalable, tolérer que son voisin ait accès à ce bien immeuble si cela est nécessaire pour l'exécution de travaux de construction ou de réparation ou pour réparer ou entretenir la clôture non mitoyenne, excepté si le propriétaire fait valoir des motifs légitimes pour refuser cet accès[266]. On constate que les travaux de construction sont expressément inclus dans la nouvelle disposition et que, à l'instar de l'ancien article, ce droit doit s'exercer «de la manière la moins dommageable» possible pour le propriétaire appelé à faire preuve de tolérance.

---

[262] Voy. sur ce point, B. Pirlet, «Chapitre 6. Les servitudes», *op. cit.*, p. 247. L'auteur démontre également l'utilité du mécanisme à travers l'exemple d'un droit de superficie perpétuel.

[263] Voy. F. Van Bever, «Les servitudes», *in Manuel pratique des relations de voisinage*, Liège, Wolters Kluwer, 2018, pp. 47-48.

[264] Voy. B. Louveaux, «Et quand il faut passer chez le voisin: la servitude de tour d'échelle», *Immobilier*, 2011, p. 2; R. Popa, «Servitudes légales. Chronique de jurisprudence 2008-2014», *in* P. Lecocq (dir.), *Les droits réels démembrés, op. cit.*, pp. 129 à 151.

[265] Voy. Civ. Liège (réf.), 25 novembre 2019, *J.L.M.B.*, 2021/12, p. 534, note N.G., *J.J.P.*, 2021/9-10, p. 502.

[266] Voy. N. Gofflot, «Abrogation de la servitude dite de tour d'échelle aménagée par le Code rural», *J.L.M.B.*, 2021, n° 12, p. 538; voy. égal. N. Bernard, «Le droit de propriété», *op. cit.*, p. 137, n° 108.

# 3

# Usufruit : questions choisies

François Boussa
assistant à l'ULiège et à l'U.L.B.
collaborateur notarial

## Sommaire

| | |
|---|---:|
| Introduction générale | 124 |
| Section 1<br>Les contours généraux de l'usufruit | 126 |
| Section 2<br>Les droits des parties | 138 |
| Section 3<br>Les obligations des parties | 146 |
| Section 4<br>Règles spécifiques d'extinction | 153 |
| Section 5<br>Dispositions spécifiques concernant des biens particuliers | 155 |

## Introduction générale

**1. La réforme du 4 février 2020.** Dans l'ancien Code civil, les dispositions relatives à l'usufruit sont, pour la plupart, restées figées dans leur mouture de 1804. Alors développés dans un contexte essentiellement agricole, les articles 578 à 636 de l'ancien Code civil n'étaient plus en harmonie avec les formes modernes d'usufruit. Si jurisprudence et doctrine ont pu, dans une certaine mesure, combler les lacunes d'un régime juridique devenu désuet, il n'en reste pas moins que cet état de la législation a été source de multiples controverses et, partant, moteur d'insécurité juridique. Il était donc temps de réviser et de moderniser le cadre légal de l'usufruit. À cet égard, trois « fils rouges » de la réforme en matière d'usufruit sont à souligner.

D'abord, si les nouvelles dispositions maintiennent un certain nombre de fondements classiques, elles visent à les rendre plus fonctionnels. Il ne s'agit plus de dogmes, mais de principes qui tolèrent des exceptions quand cela se justifie[1]. En d'autres termes, les principes absolus du Code de 1804 cèdent le pas à des normes plus flexibles[2]. Cette approche permettra au cadre législatif porté par le livre 3 d'épouser, avec plus de souplesse que ne le permettaient les dispositions qui l'ont précédé, les éventuelles évolutions sociétales futures. Ensuite vient une importante rupture avec l'ancien régime : alors que la conception traditionnelle de l'usufruit présentait une relation dualiste entre usufruitier et nu-propriétaire, la coopération entre eux est désormais mise au centre de leur relation[3]. Cette nouvelle conception vise à éviter des situations de blocage économiquement dommageables[4]. Enfin, la réforme vise à procurer une sécurité juridique dans un certain nombre de situations qui, on l'a dit plus haut, ont pu être source de controverse[5].

**2. Plan de l'exposé et méthodologie.** Quant à la structure, la présente contribution propose de s'inspirer du plan du Code civil. Si certaines entorses à l'ordre des dispositions du livre 3 sont nécessaires, cette approche nous paraît être la plus pratique pour le lecteur. Seront ainsi successivement abordés : les contours généraux de l'usufruit (section 1) ; les droits des parties (section 2) ; les obligations des parties (section 3) ; les règles spécifiques d'extinction de l'usu-

---

[1] Voy. Proposition de loi du 16 juillet 2019 portant insertion du livre 3 « Les biens » dans le nouveau Code civil, Commentaire des articles, *Doc. parl.*, Ch. repr., sess. extr. 2019, n° 55-0173/001, p. 260 (ci-après « Proposition de loi n° 55-0173/001 »).

[2] Voy. E. Jadoul, « Chapitre VI. Droit d'usufruit », in Y.-H. Leleu (coord.), *Chroniques notariales*, vol. 72, Bruxelles, Larcier, 2021, p. 174.

[3] Voy. A. Despret, « Le droit de propriété et le droit d'usufruit réformés », in N. Bernard (dir.), *Le droit des biens réformé*, Bruxelles, Larcier, 2020, p. 114.

[4] Voy. I. Durant, « Titre 6. Le droit d'usufruit dans le Code civil de 2020 », in P. Lecocq, N. Bernard, I. Durant, B. Michaux, J.-Fr. Romain et V. Sagaert (dir.), *Le nouveau droit des biens*, Bruxelles, Larcier, 2020, p. 290.

[5] Voy. Proposition de loi n° 55-0173/001, p. 344.

fruit (section 4) et, enfin, les dispositions spécifiques à certains biens particuliers (section 5).

Quant à la méthodologie, si le premier objectif de la contribution est de présenter la réforme de l'usufruit issue de la loi du 4 février 2020, il sera nécessaire de revenir ponctuellement sur le cadre juridique tel qu'il existait avant la réforme. Ces « voyages dans le passé » se justifient pour deux raisons. D'une part, sur de nombreux points, le livre 3 tente d'aplanir les controverses liées à l'ancienne mouture de la législation. Il nous semble donc pertinent d'étudier certaines nouvelles dispositions en les replaçant dans le contexte qui les a précédées. D'autre part, comme nous le verrons au point suivant[6], le droit transitoire tel qu'organisé par la loi du 4 février 2020 mène à l'application de l'ancien régime dans de nombreuses situations. Ainsi, le juriste avisé ne peut se permettre de classer au rang des oubliettes ses anciens codes et devra s'habituer à devoir jongler entre ancien et nouveau régime.

De façon générale, nous veillerons à illustrer notre propos par la jurisprudence pertinente en matière d'usufruit, telle qu'issue des décisions publiées entre le 1er janvier 2014 et le 31 octobre 2022.

**3. Le droit transitoire.** Le régime transitoire du livre 3 « Les biens » est organisé par l'article 37 de la loi du 4 février 2020. Cette disposition consacre trois principes. Premièrement, le nouveau texte s'applique à tous les actes et faits juridiques nés après son entrée en vigueur. Deuxièmement, le nouveau texte ne s'applique pas aux effets futurs des actes et faits juridiques survenus avant son entrée en vigueur. Troisièmement, le nouveau texte ne s'applique pas aux actes et faits juridiques qui se produisent après son entrée en vigueur, mais qui se rapportent à des droits réels découlant d'un acte ou fait juridique survenu avant son entrée en vigueur. On le perçoit aisément : bien que l'article 29 de la loi du 4 février 2020 abroge les dispositions de l'ancien Code civil, il n'en reste pas moins qu'ancien et nouveau régime devront cohabiter durant un laps de temps qui pourrait être assez long[7]. L'article 37 précité prévoit toutefois que les principes qu'il porte s'appliquent « sauf accord contraire entre les parties ». Ainsi, usufruitier et nu-propriétaire pourraient s'entendre afin d'appliquer les nouvelles dispositions à un usufruit né sous l'empire de l'ancien régime. Le cas échéant, il conviendra, d'une part, d'être attentif à respecter les dispositions impératives de la loi ancienne et, d'autre part, de désigner avec précision les normes supplétives de l'ancien Code civil auxquelles les parties veulent déroger.

---

[6] Voy. *infra*, n° 3.
[7] Voy. V. DEFRAITEUR, « Chapitre 7. L'usufruit "version 2020" en 20 questions », *in* N. Bernard et V. Defraiteur (dir.), *Le droit des biens au jour de l'entrée en vigueur de la réforme*, Bruxelles, Larcier, 2021, p. 253.

## Section 1
# Les contours généraux de l'usufruit

## A. Définition

**4. Observations préliminaires.** Avant d'aborder la définition en tant que telle du droit d'usufruit, il convient de revenir sur deux principes généraux du livre 3 qu'il est important de garder à l'esprit au moment d'étudier la définition d'un droit réel. D'une part, l'article 3.1 du Code civil nous enseigne que, si les parties peuvent déroger à la plupart des dispositions du livre 3, certaines d'entre elles échappent à la volonté des parties. C'est notamment le cas des dispositions qui portent une définition[8]. Ainsi, les parties ne peuvent décider de donner à l'usufruit, dans le cadre de leur relation particulière, une définition différente de celle prévue par le Code civil. D'autre part, l'article 3.3 porte la volonté du législateur d'opter pour un système dit «fermé» de droits réels. Cela signifie que seule la loi peut créer des droits réels, cette prérogative échappant à la volonté des parties. Dans le système fermé établi par le législateur, il n'y a aujourd'hui de place que pour les droits réels suivants: le droit de propriété, le droit de copropriété, les droits réels d'usage et les sûretés réelles[9]. À cet égard, on soulignera que le droit d'usufruit constitue un droit réel d'usage, nouvelle appellation de ce que l'on dénommait auparavant «droit réel démembré», au même rang que les servitudes, l'emphytéose et la superficie[10].

**5. La définition du droit d'usufruit.** Le droit d'usufruit est défini à l'article 3.138 du Code civil. Ainsi, le droit d'usufruit est le droit réel d'usage qui «confère à son titulaire le droit temporaire à l'usage et à la jouissance, de manière prudente et raisonnable, d'un bien appartenant au nu-propriétaire conformément à la destination de ce bien et avec l'obligation de restituer celui-ci à la fin de son droit». Une analyse approfondie de cette définition permet de souligner plusieurs nouveautés et précisions par rapport à la définition contenue dans l'article 578 de l'ancien Code civil. D'abord, on retrouve l'idée de temporalité dans la définition même de l'usufruit. Ensuite, le législateur de 2020 prend soin de définir avec plus de précision les prérogatives de l'usufruitier. Ainsi, les nouvelles dispositions opèrent une distinction plus claire entre jouissance et usage là où l'ancien Code civil ne visait que la jouissance. L'article 578 de l'ancien Code civil indiquait que l'usufruitier avait «le droit de jouir des choses dont un autre a la propriété, comme le propriétaire». Cette formulation était source de confusion, car elle véhiculait l'idée, erronée, que la jouissance et l'usage qu'ont usufruitier et plein propriétaire sont identiques. Enfin, la nouvelle mouture de la définition de l'usufruit énonce les limites de ces prérogatives, avec notamment

---

[8] Voy. P. Lecocq et R. Popa, «Titre 1. Dispositions générales», in P. Lecocq et al. (dir.), Le nouveau droit des biens, op. cit., p. 21.
[9] Voy. I. Durant, «Titre 6. Le droit d'usufruit dans le Code civil de 2020», op. cit., p. 290.
[10] Voy. V. Defraiteur, «Chapitre 7. L'usufruit "version 2020" en 20 questions», op. cit., p. 245.

l'obligation d'agir de façon prudente et raisonnable, mais également, l'obligation, pour l'usufruitier, de conserver la destination du bien[11]. Ce dernier point peut être illustré par la décision du juge de paix de Roulers du 3 novembre 2015[12]. Après avoir rappelé l'obligation pour l'usufruitier de maintenir la destination existante du bien, le juge de paix précise que la transformation d'une maison unifamiliale en deux appartements ne constitue pas nécessairement une violation de l'obligation de respecter la destination que le défunt a donnée au bien.

On rappellera, avec les auteurs de la proposition de loi[13], que les trois précisions qui viennent d'être formulées étant reprises dans la définition même de l'usufruit, il n'est, comme nous avons pris le soin de l'exposer en préliminaire à notre étude de la définition de l'usufruit[14], pas possible d'y déroger contractuellement.

**6. Précision terminologique.** À ce stade de notre contribution, il nous est apparu pertinent d'apporter une précision sur la nature de la relation entre usufruitier et nu-propriétaire : il n'existe pas d'indivision entre eux. L'indivision est la situation dans laquelle des personnes ont un droit de même nature sur une chose ou un ensemble de choses. Or, tel n'est pas le cas de l'usufruitier et du nu-propriétaire qui, précisément, ont un droit de nature différente sur le bien objet de l'usufruit. On ne peut dès lors pas parler d'indivision dans leur chef. Cette précision nous semble d'autant plus justifiée qu'elle a dû être formulée par la Cour de cassation elle-même dans son arrêt du 2 juin 2022[15].

## B. Sort du droit d'usage et du droit d'habitation

**7. « Petit frère et petite sœur de l'usufruit ».** Les articles 625 à 636 de l'ancien Code civil offraient à l'usufruit, comme il était coutume de les nommer de façon familière, mais explicite quant à leur régime, un « petit frère » et « une petite sœur » : le droit d'usage et le droit d'habitation. Le droit d'usage est un droit réel qui consiste à user de la chose, mobilière ou immobilière, d'autrui, et à en percevoir les fruits, avec pour limite les besoins de son titulaire et de sa famille. Le droit d'habitation est, quant à lui, conçu comme un droit d'usage, mais porte uniquement sur un logement[16].

**8. Maintien du droit d'habitation, mais disparition du droit d'usage.** Dans un premier temps, les auteurs du livre 3 souhaitaient abroger tant le droit d'usage que le droit d'habitation, dans la mesure où ces « usufruits réduits » pouvaient toujours être organisés par les parties vu la possibilité

---

[11] Voy. E. Jadoul, « Chapitre VI. Droit d'usufruit », *op. cit.*, p. 175.
[12] Voy. J.P. Roulers, 3 novembre 2015, *R.C.D.I.*, 2016/2, p. 24.
[13] Voy. Proposition de loi n° 55-0173/001, p. 263.
[14] Voy. *supra*, n° 4.
[15] Voy. Cass., 2 juin 2022, *R.P.P.*, 2022, n° 2, p. 131.
[16] Voy. E. Jadoul, « Chapitre VI. Droit d'usufruit », *op. cit.*, p. 175.

de moduler contractuellement l'usufruit sans toutefois le dénaturer[17]. Mais les débats parlementaires ont mis en exergue une certaine réticence et, finalement, le droit d'habitation, « compte tenu de la tradition et de sa notoriété », a été maintenu et consacré à l'article 3.138, alinéa 2, du Code civil, mais est intégré dans le régime de l'usufruit[18].

En revanche, la volonté initiale de ne pas retenir le droit d'usage a quant à elle été traduite dans la version définitive du livre 3. Les auteurs de la loi précisent que ce droit était peu fréquent et que son appellation est source de confusion puisqu'il existe aussi des droits d'usage personnels (location, prêt à usage)[19]. Gageons qu'il aurait également pu être confondu avec la nouvelle appellation des droits réels démembrés qui sont désormais nommés « droits réels d'usage ».

**9. Le droit d'habitation « version 2020 ».** On notera principalement trois points quant au régime du droit d'habitation tel qu'issu de la réforme de 2020.

D'abord sa définition qui est reprise à l'article 3.138, alinéa 2, du Code civil : « Un droit d'habitation est présumé, sauf preuve contraire, être un droit d'usufruit incessible limité à ce qui est nécessaire pour l'habitation du titulaire du droit et de sa famille ». Le droit d'habitation est décrit comme une présomption, car : « parfois, sous cette dénomination de droit d'habitation, on se réfère davantage à une prérogative d'habiter et non à ce droit réel »[20]. Il convient donc de s'assurer que la réelle intention des parties est de créer un droit réel et non un droit personnel, ou inversement[21].

Ensuite, il convient de relever une évolution concernant l'objet potentiel du droit d'habitation. On se rappellera que sous l'empire des anciennes dispositions, doctrine et jurisprudence avaient déduit de la référence à la « maison » contenue dans l'article 632 de l'ancien Code civil que le droit d'habitation ne pouvait grever que des immeubles destinés à servir de logement[22]. Le professeur Durant constate que, d'une part, l'article 632 de l'ancien Code civil et sa référence à « la maison » n'ont pas été repris dans le livre 3 et que, d'autre part, l'article 3.139 du Code civil indique que l'usufruit, dont le droit d'habitation est un dérivé, peut porter tant sur un bien meuble qu'immeuble, pour en conclure que le droit d'habitation peut grever un immeuble, mais aussi un meuble susceptible d'être affecté à l'habitation. On pense notamment à une roulotte ou à une caravane[23].

---

[17] Voy. V. Defraiteur, « Chapitre 7. L'usufruit "version 2020" en 20 questions », op. cit., p. 255.
[18] Voy. Proposition de loi n° 55-0173/001, p. 263.
[19] Ibid.
[20] Ibid.
[21] Voy. I. Durant, « Titre 6. Le droit d'usufruit dans le Code civil de 2020 », op. cit., p. 292.
[22] S. Boufflette et A. Salvé, Usufruit, usage et habitation. Aspects civils, coll. R.P.D.B., Bruxelles, Bruylant, 2014, p. 235, n° 206, qui renvoient à Gand (14e ch.), 23 mars 2010, R.W., 2011-2012, p. 1346.
[23] Voy. I. Durant, « Titre 6. Le droit d'usufruit dans le Code civil de 2020 », op. cit., p. 293.

Enfin, on rappellera que sous l'empire de l'ancien Code civil, le droit d'habitation était incessible et insaisissable. Si le caractère incessible du droit d'habitation était expressément consacré par l'article 634, son caractère insaisissable n'était quant à lui pas mentionné dans le Code de 1804, mais entériné par un consensus doctrinal. La situation est tout autre dans le livre 3. Le caractère incessible du droit d'habitation a été maintenu à l'article 3.138, alinéa 2. Les auteurs de la proposition de loi justifient cette position par le fait que « [l]e droit d'habitation présente un caractère *intuitu personae* : il ne peut servir que pour les besoins de son titulaire et de sa famille »[24] et donc, partant, on ne pourrait imaginer qu'il soit cédé. On rappellera que vu le prescrit de l'article 3.1, le caractère incessible du droit d'habitation étant repris dans sa définition, il n'est pas possible pour les parties de l'écarter[25]. En revanche, arguant qu'il pouvait être atteint par d'autres mécanismes de protection, le législateur a décidé d'écarter le caractère insaisissable du droit d'habitation[26].

**10. Droit d'habitation et insaisissabilité de la résidence de l'indépendant.** À titre d'exemple de mécanismes susceptibles de rendre le droit d'habitation insaisissable, les travaux préparatoires visent la déclaration d'insaisissabilité du logement principal de l'indépendant[27] dont le régime est organisé aux articles 72 et suivants de la loi-programme du 25 avril 2007. La déclaration a pour effet de rendre insaisissable, vis-à-vis de ses créanciers professionnels dont la créance est postérieure à la déclaration, les droits réels détenus sur un immeuble où est établie la résidence principale de l'indépendant. Le texte légal exclut toutefois certains droits réels de sa protection. Avant sa modification par la loi du 4 février 2020, l'article 73 de la loi-programme du 25 avril 2007 excluait le droit d'usage et le droit d'habitation de sa protection. Le législateur de 2020 a pris soin de dépoussiérer cette disposition en y supprimant le droit d'usage qu'il venait d'abroger. Toutefois, l'article 73 de la loi-programme continue de viser le droit d'habitation. Au regard des travaux parlementaires de la loi du 4 février 2020 qui citent expressément la déclaration d'insaisissabilité du logement principal de l'indépendant comme mécanisme permettant de rendre le droit d'habitation insaisissable, se pose la question de la volonté réelle du législateur. Réelle volonté d'écarter le droit d'habitation de la déclaration d'insaisissabilité ? Ou simple oubli ? Faudrait-il considérer que le droit d'habitation est désormais un droit d'usufruit particulier et que, partant, la loi sur l'insaisissabilité du domicile de l'indépendant lui est applicable[28] ? Quoi qu'il en soit, sans nouvelle intervention du législateur, il convient de conserver toute la prudence qui s'impose.

---

[24] Voy. Proposition de loi n° 55-0173/001, p. 263.
[25] Voy. I. Durant, « Titre 6. Le droit d'usufruit dans le Code civil de 2020 », *op. cit.*, p. 293.
[26] Voy. Proposition de loi n° 55-0173/001, p. 263.
[27] *Ibid.*
[28] Voy. E. Jadoul, « Chapitre VI. Droit d'usufruit », *op. cit.*, p. 175.

## C. Objet du droit d'usufruit et qualité du constituant

**11. L'objet des droits réels en général.** Il découle du prescrit des articles 3.7 et 3.41 du Code civil que les droits réels peuvent porter sur toutes espèces de biens, sauf les restrictions découlant de la nature du droit en question : ainsi, certains droits réels d'usage ne peuvent porter que sur des immeubles, tels les servitudes, le droit d'emphytéose ou encore le droit de superficie[29].

**12. L'objet de l'usufruit en particulier.** Pour ce qui est de l'usufruit, l'article 3.139 du Code civil porte que «l'usufruit peut avoir pour objet un bien meuble ou immeuble, ou un ensemble déterminé de tels biens, sans préjudice des articles 3.162 à 3.166 »[30]. L'usufruit a donc un objet à large spectre puisqu'il est l'unique droit réel d'usage qui peut porter tant sur un meuble que sur un immeuble, le tout sans égard pour son origine légale ou contractuelle[31]. L'article 3.139 ne se contente pas de reprendre le principe de l'article 581 de l'ancien Code civil, mais l'élargit en reconnaissant expressément que l'usufruit peut porter sur des biens incorporels, sur une universalité, mais aussi sur d'autres droits réels d'usage[32].

**13. Qualité du constituant.** Le principe en la matière est repris à l'article 3.140 du Code civil : «Le droit d'usufruit peut être établi par le propriétaire ou par un titulaire d'un droit réel d'usage dans les limites de son droit». Le critère qu'il convient de prendre en compte pour l'établissement d'un usufruit est le pouvoir de disposition[33]. Dès lors, toute personne disposant d'un tel pouvoir peut constituer un usufruit, à condition de s'en tenir aux limites imposées par le droit dont il est titulaire. L'article 3.140 est en réalité une traduction de l'adage latin *nemo plus juris nemo plus juris ad alium transferre potest quam ipse habet* qui signifie que personne ne peut transférer plus de droits qu'il n'en a lui-même. Cette disposition s'inscrit en fait dans une tendance, qui n'est pas nouvelle, à l'élargissement des constituants possibles d'un droit réel d'usage : admise de longue date en matière de servitudes et expressément consacrée en 2014 par le législateur en matière de superficie, la volonté des auteurs de la réforme a été de dissiper les controverses qui divisaient tant la doctrine que la jurisprudence en la matière[34].

---

[29] P. Lecocq et R. Popa, «Examen de jurisprudence (2000 à 2020) – Les biens – Première partie : dispositions générales – Classifications des biens – Propriété », *R.C.J.B.*, 2021/3, p. 522.

[30] Voy. quant à l'objet de l'usufruit, V. Sagaert, *Beginselen van Belgisch privaatrecht*, t. V, Goederenrecht, Malines, Kluwer, 2021, p. 807.

[31] Voy. E. Jadoul, «Chapitre VI. Droit d'usufruit », *op. cit.*, p. 175.

[32] Voy. A. Despret, A. «Le droit de propriété et le droit d'usufruit réformés », *op. cit.*, p. 118.

[33] Voy. P. Lecocq et V. Sagaert, «La réforme du droit des biens – De hervorming van het goederenrecht», in *De hervorming van het Burgerlijk Wetboek. La réforme du Code civil*, Bruges-Bruxelles, die Keure-la Charte, 2019, p. 306.

[34] Voy. E. Jadoul, «Chapitre VI. Droit d'usufruit », *op. cit.*, p. 177.

## D. La durée du droit d'usufruit

**14. Ancien Code civil.** Mise à part la durée de l'usufruit dont le titulaire est une personne morale, l'ancien Code civil ne contient pas de disposition spécifique à la durée de l'usufruit. Il se limite à énumérer la mort parmi les causes d'extinction possibles de l'usufruit, de sorte que l'usufruit est, au maximum, viager[35].

**15. Nouvelles dispositions : un principe encadré par deux règles auxquelles on ne peut déroger.** Sous l'empire du nouveau régime, la durée de l'usufruit est régie par l'article 3.141 qui porte le principe d'un usufruit qui peut être établi pour une durée déterminée ou indéterminée. Ce principe est encadré par deux règles auxquelles il est interdit de déroger. D'une part, le législateur affuble l'usufruit d'une durée maximale : nonante-neuf ans, sauf si la personne physique dans le chef de laquelle il est établi vit plus longtemps (art. 3.141, al. 2, 1°, C. civ.). D'autre part, il est prévu que l'usufruit « s'éteint en tout cas si la personne dans le chef de laquelle [il] est établi cesse d'exister » (art. 3.141, al. 2, 2°, C. civ.). On soulignera l'emploi de la formule « cesse d'exister », plus large que l'article 617 de l'ancien Code civil qui prévoyait que l'usufruit prend fin par la mort de son titulaire et qui permet à l'article 3.141, alinéa 2, 2°, de s'appliquer tant aux personnes physiques que morales. Il résulte d'une lecture combinée des 1° et 2° de l'article 3.141 que l'usufruit constitué au profit d'une personne physique reste un droit viager. Ainsi, cet usufruit prendra fin au décès de son titulaire, voire antérieurement, s'il a été établi pour une durée déterminée, par l'arrivée du terme, ou encore, par une autre cause d'extinction[36]. On notera également que la durée maximale de l'usufruit établi au profit d'une personne morale est considérablement augmentée puisqu'elle passe de 30 à 99 ans[37].

**16. Possibilité de prorogation.** L'article 3.141, dernier alinéa, du Code civil prévoit que l'usufruit peut être prorogé de l'accord tacite des parties. Le législateur a toutefois prévu une réserve afin d'éviter que les parties ne puissent faire aisément échec aux deux règles de l'article 3.141, alinéa 2 : la durée totale de l'usufruit prorogé ne peut excéder la durée maximale prévue par cette disposition[38].

## E. L'extinction du droit d'usufruit

**17. Une réorganisation des modes d'extinction des droits réels.** Dans l'ancien Code civil, les modes d'extinction des droits réels étaient épars et ne faisaient pas l'objet de dispositions harmonisées. Le législateur de 2020 s'est

---

[35] Voy. A. Despret, « Le droit de propriété et le droit d'usufruit réformés », *op. cit.*, p. 118.
[36] Voy. I. Durant, « Titre 6. Le droit d'usufruit dans le Code civil de 2020 », *op. cit.*, p. 293.
[37] V. Sagaert, *Beginselen van Belgisch privaatrecht*, t. V, Goederenrecht, *op. cit.*, p. 807.
[38] G. Degeest, *Notariële actualiteit 2019-2020*, Mortsel, Larcier, 2020, p. 150.

donné pour objectif de systématiser les modes d'extinction des droits réels et a abouti à un système que l'on pourrait qualifier de « pyramide à trois étages ». Le premier étage est formé par les modes généraux d'extinction des droits réels. Ensuite, au deuxième étage, viennent les dispositions spécifiques aux droits réels d'usage. Enfin, au sommet de la pyramide, on retrouve au sein du titre relatif au droit réel étudié, les modes d'extinction spécifiques à ce dernier[39]. On verra également ultérieurement[40] que le législateur, d'une part, et la Cour de cassation, d'autre part, ont pris soin de préserver les intérêts d'un titulaire de droit réel dont l'auteur voit son propre droit réel s'éteindre.

**18. Les modes généraux d'extinction des droits réels.** L'usufruit étant un droit réel, il est évidemment soumis aux modes généraux d'extinction des droits réels qui sont repris à l'article 3.15 du Code civil : « les droits réels s'éteignent par : 1° l'extinction du droit d'un des auteurs du titulaire du droit réel ; 2° la disparition de l'objet du droit réel, sauf subrogation réelle telle que prévue à l'article 3.10 ; 3° l'anéantissement du titre d'acquisition du droit réel, à la suite notamment de la nullité, la réalisation de la condition résolutoire, la résolution pour inexécution, la déchéance, la révocation ou la résiliation de commun accord ; 4° l'expropriation judiciaire du bien sous réserve des règles relatives aux servitudes ; 5° la renonciation au droit réel par son titulaire ». En matière de renonciation, nous épinglons la décision du juge de paix d'Audenarde du 3 juin 2019[41] qui rappelle que si la renonciation peut être tacite, elle doit être certaine.

**19. Les modes spécifiques d'extinction des droits réels d'usage.** Droit réel d'usage, le droit d'usufruit s'éteindra également suite à la survenance d'un des modes d'extinction exposés à l'article 3.16 du Code civil. Ainsi, l'usufruit s'éteindra en suite de : l'expiration de sa durée légale ou contractuelle (1°), son non-usage trentenaire (2°), la confusion des qualités de titulaire du droit réel et de constituant (3°) et enfin la déchéance (4°)[42].

**20. Dispositions particulières au droit d'usufruit.** On l'a vu, l'article 3.141 du Code civil prévoit que l'usufruit s'éteint lorsque son titulaire cesse d'exister. Si, dans le chef de la personne physique, il est clair qu'elle cesse d'exister à son décès ou lorsque sa disparition est assimilée à un décès, la situation est moins évidente pour une personne morale. C'est pourquoi, afin d'éviter que des controverses naissent à cet égard, le législateur précise les circonstances dans lesquelles il convient de considérer qu'une personne morale cesse d'exister. L'article 3.141, alinéa 3, épingle : la déclaration de faillite et la dissolution volontaire, légale ou judiciaire. En matière de faillite, il est important de sou-

---

[39] E. JADOUL, « Chapitre VI. Droit d'usufruit », *op. cit.*, p. 177.
[40] Voy. *infra*, n°s 23 et 24.
[41] Voy. J.P. Audenaerde, 3 juin 2019, *J.J.P.*, 2020, n° 9-10, p. 493.
[42] Voy. not. Civ. Liège (3e ch.), 15 octobre 2020, *J.L.M.B.*, 2016/2, pp. 89-92 ; Gand, 4 janvier 2018, *R.W.*, 2020-2021/11, p. 431.

ligner que l'hypothèse de la fin de l'usufruit en cas de déclaration de faillite ne vaut que pour les personnes morales, et non pour les personnes physiques. L'article 3.141, alinéa 3, *in fine*, porte en outre que le droit d'usufruit ne s'éteindra pas en cas de fusion, de scission ou d'opération assimilée[43].

**21. Un cas particulier : l'usufruit indivis ou commun.** Le principe selon lequel l'usufruit prend fin quand son titulaire cesse d'exister souffre d'une exception notable. C'est l'article 3.141 lui-même, en son alinéa 4, qui prévoit que l'usufruit indivis ou commun établi dans le chef de deux ou plusieurs personnes accroît, à la fin de l'existence d'une d'elles, aux autres, proportionnellement à leur part respective. Il est notable de souligner que le législateur ne fait, à cet égard, aucune distinction entre les usufruitiers personnes morales et les usufruitiers personnes physiques, de manière telle que l'exception vaut pour les uns comme pour les autres[44]. Si, pour préserver la sécurité juridique, le législateur a choisi que cette exception opère de manière automatique, il a toutefois réservé aux parties la faculté d'écarter son application[45].

Deux observations méritent d'être formulées. En premier lieu, bien que cela ne soit pas expressément prévu par le législateur, on attirera l'attention du lecteur sur le fait que l'accroissement prévu par l'article 3.141, alinéa 4, ne jouera que si l'usufruit est indivis ou commun dès sa naissance. En décider autrement reviendrait à permettre aux parties de se ménager un usufruit perpétuel[46]. En effet, il suffirait, pour un usufruitier désireux de voir son usufruit lui survivre, d'en céder une part indivise ou de l'apporter à un régime de communauté pour faire jouer l'accroissement. Une répétition de ce genre d'opération entre plusieurs personnes permettrait d'aboutir à un usufruit qui ne s'éteint jamais. Or, comme on a déjà eu l'occasion de l'étudier[47], il n'est pas permis de déroger au caractère temporaire de l'usufruit. En second lieu, il faut rester attentif à ne pas confondre le prescrit de l'article 3.141, alinéa 4, avec celui de l'article 4.18, § 1er, du Code civil qui permet au conjoint survivant de recueillir, sous certaines conditions, l'usufruit que son époux prédécédé s'était réservé sur un bien donné par lui.

## F. Extinction du droit d'usufruit et sauvegarde des droits de certains tiers

**22. Introduction.** Le premier mode d'extinction général des droits réels que nous avons évoqué réside dans l'extinction du droit de l'auteur (art. 3.15, 1°, C. civ.). Ce mode d'extinction découle du pouvoir de disposition : on ne

---

[43] E. Jadoul, « Chapitre VI. Droit d'usufruit », *op. cit.*, p. 180.
[44] Voy. P. Lecocq et V. Sagaert, « La réforme du droit des biens – De hervorming van het goederenrecht », *op. cit.*, p. 308.
[45] E. Jadoul, « Chapitre VI. Droit d'usufruit », *op. cit.*, p. 182.
[46] *Ibid.*
[47] Voy. *supra*, n° 5.

peut transmettre ou constituer un droit réel en dehors des limites de son propre droit, ce qui signifie que lorsque le droit du cédant ou du constituant s'éteint, la cession ou la constitution ne peut conserver ses effets[48]. En d'autres termes, on pourrait affirmer que si un droit d'usufruit s'éteint, les droits réels consentis par son titulaire s'éteignent également. Cette affirmation doit néanmoins être immédiatement nuancée. D'abord, parce que l'article 3.17 du Code civil permet, moyennant le respect d'une double condition[49], de préserver la situation du tiers qui aurait acquis un droit auprès d'un usufruitier dont le droit s'éteint et, ensuite, parce qu'un récent arrêt de la Cour de cassation est venu apporter une protection supplémentaire aux tiers[50].

**23. Le régime de protection de l'article 3.17.** Le premier alinéa de l'article 3.17 du Code civil encadre les effets de l'extinction des droits réels quant aux droits que des tiers auraient acquis, de bonne foi, auprès d'un auteur dont le droit réel viendrait à être anéanti. Cette disposition consacre l'effet relatif des modes d'extinction «anormaux» des droits réels. La *ratio legis* est que ces modes d'extinction ne pouvant être anticipés par les tiers et ces derniers n'en étant pas à l'origine, il convient qu'ils ne puissent pas leur causer de dommage. Partant, l'article 3.17 énonce que «La renonciation, la révocation, la résolution pour inexécution, la résiliation de commun accord, la confusion et la déchéance ne portent pas atteinte aux droits des tiers qui sont acquis, de bonne foi, sur le droit réel anéanti [...] ». Afin d'éviter toute confusion, les travaux préparatoires précisent que la réalisation d'une condition résolutoire n'a pas d'effet relatif[51].

De manière synthétique, on peut donc affirmer qu'une double condition assortit cette protection des tiers : l'extinction du droit de l'auteur procède d'une des six causes énumérées à l'article 3.17 et les tiers doivent être de bonne foi. Dans ce cadre, la mention marginale prévue aux articles 3.32 à 3.34 du Code civil revêt une importance particulière : la mention marginale d'une demande d'anéantissement a pour effet que les tiers sont réputés être au courant de l'extinction potentielle d'un droit réel, ce qui leur permet de l'anticiper. Partant, les droits réels qu'ils acquerraient sur un droit réel après la mention marginale ne peuvent pas être protégés : dans ce cas, l'effet relatif de l'article 3.17 est écarté[52].

On peut trouver une illustration de ces principes en matière d'usufruit dans l'arrêt de la cour d'appel d'Anvers du 23 mars 2016[53]. Cette affaire concernait un usufruitier qui avait concédé un droit de superficie sur le fonds objet de son droit d'usufruit, avant de renoncer à son droit. La cour de préciser que lorsque l'usufruitier d'un terrain concède un droit de superficie sur le terrain

---

[48] Voy. I. Gerlo et S. Roeland, «Titre 1. Dispositions générales», in P.-Y. Erneux et I. Gerlo (dir.), *La réforme du droit des biens à l'attention du notariat*, Limal, Anthemis, 2021, p. 35, n° 34.
[49] Voy. *infra*, n° 23.
[50] Voy. *infra*, n° 24.
[51] Voy. Proposition de loi n° 55-0173/001, p. 42.
[52] Voy. I. Gerlo et S. Roeland, «Titre 1. Dispositions générales», *op. cit.*, p. 38, n° 40.
[53] Voy. Anvers, 23 mars 2016, *R.W.*, 2016-2017, p. 588.

objet de son droit, la renonciation subséquente à son droit d'usufruit ne porte pas atteinte au droit de superficie, mais a seulement un effet relatif.

Il est d'autant plus heureux que le législateur ait consacré ces principes qu'il a, comme on l'a exposé plus haut[54], emboîté le pas d'une tendance à l'élargissement des constituants possibles d'un droit réel d'usage. Ainsi, les situations de superpositions de droits réels d'usage sont appelées à être plus fréquentes qu'auparavant. Il convenait donc de renforcer la position du titulaire d'un droit d'usage dont l'auteur n'est lui-même pas propriétaire, mais uniquement titulaire d'un droit réel d'usage.

**24. L'arrêt de la Cour de cassation du 22 janvier 2021.** Les faits de l'espèce ayant mené à l'arrêt du 22 janvier 2021[55] sont les suivants : A vend un bien immobilier à B. Ce dernier constitue une hypothèque au profit de C sur ce bien. Après la constitution de l'hypothèque, A entend obtenir la nullité de la vente qu'il a conclue avec B sur la base d'un vice de consentement. Un conflit naît alors entre A et C : alors que A a intérêt à pouvoir récupérer le bien immobilier « non grevé », C, quant à lui, prétend que l'hypothèque doit être maintenue bien que la vente ait été annulée. Le litige qui naît entre A et C relève de l'article 74 de la loi hypothécaire qui porte que « ceux qui n'ont sur l'immeuble qu'un droit suspendu par une condition ou résoluble dans certains cas, ou sujet à rescision, ne peuvent consentir qu'une hypothèque soumise aux mêmes conditions ou à la même rescision ». L'arrêt que nous proposons de commenter fait une lecture tout à fait novatrice et révolutionnaire du rôle reconnu aux registres de la publicité immobilière et en tire un enseignement tout autant révolutionnaire quant à l'interprétation de l'article 74 de la loi hypothécaire.

Afin de bien saisir la portée de cette « révolution », il nous paraît opportun de revenir brièvement sur le rôle qui était classiquement reconnu aux registres de la publicité immobilière. Traditionnellement, le droit belge attribue un effet négatif aux registres de la documentation patrimoniale : ils ne font qu'informer le candidat acquéreur des droits réels qui grèvent déjà l'immeuble, mais ils n'apportent aucune certitude à cet acquéreur quant aux droits du cédant/constituant[56]. Ainsi, cette vision classique a pour conséquence que le droit réel constitué au profit de la personne qui a consulté les registres de la documentation patrimoniale s'éteint si le titre de son auteur est anéanti rétroactivement. Dans le cas d'espèce soumis à la Cour de cassation, cette application classique de l'article 74 de la loi hypothécaire aurait pour conséquence que la nullité de la

---

[54] Voy. *supra*, n° 13.
[55] Voy. Cass. (1re ch.), 22 janvier 2021, R.G. n° C.20.0143.N, *R.W.*, 2020-2021, n° 34, pp. 1135 et s.
[56] Voy. V. Sagaert, « Inschrijving en overschrijving gelden (soms) als titel : (eindelijk) bescherming van het rechtmatig vertrouwen in de hypotheekregisters », *Not. Fisc. Maand.*, 2021, n° 2-3, p. 38 ; comp. M.E. Storme et R. Jansen, « Het rechtmatig vertrouwen als correctief op beschikkingsonbevoegdheid », note sous Cass., 22 janvier 2021, *R.G.D.C.*, 2022, p. 294, n° 15.

vente intervenue entre A et B entraîne l'extinction de l'hypothèque consentie au profit de C[57].

L'arrêt du 22 janvier 2021 de la Cour de cassation va dépasser cette vision classique. Attribuant un rôle positif aux registres de la publicité immobilière, elle va leur reconnaître un rôle de protection des tiers qui, après consultation des registres, ont pu légitimement croire qu'ils traitaient avec un véritable titulaire d'un droit réel : « en vertu de l'article 74 de la loi hypothécaire, ceux qui ont sur un bien immobilier un droit suspendu par une condition, qui peut être dissous dans certains cas, ou qui est susceptible d'annulation, ne peuvent accorder qu'une hypothèque soumise aux mêmes conditions ou à la même annulation. Si le titre de celui qui a accordé l'hypothèque s'éteint avec effet rétroactif, l'hypothèque s'éteint également par conséquent, sous réserve de la protection de tiers qui ont acquis de bonne foi et à titre onéreux des droits réels limités. L'extinction du titre ne porte donc pas préjudice aux droits hypothécaires du tiers qui a obtenu ses droits de celui dont le titre avait été transcrit et qui pouvait légitimement avoir eu l'assurance d'avoir traité avec le véritable bénéficiaire »[58].

Par ces mots, la Cour consacre la théorie de l'apparence en matière de publicité immobilière[59]. Ce faisant, la haute juridiction se rallie aux conclusions de son avocat général[60] et abonde dans le sens d'une doctrine qui plaidait déjà pour la reconnaissance d'un rôle plus large aux registres de la Documentation patrimoniale[61]. La sécurité juridique des opérations immobilières s'en trouve donc accrue[62] [63]. Cette protection accrue du tiers s'accompagne toutefois d'une triple condition. En effet, la Cour ne vise que les « tiers qui ont acquis de bonne foi et à titre onéreux des droits réels limités »[64]. La condition de bonne foi et la condition du caractère onéreux ne nous semblent pas poser de problème dans l'interprétation de l'attendu de la Cour[65]. La notion de « droits réels limités » semble toutefois plus délicate à interpréter. À cet égard, le professeur Vincent Sagaert constate que l'arrêt de cassation du 22 janvier 2021 protège le tiers créancier hypothécaire contre l'annulation du droit qui constitue l'assiette de

---

[57] Voy. M. Van de Looverbosch, «Vertrouwensbeginsel beschermt derde-hypotheekhouder te goeder trouw», *R.D.C.-T.B.H.*, 2021/6, pp. 785-789.

[58] Voy. Cass. (1re ch.), 22 janvier 2021, R.G. n° C.20.0143.N, *R.W.*, 2020-2021, n° 34, pp. 1135 et s.

[59] Voy. G. Carnoy et V. Libion, «La théorie de l'apparence en matière immobilière», *Jurim pratique*, 2020, n° 2, pp. 52-79.

[60] Voy. Cass. (1re ch.), 22 janvier 2021, R.G. n° C.20.0143.N, disponible sur https://juportal.be, concl. Avocat général R. Mortier, p. 6.

[61] Voy. not. B. Verheye, *Onroerende registerpubliciteit in kritisch rechtsvergelijkend perspectief*, thèse de doctorat, KU Leuven, 2021.

[62] Voy. V. Sagaert, «Inschrijving en overschrijving gelden (soms) als titel: (eindelijk) bescherming van het rechtmatig vertrouwen in de hypotheekregisters», *op. cit.*, pp. 39 et s.

[63] Voy. B. Verheye, «De (beperkte) theorie van onroerende schijneigendom naar Belgisch recht», *R.W.*, 2020-2021, n° 34, pp. 1335 et s.

[64] Voy. Cass. (1re ch.), 22 janvier 2021, R.G. n° C.20.0143.N, *R.W.*, 2020-2021, n° 34, pp. 1135 et s.

[65] Pour un commentaire approfondi de ces conditions, voy. not. V. Sagaert, «Inschrijving en overschrijving gelden (soms) als titel: (eindelijk) bescherming van het rechtmatig vertrouwen in de hypotheekregisters», *op. cit.*, pp. 42-43.

son hypothèque et que, partant, si la Cour vise le créancier hypothécaire, elle accorderait *a fortiori* la même protection à un titulaire d'un droit (réel ou personnel) d'usage. Pour confirmer ce raisonnement, il rappelle que pour les droits hypothécaires, la Cour a dû surmonter l'obstacle supplémentaire de l'article 74 de la loi hypothécaire, qui n'existe pas pour les autres droits réels. Il souligne ensuite que, si la Cour ne parle littéralement que d'un droit «limité», exclure un propriétaire de cette protection entraînerait une différence de traitement injustifiée[66]. Cette interprétation large quant au droit de propriété semble toutefois, selon d'aucuns, malaisée à déduire de l'arrêt[67].

Il convient à présent de voir comment cet arrêt interagit avec les dispositions du livre 3 entrées en vigueur le 1er septembre 2021[68] ainsi qu'avec les autres dispositions de la loi hypothécaire. Il faut d'abord noter que le législateur a explicitement indiqué qu'à l'occasion de la réforme du droit des biens, il n'avait pas l'intention de réformer l'ensemble du régime de la publicité immobilière, mais seulement d'en combler un certain nombre de lacunes[69]. Cela ne signifie toutefois pas que le législateur a voulu empêcher une éventuelle évolution jurisprudentielle. Du fait que le législateur ne s'est pas penché sur la question de la confiance légitime, il n'est donc pas raisonnable de déduire *a contrario* un raisonnement selon lequel le législateur aurait voulu mettre un frein aux évolutions jurisprudentielles à cet égard[70].

Ainsi, on peut affirmer que l'arrêt de la Cour de cassation du 22 janvier 2021 n'est pas contraire à l'article 3.17 du Code civil, mais le complète. Un argument important à cet égard est que, dans ses conclusions, l'avocat général cite l'article 3.17 du Code civil pour justifier ce revirement de jurisprudence[71]. L'article 3.17, qui consacre l'effet relatif des modes d'extinction «anormaux» de droits réels, ne vise pas l'hypothèse de l'annulation du titre de l'auteur du titulaire du droit réel. Toutefois, le législateur n'a pas voulu limiter la protection des tiers aux hypothèses visées par l'article 3.17. Il peut donc être déduit de ce qui précède que l'arrêt de la Cour ne contredit pas cette disposition, mais la complète. On soulignera d'ailleurs que tant l'article 3.17, que l'arrêt mettent la bonne foi du tiers au centre de la protection qui lui est accordée. En bref, l'entrée en vigueur de l'article 3.17 ne remet pas en cause l'enseignement de la Cour.

En définitive, on peut constater que l'arrêt du 22 janvier 2021 de la Cour de cassation conforte la position du titulaire d'un droit réel d'usage dont l'auteur

---

[66] Voy. V. Sagaert, *ibid.*, p. 42.
[67] Voy. not. M. Van de Looverbosch, «Vertrouwensbeginsel beschermt derde-hypotheekhouder te goeder trouw», *R.D.C.-T.B.H.*, 2021/6, p. 789.
[68] Soit après que la Cour a rendu son arrêt du 22 janvier 2021.
[69] Voy. Proposition de loi n° 55-0173/001, p. 72.
[70] Voy. V. Sagaert, «Inschrijving en overschrijving gelden (soms) als titel: (eindelijk) bescherming van het rechtmatig vertrouwen in de hypotheekregisters», *op. cit.*, p. 44.
[71] *Ibid.*

est un usufruitier dont le titre viendrait à être anéanti : bien que le droit de son auteur s'éteigne, son propre droit ne s'éteint pas pour autant nécessairement.

## Section 2
# Les droits des parties

## A. Droit sur le droit

**25. Droit d'aliéner son droit d'usufruit et droit de constituer sur celui-ci un usufruit.** L'article 3.142, alinéa 1er, porte que l'usufruitier peut céder son droit d'usufruit, à titre onéreux comme à titre gratuit, et peut également constituer un usufruit sur son droit d'usufruit. Trois remarques doivent être formulées. D'abord, il convient de garder à l'esprit l'adage latin *nemo plus juris*. En effet, vu son caractère temporaire, le droit d'usufruit prend fin quand l'usufruitier originaire – par hypothèse le cédant – cesse d'exister ou quand le terme pour lequel l'usufruitier a été initialement consenti – au profit du cédant – est atteint[72]. Ensuite, le principe de la cessibilité de l'usufruit connaît des exceptions. Il est inessible quand il prend un caractère *intuitu personae*. Il en va notamment ainsi, on l'a vu[73], du droit d'habitation – espèce particulière du droit d'usufruit – qui ne peut être cédé. Enfin, si un usufruitier réalise des constructions sur le bien objet de son droit d'usufruit, il en sera propriétaire en vertu d'un droit de superficie-conséquence (art. 3.182 C. civ.). Il ne peut cependant aliéner ces constructions sans aliéner simultanément son droit d'usufruit. Inversement, s'il cède son usufruit, il aliénera automatiquement les constructions[74]. Cette solution se justifie par le fait que, s'il était permis de céder les ouvrages sans céder le droit d'usufruit, on aboutirait à une situation où le cessionnaire se verrait attribuer une propriété temporaire qui ne serait pas justifiée par un droit de superficie – ou à tout le moins par un droit de superficie-conséquence. Or, cela serait contraire au caractère perpétuel du droit de propriété[75].

**26. Droit d'hypothéquer ou de mettre en gage son droit d'usufruit.** Pour autant qu'il porte sur un bien meuble, le droit d'usufruit pourra être mis en gage ; s'il porte sur un immeuble, le droit d'usufruit pourra être hypothéqué. La remarque formulée au point précédent[76] quant aux constructions dont l'usufruit est propriétaire en vertu d'un droit de superficie-conséquence

---

[72] V. Sagaert, « Oude zakenrechtelijke figuren met nut voor een moderne familiale vermogensplanning. Knelpunten van tontine, vruchtgebruik, erfpacht en opstal », in *Levenslang en verder. Familiale vermogensplanning in de 21e eeuw*, XXXste postuniversitaire Cyclus Willy Delva 2003-2004, Malines, Kluwer, 2004, p. 205.
[73] Voy. *supra*, n° 7.
[74] Voy. I. Durant, « Titre 6. Le droit d'usufruit dans le Code civil de 2020 », *op. cit.*, p. 293.
[75] Voy. P. Lecocq, « Superficie, emphytéose et constructions », in *Zakenrecht/Droit des biens*, Bruges-Bruxelles, die Keure-la Charte, 2005, pp. 318 à 323, n°s 32 et 33.
[76] Voy. *supra*, n° 25.

vaut également en matière d'hypothèque : l'usufruitier ne pourra hypothéquer ses constructions qu'en hypothéquant simultanément son droit d'usufruit (art. 3.182 C. civ).

## B. Usage du bien

**27. Principe.** C'est l'alinéa premier de l'article 3.143 qui consacre les prérogatives d'usage de l'usufruitier : « [...] l'usufruitier a l'usage du bien grevé [...] ». Cette disposition remplace l'article 578 de l'ancien Code civil qui prévoyait que l'usufruitier pouvait jouir du bien « comme le propriétaire lui-même ». Les auteurs de la loi, s'appuyant sur « une jurisprudence unanime », ont estimé que cette expression était inadéquate, car elle était « formulée de manière trop large »[77].

**28. Limites.** Bien que larges, les prérogatives d'usage de l'usufruitier ne sont pas sans limite. En effet, après avoir consacré que l'usufruitier a l'usage du bien grevé, l'article 3.143, alinéa 1$^{er}$, poursuit en précisant que ce n'est que « pour autant qu'il agisse de manière prudente et raisonnable et qu'il respecte la destination du bien ». Les travaux préparatoires nous éclairent sur ce qu'il y a lieu d'entendre par « agir de manière prudente et raisonnable » : « [agir] conformément à ce que l'on est en droit d'attendre d'une personne normalement raisonnable et prudente dans les mêmes conditions »[78]. C'est en revanche l'article 3.143 lui-même qui précise que « la destination du bien est celle qui lui est donnée par le contrat, ou à défaut de contrat, celle qui est présumée selon la nature des biens et l'usage que le nu-propriétaire en a fait précédemment ». Pour rappel, ce dernier point peut être illustré par la décision du juge de paix de Roulers du 3 novembre 2015[79]. Après avoir rappelé l'obligation pour l'usufruitier de maintenir la destination existante du bien, le juge de paix précise que la transformation d'une maison unifamiliale en deux appartements ne constitue pas nécessairement une violation de l'obligation de respecter la destination que le défunt a donnée au bien.

On précisera enfin que « cette prérogative d'usage s'applique même si le bien grevé se déprécie par l'usage prudent et raisonnable qui en est fait » (art. 3.143, al. 2, C. civ.). Cet alinéa s'articule avec l'article 3.158 du Code civil qui porte que « l'usufruitier est tenu de restituer les biens grevés dans le même état, à l'exception des dépréciations dues à l'usure normale [...] »[80].

**29. Disposition à laquelle on ne peut déroger.** La mention « nonobstant toute clause contraire » qui ouvre l'article 3.143 du Code civil nous indique qu'il n'est pas permis de déroger à cette disposition. C'est que les prescriptions

---

[77] Voy. Proposition de loi n° 55-0173/001, p. 270.
[78] *Ibid.*
[79] Voy. J.P. Roulers, 3 novembre 2015, *R.C.D.I.*, 2016/2, p. 24.
[80] Voy. A. Despret, « Le droit de propriété et le droit d'usufruit réformés », *op. cit.*, p. 117.

qu'elle porte encadrent l'usage du bien et font, par conséquent, partie de l'essence de l'usufruit[81]. On notera d'ailleurs que le prescrit de l'article 3.143 se retrouve, en partie et en substance, dans l'article 3.138 qui définit le droit d'usufruit. Or, on l'a vu[82], l'article 3.1 interdit de déroger à une définition.

## C. Conservation du bien

**30. Coopération renforcée entre usufruitier et nu-propriétaire.** Concrétisant la volonté du législateur de mettre la coopération entre usufruitier et nu-propriétaire au centre de leur relation[83], l'article 3.144, alinéa 1er, consacre que « la conservation des biens grevés d'usufruit relève de l'intérêt commun de l'usufruitier et du nu-propriétaire ». Toutefois, le deuxième alinéa précise que c'est, en premier lieu, à l'usufruitier qu'il revient d'accomplir les actes de conservation et d'administration provisoire. Ce n'est qu'en cas d'inaction de ce dernier que cette compétence revient au nu-propriétaire. Ce système de compétence alternative est somme toute logique. En effet, il convient de mettre cette disposition en perspective avec l'article 3.158 qui oblige l'usufruitier à restituer le bien grevé « dans le même état, à l'exception des dépréciations dues à l'usure normale, à la vétusté ou à un cas de force majeure ». L'usufruitier sera donc bien avisé de prendre les mesures utiles à la conservation du bien[84].

**31. Actes conservatoires et actes d'administration provisoire – Notion.** Les actes conservatoires sont « les actes qui, sans apporter au bien de modification, en assurent la sauvegarde contre un péril immédiat »[85]. Un acte d'administration provisoire est « tout acte d'administration de peu d'importance qui n'engage pas l'avenir et qui ne peut nuire au nu-propriétaire, ni sous la forme d'un engagement ni sous la forme d'un appauvrissement »[86]. L'acte d'administration provisoire se distingue de l'acte d'administration[87], qui vise la mise en valeur du bien de façon à le faire fructifier et à en tirer un profit périodique[88].

**32. Les biens périssables.** L'article 3.144 s'achève en précisant que si l'usufruit porte sur des biens qui sont périssables ou sujets à dépréciation rapide, les actes conservatoires et d'administration provisoire peuvent, en cas de nécessité, inclure des actes de disposition. En pareil cas, l'usufruitier ou le nu-

---

[81] Voy. E. JADOUL, « Chapitre VI. Droit d'usufruit », *op. cit.*, p. 187.
[82] Voy. *supra*, n° 4.
[83] Voy. *supra*, n° 1.
[84] Voy. V. DEFRAITEUR, « Chapitre 7. L'usufruit "version 2020" en 20 questions », *op. cit.*, p. 267.
[85] Voy. I. DURANT, « Titre 6. Le droit d'usufruit dans le Code civil de 2020 », *op. cit.*, p. 303.
[86] Voy. J. HANSENNE, *Les biens. Précis*, t. II, Liège, éd. Collection scientifique de la Faculté de droit de Liège, 1996, p. 1077.
[87] Que nous étudierons *infra*, aux n°s 33 à 35.
[88] Voy. I. DURANT, « Titre 6. Le droit d'usufruit dans le Code civil de 2020 », *op. cit.*, p. 303.

propriétaire qui accomplit l'acte de disposition doit en avertir l'autre partie sans délai. Le caractère périssable du bien s'apprécie *in concreto*[89].

## D. Administration

**33. Principe.** C'est l'article 3.145, alinéa 1er, qui consacre le droit pour l'usufruitier de « poser des actes d'administration pour la durée de son droit ». On l'a vu[90], l'acte d'administration est l'acte qui vise la mise en valeur du bien de façon à le faire fructifier et à en tirer un profit périodique[91]. L'ordonnance du juge des référés de Liège du 25 novembre 2019 illustre la notion d'acte d'administration. Le président commence par préciser que l'action d'un propriétaire tendant à se voir autoriser à placer un échafaudage sur le fonds voisin en vue de réaliser des travaux sur le mur pignon de son immeuble en cours de construction peut valablement être introduite à l'encontre d'un usufruitier. Il poursuit en précisant que l'octroi d'une autorisation précaire et limitée dans le temps de placer un échafaudage, voire d'une servitude de tour d'échelle limitée dans le temps, constitue un pur acte d'administration, qui relève des prérogatives de l'usufruitier sur l'objet de son droit[92].

**34. Ancien régime et sort du bail consenti par un usufruitier.** Sous l'empire de l'ancien régime, c'est l'article 595 de l'ancien Code civil qui scelle le sort du contrat de bail conclu par l'usufruitier en cas d'extinction de l'usufruit alors que le bail est toujours en cours. Pour comprendre le régime de l'article 595, il convient de faire une distinction entre, d'une part, les baux de plus de neuf ans et, d'autre part, les baux conclus pour une durée de 9 ans ou moins. Concernant les baux dont la durée excède 9 années, l'article 595, alinéa 2, prévoit que la durée du bail sera réduite à la période de 9 ans en cours au moment de la cessation de l'usufruit[93]. Pour illustrer notre propos, prenons le cas d'un bail conclu par un usufruitier en 2010 pour une durée de 27 ans. Si l'usufruitier décède en avril 2020, la durée du bail sera réduite à la période de 9 ans en cours à cette date. Ainsi, le bail devrait prendre fin en 2028. Pour ce qui est des baux dont la durée est égale ou inférieure à 9 ans, le troisième alinéa de l'article 595 de l'ancien Code civil prévoit que ces derniers seront sans effet à l'égard du nu-propriétaire, à moins qu'ils aient reçu un début d'exécution avant la cessation de l'usufruit. Précisons que tant pour ce qui concerne le bail de plus de 9 ans que pour ce qui concerne celui de 9 ans ou moins, le bail s'achèvera, respectivement à la fin de la période de 9 ans en cours au moment de la cessation de l'usufruit ou à l'échéance du terme pour lequel il a été prévu, sans

---

[89] Voy. Proposition de loi n° 55-0173/001, p. 273.
[90] Voy. *supra*, n° 31.
[91] Voy. I. Durant, « Titre 6. Le droit d'usufruit dans le Code civil de 2020 », *op. cit.*, p. 303.
[92] Voy. Civ. Liège (réf.), 25 novembre 2019, *J.L.M.B.*, 2021/2, p. 534.
[93] Voy. E. Jadoul, « Chapitre VI. Droit d'usufruit », *op. cit.*, p. 191.

qu'il soit nécessaire que les conditions de forme et de fond prévues par des lois spéciales en matière de congé ne soient respectées[94].

On peut trouver des applications des principes portés par l'article 595 de l'ancien Code civil dans les arrêts du 16 octobre 2014[95] et du 7 décembre 2020[96] de la Cour de cassation. Dans le premier arrêt, la Cour confirme de façon certaine que le nu-propriétaire, après l'extinction du droit d'usufruit, n'est pas tenu de respecter les conditions classiques de forme et de fond liées au congé en matière de bail. Dans le second arrêt, la Cour a eu l'occasion de préciser que le nu-propriétaire peut notifier au preneur sa volonté d'exercer son droit de réduction du bail à la période de neuf ans en cours avant l'expiration de la période de neuf ans en cours à la fin de l'usufruit, voire, dans un délai raisonnable à compter de l'expiration de cette période.

Enfin, le jugement du tribunal civil de Namur du 15 février 2017[97] apporte une clarification intéressante en ce qu'il précise qu'au sens de l'article 595, alinéa 2, de l'ancien Code civil, la date pertinente pour calculer la période de 9 ans en cours, est la date d'entrée en vigueur du bail (bail à ferme) conclu avec l'usufruitier, sans le concours du nu-propriétaire, et non la date, antérieure, d'entrée en jouissance du locataire, en vertu d'un bail précédent conclu avant la naissance de l'usufruit.

**35. Nouveau régime et sort des droits d'usage consentis par un usufruitier.** C'est l'alinéa 2 de l'article 3.145 du Code civil qui porte une refonte de la matière : « [l'usufruitier] peut accorder à des tiers, prolonger ou renouveler des droits d'usage sur les biens grevés. Si l'usufruit prend fin parce que l'usufruitier cesse d'exister, le droit d'usage à titre onéreux en cours subsiste pour le restant de sa durée et au maximum pour trois ans, après quoi il prend fin de plein droit. Les droits d'usage qui ne sont pas encore en cours d'exécution à la fin de l'usufruit ne reçoivent aucun effet ». Cet alinéa nous semble appeler plusieurs observations.

Pour commencer, on remarquera que le législateur n'a pas laissé intact le champ d'application de l'article 595 de l'ancien Code civil[98] : il l'a étendu, mais il l'a également restreint. Étendu d'abord. En effet, là où l'ancienne mouture du Code civil visait uniquement le bail, la nouvelle disposition vise tous les droits d'usage, réels comme personnels, consentis par l'usufruitier. Restreint ensuite. Le nouveau texte réservant son application aux cas où l'usufruit prend fin par le décès d'une personne ainsi que par la faillite[99] ou la liquidation d'une personne morale[100]. Les travaux parlementaires expliquent que c'est uniquement à l'égard

---

[94] *Ibid.*
[95] Voy. Cass., 16 octobre 2014, *J.L.M.B.*, 2015/23, p. 1064.
[96] Voy. Cass., 7 décembre 2020, *R.W.*, 2020-2021/27, p. 1056.
[97] Voy. Civ. Namur, 15 février 2017, *R.G.D.C.*, 2017/10, p. 569.
[98] Qui est « l'ancêtre » de l'article 3.145.
[99] Voy. *supra*, n° 20 : la faillite d'une personne physique n'éteint pas le droit d'usufruit dont elle est titulaire.
[100] Voy. E. JADOUL, « Chapitre VI. Droit d'usufruit », *op. cit.*, p. 191.

de ces modes d'extinction qu'il convient d'octroyer une protection renforcée aux tiers[101]. Il ne faut par ailleurs pas perdre de vue les principes portés par l'article 3.17 et, s'agissant d'un droit réel du moins, par l'arrêt de la Cour de cassation du 22 janvier 2021[102] qui protègent également le tiers contre certaines causes d'extinction du droit de son auteur usufruitier et qui doivent être combinés, le cas échéant, avec l'article 3.145.

Deuxièmement, pour bénéficier de la protection de l'article 3.145, les droits d'usage doivent avoir été consentis à titre onéreux. S'ils ne l'ont été qu'à titre gratuit, ils s'éteindront au même moment que s'éteint le droit d'usufruit de la personne qui les a constitués[103].

Troisièmement, pour répondre à une observation du Conseil d'État, les auteurs du livre 3 précisent qu'en cas de décès des usufruitiers indivis ou communs, l'usufruitier survivant devient plein usufruitier en vertu de l'article 3.141, alinéa 4, du Code civil de telle sorte qu'il reste tenu d'honorer le droit d'usage qui grèverait le bien objet de son usufruit[104].

Quatrièmement, les professeurs Lecocq et Sagaert, affirment que, notamment, les baux commerciaux et à ferme, ne doivent pas être expressément exclus du champ d'application de l'article 3.145, partant du principe que les dispositions contraignantes des lois particulières en matière de baux ne peuvent porter atteinte à la limitation de 3 ans[105].

Cinquièmement, l'article 3.145 est appelé à s'appliquer tant en matière de meubles qu'en matière d'immeubles[106]. Il est ainsi rompu avec la tradition puisqu'il était classiquement entendu que l'article 595 de l'ancien Code civil ne s'appliquait qu'en matière d'immeubles[107].

Enfin, s'il s'écarte de l'ancien régime sur plusieurs points, l'article 3.145 en reprend d'autres. C'est ainsi que la référence faite « aux droits d'usage qui ne sont pas encore en cours d'exécution » rappelle le prescrit de l'article 595, dernier alinéa, *in fine*. Par ailleurs, la réforme de 2020 consacre expressément le principe qu'il n'est pas nécessaire que les conditions de forme et de fond prévues par des lois spéciales en matière de congé ne soient respectées en prévoyant que le droit d'usage « prend fin de plein droit » (art. 3.145, al. 2, C. civ.).

---

[101] Voy. Proposition de loi n° 55-0173/001, p. 273.
[102] Voy. *supra*, n°s 23-24.
[103] Voy. E. Jadoul, « Chapitre VI. Droit d'usufruit », *op. cit.*, p. 192.
[104] Voy. Proposition de loi n° 55-0173/001, p. 276.
[105] Voy. P. Lecocq et V. Sagaert, « La réforme du droit des biens – De hervorming van het goederenrecht », *op. cit.*, p. 314.
[106] Voy. Proposition de loi n° 55-0173/001, p. 275.
[107] Voy. E. Jadoul, « Chapitre VI. Droit d'usufruit », *op. cit.*, p. 192.

## E. Jouissance : fruits et produits

**36. Définitions.** Avant d'entamer l'étude des articles 3.146 et 3.147 du Code civil qui forment le régime des fruits et des produits en matière d'usufruit, il convient de s'entendre sur la définition de ces deux concepts.

C'est l'article 3.42, alinéa 1er, qui définit les fruits d'un bien comme « ce que ce bien génère, périodiquement, sans altération de sa substance, que ce soit spontanément ou à la suite de sa valorisation » ; l'alinéa 2 définit les produits d'un bien comme « ce que rapporte le bien, mais qui en diminue la substance, immédiatement ou progressivement ». On le perçoit aisément, le pivot entre le concept de fruit et celui de produit réside dans l'altération ou non de la substance du bien. Par ailleurs, il convient de noter que la distinction entre fruits naturels, industriels et civils consacrée par l'ancien Code civil n'a plus cours. En effet, le législateur de 2020 leur a substitué la notion de fruits spontanés, qui recouvre la notion de fruits naturels, et la notion de fruits issus de la valorisation du bien, qui reprend les concepts de fruits industriels et civils[108].

**37. Jouissance : fruits.** L'article 3.146, alinéa 1er, du Code civil octroie à l'usufruitier « tous les fruits du bien grevé qui en ont été séparés ou qui sont devenus exigibles pendant l'usufruit », mais également « les fruits qui n'étaient pas encore séparés du bien ou exigibles à l'ouverture de l'usufruit ». Cette disposition uniformise le régime des articles 582 à 586 de l'ancien Code civil qui faisaient varier le sort des fruits en fonction du fait qu'ils soient qualifiés de naturels, industriels ou civils[109]. L'alinéa 1er de l'article 3.146 a pour corollaire que la détermination de celui qui est à l'origine des fruits, en d'autres termes la détermination de la personne qui a contribué à les produire, n'a aucune influence sur le plan de l'attribution de ces fruits. L'alinéa 2 de la même disposition ne laisse cependant pas démuni le nu-propriétaire ou l'usufruitier qui, n'ayant pas droit aux fruits en vertu de l'alinéa 1er, a tout de même accompli des prestations quant à ceux-ci puisqu'il permet à ce dernier d'exiger une indemnisation conformément à l'enrichissement injustifié.

Comme on l'a déjà dit[110], la prérogative de jouissance étant reprise dans la définition de l'usufruit, elle échappe à la volonté des parties. Ainsi, nu-propriétaire et usufruitier ne pourraient s'entendre pour priver l'usufruitier de la totalité des fruits issus du bien. Toutefois, certains s'interrogent sur la possibilité, pour les parties, de modaliser le prescrit de l'article 3.146 et de prévoir, par exemple, que les fruits résultant de prestations du nu-propriétaire, mais qui deviennent exigibles après l'ouverture de l'usufruit reviennent au nu-propriétaire[111].

---

[108] Voy. C. Roussieau, « Titre 2. Classifications des biens », in P. Lecocq et al. (dir.), *Le nouveau droit des biens*, op. cit., p. 73.
[109] Voy. Proposition de loi n° 55-0173/001, p. 285.
[110] Voy. *supra*, nos 4 et 5.
[111] Voy. A. Despret, « Le droit de propriété et le droit d'usufruit réformés », op. cit., p. 126.

**38. Jouissance : produit.** Le principe porté par l'article 3.147 du Code civil veut que les produits générés par le bien grevé ne reviennent pas à l'usufruitier, mais au nu-propriétaire. C'est que, à la différence des fruits, les produits entament le capital. Or, une telle prérogative participe du droit de disposer de la chose[112], droit dont l'usufruit est, en règle, dépourvu[113].

Si l'article 3.147 pose le principe, il réserve également une exception : « [l'usufruitier a droit aux produits du bien grevé] si ceux-ci résultent d'une exploitation que l'usufruitier continue de la même manière et dans la même mesure que celle entamée par le propriétaire avant l'ouverture de l'usufruit ». Cette exception n'est pas inconnue du praticien du droit des biens dans la mesure où elle reprend le régime, déjà admis sous l'ancien régime, des produits aménagés en fruits. L'idée selon laquelle il était admis que l'usufruitier se voit attribuer des produits lorsqu'il se contente de suivre un mode d'exploitation établi par le propriétaire avant l'ouverture de l'usufruit n'était pas reprise dans l'ancien Code civil, mais avait été admise par la doctrine et la jurisprudence[114]. Les alinéas 2 et 3 font une application de cette exception à deux situations particulières : l'usufruit qui porte sur des arbres et celui qui porte sur des mines ou carrières.

## F. Pouvoir de disposition du bien grevé

**39. Exceptionnellement, l'usufruitier se voit accorder un pouvoir de disposition.** Le principe reste inchangé : l'usufruitier étant tenu de restituer le bien grevé au nu-propriétaire à la fin de son droit (art. 3.138, al. 1$^{er}$, C. civ.), le pouvoir de disposition lui échappe. L'article 3.148 attribue toutefois, exceptionnellement et dans les conditions qu'il décrit, un pouvoir de disposition à l'usufruitier.

Si les premiers mots de l'article 3.148 réservent le cas de l'usufruit sur une universalité (art. 3.165 C. civ.), il ne classe pas ce cas particulier au rang des exceptions qu'il porte. C'est qu'en effet, l'usufruitier d'une universalité n'est pas habilité à disposer du bien grevé d'usufruit (à savoir l'universalité de fait même), mais uniquement des éléments constitutifs de celle-ci[115].

Les trois exceptions à l'interdiction pour l'usufruitier de disposer du bien sont les suivantes (art. 3.148 C. civ.). Premièrement, l'usufruitier pourra disposer du bien objet de son droit si une disposition légale l'y autorise[116]. Deuxièmement, lorsque cela correspond à la destination des biens qui existait déjà au moment de la constitution de l'usufruit ou qui est stipulée contractuellement

---

112  Voy. Y. STRICKLER, *Les biens*, Paris, PUF, 2006, p. 365, n° 257.
113  Voy. I. DURANT, « Titre 6. Le droit d'usufruit dans le Code civil de 2020 », *op. cit.*, p. 305.
114  *Ibid.*
115  Voy. Proposition de loi n° 55-0173/001, p. 285.
116  Pour un exemple de situation où l'usufruitier est autorisé par la loi à disposer du bien grevé, voy. *supra*, n° 32.

entre les parties et que cela s'inscrit dans le cadre de son obligation d'administration prudente et raisonnable du bien. Enfin, l'usufruitier peut disposer du bien grevé s'il s'agit d'un bien consomptible. Pour rappel, le deuxième alinéa de l'article 3.44 porte la définition des choses consomptibles : « Sont consomptibles, les choses qu'on ne peut utiliser sans en disposer juridiquement ou matériellement ».

### G. Droit de visite du nu-propriétaire

**40. Nouvelle prérogative reconnue au nu-propriétaire.** L'article 3.149 du Code civil octroie au nu-propriétaire un droit de visite du bien immeuble grevé d'usufruit une fois par an. Ce droit du nu-propriétaire a été inséré afin que celui-ci puisse s'assurer que l'usufruitier respecte ses obligations. Comme tout droit, ce droit doit être exercé sans abus de droit. Le nu-propriétaire doit, en premier lieu, convenir des modalités d'exercice de ce droit avec l'usufruitier[117]. Ce nouveau droit accordé au nu-propriétaire témoigne de la volonté du législateur de rompre avec la vision duale de la relation entre usufruitier et nu-propriétaire et de tendre vers une relation davantage axée sur la collaboration[118].

Dans un registre similaire, mais dans un contexte différent, on relèvera la décision du tribunal civil de Flandre occidentale du 14 avril 2014 qui, en substance, décide que le nu-propriétaire a le droit de faire visiter par des candidats acheteurs le bien mis en location par l'usufruitier. Il doit, à cet égard, agir raisonnablement[119].

### Section 3
# Les obligations des parties

### A. Description du bien grevé

**41. Une matière au carrefour de deux corps de règles.** Le praticien confronté à l'usufruit du conjoint survivant ou du cohabitant légal survivant sera amené à jongler entre deux corps de règles : les règles du livre 3 du Code civil en matière d'usufruit (art. 3.138 à 3.166 C. civ.) et celles du livre 4 du même Code (art. 4.17 à 4.23 C. civ.)[120]. En matière de description du bien grevé, cette difficulté est exacerbée.

---

[117] Voy. Proposition de loi n° 55-0173/001, p. 285.
[118] Voy. E. Jadoul, « Chapitre VI. Droit d'usufruit », *op. cit.*, p. 192.
[119] Voy. Civ. Flandre occidentale, 14 avril 2020, *R.G.A.R.*, 2020, n° 10, pp. 575-577.
[120] Voy. A.-Ch. Van Gysel et V. Wyart, « L'influence, sur les droits successoraux du conjoint ou cohabitant légal survivant, des règles du livre 3 du Nouveau Code civil concernant l'usufruit », *Rev. not. belge*, 2020/9, pp. 757-758.

**42. Description des biens grevés : la caution disparaît.** L'article 601 de l'ancien Code civil prévoyait que l'usufruitier était tenu de fournir une caution de nature à répondre de toutes les sommes dont il pourrait être redevable à l'égard du nu-propriétaire. Cette obligation a été purement et simplement supprimée. Il n'est toutefois pas interdit aux parties qui souhaiteraient recourir à une telle caution de le prévoir contractuellement[121].

**43. Description des biens grevés : le régime de la réforme.** Sous l'empire de l'ancien Code civil, l'article 600 prévoyait que l'obligation de dresser l'inventaire des biens grevé reposait uniquement sur l'usufruitier. L'article 3.150 du Code civil prévoit désormais que la description des biens grevés – qui remplace l'inventaire – pèse tant sur le nu-propriétaire que sur l'usufruitier[122]. Bien que le texte ne le prévoie pas expressément, il peut être déduit du fait que l'obligation de description pèse sur les deux parties que les frais doivent être supportés par elles deux[123]. Quant aux modalités pratiques de la description, l'article 3.150 du Code civil n'imposant pas qu'elle prenne la forme d'un acte notarié, un acte sous signature privée suffit[124]. L'article 3.150 laisse aux parties le soin de réaliser elles-mêmes la description des biens grevés. Les travaux préparatoires parlent d'ailleurs d'une « déformalisation »[125]. Si usufruitier et nu-propriétaire ne parviennent pas à s'entendre sur le contenu de la description, c'est un expert qui en sera chargé. Si les parties s'accordent sur son identité, elles pourront le désigner elles-mêmes ; dans le cas contraire, il reviendra au tribunal de le désigner (art. 3.150, al. 1er, C. civ.).

Il ne saurait être envisageable pour les parties de s'accorder pour faire l'économie de la description des biens grevés. En effet, l'amorce de l'article 3.150 (« nonobstant toute clause contraire ») rend cette description contraignante. Les auteurs du livre 3 justifient ce choix par le souci de renforcer la sécurité juridique des parties à l'usufruit, notamment vu la durée parfois longue de ce dernier[126].

S'il est vrai que l'obligation de description du bien pèse tant sur le nu-propriétaire que sur l'usufruitier, il n'en reste pas moins que c'est, au premier chef, pour l'usufruitier que cette description sera capitale[127]. En effet, le législateur a prévu trois formes « d'incitant »[128] à la réalisation de la description,

---

[121] Voy. E. Jadoul, « Chapitre VI. Droit d'usufruit », *op. cit.*, p. 194.
[122] *Ibid.*
[123] Voy. I. Durant, « Titre 6. Le droit d'usufruit dans le Code civil de 2020 », *op. cit.*, p. 307.
[124] Voy. E. Jadoul, « Chapitre VI. Droit d'usufruit », *op. cit.*, p. 194.
[125] Voy. Proposition de loi n° 55-0173/001, p. 288.
[126] Voy. P. Lecocq et V. Sagaert, « La réforme du droit des biens – De hervorming van het goederenrecht », *op. cit.*, p. 323.
[127] Voy. V. Defraiteur, « Chapitre 7. L'usufruit "version 2020" en 20 questions », *op. cit.*, p. 271 ; A. Wylleman, « Vruchtgebruik », in V. Sagaert, J. Baeck, N. Carette, P. Lecocq, M. Muylle et A. Wylleman (éd.), *Het nieuwe goederenrecht*, Bruxelles, Larcier, 2021, p. 426.
[128] Voy. E. Jadoul, « Chapitre VI. Droit d'usufruit », *op. cit.*, p. 195.

qu'on pourrait presque qualifier de « sanctions »[129] à l'encontre de l'usufruitier. Premièrement, tant que la description ne sera pas réalisée, le nu-propriétaire aura droit aux fruits du bien (art. 3.150, al. 2, C. civ.). Deuxièmement, le nu-propriétaire sera autorisé à suspendre la remise du bien à l'usufruitier tant que l'absence de description perdure (art. 3.150, al. 2, C. civ.). Cette « sanction » ne sera pas d'application dans les cas où l'usufruitier est saisi de plein droit du bien. Il en va notamment ainsi du conjoint survivant qui a la saisine des biens du défunt (art. 4.194, § 1er, al. 1er, C. civ.). Cette précision ne dispense toutefois pas l'usufruitier de procéder à la description des biens[130]. Enfin, le dernier « incitant » pour l'usufruitier de procéder à la description du bien se trouve à l'article 3.158 : en l'absence de description il sera présumé, sauf preuve contraire, avoir reçu le bien en bon état et sans défaut.

**44. Le cas particulier de l'usufruitier autorisé à aliéner.** Dans des circonstances particulières, il est possible que l'usufruitier se voie reconnaître le pouvoir d'aliéner les biens objet de son usufruit[131]. L'article 3.150, alinéa 3, du Code civil impose alors des obligations complémentaires à l'usufruitier : outre la description des biens, il doit réaliser une estimation de ces derniers, mais également signaler une fois par an, à première demande du propriétaire, les biens qui ne sont plus présents et ceux qui leur ont été substitués.

L'article 3.158 du Code civil impose à l'usufruitier une obligation de restitution du bien grevé lorsque son droit s'éteint. Cette obligation est cependant aménagée lorsque l'usufruitier a, en vertu de l'article 3.148, aliéné les biens grevés. L'article 3.159 distingue trois situations. Premièrement, il est tenu de restituer la valeur des biens au moment de leur aliénation si une estimation a été réalisée à ce moment. Deuxièmement, si l'obligation de réaliser une estimation au moment de l'aliénation n'a pas été respectée, mais que celle de réaliser une description à l'entrée du droit d'usufruit l'a été, alors l'usufruitier devra restituer la valeur des biens au moment de la constitution de l'usufruit. Enfin, si aucune des deux obligations précitées n'a été respectée, l'usufruitier devra payer la plus haute valeur entre la valeur des biens à l'ouverture du droit et leur valeur à la fin du droit.

L'alinéa 2 de l'article 3.159 prévoit, en outre, la possibilité pour l'usufruitier d'une chose de genre d'en restituer une quantité égale de même qualité. C'est l'article 3.44 qui définit les choses de genre : « à la différence des choses certaines, les choses de genre se déterminent sur la base de leur mesure, de leur nombre ou de leur poids ».

---

[129] Voy. A. DESPRET, « Le droit de propriété et le droit d'usufruit réformés », *op. cit.*, p. 138.
[130] Voy. E. JADOUL, « Chapitre VI. Droit d'usufruit », *op. cit.*, p. 195.
[131] Voy. *supra*, n° 39.

## B. Obligation d'assurance de l'usufruitier et droit d'agir en justice

**45. Une nouvelle obligation à charge de l'usufruitier.** L'article 3.151 du Code civil impose à l'usufruitier une obligation que ne lui imposait pas l'ancien Code civil, celle « d'assurer le bien en pleine propriété pour les risques habituels et de payer les primes ». Pour s'assurer du respect de son obligation par l'usufruitier, le nu-propriétaire peut exiger que ce dernier lui présente la preuve de cette assurance. S'il devait s'avérer que l'usufruitier ne remplit pas ses obligations en matière d'assurance, le dernier alinéa de l'article 3.151 permet au nu-propriétaire de « substituer » l'usufruitier et d'assurer lui-même le bien objet de l'usufruit. Ce dernier sera alors tenu de l'indemniser.

Il est par ailleurs à souligner que cette obligation vaut tant en matière d'usufruit portant sur un meuble qu'en matière d'usufruit portant sur un immeuble[132]. Si le risque assuré devait se réaliser, le mécanisme de la subrogation réelle permettra au nu-propriétaire de faire valoir un droit réel sur l'indemnité versée par la compagnie d'assurance[133].

**46. Droit d'agir en justice.** Véritable traduction de changement de paradigme voulu par le législateur dans la relation entre usufruitier et nu-propriétaire, l'article 3.152 porte : « Concernant les biens grevés, tant l'usufruitier que le nu-propriétaire ont le droit d'introduire une action concernant leur propre droit ou le droit de l'autre partie, mais ils sont alors tenus d'appeler en intervention immédiatement l'autre partie ».

Les travaux préparatoires précisent que le législateur a délibérément choisi de ne pas ériger l'absence de mise à la cause de l'autre partie en motif d'irrecevabilité de l'action. La partie qui se placerait en défaut de cette obligation pourrait voir sa responsabilité engagée en cas de dommage occasionné. En outre, le jugement ou l'arrêt ne seront pas opposables à l'autre partie si elle n'a pas été associée à la procédure, eu égard à l'autorité relative de la chose jugée[134].

## C. Les réparations

**47. Réparations d'entretien.** L'article 3.153 du Code civil met les réparations d'entretien à charge de l'usufruitier, seulement si elles satisfont à deux conditions. D'abord, il faut que les travaux soient nécessaires, à court ou à long terme, pour préserver la valeur du bien[135]. Les travaux préparatoires précisent que l'usufruitier est uniquement contraint de procéder aux réparations d'entretien « dans la mesure où l'absence d'entretien aurait pour conséquence une

---

[132] Voy. V. DEFRAITEUR, « Chapitre 7. L'usufruit "version 2020" en 20 questions », *op. cit.*, p. 271.
[133] Voy. P. LECOCQ et V. SAGAERT, « La réforme du droit des biens – De hervorming van het goederenrecht », *op. cit.*, p. 324.
[134] Voy. Proposition de loi n° 55-0173/001, p. 289.
[135] Voy. I. DURANT, « Titre 6. Le droit d'usufruit dans le Code civil de 2020 », *op. cit.*, p. 310.

diminution de la valeur du bien »[136]. Ensuite, pour que l'usufruitier soit tenu aux réparations d'entretien, il faut que la diminution de valeur ne soit pas due à l'usure normale du bien, à sa vétusté ou à un cas de force majeure. On le voit, l'usufruitier est loin d'être tenu à toutes les réparations d'entretien[137].

**48. Grosses réparations – Définition – Modalités.** Conscient des difficultés causées par les énumérations des grosses réparations dans l'ancien Code civil, le législateur de 2020 a préféré opter pour une définition ouverte afin de permettre à la nouvelle disposition ne de pas être dépassée par les évolutions des techniques de construction[138]. C'est l'article 3.154, § 1er, qui définit les grosses réparations comme celles « qui portent sur la structure du bien ou de ses composantes inhérentes ou dont le coût excède manifestement le prix des fruits ». La composante inhérente d'un bien est définie à l'article 3.8 du Code civil comme « un élément nécessaire de ce bien qui ne peut en être séparé sans porter atteinte à la substance physique ou fonctionnelle de ce bien ». En matière de définition des grosses réparations, on épinglera la décision du tribunal civil de Bruxelles du 19 mai 2014 qui décide que les travaux de réfection de terrasses et de rénovation de l'ascenseur ne constituent pas de grosses réparations, dès lors qu'ils n'ont pas pour objectif la solidité générale ou la conservation du bâtiment. En effet, des travaux de réfection de terrasse ou d'ascenseur sont prévisibles et constituent la contrepartie de la jouissance et de la rentabilité de l'immeuble[139].

Quant aux modalités qui entourent la réalisation des grosses réparations, l'article 3.154, § 2, alinéa 1er, du Code civil prévoit que le nu-propriétaire doit les réaliser en concertation avec l'usufruitier et que, par ailleurs, ce dernier ne pourra pas prétendre à une indemnité pour trouble de jouissance.

**49. Grosses réparations – Deux exceptions – Un tempérament.** Si le principe veut que les grosses réparations soient mises à charge du nu-propriétaire, l'article 3.154, § 2, alinéa 2, prévoit deux exceptions qui permettront au nu-propriétaire d'y échapper alors que le troisième paragraphe prévoit un tempérament important.

Deux situations permettent au nu-propriétaire d'échapper à l'obligation de réaliser les grosses réparations. Sont d'abord visées les grosses réparations afférentes aux ouvrages que l'usufruitier a lui-même construits. C'est qu'en effet, ce dernier en est propriétaire en vertu d'un droit de superficie-conséquence (art. 3.182 C. civ.). Vient ensuite la situation dans laquelle les grosses réparations sont exclusivement rendues nécessaires par le fait de l'usufruitier. Le professeur Durant estime qu'il s'agit des travaux qui sont la conséquence d'un défaut d'entretien dans le chef de l'usufruitier, donc d'une faute[140].

---

[136] Voy. Proposition de loi n° 55-0173/001, p. 291.
[137] Voy. I. Durant, «Titre 6. Le droit d'usufruit dans le Code civil de 2020», *op. cit.*, p. 310.
[138] Voy. Proposition de loi n° 55-0173/001, p. 292.
[139] Voy. Civ. Bruxelles, 19 mai 2014, *R.C.D.I.*, 2014, p. 52.
[140] Voy. I. Durant, «Titre 6. Le droit d'usufruit dans le Code civil de 2020», *op. cit.*, p. 311.

Le principe est ensuite tempéré par le troisième paragraphe de l'article 3.154. Cette disposition impose un partage des frais liés aux grosses réparations entre nu-propriétaire et usufruitier. Le législateur a prévu que la contribution de l'usufruitier dans le prix des grosses réparations sera fonction de la valeur de son usufruit. Cette valeur sera calculée selon les règles en vigueur en matière de conversion d'usufruit (art. 4.61 et s. C. civ.).

**50. Grosses réparations et réparations d'entretien – Droit supplétif et conséquences fiscales.** Le livre 3 s'ouvre sur l'affirmation que « Les parties peuvent déroger aux dispositions du présent livre, sauf s'il s'agit de définitions ou si la loi en dispose autrement » (art. 3.1 C. civ.). Ainsi, si cette disposition interdit aux parties de modifier la définition des « grosses réparations », elle ne leur interdit en revanche pas de déroger aux principes qui répartissent la charge des réparations d'entretien et celle des grosses réparations.

Il n'est pas rare, dans la pratique, de rencontrer des situations où la propriété d'un immeuble est démembrée entre une société, usufruitière, et son administrateur nu-propriétaire. Si, du point de vue civil, les parties à un tel montage sont libres de déroger aux principes répartissant les charges des réparations d'entretien et celles des grosses réparations, il convient qu'elles restent attentives aux conséquences fiscales d'une telle dérogation. En effet, il n'est pas rare que l'administration fiscale retienne l'existence d'un avantage de toute nature, le cas échéant taxable dans le chef de l'administrateur, nu-propriétaire.

Dans son arrêt du 15 septembre 2020, la cour d'appel de Gand[141] a été amenée à se pencher sur un cas d'espèce qui impliquait un dirigeant, nu-propriétaire, et sa société, usufruitière. Il existait un accord non écrit entre le gérant et la société sur la base duquel 25 % des frais de rénovation ont été imputés au gérant. L'existence de cet accord tacite (qui dérogeait alors à l'art. 605 C. civ.) est prouvée par son exécution. Contrairement au premier juge, la cour décide cependant qu'un tel accord n'implique pas automatiquement que le nu-propriétaire n'aurait pas bénéficié d'un avantage de toute nature. Ce n'est qu'au regard des circonstances particulières de l'espèce que la cour accepte d'écarter l'existence d'un avantage de toute nature.

**51. Grosses réparations et réparations d'entretien – Exécution forcée.** Alors qu'une controverse existait à cet égard[142], l'article 3.155 du Code civil consacre la possibilité pour chaque partie à l'usufruit d'agir judiciairement contre l'autre partie en vue de la voir condamner, éventuellement sous astreinte, à effectuer les réparations qui lui incombent. Est également instauré un mécanisme de substitution qui permet tant à l'usufruitier qu'au nu-propriétaire de solliciter l'autorisation du juge pour exécuter lui-même les travaux. Si cette autorisation est obtenue, les frais liés aux travaux pourront être réclamés à la partie restée en défaut d'exécuter ses obligations. La finale de l'article 3.155

---

[141] Voy. Gand, 15 septembre 2020, *Cour. fisc.*, n° 5, p. 371.
[142] Voy. A. DESPRET, « Le droit de propriété et le droit d'usufruit réformés », *op. cit.*, p. 144.

prévoit la possibilité de constituer une sûreté réelle sur le bien grevé si cela est nécessaire pour l'exécution des réparations.

Cette disposition s'inscrit également dans la conception moderne selon laquelle le nu-propriétaire et l'usufruitier doivent collaborer à la conservation du bien grevé[143].

### D. Charges du bien grevé et dettes corrélatives

**52. Charges du bien grevé.** C'est à l'article 3.156 du Code civil que l'on retrouve les critères qui permettent de répartir les charges du bien grevé entre usufruitier et nu-propriétaire. L'esprit qui a présidé à la rédaction de cette disposition est que les charges doivent être, au plus proche, le reflet de l'usage et de la jouissance du bien grevé. Cette philosophie est inspirée de l'adage *ubi emolumentum, ibi ius*[144].

Ainsi, l'article 3.156, alinéa 1er, met à charge de l'usufruitier «toutes les charges périodiques relatives au bien grevé qui concernent l'usage et la jouissance de celui-ci». Les travaux préparatoires portent une précision qui n'est pas reprise dans le texte légal : ces charges ne sont imposées à l'usufruitier que pour autant qu'elles naissent avant la fin de l'usufruit. Ils citent également une série d'exemples qui permettent de mieux cerner la notion de charges périodiques : les contributions directes relatives au bien grevé, le précompte immobilier, les taxes d'inoccupation, le canon lorsque l'usufruit porte sur un droit d'emphytéose à titre onéreux, les frais de cautionnement[145].

Le nu-propriétaire est quant à lui tenu «des charges extraordinaires du bien grevé, même si celles-ci doivent être payées de manière périodique» (art. 3.156, al. 2, C. civ.). Il en va notamment ainsi des remboursements annuels de l'emprunt contracté pour l'acquisition du bien grevé, de la libération d'actions qui sont grevées d'un usufruit et d'un impôt sur la fortune[146].

Enfin, l'alinéa 3 de l'article 3.156 prévoit une exception aux principes qui viennent d'être exposés. En effet, il laisse à l'usufruitier tant les charges ordinaires qu'extraordinaires des ouvrages et plantations dont il est propriétaire en vertu d'un droit de superficie-conséquence.

**53. Les dettes corrélatives.** La notion de «dettes corrélatives» se rencontre lorsque l'existence de l'usufruit est la conséquence d'une dévolution qui transmet tous les droits et obligations ou une partie proportionnelle de ceux-ci[147]. Quant à ces dettes, l'article 3.157 porte que «l'usufruitier universel ou à titre universel doit contribuer au paiement des dettes de la masse

---

[143] Voy. Proposition de loi n° 55-0173/001, p. 294.
[144] Voy. V. Defraiteur, «Chapitre 7. L'usufruit «version 2020" en 20 questions», *op. cit.*, p. 279.
[145] Voy. Proposition de loi n° 55-0173/001, p. 294.
[146] *Ibid.*
[147] Voy. V. Defraiteur, «Chapitre 7. L'usufruit "version 2020" en 20 questions», *op. cit.*, p. 279.

proportionnellement à la valeur de son usufruit, calculée conformément aux articles 4.61, § 4, alinéa 1ᵉʳ, 4.63, § 3, et 4.64, §§ 1ᵉʳ, 3, 4, 5 et 6 ».

Une précision importante doit être formulée quant à la distinction entre les dettes « de la masse » et les dettes « dans la masse ». En matière successorale, les dettes « de la masse » sont celles qui naissent après le décès et qui sont générées afin d'assurer la liquidation de la succession. Les dettes « dans la masse » sont en revanche les dettes qui existent avant le décès et qui forment le passif successoral. Alors que la lecture du commentaire de l'article 3.157 du Code civil suggère que le législateur a voulu viser les dettes « dans la masse », on s'aperçoit que ce sont finalement, et probablement erronément, les dettes « de la masse » qui sont citées par l'article 3.157[148]. La prudence est donc de mise, d'autant que, si le législateur a pris le soin d'adapter l'article 3.157 suite à l'adoption du livre 4 du Code civil, il n'en a pas profité pour clarifier la situation.

## Section 4
## Règles spécifiques d'extinction

**54. Renvoi.** Ci-avant, nous avons déjà eu l'occasion de traiter des modes d'extinction de l'usufruit[149] et des conséquences de son extinction pour les droits des tiers[150]. Nous nous permettons de renvoyer le lecteur à ces développements.

**55. Obligation de restitution.** L'usufruit ayant un caractère obligatoirement viager, il prendra nécessairement fin un jour. Son extinction entraîne, dans le chef de l'usufruitier (ou le cas échéant de ses ayants droit), la naissance d'une obligation de restitution du bien jusqu'alors grevé d'usufruit. Le bien ne sera, en pratique, généralement pas rendu dans l'état existant au moment de la naissance du droit d'usufruit dès lors que l'usufruitier a le droit d'en user. L'article 3.158 du Code civil permet donc à l'usufruitier de rendre le bien avec les dépréciations dues à l'usure normale, à la vétusté ou à un cas de force majeure. Cela permet à l'usufruitier d'user du bien même lorsqu'une diminution de valeur résulte de cet usage. L'usufruitier reste toutefois tenu d'user du bien de manière prudente et raisonnable[151].

L'alinéa 2 de l'article 3.158 doit être mis en perspective avec l'article 3.150 relatif à la description du bien grevé au moment de la naissance de l'usufruit. Le législateur a prévu plusieurs incitants destinés à garantir que les parties réalisent effectivement cette description. Il en va notamment ainsi de l'article 3.158, alinéa 2, qui porte que : « si aucune description n'a été réalisée à l'ouverture de

---

[148] Voy. A.-Ch. Van Gysel et V. Wyart, « L'influence, sur les droits successoraux du conjoint ou cohabitant légal survivant, dès règles du livre 3 du Nouveau Code civil concernant l'usufruit », *op. cit.*, pp. 787 et s.
[149] Voy. *supra*, nᵒˢ 17 à 21.
[150] Voy. *supra*, nᵒˢ 22 à 24.
[151] Voy. A. Despret, « Le droit de propriété et le droit d'usufruit réformés », *op. cit.*, p. 149.

l'usufruit, l'usufruitier est présumé, sauf preuve contraire, avoir reçu le bien en bon état d'entretien et sans défaut ».

**56. Obligation de restitution après aliénation permise.** L'article 3.159 du Code civil a déjà fait l'objet d'une analyse au sein de la présente contribution. Nous nous permettons d'y renvoyer[152].

**57. Sort des ouvrages et constructions réalisés par l'usufruitier – Prérogatives de l'usufruitier.** Dans les limites que nous avons déjà eu l'occasion d'énoncer[153], il est permis à l'usufruitier d'apporter des modifications au bien grevé et d'y réaliser des ouvrages ou des plantations (art. 3.143, al. 3, C. civ.). Pendant la durée de son droit, l'usufruitier sera propriétaire de ces ouvrages et constructions en vertu d'un droit de superficie-conséquence (art. 3.182 C. civ.). À défaut de titre constitutif, au à défaut pour le titre constitutif de régler les droits et obligations de l'usufruit et du nu-propriétaire quant aux ouvrages réalisés par le premier, il convient de s'en remettre aux textes de loi afin de déterminer les sorts des ouvrages et plantations à l'issue du droit d'usufruit.

**58. Sort des ouvrages et constructions réalisés par l'usufruitier – Accession et indemnisation.** Le système tel qu'il existait avant la réforme repose sur les articles 599 et 555 de l'ancien Code civil, sur des réflexions doctrinales et sur une jurisprudence en constante interprétation[154]. Source d'interminables controverses, et donc d'insécurité juridique, cet ancien système, qui s'articulait autour de la distinction entre « amélioration » et « construction » a été revu à l'occasion de la réforme. C'est aujourd'hui l'article 3.160 du Code civil qui synthétise et clarifie le système.

L'article 3.160 distingue deux situations. La première situation concerne le cas où trois conditions sont rencontrées : l'usufruitier a réalisé les ouvrages et plantations dans les limites de son droit, sans y être obligé et avec le consentement du nu-propriétaire. Si ces trois conditions sont réunies, alors le nu-propriétaire devra indemniser l'usufruitier à la fin de son droit. Le fondement de cette obligation d'indemnisation est l'enrichissement injustifié. On notera qu'en garantie de son droit à l'indemnisation, l'usufruitier dispose d'un droit de rétention. Pendant la durée du droit d'usufruit, l'usufruitier est seul propriétaire des ouvrages. Il lui est donc loisible de les enlever, ce qui fera obstacle à l'indemnisation. Le nu-propriétaire ne peut en revanche pas en exiger l'enlèvement. C'est à la fin du droit d'usufruit que le nu-propriétaire devient propriétaire des ouvrages et plantations.

Seconde situation : dans tous les autres cas, le nu-propriétaire acquiert la propriété des ouvrages et plantations à la fin du droit, mais sans indemnisation. On perçoit à nouveau la volonté du législateur de favoriser la coopération entre

---

[152] Voy. *supra*, n° 44.
[153] Voy. *supra*, n° 28.
[154] Voy. E. JADOUL, « Chapitre VI. Droit d'usufruit », *op. cit.*, p. 195.

usufruitier et nu-propriétaire, dans la mesure où le premier a tout intérêt à ne procéder à des travaux qu'avec l'accord du second[155].

**59. Conversion.** Inspiré par la volonté du législateur de renforcer la coopération entre usufruitier et nu-propriétaire, l'article 3.161 du Code civil porte que «[tant] l'usufruitier [que] le nu-propriétaire peuvent à tout moment demander au tribunal la conversion totale ou partielle de l'usufruit légal, soit en la pleine propriété de biens grevés de l'usufruit, soit en une somme, soit en une rente indexée et garantie». En effet, il n'est pas souhaitable que subsiste, entre parties qui ne peuvent s'entendre, un rapport sur la gestion des biens. Ceci serait également préjudiciable économiquement[156]. Cette règle, conformément à l'article 3.2 du Code civil, est subsidiaire par rapport aux règles spécifiques en matière de conversion d'usufruit, notamment celles des articles 4.60 et 4.64 relatives à la conversion de l'usufruit du conjoint survivant.

## Section 5
## Dispositions spécifiques concernant des biens particuliers

**60. Usufruit sur choses de genre.** L'article 3.44 définit les choses de genre de la manière suivante: «à la différence des choses certaines, les choses de genre se déterminent sur la base de leur mesure, de leur nombre ou de leur poids». L'article 3.162 opère une distinction entre l'usufruit qui porte sur une chose de genre en général et celui qui porte sur de l'argent. Lorsque l'usufruit porte sur des choses de genre, l'usufruitier doit les tenir séparées physiquement des autres biens de même nature, non concernés par l'usufruit (art. 3.162, al. 1$^{er}$, C. civ.). Si le législateur impose cette obligation, c'est en vue de ne pas rendre impossible l'exécution de l'obligation de restitution[157]. En ce qui concerne l'argent, et notamment les comptes sur lesquels il figure, le législateur opte pour un régime plus strict, l'argent s'évaporant rapidement, et oblige l'usufruitier à placer cet argent ou l'employer dans l'intérêt des autres biens soumis à l'usufruit, après avoir obtenu le consentement du nu-propriétaire[158]. Si les parties ne peuvent s'accorder, la plus diligente peut s'adresser au juge afin de faire désigner un tiers qui sera chargé de la gestion des sommes d'argent.

**61. Usufruit sur instruments financiers.** L'usufruit qui porte sur un instrument financier, telles des actions de sociétés, nécessite une réglementation particulière dans la mesure où les instruments financiers octroient à leurs titulaires deux catégories de droit: des droits inhérents à la qualité d'associé (on

---

[155] Voy. I. Durant, «Titre 6. Le droit d'usufruit dans le Code civil de 2020», *op. cit.*, p. 311.
[156] Voy. P. Lecocq et V. Sagaert, «La réforme du droit des biens – De hervorming van het goederenrecht», *op. cit.*, p. 334.
[157] Voy. A. Despret, «Le droit de propriété et le droit d'usufruit réformés», *op. cit.*, p. 153.
[158] Voy. E. Jadoul, «Chapitre VI. Droit d'usufruit», *op. cit.*, p. 195.

pense notamment au droit de vote), mais également des droits patrimoniaux[159]. Si l'alinéa premier de l'article 3.163 renvoie au Code des sociétés et associations pour ce qui concerne les droits inhérents à la qualité d'associé[160], ses alinéas 2 et 3 consacrent deux règles en matière de droits patrimoniaux. Les dividendes qui sont distribués sans affecter le capital appartiennent à l'usufruitier (al. 2). Les produits exceptionnels qui sont inhérents à l'instrument financier sont perçus par l'usufruitier, mais font partie de son obligation de restitution, à la fin de l'usufruit (al. 3).

**62. Usufruit sur créances.** La question de l'usufruit portant sur des créances est évoquée à l'article 3.164. Cette disposition ne déroge pas aux principes généraux qui ont cours en matière d'usufruit. Partant, si la créance produit des intérêts, ces derniers suivent le régime des fruits et reviennent à l'usufruitier[161]. Quant à la désignation de la personne habilitée à obtenir le recouvrement de la créance, l'article 3.164 prescrit que l'usufruitier puisse demander amiablement ou en justice le paiement des créances exigibles et en recevoir le paiement (al. 1ᵉʳ) alors que le nu-propriétaire peut uniquement poursuivre le paiement de la créance ou en recevoir le paiement moyennant le consentement de l'usufruitier ou l'autorisation du tribunal (al. 2). Si l'usufruitier reçoit une somme, l'alinéa 3 de l'article 3.164 lui impose de se conformer au prescrit des articles 3.148 (pouvoir limité de disposition) et 3.162 (usufruit sur choses de genre).

**63. Usufruit sur une universalité de biens.** L'article 3.165 contient deux règles relatives à l'usufruit portant sur une universalité de biens. La première règle prescrit que l'usufruitier puisse disposer des biens qui composent l'universalité – et donc, partant, pas de l'universalité en tant que telle. Cette faculté octroyée à l'usufruitier l'est sous deux conditions : cela doit correspondre à la bonne administration de l'universalité ; les biens qui sont substitués aux biens dont l'usufruitier a disposé doivent être à nouveau affectés à l'universalité. La seconde condition contribue à ce que l'universalité soit maintenue en nature[162]. Cette dernière règle prévoit que la plus-value éventuelle que l'universalité présenterait, au moment de la restitution, revient à l'usufruitier ou au nu-propriétaire en application de l'enrichissement injustifié.

Une controverse existe en doctrine quant à la question de savoir si l'article 3.165 s'applique uniquement aux universalités de fait ou s'il vise également les universalités de bien[163] [164]. Une universalité de bien est un ensemble de

---

[159] Voy. Proposition de loi n° 55-0173/001, p. 304.
[160] V. SAGAERT, *Beginselen van Belgisch privaatrecht*, t. V, Goederenrecht, *op. cit.*, pp. 875-876.
[161] Voy. V. DEFRAITEUR, « Chapitre 7. L'usufruit "version 2020" en 20 questions », *op. cit.*, p. 290.
[162] Voy. Proposition de loi n° 55-0173/001, p. 307.
[163] Aussi appelées universalités juridiques ou de droit.
[164] Dans le sens d'une application de l'article 3.165 tant aux universalités de fait qu'aux universalités de biens, voy. not. A.-Ch. VAN GYSEL et V. WYART, « L'influence, sur les droits successoraux du conjoint ou cohabitant légal survivant, des règles du livre 3 du Nouveau Code civil concernant l'usufruit », *op. cit.*,

biens et de dettes unis par leur affectation commune à une fonction déterminée, tels le patrimoine d'une personne ou encore la communauté entre époux[165]. Une universalité de fait est, en doctrine contemporaine, un avoir patrimonial à niveaux multiples. D'une part, cet avoir est un bien meuble unique, incorporel, non fongible, non consomptible, constitué par son propriétaire ; d'autre part, il se compose et se distingue d'une pluralité d'avoirs patrimoniaux (condition objective) qui partagent une affectation commune (condition subjective)[166].

**64. Usufruit sur les droits intellectuels.** L'ultime disposition du titre 6, l'article 3.166, consacre trois règles en matière d'usufruit sur les droits intellectuels. D'abord (al. 1er), il reconnaît à l'usufruitier le droit à «l'exploitation normale» de la propriété intellectuelle. C'est ainsi que l'usufruitier peut seul conclure des contrats relatifs aux droits intellectuels, sous réserve que «le paiement de la rémunération soit étalé sur la durée du contrat». Dans le cas contraire, le consentement du nu-propriétaire sera requis. Ensuite (al. 2), le sort des contrats conclus par l'usufruitier, seul, est scellé comme suit : ils restent en vigueur, mais le nu-propriétaire a le droit d'y mettre fin moyennant un préavis de trois ans. Enfin (al. 3), les droits moraux liés à la propriété intellectuelle, à moins qu'ils n'appartiennent à un tiers, devront être exercés d'un commun accord entre l'usufruitier et le nu-propriétaire. Faute d'accord, la partie la plus diligente devra recourir à l'office du juge.

---

pp. 788 et s. ; dans le sens d'une application de l'article 3.165 réservée aux universalités de fait, voy. not. V. DEFRAITEUR, «Chapitre 7. L'usufruit "version 2020" en 20 questions», *op. cit.*, p. 290 et E. JADOUL, «Chapitre VI. Droit d'usufruit», *op. cit.*, p. 207.

[165] Voy. A.-Ch. VAN GYSEL et V. WYART, *ibid.*, pp. 775.
[166] Voy. P. LECOCQ, V. SAGAERT et B. VANBRABANT, «La notion de biens», *in Rapports Belges au Congrès de l'Académie Internationale de Droit comparé à Utrecht*, Bruxelles, Bruylant, 2006, p. 191, n° 1.

# 4

# EMPHYTÉOSE ET SUPERFICIE : QUESTIONS CHOISIES

Pascale LECOCQ

professeur à l'ULiège et à l'U.L.B.

## Sommaire

| | |
|---|---:|
| **Introduction** | 160 |
| **Section 1**<br>Questions choisies en matière d'emphytéose | 167 |
| **Section 2**<br>Questions choisies en matière de droit de superficie | 184 |

## Introduction

**1. Le droit d'emphytéose et le droit de superficie : deux droits réels au destin particulier.** Les deux lois du 10 janvier 1824, réglementant respectivement le droit d'emphytéose et le droit de superficie, adoptées de façon anticipée alors que le législateur des Pays-Bas préparait le premier Code civil néerlandais, ont naturellement trouvé place aux côtés du Code civil des Français dans l'arsenal législatif belge au moment de l'indépendance en 1830. Dès le départ, l'éventail des droits réels sur le bien d'autrui fut donc plus large en droit belge qu'en droit français à la même époque car les juristes belges étaient conscients de la nécessité de disposer d'un droit applicable à des contrats de superficie et d'emphytéose existants, spécialement dans les provinces du Nord des Pays-Bas, telle la Frise[1].

Si ces deux droits tombèrent ensuite quelque peu dans l'oubli au début du XX$^e$ siècle, la pratique s'en (re)saisit à pleines mains, dès les années soixante, afin de mettre sur pied un nombre important de montages immobiliers, d'envergures diverses. À titre purement illustratif, dans la sphère privée, une décision rendue par la cour d'appel de Liège le 25 novembre 2019[2] révèle l'utilisation d'un contrat d'emphytéose accordée à une S.P.R.L., constituée par des époux sur l'immeuble familial – et un bail accordé ensuite par la société au profit des époux –, contrat suivi d'une série de changements de gérant et de société avec cession dudit droit d'emphytéose, rachat de parts... Ces nombreuses opérations conduisent d'ailleurs la cour d'appel à affirmer que «[...] Malgré le volumineux dossier de pièces qu'il a déposé, la cour constate qu'il n'est pas possible de déterminer avec précision ni les revenus du couple durant la vie commune ni les facultés actuelles de X compte tenu de tous les avantages tirés par le couple des sociétés». Les projets peuvent être d'ampleur également, comme le démontre un litige fiscal relatif à l'exploitation d'un complexe sportif à des fins footballistiques, où s'entremêlaient usufruit et emphytéose, litige ayant abouti à un récent arrêt de la cour d'appel de Liège – rendu après cassation – du 15 janvier 2020[3] [4].

Cette utilisation importante de l'emphytéose et de la superficie n'allait toutefois point sans poser problème dès lors qu'elle avait lieu sur la base de ces deux vieilles lois de 1824, restées totalement inchangées jusqu'à la loi du 25 avril 2014[5], et encore cette dernière ne concernait-elle, essentiellement, que

---

[1] Voy., sur l'histoire des droits de superficie et d'emphytéose, not. C. ASSER's, *Handleiding tot de beoefening van het Nederlands burgerlijk recht*, deel II, Zakenrecht, 7$^e$ éd., mise à jour par P. SCHOLTEN, 1933, pp. 276 à 278.
[2] Voy. Liège, 25 novembre 2019, R.G. n° 2018/FA/295, disponible sur https://juportal.be.
[3] Voy. Liège, 15 janvier 2020, R.G. n° 2018/RG/427, disponible sur https://juportal.be.
[4] Voy. également dans un litige fiscal, à propos d'une emphytéose jumelée à un contrat de *leasing*, Cass., 19 avril 2018, *Cour. fisc.*, 2018, p. 1045 ; voy. aussi, Civ. Mons, 7 novembre 2017, *Rec. gén. enr. not.*, 2019, p. 39.
[5] Voy. sur ce point, *infra*, n° 19.

le champ d'application du droit de superficie. La quasi-supplétivité de ces deux lois a en effet largement séduit la pratique, cherchant toujours les formules les plus souples, peu désireuse en tout cas de modifications contraignantes en ce domaine. Fleurirent moult interprétations divergentes d'articles de loi rédigés deux siècles plus tôt, et, avec elles, leur lot de controverses. Comme nous l'avons écrit, « la matière (est) truffée d'incertitudes et divergences d'opinions qui seront, sans conteste, les instruments du déclin de ces deux figures juridiques »[6] si l'on ne veille point à l'ipséité des concepts juridiques[7].

Poursuivant la modernisation ébauchée en 2014, le législateur, conscient des potentialités de ces deux figures juridiques, les a précieusement conservées dans la liste, fermée, des droits réels. En outre, dans son effort d'intégration du droit des biens – un des axes majeurs de la réforme de 2020[8] –, il a réuni au sein du Code civil des dispositions de droit des biens, parfois égarées dans d'autres codes, parfois énoncées dans des lois particulières, et ce pour un droit plus accessible et cohérent. Faire des deux lois du 10 janvier 1824, les titres 7 et 8 du livre 3 dudit code illustre parfaitement cette démarche.

**2. Le droit d'emphytéose et le droit de superficie : deux droits réels d'usage distincts.** L'article 3.1 énonce que « Les parties peuvent déroger aux dispositions du présent livre, sauf […] si la loi en dispose autrement » et vise des hypothèses où la loi dit expressément d'elle-même qu'elle n'est pas supplétive ou est formulée de façon contraignante, telle, spécialement, la matière de la copropriété forcée. L'article 3.1 réserve aussi les définitions, auxquelles il n'est pas permis de déroger : ce n'est pas tant que les articles comprenant des définitions soient impératifs ou d'ordre public mais plutôt que les définitions des concepts juridiques s'imposent, en elles-mêmes, à la suite d'opérations de qualification opérées par le juge. La remarque est d'importance, spécialement dans un système fermé de droits réels : l'article 3.3 du livre 3, intitulé « Système fermé des droits réels », énonce, après avoir affirmé que seul le législateur peut créer de nouveaux types de droits réels, que les droits réels sont la propriété, la copropriété, les droits réels d'usage (que sont les servitudes, le droit d'usufruit, le droit d'emphytéose et le droit de superficie[9]) et les sûretés réelles (à savoir, au sens du livre 3, les privilèges spéciaux, l'hypothèque, le gage et le droit de rétention). L'essence de chaque droit réel, ce qui le distingue des autres, sa définition, s'impose ainsi dans un système fermé contraignant, quoique flexible pour le surplus et subsidiaire. Dans ce contexte, chaque droit réel doit avoir sa spécificité pour conserver son utilité.

---

[6] Voy. P. Lecocq, *Superficie et emphytéose : aspects civils*, t. III, livre 34, coll. Guide juridique de l'entreprise (GUJE), Waterloo, Kluwer, 2007, spéc. 010.
[7] Voy., sur ce point, le numéro suivant.
[8] Voy., pour un exposé des axes majeurs de la réforme, P. Lecocq et V. Sagaert, « La réforme du droit des biens : contextualisation méthodologique et tendancielle », *in* P. Lecocq, N. Bernard, I. Durant, B. Michaux, J.-Fr. Romain et V. Sagaert (dir.), *Le nouveau droit des biens*, Bruxelles, Larcier, 2020, pp. 2 et s.
[9] Voy. aussi, pour l'appellation de droits d'usage, Cass., 24 avril 2015, *T.B.O.*, 2016, p. 37, dans un litige d'ordre fiscal.

Dès lors, avant même d'aborder l'une ou l'autre des questions choisies en ce domaine, nous insisterons sur les spécificités de chacun de ces deux droits. Comme le révèlent les articles 3.167 et 3.177, le droit d'emphytéose est essentiellement un plein usage et une pleine jouissance d'un immeuble appartenant à autrui. Certes, en vertu des articles 3.172 et 3.182 combinés, l'emphytéote peut construire ou planter, voire acquérir des ouvrages ou plantations, mais ce n'est là qu'une faculté accessoire, alors que l'essence du droit de superficie est, quant à elle, de conférer la propriété (en principe temporaire) d'un volume sur, au-dessus ou en dessous du fonds d'autrui, afin d'y avoir des ouvrages ou plantations. Si l'on tend en pratique à les confondre, au point que certains suggèrent lors de la consultation publique mise en place en décembre 2017 et janvier 2018 relative à l'avant-projet de réforme du livre II du Code civil de 1804 de ne conserver qu'un seul des deux droits[10], c'est que, selon nous, l'on a mésusé pendant plus de cinquante années de l'emphytéose. Moult projets de construction ont été réalisés sous la forme d'un droit d'emphytéose en lieu et place d'un droit de superficie car, sous l'empire des lois de 1824, d'une part, la durée maximale de la superficie ne pouvait être que de cinquante ans contre nonante-neuf pour l'emphytéose et, d'autre part, l'emphytéose pouvait à coup sûr, elle[11], être utilisée pour des ouvrages en sous-sol. Restituer, dans les faits, à chacune de ces deux figures juridiques son champ d'application spécifique constituera sans doute un défi dans les années à venir, encore que la possibilité réservée au droit de superficie d'être perpétuel pour réaliser une division en volumes aux conditions de l'article 3.180 du Code civil[12] pourra sans doute aider à convaincre…

**3. Le droit d'emphytéose et le droit de superficie : deux droits réels d'usage distincts mais reliés. Le concept de superficie-conséquence.** La jurisprudence et la doctrine ont développé durant tout le XXe siècle le concept de superficie-conséquence : l'emphytéote, grâce à son plein usage, peut librement réaliser des ouvrages ou plantations comme l'exprime l'article 5, dernier alinéa, de la loi de 1824 sur le droit d'emphytéose. Or, pour reprendre la formulation du professeur Jacques Hansenne[13], la superficie-conséquence «[…] est de nature à jouer chaque fois que la séparation entre propriété du sol et propriété des constructions apparaît implicitement ou explicitement, légalement ou conventionnellement, comme un mécanisme permettant la mise du droit de superficie au service d'une institution juridique que nous appellerons prin-

---

[10] Voy., pour la chronologie des étapes ayant conduit à l'adoption de la loi du 4 février 2020, P. Lecocq et V. Sagaert, « La réforme du droit des biens : contextualisation méthodologique et tendancielle », *op. cit.*, nos 4, 5 et 6.

[11] Voy., pour la controverse existant quant à l'existence d'un droit de superficie en sous-sol, antérieurement à la loi du 25 avril 2014, P. Lecocq, S. Boufflette, A. Salvé et R. Popa, *Manuel de droit des biens*, t. 2, Droits réels principaux démembrés, Bruxelles, Larcier, 2016, Titre IV. La superficie, spéc. nos 8 et 9, et les références citées.

[12] Voy., sur ce point, *infra*, n° 22.

[13] Voy. J. Hansenne, « L'accession », *Rép. not.*, t. II, Les biens, livre I, Bruxelles, Larcier, 1994, n° 75.

cipale »[14]. L'emphytéote, comme d'autres[15], profite dès lors de cette superficie-conséquence, emportant propriété dans son chef des constructions réalisées ou acquises par lui – pour autant qu'elles puissent faire l'objet d'une accession différée –, sans qu'il soit besoin de prévoir une clause de renonciation à l'accession[16]. En revanche, les constructions existant au moment de la constitution du droit d'emphytéose restent la propriété du bailleur emphytéotique (ou plus largement du constituant), sauf si, on l'a dit, l'emphytéote en a fait l'acquisition[17]. Les ouvrages ou plantations réalisés par l'emphytéote seront sa propriété pendant toute la durée du droit d'emphytéose, et donc éventuellement au-delà des 50 ans fixés de façon contraignante pour le droit de superficie à titre principal sous l'ancien régime. En effet, la superficie-conséquence dont il profite est mise au service de l'emphytéose et doit donc durer autant que celle-ci. Elle n'est pas soumise à l'article 4 de la loi du 10 janvier 1824 sur le droit de superficie, relatif à la durée[18].

Avant la réforme, une hypothèse faisait pourtant controverse relativement aux droits de l'emphytéote sur certains ouvrages. L'article 7 de la loi du 10 janvier 1824 dispose que l'emphytéote « […] peut, à l'expiration de son droit, enlever les constructions par lui faites et auxquelles il n'était pas tenu par la convention : mais il doit réparer le dommage que cet enlèvement a causé au fonds ». Certaine doctrine en a déduit que, lorsqu'il a été imposé à l'emphytéote de construire, il serait contestable d'avoir recours, relativement à ces travaux, au concept de superficie-accessoire et que, dans cette hypothèse, l'accession se réaliserait au fur et à mesure de l'incorporation au sol[19]. La remarque est d'une importance pratique évidente, qu'il s'agisse, par exemple, de se demander s'il peut hypothéquer son droit d'emphytéose en ce qu'il porte notamment sur ces constructions qu'il doit contractuellement réaliser. Certains songent à conseiller aux parties de contracter dans un climat de confiance et d'omettre du contrat constitutif d'emphytéose cette obligation de construire afin d'éviter toute incertitude sur la nature des droits de l'emphytéote sur les travaux exécu-

---

[14] Voy. not., en jurisprudence, Liège, 28 janvier 2015, disponible sur https://juportal.be.
[15] Voy., en matière de servitude, Civ. Flandre occidentale, division de Bruges, 6 décembre 2017, *J.J.P.*, 2018, p. 355. Voy. aussi Cass., 12 juin 2014, *Pas.*, 2014, p. 1483, *R.W.*, 2014-2015/23, p. 905, note V. Sagaert, *T.B.O.*, 2016, p. 303, note M. Muylle et K. Swinnen, *T. Not.*, 2014, p. 751.
[16] Voy. C. Mostin, « Emphytéose et superficie. 1. Aspects civils », *Rép. not.*, t. II, Les biens, livre VI¹, Bruxelles, Larcier, 2015, n° 60.
[17] Voy. C. Mostin, *ibid.*, n° 58 ; J. Hansenne, *Les biens. Précis*, t. II, Liège, éd. Collection scientifique de la Faculté de droit de l'Université de Liège, 1996, n° 1227, spéc. la note (24) ; F. Werdefroy, « Beschouwingen over de onroerende natrekking, het recht van erfpacht, het recht van opstal, en het verlof tot bouwen », *T.P.R.*, 1983, spéc. n° 13 b ; N. Bernard, *Le droit des biens après la réforme de 2020*, Limal, Anthemis, 2020, n° 1591.
[18] Voy. J. Hansenne, « L'accession », *op. cit.*, n° 75.
[19] Voy. Fr. de Montpellier, « Usufruit, emphytéose et superficie – Limites de l'autonomie de la volonté et utilisation combinée », in *La stratégie immobilière*, Bruxelles, Larcier, 2003, pp. 1 et s., n° 68 ; J. Hansenne, *Les biens. Précis*, t. II, *op. cit.*, n° 1228, spéc. la note 25 ; voy. aussi R. Carton de Tournai et A. Mertens de Wilmars, avec la collaboration de A. J. Charlier, « Emphytéose, superficie et leasing immobilier », *Rép. not.*, t. II, livre VI, Bruxelles, Larcier, 1974, mise à jour au 1ᵉʳ janvier 1980 par Fr. Haumont, spéc. n° 40.

tés. Dans des conventions d'une valeur économique souvent importante, la suggestion paraît toutefois quelque peu insécurisante. À notre avis[20], le législateur, face à des contrats existants, portant pareille obligation, a logiquement prévu pour ces constructions obligées une interdiction de démolir et une obligation d'entretenir, en soulignant que l'indemnisation est exclue, en principe, en toute hypothèse à la fin du droit d'emphytéose (art. 8 de la loi). Ces considérations permettent de défendre l'opinion selon laquelle, même lorsqu'il est tenu d'ériger certaines constructions, l'emphytéote acquiert temporairement la propriété de celles-ci et peut, par conséquent, exercer à leur propos, pour la durée de son droit, toutes les prérogatives du propriétaire.

Relevons un arrêt de la Cour constitutionnelle en date du 10 décembre 2014[21] qui avait à s'interroger sur le sens du mot « propriétaire », dans un décret contenant des mesures visant à lutter contre l'abandon et le délabrement de sites industriels. Recherchant la *ratio legis* de la norme et ayant opté davantage pour prendre en considération, dans le cadre de cette législation, le propriétaire du bâtiment plutôt que le propriétaire du terrain, la Cour y affirme l'existence d'une superficie-accessoire dans le cadre d'une concession ; elle énonce aussi que : « […] Dans le cas de la superficie, le tréfoncier reste propriétaire du terrain tandis que le superficiaire est titulaire d'un droit de propriété temporaire sur les bâtiments qu'il a érigés et éventuellement sur les bâtiments préexistants. Dans le cas de l'emphytéose, le bailleur emphytéotique reste propriétaire du terrain tandis que l'emphytéote dispose d'un droit de propriété temporaire sur les bâtiments ». L'affirmation nous semble manquer de nuance car tout dépend de ce que l'emphytéote a reçu en emphytéose : si le terrain était déjà bâti et que l'emphytéote n'a pas acquis ces ouvrages, il n'en est pas propriétaire.

Aujourd'hui, le concept de superficie-conséquence est énoncé de façon générale à l'article 3.182 : « Le droit de superficie peut aussi naître comme la conséquence d'un droit d'usage sur un immeuble qui confère le pouvoir d'y réaliser des ouvrages ou plantations. Dans ce cas, le droit de superficie est soumis au régime juridique applicable au droit dont il découle », y compris quant à sa durée, comme précisé à la finale de l'article 3.180 : « […] Lorsque le droit de superficie est la conséquence d'un droit principal, conformément à l'article 3.182, sa durée est identique à la durée de ce droit principal ». Plus précisément en matière d'emphytéose, l'article 3.172, dernier alinéa, répète le principe, tout en réglant la question jusque-là controversée évoquée ci-avant : ce dernier alinéa prévoit en effet que si l'emphytéote acquiert ou réalise des ouvrages ou plantations, celles-ci sont sa propriété en application de l'article 3.182 mais il précise que tel est le cas que ces ouvrages ou plantations aient être réalisés libre-

---

[20] Voy. P. Lecocq, S. Boufflette, A. Salvé et R. Popa, *Manuel de droit des biens*, t. 2, *op. cit.*, Titre V. L'emphytéose, n° 18 et les références citées en sens divers ; F. Werdefroy, « Beschouwingen over de onroerende natrekking, het recht van erfpacht, het recht van opstal, en het verlof tot bouwen », *op. cit.*, pp. 293 et s., spéc. n° 13 a.

[21] Voy. C.C., 10 décembre 2014, n° 183/2014, *F.J.F.*, 2015, p. 163.

ment ou sur obligation. *Exit* les incertitudes quant à la nature des droits de l'emphytéote sur les ouvrages ou plantations réalisés sur obligation : il s'agit bien, ici aussi, d'un droit de propriété, temporaire. En toute logique économique, l'article poursuit : tout propriétaire qu'il soit, l'emphytéote ne peut démolir les ouvrages ou plantations qu'il était tenu de réaliser. L'article 3.176 boucle la boucle en disposant qu'« à l'extinction du droit d'emphytéose, la propriété des ouvrages ou plantations réalisés en application de l'article 3.172 passe au constituant du droit d'emphytéose ou à son ayant droit ».

**4. Le droit d'emphytéose et le droit de superficie : deux droits réels d'usage distincts quant à leur essence mais harmonisés, *a priori*, sur les questions moins fondamentales.** L'article 3.3 *juncto* 3.1 établit une offre, fixe, sauf initiative du législateur, des différentes possibilités de se réserver des prérogatives réelles sur une chose. Chaque droit réel se distingue des autres, on l'a dit, mais le caractère de principe supplétif du livre 3 met en place, dans le même temps, une modélisation souple des clauses et conditions de l'acte juridique selon les souhaits des parties[22]. Le droit des biens se doit d'être performant afin de pouvoir répondre aux besoins de la pratique. Dès lors, il doit présenter une certaine souplesse. La flexibilisation du droit des biens fait place à l'autonomie des volontés grâce à la négociation de la durée, aux limites légales fixées pour chacun des droits réels d'usage, à la fixation de l'objet exact du droit réel, aux clauses relatives aux droits des parties (dès lors que cela ne porte pas atteinte à l'essence du droit) et celles concernant les obligations des parties, avec pour exemple des clauses de réparation – d'entretien ou grosses réparations – ou d'indemnisation en cas de réalisation d'ouvrages ou de plantations, dans le cadre d'un droit de superficie, principal ou conséquence, etc.

Il faut toutefois prévoir un régime supplétif pour toutes ces questions et le législateur d'opter non seulement pour un titre 1, contenant les dispositions générales et harmonisant, notamment, les règles en matière d'acquisition ou d'extinction des droits réels – et spécialement, pour notre propos, des droits réels d'usage –, mais également pour une série de dispositions similaires dans les divers titres. En matière d'emphytéose et de superficie, on relèvera, entre autres : la possibilité de constituer un droit de superficie ou d'emphytéose par tout titulaire d'un droit réel d'usage dans les limites de son droit (art. 3.168 et 3.178 C. civ.[23]) ; un droit possiblement perpétuel lorsqu'il est concédé par le propriétaire à des fins de domanialité publique (art. 3.169 et 3.180 C. civ.[24]) ; les mêmes précisions en cas d'acquisition par prescription (art. 3.170 et 3.181 C. civ.) ; un pouvoir de céder et d'hypothéquer son droit et, nécessairement avec celui-ci, les immeubles dont ils sont propriétaires (art. 3.171 et 3.183 C. civ.) ; une interdiction de démolir les ouvrages ou plantations obligés (art. 3.172 et 3.184 C. civ.) ;

---

[22] Voy., entre autres, sur le rôle de l'autonomie des volontés en droit des biens, V. SAGAERT, « Wilsautonomie in het Belgische goederenrecht », *T.P.R.*, 2019, pp. 337 à 414.
[23] Voy. *infra*, n° 5.
[24] Voy. *infra*, n°s 11 et 22.

une référence aux réparations d'entretien et grosses réparations telles que définies en matière d'usufruit (art. 3.173 et 3.185 C. civ.) ; la possibilité d'extinction d'un droit d'emphytéose ou de superficie perpétuelle pour cause de perte de toute utilité, même future ou potentielle (art. 3.175 et 3.187 C. civ.) ; une solution harmonisée et utilisant le mécanisme de l'enrichissement injustifié pour les questions d'accession et d'indemnisation à la fin du droit (art. 3.176 et 3.188 C. civ.) ; etc. Sur ces points communs, nous nous permettrons d'opérer par renvoi entre la section 2 consacrée au droit de superficie et la section 1 traitant du droit d'emphytéose, et ce afin d'éviter les redites.

**5. Le droit d'emphytéose et le droit de superficie : deux droits distincts mais plus que jamais possiblement « imbriqués ». Les constituants possibles.** Parmi les questions harmonisées citées au numéro qui précède, nous relèverons celle, essentielle, de la qualité du constituant des droits réels d'usage. Cette problématique a particulièrement été évoquée dans les contributions relatives au droit d'emphytéose et au droit de superficie et leurs combinaisons souhaitées, et légalement possibles. Or, dans la conception selon laquelle l'*abusus* du propriétaire permet surtout de détruire matériellement la chose (*abusus* matériel) et de la grever de droits réels, la possibilité de constituer des droits réels sur une chose est réservée en principe au seul propriétaire de celle-ci. S'inspirant de la réforme de la loi de 1824 sur le droit de superficie opérée en 2014, le législateur de 2020 a opté pour la souplesse aussi en termes de constituants possibles des différents droits réels d'usage. Afin de permettre les superpositions de droits réels pour répondre au mieux aux attentes actuelles des pratiques immobilières[25], les articles 3.117, 3.140, 3.168 et 3.178 énoncent respectivement pour les servitudes, pour le droit d'usufruit, pour le droit d'emphytéose et pour le droit de superficie qu'ils peuvent être constitués par le propriétaire ou par un titulaire d'un droit réel d'usage. Mais on ajoute, nuance essentielle, qu'il ne peut le faire que dans les limites de son droit, qu'il s'agisse de durée, d'objet ou des prérogatives du constituant ; d'où l'importance de connaître les prérogatives essentielles de chacun des droits réels, au risque à défaut de dénaturer ceux-ci. Le principe cède ici clairement devant les besoins en termes de fonctionnalité mais avec, en quelque sorte, des « rails de sécurité ».

Les combinaisons de droits réels d'usage appartenant à des titulaires différents sur un même fonds se multiplieront donc possiblement, mais le législateur a entendu rendre celles-ci pratiquement possibles et efficaces. D'une part, il crée une nouvelle servitude légale au bénéfice de celui qui dispose d'un droit réel d'usage immobilier sur le bien d'autrui. Le deuxième alinéa de l'article 3.116 du Code prévoit que « le titulaire d'un droit réel d'usage d'un immeuble profite, en vertu de la loi, de toutes les servitudes nécessaires à l'exercice de son droit sur le fonds grevé dudit droit réel ». Point remarquable : cette servitude légale n'est pas définie au regard d'un service déterminé, d'une utilité précise qui

---

[25] Voy., sur ce point, A. FERRACCI, *Les combinaisons des droits réels. Indivisions et démembrements en matière immobilière*, Paris, L.G.D.J., 2020, 464 p.

serait conférée au fonds dominant, mais est de portée générale, « visant tout ce qui, sur un fonds grevé d'un droit réel d'usage, est nécessaire pour que celui qui dispose d'un tel droit sur l'immeuble puisse l'exercer »[26]. D'autre part, il prévoit, en matière d'emphytéose (art. 3.173 *in fine* C. civ.) comme en matière de superficie (art. 3.185 *in fine* C. civ.), une obligation quant aux réparations nécessaires pour l'exercice des autres droits réels d'usage existant sur l'immeuble[27].

## Section 1
## Questions choisies en matière d'emphytéose

### A. Éléments caractéristiques, objet, droits et obligations des parties

**6. Un plein usage et une pleine jouissance, avec possible modification de la destination de l'immeuble, mais sans diminution de valeur.** L'article 5, alinéa 2, de la loi du 10 janvier 1824 sur le droit d'emphytéose dispose que l'emphytéote, ayant le plein usage de l'immeuble, peut améliorer l'héritage par des constructions, défrichements, plantations. Dans cet exercice, il lui appartient de modifier la destination du bien. Cette possible modification de la destination distingue d'ailleurs usufruit et emphytéose. Cette prérogative a toutefois, en pratique, souvent été limitée, voire exclue, contractuellement. Ceci paraît compréhensible lorsque l'on se rappelle que le droit d'emphytéose a été utilisé, à la place du droit de superficie selon nous, aux fins de réaliser (obligatoirement très souvent) des ouvrages ou plantations, dans le cadre de montages immobiliers prédéfinis. En conséquence, le législateur de 2020 a, tout à la fois, inséré dans la définition du droit d'emphytéose, à l'article 3.167, le pouvoir de modifier la destination de l'immeuble grevé d'un droit d'emphytéose et prévu la possibilité d'une clause contraire, précision nécessaire au regard de l'article 3.1 qui énonce que les parties ne peuvent déroger aux définitions[28].

En outre, ce plein usage n'a lieu que sous la condition impérative de ne rien faire qui diminue la valeur de l'immeuble, en application de l'article 3, alinéa 1er, de la loi de 1824. Cette disposition cite, dans son second alinéa, pensé essentiellement en termes de fonds, des exemples d'actes, telle l'extraction de matières diverses, qui entraîneraient une diminution de la valeur (sauf si l'exploi-

---

[26] Voy., sur ce point, la contribution du présent ouvrage consacrée aux servitudes légales. Comp. N. Bernard, *Le droit des biens après la réforme de 2020, op. cit.*, n° 1160 ; S. Boufflette, « Chapitre 3. Des servitudes », *in* P. Lecocq et al., *Le nouveau droit des biens, op. cit.*, spéc. p. 270.

[27] Voy. *infra*, nos 12 et 23. Voy. N. Bernard, *Le droit des biens après la réforme de 2020, op. cit.*, nos 1613 et 1740 ; B. Pirlet, « Titre 7. Droit d'emphytéose », *in* P. Lecocq et al., *Le nouveau droit des biens, op. cit.*, pp. 359 et 360 ; J.-Fr. Romain, « Titre 8. La nouvelle dimension de la superficie », *in* P. Lecocq et al., *Le nouveau droit des biens, op. cit.*, pp. 419 et 420.

[28] Voy., sur ce point, V. Sagaert, *Beginselen van Belgisch privaatrecht*, t. V, Goederenrecht, Malines, Wolters Kluwer, 2021, nos 998 et 999.

tation avait débuté avant la naissance du droit d'emphytéose). Par conséquent, l'article 5, alinéa 2, de la loi oblige l'emphytéote à entretenir l'immeuble donné en emphytéose et à y faire les réparations d'entretien, et ce afin d'exécuter son obligation de ne pas diminuer la valeur du bien donné en emphytéose. Dans un litige d'ordre fiscal, la Cour de cassation énonce, dans un arrêt du 21 mai 2015, que « si le propriétaire n'est, en vertu de l'article 5, alinéa 1er, de la même loi, tenu à aucune réparation, de son côté, l'emphytéote est obligé, conformément à l'article 5, alinéa 2, d'entretenir l'immeuble donné en emphytéose et d'y faire les réparations ordinaires »[29]. Cette obligation d'entretien de l'immeuble grevé d'emphytéose est communément étendue aux constructions que l'emphytéote était contraint d'ériger. En revanche, la loi de 1824 ne prévoyait rien quant aux grosses réparations, dont personne finalement n'était véritablement chargé, sauf exceptions (telles les grosses réparations résultant d'un défaut d'entretien). Quant aux sanctions, déjà sous l'empire de la loi de 1824, l'emphytéote peut être déchu de son droit pour cause de dégradations notables et d'abus graves de jouissance (art. 15 loi 10 janvier 1824) ; la loi attribue également au bailleur emphytéotique une action personnelle en dommages et intérêts pour les dégradations occasionnées par la négligence et le défaut d'entretien, mais aussi pour les droits que l'emphytéote aurait laissé prescrire par sa faute (art. 15 loi 10 janvier 1824)[30].

Aujourd'hui, la définition du droit d'emphytéose à l'article 3.167 inclut, en tant qu'élément essentiel du droit d'emphytéose[31], cette interdiction de diminuer la valeur, tout en réservant expressément l'usure normale, la vétusté ou le cas de force majeure. Par conséquent, l'article 3.173 édicte désormais expressément que l'emphytéote doit faire toutes les réparations, d'entretien ou grosses, relativement à l'objet de son droit mais aussi concernant les ouvrages et plantations qu'il est tenu de réaliser (vis-à-vis du constituant du droit[32]). Les sanctions perdurent, mais sont logées dans le titre 1 du livre 3, à l'article 3.16, 4°. Ce dernier prévoit désormais la possibilité d'une déchéance pour abus manifeste de l'usage et de la jouissance pour tous les droits réels d'usage. Il instaure également une possibilité d'agir immédiatement en cessation ou en réparation en nature

---

[29] Voy. Cass., 21 mai 2015, R.G. n° F.14.0001.F, disponible sur https://juportal.be, *T.B.O.*, 2017, p. 20.
[30] On notera d'ailleurs que cette action en dommages et intérêts prévue légalement à l'expiration du droit d'emphytéose a été parfois accordée en jurisprudence au cours du droit (voy. Civ. Mons, 7 mai 1898, *Pas.*, 1898, III, p. 60), ce que certains auteurs critiquent au vu de l'indépendance qui caractérise les relations entre bailleur et emphytéote et de la pleine jouissance dont dispose l'emphytéote pendant toute la durée de son droit (H. DE PAGE et R. DEKKERS, *Traité élémentaire de droit civil belge*, t. VI, Les biens (Deuxième partie), Les sûretés (Première partie), Bruxelles, Bruylant, 1953, n° 717 ; C. MOSTIN, « Emphytéose et superficie. 1. Aspects civils », *op. cit.*, n° 91 ; S. SNAET, « Recht van erfpacht », in *Bijzondere overeenkomsten – Artikelsgewijze commentaar met overzicht van rechtspraak en rechtsleer*, ouvrage à feuillets mobiles, Diegem, Kluwer, 1998, pp. 189 et 190).
[31] Voy. V. SAGAERT, *Beginselen van Belgisch privaatrecht*, t. V, Goederenrecht, *op. cit.*, n°s 999 et 1041 ; B. PIRLET, « Titre 7. Droit d'emphytéose », *op. cit.*, pp. 321 à 370, spéc. pp. 327 et 328.
[32] Voy. B. PIRLET, *ibid.*, spéc. pp. 358 et 359 ; N. BERNARD, *Le droit des biens après la réforme de 2020*, *op. cit.*, n° 1611.

contre le titulaire du droit réel d'usage s'il réalise des ouvrages ou plantations excédant les limites de son droit.

En pratique, sur cette question de la diminution de valeur, reprise dans le Code civil sous les mêmes termes et avec la même force contraignante selon nous, il arrive fréquemment que l'emphytéote puisse démolir tout l'existant dans un contexte de reconstruction planifiée. Les auteurs qui évoquent la question considèrent que la solution reste identique, même si cette contrainte figure dans la définition elle-même du droit : c'est dans une perspective à long terme qu'il convient d'apprécier s'il y a diminution de valeur, *quod non* si à l'issue de la reconstruction le bien grevé du droit d'emphytéose a au moins une valeur identique[33].

**7. Un plein usage et une pleine jouissance, qui n'est plus nécessairement à titre onéreux.** Disparaît de la définition du droit telle qu'on la lisait dans l'article 1er de la loi du 10 janvier 1824, l'obligation de payer une redevance périodique en reconnaissance du droit de propriété. Et c'est heureux. En effet, en 2020, il est loin le temps où l'on craignait que l'emphytéose, droit d'usage et de jouissance trop long et trop général, ne conduise à l'érosion du droit de propriété, comme sous l'Ancien Régime. Nul besoin désormais d'imposer dans la définition du droit le paiement d'une redevance périodique en reconnaissance du droit de propriété d'autrui. Le contrat constitutif d'emphytéose n'est plus nécessairement à titre onéreux, ce qui cadre avec le souhait généralisé de flexibilisation du droit des biens, un des quatre axes majeurs de la réforme. Mieux : c'est manifestement, par synecdoque, que le législateur a eu à l'esprit le seul contrat comme mode de création du droit d'emphytéose dans la loi de 1824. Henri De Page et René Dekkers évoquent à ce propos une confusion entre le contrat d'emphytéose, dont la loi de 1824 exige effectivement qu'il soit onéreux, l'emphytéote devant payer régulièrement le canon emphytéotique, et le droit d'emphytéose qui se définit « […] indépendamment des prestations dues pour l'obtenir »[34]. En conséquence, l'article 3.167 définissant le droit d'emphytéose et non sa source, fût-elle la plus fréquente, évite désormais cette confusion et n'impose plus le caractère onéreux.

Si le canon emphytéotique, même symbolique, était par le passé considéré comme de l'essence du droit d'emphytéose, cela impliquait, selon plusieurs auteurs spécialistes de droit des biens, que le paiement du canon était cédé avec le droit lui-même. Jacques Hansenne écrivait, dans un brillant article en hommage à Alex Weill et relatif à l'obligation réelle, qu'il s'agit là d'obligations de jouissance passive « imposées au titulaire d'un droit réel en contrepartie de l'usage et de la jouissance qu'il retire de la chose d'autrui […] (et qui) constituent le prix qu'il incombe au titulaire du droit de payer pour bénéficier des

---

[33] Voy. V. SAGAERT, *Beginselen van Belgisch privaatrecht*, t. V, Goederenrecht, *op. cit.*, n° 1041 ; N. BERNARD, *ibid.*, pp. 239 et 240 ; B. PIRLET, *ibid.*, spéc., pp. 330 et 331.
[34] Voy. H. DE PAGE et R. DEKKERS, *Traité élémentaire de droit civil belge*, t. VI, *op. cit.*, n° 697.

avantages de la chose »[35]. C'est une obligation personnelle mais d'un type particulier car liée à la titularité du droit réel et justifiée uniquement dans le chef dudit titulaire, pour le temps où il en est ou a été titulaire[36]. Raymond Derine, Fernand Van Neste et Hugo Vandenberghe aboutissaient à un résultat similaire au moyen du concept d'obligations qualitatives[37].

La modification législative opérée en 2020 change radicalement la donne comme l'illustrent les articles 3.6 et 3.17 du Code civil. L'article 3.6, alinéa 2, énonce désormais que « Lorsqu'un titulaire d'un droit réel d'usage cède son droit, il demeure tenu, à l'égard du propriétaire, solidairement avec le cessionnaire, des obligations personnelles dues en contrepartie de la constitution de ce droit et qui deviennent exigibles après la cession. Seul le cédant est tenu des obligations qui sont exigibles avant la cession ». *A contrario*, le cédant n'est plus tenu des obligations certes personnelles mais « qualitatives » ou de jouissance passive, nées évidemment après la cession, et liées à la titularité du droit, telle une obligation d'entretien pour l'usufruitier. En conséquence, la cession est certes permise mais elle ne peut déjouer les attentes purement contractuelles, le plus souvent de sommes d'ailleurs, qui n'étaient que la contrepartie de la constitution du droit. En revanche, elle permet de libérer le cédant des obligations à venir qui pesaient sur lui parce qu'il disposait de telle ou telle utilité sur la chose d'autrui tout comme elle ne peut pas conduire à rendre le cessionnaire débiteur d'obligations nées avant la cession. Le tout, à l'évidence, sauf clauses contractuelles contraires dans l'acte de cession. Le caractère onéreux obligatoire ayant disparu, le paiement d'une redevance prévue contractuellement le cas échéant ne relève plus de la catégorie des obligations de jouissance passive : elle n'est plus que la contrepartie contractuelle de la constitution du droit, visée précisément à l'article 3.6[38]. La même logique est suivie en cas de renonciation à un droit réel, dont le droit d'emphytéose, à l'article 3.17, alinéa 2, du Code civil[39].

**8. L'objet du droit d'emphytéose : un immeuble par nature ou un immeuble par incorporation.** S'agissant des biens qui peuvent être grevés d'emphytéose, le législateur de 1824 a défini l'emphytéose comme le droit réel consistant à avoir la pleine jouissance d'un **immeuble** appartenant à autrui. Le terme est ici tout à fait général et a permis à la doctrine, répondant aux nécessités

---

[35] Voy. J. Hansenne, « De l'obligation réelle accessoire à l'obligation réelle principale », in *Études dédiées à Alex Weill*, Paris, Dalloz-Litec, 1983, pp. 325 et s. ; voy. aussi, quoiqu'en matière d'usufruit, J. Hansenne, *Les biens. Précis*, t. II, *op. cit.*, n°s 1041 et 1042.

[36] Voy. déjà P. Lecocq, *Superficie et emphytéose : aspects civils*, *op. cit.*, n° 570 (citée en sens contraire, à tort, par C. Mostin, « Emphytéose et superficie. 1. Aspects civils », *op. cit.*, n° 78).

[37] Voy. R. Derine, F. Van Neste et H. Vandenberghe, *Beginselen van Belgisch privaatrecht*, deel II A, Zakenrecht, Gand, Story-Scientia, 1984, n° 1005 ; voy., pour une comparaison des deux théories, C. Mostin, « Emphytéose et superficie. 1. Aspects civils », *op. cit.*, n°s 48, 49 et 50, à propos de la cession du droit d'emphytéose.

[38] Voy. B. Pirlet, « Titre 7. Droit d'emphytéose », *op. cit.*, spéc. pp. 334 à 336.

[39] Voy. *infra*, n° 15.

de la pratique, d'affirmer après quelques hésitations[40], que le droit d'emphytéose peut porter sur un terrain, donc sur un fonds bâti ou non, en sursol comme en sous-sol, mais aussi sur des bâtiments considérés isolément, immeubles dits par incorporation par excellence[41]. Même sous l'empire de la loi de 1824, cette dernière possibilité élargit donc le champ des personnes pouvant concéder un droit d'emphytéose, en incluant tous les propriétaires d'une construction seulement, en application du concept de superficie-conséquence. Rien n'empêche un propriétaire d'immeuble de n'accorder un droit d'emphytéose que sur une partie seulement de son immeuble. Ainsi, le bailleur emphytéotique pourrait conserver la pleine propriété d'une partie de son fonds et attribuer la jouissance emphytéotique du reste à autrui. Pareillement, le concept même de propriété peut s'appliquer à un volume et rien n'empêche de concevoir que le propriétaire accorde la jouissance de ce volume, en sursol ou en sous-sol, sous forme d'un droit d'emphytéose.

La réforme de 2020 énonce expressément que le droit d'emphytéose emporte plein usage et pleine jouissance d'un immeuble par nature ou par incorporation appartenant à autrui. En visant expressément l'immeuble par incorporation et lui seul, le législateur fait ici une exception légale au prescrit de l'article 3.8 qui énonce le principe d'unité de l'objet des droits réels. Un bien est un tout, composé de tous les éléments nécessaires qui font de lui ce qu'il est, que ce soit sur le plan physique (critère objectif) ou fonctionnel (critère subjectif), constitué donc de toutes ses composantes inhérentes. En conséquence, sauf dérogations légales, un droit réel ne peut pas être établi isolément sur une partie d'un bien et s'étend à l'ensemble du bien : l'article 3.169, en visant l'immeuble par incorporation isolément le cas échéant, est l'une de ces exceptions. En application du principe d'unité, un droit d'emphytéose portant sur une partie seulement d'un fonds divisé dans son étendue horizontale nécessitera une précadastration. Toujours dans la même perspective, le volume est certes un immeuble par nature, en application de l'article 3.47 du Code civil, mais il est une composante inhérente du fonds : si l'on désire concéder un droit d'emphytéose sur un volume seulement, il convient que ce volume existe juridiquement et ait pu légalement être dissocié du reste du fonds. Concrètement, cela pourrait être le cas si un droit de superficie a été préalablement constitué, emportant – exception permise légalement – la propriété dissociée d'un volume en application de l'article 3.177 du Code civil, et que le superficiaire concède sur ce volume un droit d'emphytéose. Cela pourrait également être réalisé via un acte de base créant ce volume, objet ensuite du droit d'emphytéose. L'acte de

---

[40] Voy. H. DE PAGE et R. DEKKERS, *Traité élémentaire de droit civil belge*, t. VI, *op. cit.*, n° 701, qui limitent l'objet de l'emphytéose à la jouissance d'un fonds de terre.

[41] Voy., entre autres, C. MOSTIN, « Emphytéose et superficie. 1. Aspects civils », *op. cit.*, n° 17 ; V. SAGAERT, « Oude zakenrechtelijke figuren met nut voor een moderne familiale vermogensplanning. Knelpunten van tontine, vruchtgebruik, erfpacht en opstal », *in Levenslang en verder. Familiale vermogensplanning in de 21ste eeuw*, XXX<sup>e</sup> Postuniversitaire Cyclus Willy Delva 2003-2004, Malines, Kluwer, 2004, n° 49 ; J. HANSENNE, *Les biens. Précis*, t. II, *op. cit.*, n° 1219.

base peut éventuellement être simplifié si la gestion des parties communes le permet, en application de la finale de l'alinéa 1er de l'article 3.84. C'est alors le droit commun de la copropriété forcée tel qu'énoncé aux articles 3.78 à 3.83 du Code civil qui s'appliquera[42].

Une fois l'immeuble déterminé et spécifié, le droit d'emphytéose portera sur celui-ci, dans son entièreté, mais aussi, *a priori* et sauf clause contraire, sur tous ses accessoires. L'accessoire d'un bien principal – les deux biens appartenant au même propriétaire (condition d'unicité de propriétaire) – ne participe pas de la substance de celui-ci à la différence de la composante inhérente. Il est, aux termes de l'article 3.9, soit attaché ou placé à demeure, soit mis au service de l'exploitation ou de la sauvegarde de ce bien principal. L'accessoire suit en principe le sort de celui-ci, sauf si une clause prévoit le contraire, à moins qu'il ne s'agisse d'une hypothèse d'accessorité renforcée, telle la servitude par rapport au fonds. On notera que l'immeuble par destination est défini dans l'article 3.47 par rapport précisément à la notion d'accessoire et que cette notion d'accessoire est aujourd'hui plus générale et vise tout bien, meuble ou immeuble, et l'immeuble en général et non seulement le fonds, comme le faisait l'article 524 de l'ancien Code civil s'agissant de ces accessoires que sont les immeubles par destination. Dès lors les hésitations quant à la possibilité pour un emphytéote d'immobiliser temporairement certains meubles par destination, écartée par un arrêt de la Cour de cassation du 12 avril 2010 précédemment commenté[43], sont-elles encore de mise ? D'une part, le concept de superficie-conséquence est énoncé clairement et appliqué sans nul doute aux ouvrages réalisés (ou acquis) par l'emphytéote[44] et, d'autre part, l'immobilisation par destination, via la notion d'accessoire, n'est plus réservée au seul propriétaire d'un fonds[45].

**9. L'objet du droit d'emphytéose : un immeuble corporel ou incorporel, tel un volume non bâti, mais point un droit.** *Quid* d'un droit d'emphytéose qui serait concédé sur un droit d'emphytéose, donc un droit d'emphytéose dont l'objet serait un droit, comme le suggèrent certains[46] ? La question était sans nul doute controversée sous l'empire de la loi de 1824 qui visait la jouissance d'un immeuble appartenant à autrui, sans autre précision. Or, peuvent être immeubles, selon les classifications traditionnelles du droit des biens, les biens corporels mais aussi les biens incorporels, tels les droits. *A priori*, au vu des termes larges utilisés dans la loi de 1824, un emphytéote aurait pu concéder un droit d'emphytéose sur son droit d'emphytéose, puisqu'il est

---

[42] Voy. égal., sur ces applications, V. Sagaert, *Beginselen van Belgisch privaatrecht*, t. V, Goederenrecht, *op. cit.*, nos 1031, 1032 et 1035.
[43] Voy. not. P. Lecocq, « Superficie et emphytéose. Actualités législatives et jurisprudentielles », *in* P. Lecocq (dir.), *Les droits réels démembrés*, coll. CUP, vol. 152, Bruxelles, Larcier, 2014, n° 5.
[44] Voy. *supra*, n° 3.
[45] Comp. V. Sagaert, *Beginselen van Belgisch privaatrecht*, t. V, Goederenrecht, *op. cit.*, n° 221.
[46] Voy. not. C. Mostin, « Emphytéose et superficie. 1. Aspects civils », *op. cit.*, n° 18 ; avant la réforme, V. Sagaert, *Beginselen van Belgisch privaatrecht*, t. V, Goederenrecht, Malines, Kluwer, éd. 2014, n° 703.

le propriétaire d'un immeuble, ce que n'admet pourtant pas une partie de la doctrine[47].

Eu égard aux nombreuses possibilités de superpositions de droits réels sur un immeuble vu la multiplicité de constituants possibles[48], il n'a point paru opportun de consacrer dans la réforme la thèse évoquée ci-dessus selon laquelle le droit d'emphytéose pourrait porter sur un autre droit réel d'usage, emphytéose ou autre. L'exposé des motifs énonce expressément : « […] Il convient d'assurer à la fois la sécurité juridique et la flexibilité nécessitées par les besoins de la pratique. La définition proposée peut en effet être limitée à des biens immeubles par nature, y compris les volumes tels que visés au présent projet, et par incorporation car elle doit être lue en combinaison avec l'article suivant. Selon celui-ci, les titulaires des droits réels d'usage et non point seulement le propriétaire d'un immeuble par nature ou par incorporation, peuvent, sur cet immeuble, dans les limites de leur droit, constituer un droit d'emphytéose. Dans ce cas, la controverse sur la possibilité de constituer un droit d'emphytéose sur un autre droit réel perd beaucoup de son ampleur car d'autres combinaisons deviennent possibles si l'article 3.183 (devenu l'article 3.168 aujourd'hui) est adopté. […] »[49].

**10. L'objet du droit d'emphytéose : un immeuble, le cas échéant, du domaine public.** En raison de leur indisponibilité, les biens du domaine public ne peuvent, en principe, être aliénés ni être grevés de droits privatifs, réels ou personnels car l'administration doit pouvoir en disposer à tout moment[50]. Cette inaliénabilité doit être relativisée puisqu'on se souviendra que la Cour de cassation a admis qu'une servitude[51] ou un droit de superficie[52] puisse grever un bien du domaine public à condition que ce droit respecte la destination publique du bien (condition de compatibilité) et ne porte pas atteinte au droit

---

47 Voy., sur cette question, not. P. Lecocq, S. Boufflette, A. Salvé et R. Popa, *Manuel de droit des biens*, t. 2, *op. cit.*, Titre V. L'emphytéose, n° 8 et les références citées en sens divers.
48 Voy. *supra*, n° 5.
49 Voy. P. Lecocq et V. Sagaert, *La réforme du droit des biens. De hervorming van het goederenrecht. Le projet de la Commission de réforme du droit des biens. Het ontwerp van de Commissie tot hervorming van het goederenrecht*, Bruges-Bruxelles, die Keure-la Charte, 2019, p. 342.
50 Voy. J. De Staercke, « Onvervreemdbaarheid van het openbaardomein. Een rechtsvergelijkende studie », *T.B.P.*, 2003, pp. 79 et s. En jurisprudence, voy. Cass., 25 septembre 2000, *Rev. not. belge*, 2001, p. 50, note J. Sace, *J.T.*, 2001, p. 379 ; C.E., 9 janvier 1990, n° 33.732, *Pas.*, 1990, IV, p. 167.
51 Voy. Cass., 6 décembre 1957, *Arr. Cass.*, 1958, p. 210 ; Cass., 11 septembre 1964, *Pas.*, 1965, I, p. 29 ; Cass., 27 novembre 1990, *Pas.*, 1991, I, p. 78, *Rev. not. belge*, 1991, p. 49 ; J.P. Nivelles, 20 janvier 2017, *Res jur. imm.*, 2017, p. 163.
52 Voy. Cass., 18 mai 2007, *N.j.W.*, 2007, p. 652, *Rev. not. belge*, 2007, p. 631, note D. Lagasse, *J.L.M.B.*, 2007, p. 1727, *T.B.O.*, 2008, p. 9, note D. Van Heuven, *R.W.*, 2007-2008, p. 736, note V. Sagaert, *T. Gem.*, 2008, p. 71, note L. De Boel, *C.D.P.K.*, 2008, p. 219, note J. De Staercke, *R.C.J.B.*, 2012, p. 466, note A. Vandeburie. Voy. égal. C.C., 10 décembre 2014, n° 183/2014, *F.J.F.*, 2015/5, p. 163, *L.R.B.*, 2014/4, p. 69, dans lequel la Cour énonce que « bien qu'une concession domaniale ne fasse en soi pas naître de droit réel, le concédant peut octroyer au concessionnaire, en vertu d'un droit de superficie accessoire, le droit d'ériger sur la partie concernée du domaine public un bâtiment, dont le concessionnaire est temporairement plein propriétaire ».

de l'administration de régler et de modifier son usage dans l'intérêt de la collectivité et pour ses besoins (condition de précarité). Plus récemment encore, dans un arrêt du 15 mars 2018[53], la Cour estime qu'une « commune peut, par le truchement d'une agence autonome externe ayant la forme d'une association sans but lucratif au sens du décret du 15 juillet 2005, qui a été créée dans les conditions fixées par celui-ci, grever d'un droit d'emphytéose un bien du domaine public destiné à l'usage de tous, pour autant que cela ne porte pas atteinte à son droit de réglementer cet usage à tout moment. Dans la mesure où il soutient que l'octroi à une institution non dépendante de la Nation, d'un droit d'emphytéose, sur un bien immobilier appartenant en propriété à l'État, aux provinces ou aux communes, entraîne inévitablement une désaffectation de ce bien, laquelle implique la volonté de priver celui-ci de sa destination publique, et que le bien immobilier perd son statut de domaine national du fait de la concession d'un droit d'emphytéose, le moyen, en cette branche, manque en droit ». Laura Deru, commentant cet arrêt dans les *Chroniques notariales* de 2021, s'interroge : « En admettant ainsi la constitution d'un droit d'emphytéose sur un bien du domaine public, la Cour se prononcerait-elle en faveur d'une généralisation de la possibilité de grever ce type de biens de l'ensemble des droits réels et personnels[54], quelle qu'en soit la nature[55] ? ». L'auteure examine la question en détail et nous nous permettons d'y renvoyer. Elle relève en tout cas le contexte factuel et juridique particulier du cas[56].

Quoi qu'il en soit, l'alinéa 2 de l'article 3.45 du Code civil lève les doutes qui pouvaient subsister quant au degré d'indisponibilité du domaine public. Dans un premier temps, l'indisponibilité du domaine public est confirmée quant à l'impossibilité d'acquérir un bien du domaine public par quelque mode originaire d'acquisition que ce soit[57], mais il est ensuite admis, dans une perspective de rentabilisation du domaine public, que des droits réels ou personnels puissent être constitués par un acte juridique ou acquis par prescription sur le domaine public si « la destination publique de ce bien n'y fait pas obstacle »[58]. La possibilité de grever le domaine public est donc étendue à tous les droits personnels et réels d'usage mais reste balisée par les mêmes limites et conditions de compatibilité et de précarité habituellement admises[59].

---

[53] Voy. Cass., 15 mars 2018, *T.B.O.*, 2019, p. 305, note S. De Winter.
[54] Dans ce sens, voy. D. Lagasse, note sous Cass., 18 mai 2017, *Rev. not. belge*, 2007, p. 641.
[55] Dans le sens de la prudence, voy. V. Sagaert, note sous Cass., 18 mai 2007, *R.W.*, 2007-2008, p. 737.
[56] Voy. L. Deru, « Chapitre II. Classifications des biens », *in* Y.-H. Leleu (coord.), *Chroniques notariales*, vol. 72, Bruxelles, Larcier, 2021, pp. 59 à 67.
[57] Voy. entre autres, récemment, sur l'impossibilité de prescrire acquisitivement, J.P. Arlon, 14 octobre 2020, *J.T.*, 2021, p. 86, *Res jur. imm.*, 2020, p. 338, *Rev. not. belge*, 2022, liv. 3168, p. 106.
[58] Proposition de loi du 16 juillet 2019 portant insertion du livre 3 « Les biens » dans le nouveau Code civil, Commentaire des articles, *Doc. parl.*, Ch. repr., sess. extr. 2019, n° 55-0173/001, p. 112.
[59] À savoir la compatibilité avec la destination publique du domaine, l'usage public et la possibilité pour l'administration de régler et de modifier cet usage d'après les besoins et l'intérêt de la collectivité (voy. Cass., 11 septembre 1964, *Pas.*, 1965, I, p. 29, *R.W.*, 1965-1966, p. 494 ; Cass., 27 septembre 1990, *Pas.*, 1991, I, p. 78, *Rev. not. belge*, 1991, p. 49 ; Cass., 18 mai 2007, *N.j.W.*, 2007, p. 652, *Rev. not. belge*, 2007,

**11. La durée du droit d'emphytéose : un droit de longue durée, voire, exceptionnellement perpétuel.** Selon l'article 2 de la loi de 1824, la durée du droit d'emphytéose doit être comprise entre 27 et 99 ans, l'article 17 précisant que cet article n'est pas supplétif, sans prendre parti toutefois sur son caractère simplement impératif ou d'ordre public *sensu stricto*[60]. L'emphytéose est le seul droit réel qui se voit imposer une durée minimale légale : ce plein usage et cette pleine jouissance doivent durer dans le temps. L'article 2 est particulièrement révélateur de cette volonté du législateur : 99 ans en 1824, c'est long, plus long que la durée de vie moyenne des individus qui avoisinait, en ces régions et à cette époque, une quarantaine d'années.

Cette idée de base, contraignante, est reprise dans le livre 3 à l'article 3.169, qui énonce désormais que « Nonobstant toute clause contraire, la durée du droit d'emphytéose ne peut être inférieure à quinze ans ni supérieure à nonante-neuf ans ». Le minimum a donc été légèrement abaissé, tandis que la durée maximale reste de 99 ans. Néanmoins, cette dernière ne fait plus figure d'exception puisque la durée maximale de principe de l'usufruit, comme du droit de superficie est également de 99 ans. Notons qu'en application de l'article 3.14, § 1er, alinéa 3, du Code civil, « Un droit réel peut être constitué sous condition suspensive ou terme suspensif. Dans ce cas, la durée du droit réel ne commence à courir qu'au moment de la réalisation de la condition ou de l'échéance du terme ».

La sanction la plus communément admise, spécialement en doctrine[61], en cas d'emphytéose dont la durée conventionnelle excéderait 99 ans, violant ainsi l'article 2 de la loi de 1824, est la réduction du terme au maximum légal. Quant au minimum, si certains ont prôné la prolongation jusqu'au terme minimal d'une emphytéose initialement convenue d'une durée plus courte[62], la plupart du temps, la durée étant un élément essentiel de l'économie du contrat, c'est plutôt la requalification en un bail qui est défendue majoritairement, comme plus conforme à la volonté des parties[63]. Ces solutions ne sont pas remises en

---

p. 631, note D. Lagasse, *J.L.M.B.*, 2007, p. 1727, *R.W.* 2007-2008, p. 736, note V. Sagaert, *T.B.O.*, 2008, p. 9, note D. Van Heuven).

[60] Voy. sur cette hésitation, tant en jurisprudence qu'en doctrine, C. Mostin, « Emphytéose et superficie. 1. Aspects civils », *op. cit.*, n° 19, prônant davantage le caractère impératif ; voy., en jurisprudence, affirmant le caractère d'ordre public, not. Gand, 16 mars 1972, *R.W.*, 1971-1972, col. 1986 ; voy., pour le caractère impératif, not. (sauf erreur de traduction) Civ. Termonde, 5 décembre 2002, *Rec. gén. enr. not.*, 2004, n° 25416 ; Mons, 4 mai 1998, *J.L.M.B.*, 1999, p. 1921.

[61] Voy. not. M. Muylle, *De duur en de beëindiging van zakelijke rechten*, Anvers-Cambridge, Intersentia, 2012, n° 254 ; voy. aussi, en jurisprudence déjà ancienne, Gand, 2 août 1882, *Pas.*, 1883, III, p. 17, selon lequel : « Dans l'ancien droit belge, le terme le plus commun de l'emphytéose temporaire était de 99 ans. Les parties qui ont fait un bail emphytéotique temporaire, sans en déterminer la durée, sont censées l'avoir fait pour le terme le plus en usage ».

[62] Voy. C. Mostin, « Emphytéose et superficie. 1. Aspects civils », *op. cit.*, n° 22.

[63] Voy. I. Durant, *Droit des biens*, Bruxelles, Larcier, 2017, n° 0478 ; V. Sagaert, *Beginselen van Belgisch privaatrecht*, t. V, Goederenrecht (éd. 2014), *op. cit.*, n° 691.

cause dans le livre 3[64], sauf à noter que puisque le contrat d'emphytéose peut être conclu à titre gratuit, la requalification en un bail, nécessairement onéreux, ne sera pas permise dans ce cas. Pour le reste, le tout est de savoir quand il y a, ou non, violation du prescrit légal en terme de durée, spécialement de durée minimale. En effet, si un terme extinctif inférieur à 27 ans hier, 15 ans aujourd'hui, est clairement *contra legem*, se posent en revanche toute une série de questions sur la validité de clauses ou de conventions susceptibles d'entraîner une fin prématurée de l'emphytéose, de même que l'opportunité d'admettre certaines causes d'extinction en ce domaine. Nous y reviendrons à l'occasion de l'examen de ces dernières, et ce d'autant que le législateur de 2020 s'est prononcé sur ce point.

On notera encore, position nouvelle du législateur, que désormais la prorogation est expressément visée par les textes, aux articles 3.169 et 3.180 du Code civil. Le droit de superficie – qui pouvait, sous l'empire de la loi de 1824, faire l'objet d'un renouvellement tacite – comme le droit d'emphytéose peuvent être renouvelés mais uniquement de l'accord exprès des parties, le tout sans jamais pouvoir se lier à l'avance pour un terme excédant 99 ans.

Enfin, l'article 3.169 poursuit, consacrant ainsi une opinion déjà défendue sous l'empire des textes anciens[65] : exceptionnellement le droit d'emphytéose, comme le droit de superficie d'ailleurs (art. 3.180), peut être perpétuel, lorsqu'il est accordé par le propriétaire de l'immeuble[66], à des fins de domanialité publique car il doit pouvoir se poursuivre tant que durent l'affectation publique et la poursuite de l'intérêt général en question. L'hypothèse est à distinguer clairement de l'article 3.45 du Code civil examiné antérieurement[67] : il s'agit là de grever un bien du domaine public d'un droit réel ou personnel d'usage, à certaines conditions, tandis qu'il s'agit ici d'octroyer sur un bien un droit d'emphytéose à une personne qui y réalisera un projet relevant du domaine public, et qui doit donc pouvoir durer tant que cette affectation se poursuit, d'où la perpétuité.

**12. Droits et obligations des parties.** Quant au droit d'emphytéose, élément du patrimoine de son titulaire, l'article 3.171 dispose que ce dernier peut le céder ou l'hypothéquer puisqu'il bénéficie du pouvoir de disposition, énoncé aujourd'hui à l'article 3.6, selon lequel le titulaire d'un droit réel peut disposer de son droit, tout comme il peut y renoncer d'ailleurs, en application de l'article 3.15, 5°. À cet égard, deux rappels s'imposent. Premièrement, en cas de cession ou de renonciation, l'alinéa 2 tant de l'article 3.6 que de

---

[64] Voy. not. V. SAGAERT, *Beginselen van Belgisch privaatrecht*, t. V, Goederenrecht (éd. 2021), *op. cit.*, n° 1010 ; N. BERNARD, *Le droit des biens après la réforme de 2020*, *op. cit.*, n° 1565.

[65] Voy. M. MUYLLE, *De duur en de beëindiging van zakelijke rechten*, *op. cit.*, n° 255 ; I. DURANT, *Droit des biens*, *op. cit.*, n° 0479.

[66] Vu la perpétuité, on assiste dans ce cas à un retour au principe : seul le propriétaire du bien, et non pas tout titulaire d'un droit réel d'usage sur ce bien, peut constituer ce type de droit d'emphytéose (voy. pour une restriction semblable en matière de droit de superficie, *infra*, n° 22).

[67] Voy. *supra*, n° 10.

l'article 3.17, maintient à charge du cédant/renonçant les obligations purement personnelles dues en contrepartie de la constitution, ici, du droit d'emphytéose[68]. Deuxièmement, lorsque l'emphytéote a construit ou planté (ou acquis), il devient propriétaire en vertu du concept de superficie-conséquence évoqué ci-dessus. Cette propriété, temporaire en principe, n'est pas autonome, comme son nom l'indique. Cette double dépendance est exprimée d'abord à l'article 3.182 selon lequel « Le droit de superficie-conséquence et la propriété des ouvrages et plantations en découlant ne peuvent être cédés, saisis ou hypothéqués isolément du droit dont ils découlent », puis à l'article 3.171 pour le droit d'emphytéose[69] où l'on peut lire qu'« Il ne peut céder ou hypothéquer les immeubles dont il est propriétaire en vertu d'une superficie-conséquence telle que visée à l'article 3.182 qu'en cédant ou hypothéquant simultanément, partiellement ou totalement, le droit d'emphytéose dont il est titulaire ».

Quant au bien grevé d'emphytéose cette fois, l'emphytéote disposant de la jouissance pourra percevoir les fruits, mais aussi, selon l'opinion dominante et par analogie avec le droit d'usufruit[70], les produits aménagés en fruits. L'article 3.172, alinéa 2, confirme la solution : « Il a droit aux fruits et, pour autant que l'exploitation ait débuté avant la constitution du droit d'emphytéose, aux produits aménagés en fruits ».

On l'a dit[71], l'emphytéote peut, en vertu de son plein usage – voire doit, en vertu du contrat – réaliser des ouvrages ou plantations, en application de l'article 3.172, dont il est propriétaire temporaire en toute hypothèse. Toujours en vertu de ce plein usage et de cette pleine jouissance, l'emphytéote peut également poser des actes juridiques de cet ordre et notamment louer le bien, pour la durée de son droit à l'évidence, l'emphytéose ne présentant point le caractère aléatoire de l'usufruit qui explique l'article 595 de l'ancien Code civil et l'article 3.145 du livre 3. L'article 3.172 vise d'ailleurs tant l'usage et la jouissance matériels que juridiques. Plusieurs décisions admettent implicitement la validité d'un bail constitué par l'emphytéote, tel le tribunal civil de Bruxelles dans une affaire relative au calcul de la quote-part dans les charges communes d'un centre commercial, dont deux surfaces avaient été concédées en emphytéose pour trente ans puis ensuite données en location par l'emphytéote[72]. De même, dans un litige fiscal, la cour d'appel de Liège constate dans une décision du 5 mai 2017[73] que l'emphytéote, dans le cadre d'un contrat de leasing immobilier financier prévu initialement pour une durée de 27 ans, avait ensuite loué le bien, pour ensuite mettre fin à l'ensemble de l'opération par une cession à

---

[68] Voy. *supra*, n° 7.
[69] Voy., pour le droit de superficie, l'article 3.183 (voy. *infra*, n° 23).
[70] Voy. not. P. Lecocq, S. Boufflette, A. Salvé et R. Popa, *Manuel de droit des biens*, t. 2, *op. cit.*, Titre V. L'emphytéose, n° 15 ; N. Bernard, *Le droit des biens après la réforme de 2020*, *op. cit.*, spéc. n° 1590 ; I. Durant, *Droit des biens*, *op. cit.*, n° 0506.
[71] Voy. *supra*, n°s 2 et 3.
[72] Voy. Civ. Bruxelles, 11 septembre 2015, *Res jur. imm.*, 2016, p. 144.
[73] Voy. Liège, 5 mai 2017, R.G. n° 2015/RG/488, disponible sur https://juportal.be.

l'État de Serbie, non seulement des droits de l'emphytéote, mais aussi des droits de « nue-propriété ». Cela avait entraîné dans la volonté des parties au contrat de vente, l'extinction du droit d'emphytéose par confusion par cette fin – anticipée et de commun accord – mise au contrat de leasing[74]. Dans la ligne de ces actes juridiques, on reconnaît également à l'emphytéote certaines actions en justice, comme demandeur ou défendeur, telles les actions en matière de troubles de voisinage ou encore les actions possessoires. Une décision rendue par le juge de paix de Saint-Hubert – Bouillon – Paliseul du 8 juin 2016, énonce que l'emphytéote, disposant de la pleine jouissance de l'immeuble soumis à son droit, peut, partant, requérir l'abornement, à frais communs, des parcelles conformément aux limites fixées par le précédent jugement de bornage judiciaire[75], tout comme il peut être autorisé (manifestement dans un souci d'efficacité en l'espèce) à procéder lui-même à l'élagage des branches voisines empiétant sur le fonds dont il a la jouissance, à charge pour lui de récupérer les frais exposés pour ce faire auprès du propriétaire de l'arbre[76].

Du côté des obligations, en contrepartie de ce plein usage et cette pleine jouissance, l'emphytéote doit aussi assumer une série d'obligations, dont l'ampleur était parfois controversée. En matière de réparations, pour rappel[77], l'obligation de faire, désormais, toutes les réparations – au bien grevé d'emphytéose mais également aux ouvrages et plantations obligés – découle de son obligation essentielle de ne pas diminuer la valeur du bien. Restent les ouvrages et plantations érigés librement par l'emphytéote, qu'il peut démolir au demeurant. Ils sont expressément visés par l'article 3.173, alinéa final, dans la mesure où doivent pouvoir coexister véritablement divers droits d'usage sur un même bien, bien plus encore même lorsque l'on rappelle que le législateur a décidé de multiplier, avec des conditions certes, les constituants possibles de pareils droits[78]. Par conséquent, il est prévu, à l'alinéa 3 de l'article 3.173, que l'emphytéote – comme le superficiaire d'ailleurs (art. 3.185, al. 2) – doit faire toutes les réparations rendues nécessaires pour l'exercice des autres droits réels d'usage existant sur l'immeuble[79] : c'est là le prix à payer pour permettre l'utilisation optimale d'une propriété immobilière dans sa dimension tridimensionnelle.

L'article 9 de la loi du 10 janvier 1824 se prononce expressément sur les impositions. Celles-ci étaient mises à charge de l'emphytéote, qu'elles soient

---

[74] Voy. quant à l'extinction du droit d'emphytéose, et plus généralement des droits réels d'usage, par le mécanisme général de la confusion, l'article 3.16, 3°.
[75] Il ne s'agissait que du placement de bornes mais on rappellera que l'article 3.61, § 3, reconnaît, conformément à l'opinion majoritairement défendue, que le droit de requérir le bornage appartient également, moyennant l'intervention du propriétaire, à chaque titulaire de droit réel, pour la durée de son droit.
[76] Voy. J.P. Saint-Hubert – Bouillon – Paliseul, 8 juin 2016, *J.J.P.*, 2017, p. 123, note R. POPA.
[77] Voy. *supra*, n° 6.
[78] Voy. *supra*, n° 5.
[79] Pour rappel, en contrepartie, dans le même souci d'efficacité, le législateur prévoit à l'article 3.116 que : « Outre les servitudes légales établies par le chapitre 3, le titulaire d'un droit réel d'usage d'un immeuble profite, en vertu de la loi, de toutes les servitudes nécessaires à l'exercice de son droit sur le fonds grevé dudit droit réel » (voy. *supra*, n° 5).

ordinaires ou extraordinaires, annuelles ou à payer en une fois. Un arrêt rendu par la Cour de cassation le 19 avril 2018 rappelle que l'article 9 de la loi du 10 janvier 1824 sur le droit d'emphytéose prévoit que l'emphytéote supportera les impositions établies sur le fonds, soit ordinaires, soit extraordinaires, soit annuelles, soit à payer en une fois. Il s'ensuit que l'emphytéote est le contribuable pour le précompte immobilier qui est levé sur le bien faisant l'objet de l'emphytéose »[80]. Implicitement, mais sûrement, le tribunal civil du Hainaut va dans le même sens dans une décision du 4 novembre 2015[81], lorsqu'il décide qu'un contrat de bail à loyer conclu pour une période de nonante-neuf ans mais qui ne met pas à charge de l'occupant le précompte immobilier (ni ne règle le sort des travaux effectués en cours d'occupation), ne peut être requalifié en contrat d'emphytéose. L'article 3.173, alinéa 1er, reproduit la solution en énonçant que « Pendant la durée de son droit, l'emphytéote est tenu de toutes les charges et impositions relatives à l'immeuble objet de son droit » et ajoute « et toutes celles relatives aux ouvrages et plantations dont il est propriétaire en application de l'article 3.182 ».

## B. Acquisition et extinction du droit d'emphytéose

**13. Acquisition du droit d'emphytéose : précisions en matière de prescription acquisitive.** Si l'acte juridique est la source la plus fréquente de constitution d'un droit d'emphytéose, les modes originaires s'appliquent également à ce droit réel d'usage, grâce à l'article 3.14, § 1er, renvoyant aux modes originaires, dont la prescription acquisitive visée aux articles 3.26 et 3.27 du Code civil. Celle-ci sera le plus souvent abrégée (de 10 ans dans le Code civil actuel, en cas de bonne foi) mais pourrait également être trentenaire. Et aujourd'hui plus qu'hier. En effet, sous l'empire de la loi de 1824, le droit d'emphytéose est à titre onéreux, quel que soit, selon la doctrine majoritaire, le mode d'établissement. Imaginer une possession, pur fruit d'une usurpation sans aucun titre sous-jacent, doublée du paiement d'un canon régulier, sans réaction pendant trente ans du véritable propriétaire, paraissait quelque peu invraisemblable. La disparition du paiement obligatoire d'un canon dans la réforme rend cette hypothèse un peu plus plausible, spécialement en cas d'extinction d'un droit d'emphytéose originairement contractuel et de maintien dans les lieux, avec interversion de possession toutefois[82].

Sous l'ancien régime, un doute existait quant à la durée totale du droit acquis, qu'il s'agisse d'ailleurs d'emphytéose ou de superficie. En cas de prescription acquisitive sans titre, le droit d'emphytéose est censé acquis pour la

---

[80] Voy. Cass., 19 avril 2018, *T.B.O.*, 2019, p. 37.
[81] Voy. Civ. Hainaut, division de Mons, 4 novembre 2015, *J.L.M.B.*, 2016, p. 1792.
[82] Voy. pour nos commentaires dans un litige similaire mais en matière de superficie, J. Hansenne, avec la collaboration de P. Lecocq, « Les biens », *in Chronique de droit à l'usage du notariat*, vol. XXXI, Bruxelles, Larcier, 2000, n° 52.

durée la plus longue possible, soit 99 ans. Néanmoins, certains auteurs prétendaient qu'en cas de prescription acquisitive trentenaire, le délai maximal de 99 ans n'aurait commencé à courir qu'à compter de l'expiration du délai de trente ans nécessaire à l'accomplissement de la prescription. D'autres défendaient au contraire que, la prescription acquisitive jouant avec effet rétroactif, le délai aurait commencé à courir dès le point de départ du délai de prescription[83], position qui a notre préférence car plus cohérente avec l'effet rétroactif de la prescription acquisitive affirmé par ailleurs et confirmé dans la réforme. En cas de prescription acquisitive abrégée, la solution semblait moins controversée : la prescription acquisitive ne vient en effet que consolider un droit qui a pris naissance au moment du titre constitutif, ou au moment prévu par ce titre, et à la condition que la possession existe également à ce moment. La prescription ne peut en effet jouer qu'à l'égard de ce qui est précisément visé par le titre[84] et de la façon visée au titre, notamment en ce qui concerne la durée. C'est pour régler ces questions que le législateur a écrit une règle spécifique d'acquisition à l'article 3.170 : « En cas d'acquisition par prescription, le droit d'emphytéose est censé établi pour nonante-neuf ans à moins qu'un acte juridique ne fixe une durée inférieure. La durée du droit se compte à partir de l'entrée en possession utile ou à un moment postérieur fixé dans l'acte juridique ». L'article 3.181 du Code reprend exactement les mêmes règles à propos du droit de superficie.

**14. Extinction du droit d'emphytéose : extinction anticipée.** L'emphytéose connaît une durée minimale, à respecter impérativement[85]. Cette limite a posé question dans toute une série d'hypothèses d'extinction anticipée du droit d'emphytéose, avant même l'écoulement du délai minimal. Ainsi, s'agissant de conventions de renonciation anticipée, celles-ci sont aujourd'hui généralement admises à moins que d'autres éléments corroborent le fait que, depuis le début, il n'y aurait jamais eu en réalité de droit d'emphytéose, mais, par exemple, une vente avec transfert différé de la propriété des constructions[86]. Dès lors, la fin anticipée de l'emphytéose serait, dès le début, un élément de l'acte constitutif, auquel cas il y aurait violation des règles concernant la durée minimale[87]. Le tribunal civil de Mons rappelle à cet égard que la preuve de la simu-

---

[83] Voy. J. Hansenne, *Les biens. Précis*, t. II, *op. cit.*, n° 1242, spécialement la note (58) ; M. Muylle, *De duur en de beëindiging van zakelijke rechten, op. cit.*, n° 459. Voy. sur cette controverse, C. Mostin, « Emphytéose et superficie. 1. Aspects civils », *op. cit.*, n° 43, et les auteurs y cités.

[84] Voy. J. Hansenne, *Les biens. Précis*, t. I, Liège, éd. Collection scientifique de la Faculté de droit de l'Université de Liège, 1996, n° 487 ; I. Durant, *Droit des biens, op. cit.*, n° 0499.

[85] Voy. *supra*, n° 11.

[86] Comp., pour un cas de transfert différé de la propriété, Décision Enr., 24 avril 2001, *Rec. gén. enr. not.*, 2002, p. 277, *Rev. not. belge*, 2004, p. 222, relevant le paiement d'un capital correspondant à la valeur vénale du bien, avec une redevance annuelle symbolique et une option d'achat pour un prix dérisoire.

[87] Voy., dans le même sens, V. Sagaert, *Beginselen van Belgisch privaatrecht*, t. V, Goederenrecht (éd. 2021), *op. cit.*, n° 1058 ; I. Durant, *Droit des biens, op. cit.*, n° 0483 ; B. Pirlet, « Titre 7. Droit d'emphytéose », *op. cit.*, pp. 347 et 348.

lation incombe à l'administration : « […] s'agissant du respect des conséquences des actes posés, aucun reproche particulier n'est formulé par le défendeur (l'État belge) si ce n'est la mise à terme anticipée des conventions de leasing et des droits d'emphytéose et de superficie. Cette cessation doit toutefois s'apprécier dans le contexte global dans lequel elle est intervenue »[88]. De même, les causes d'extinction – notamment celles relevant du droit des obligations –, nullité, résolution, clauses résolutoires, voire condition résolutoire à condition qu'elle ne soit pas purement potestative, …, sont aujourd'hui généralement admises en matière d'emphytéose. Les articles 3.15 et 3.16 du Code civil s'appliquent, respectivement, à tous les droits réels et aux droits réels d'usage (parmi lesquels le droit d'emphytéose), y compris l'action en déchéance, préexistante en matière d'emphytéose (art. 15 et 16 de la loi du 10 janvier 1824) et désormais généralisée à tous les droits réels d'usage. La cour d'appel d'Anvers a eu l'occasion, dans une décision du 15 février 2016[89], de rappeler l'existence de la possibilité de prononcer une déchéance, fût-ce de manière anticipée après huit ans seulement. Elle a également précisé que l'article 16 de la loi de 1824 était supplétif et que les parties pouvaient y déroger conventionnellement.

Le législateur de 2020 a essayé de consacrer l'opinion doctrinale et jurisprudentielle majoritaire selon laquelle, d'une part, toutes les causes d'extinction sont susceptibles de jouer avant le délai minimal dès lors du moins qu'elles ne traduisent pas, dès le début, la volonté des parties de violer cette durée minimale (comme un terme d'emblée inférieur à 15 ans) et, d'autre part, elles ne permettent aucune extinction du fait de la seule volonté d'une des parties. L'article 3.174 énonce en conséquence : « Le droit d'emphytéose s'éteint par les causes visées aux articles 3.15 et 3.16 même si elles se produisent avant le délai minimal de quinze ans. Cependant, le droit d'emphytéose ne peut s'éteindre avant le délai minimal de quinze ans du seul fait de la volonté d'une des parties ». Il ne peut donc être question de rompre unilatéralement l'équilibre contractuel négocié.

Enfin, une nouveauté, encore que particulièrement circonscrite, consiste dans l'extinction du droit d'emphytéose par la perte de toute utilité prévue à l'article 3.175 (et pour la superficie à l'article 3.187). S'inspirant de l'article 710*bis* de l'ancien Code civil (légèrement revu à la baisse pour les servitudes dans la réforme[90]), le législateur de 2020 a considéré que la recherche d'un droit des biens fonctionnel et plus social commandait que même des prérogatives *a priori* aussi larges que le droit d'emphytéose et le droit de superficie puissent être supprimées pour cause de perte de toute utilité. Il faut

---

[88] Voy. Civ. Mons, 7 novembre 2017, *Rec. gén. enr. not.*, 2019, p. 39. Voy. aussi, reconnaissant la réalité des conséquences des opérations juridiques conclues, Civ. Bruges, 10 mars 2014, *Rec. gén. enr. not.*, 2015, p. 27, note A. Culot.
[89] Voy. Anvers, 15 février 2016, *N.j.W.*, 2017, p. 277, note E. Dewitte.
[90] Voy., sur ce point, la contribution consacrée aux servitudes du fait de l'homme dans le présent ouvrage, N. Gofflot, « Servitudes du fait de l'homme : questions choisies », pp. 9-66, spéc. n° 22.

cependant que toute utilité, même future et même potentielle, ait disparu. Mais encore, cela ne vaut que pour un droit perpétuel qui a déjà duré plus de 99 ans, soit la limite maximale légale de principe. Seul un juge pourra faire ce constat.

**15. Renonciation au droit d'emphytéose : précisions.** En tant que titulaire d'un droit réel, l'emphytéote peut – et l'article 3.15 du Code civil le confirme – renoncer unilatéralement à son droit patrimonial, mais la durée minimale s'impose ici aussi. Si, comme évoqué ci-dessus[91], certains événements ou certaines clauses contractuelles peuvent, le cas échéant, conduire de façon légitime à une rupture anticipée du contrat, la renonciation unilatérale, pas plus que le jeu d'une clause de résiliation unilatérale, ne doivent être autorisés car ils violent de plein fouet le souhait, au moins impératif, du législateur en ne dépendant d'aucun autre élément que la volonté d'un des protagonistes[92]. Elles doivent être prohibées au même titre qu'une clause qui fixerait d'emblée une durée inférieure au minimum légal[93].

Pour le reste, admettre qu'un droit réel d'usage, en tant que droit patrimonial sur un bien puisse faire l'objet d'une renonciation est, selon nous, une opinion non seulement défendable[94], après 27 ou 15 ans du moins, mais aussi d'autant plus cohérente que le droit d'emphytéose, comme nombre de droits réels, ne naît pas que par contrat mais aussi, notamment, par prescription acquisitive. Mais, dans la même logique que celle de l'article 3.6 examiné antérieurement[95], l'article 3.17, en son alinéa 2, précise que : « La renonciation à un droit réel vaut seulement pour l'avenir. Si le droit réel est né par un acte juridique à titre onéreux, la renonciation ne porte pas atteinte aux obligations personnelles, présentes et futures, dues en contrepartie de la constitution de ce droit ». Très concrètement, l'emphytéote est tenu d'une série d'obligations corrélatives à la pleine jouissance de l'immeuble. La plupart concernent le bien en tant que tel : obligation d'entretenir, de payer les impôts, etc., et constituent le pan négatif de la jouissance de l'emphytéote. Elles dérivent du droit lui-même et non du contrat qui l'a, éventuellement, fait naître et sont liées au bien. Avec Vincent Sagaert et d'autres, on considérera par conséquent que l'emphytéote devra supporter ces obligations à la condition qu'elles existent déjà au moment de la renonciation, mais qu'il doit en être libéré pour l'avenir[96]. Quant au canon, si

---

[91] Voy. *supra*, n° 14.
[92] Voy. V. SAGAERT, *Beginselen van Belgisch privaatrecht*, t. V, Goederenrecht (éd. 2014), *op. cit.*, n° 722 ; voy. aussi M. MUYLLE, *De duur en de beëindiging van zakelijke rechten*, *op. cit.*, n° 278 et les références citées.
[93] Voy. *supra*, n° 11.
[94] Voy. not. V. SAGAERT, *Beginselen van Belgisch privaatrecht*, t. V, Goederenrecht (éd. 2014), *op. cit.*, n° 722 ; P. LECOCQ, *Superficie et emphytéose : aspects civils*, *op. cit.*, n° 650 ; J. HANSENNE, *Les biens. Précis*, t. II, *op. cit.*, n° 1237 ; R. DERINE, F. VAN NESTE et H. VANDENBERGHE, *Beginselen van Belgisch privaatrecht*, deel II A, Zakenrecht, *op. cit.*, n° 1012.
[95] Voy. *supra*, n° 7.
[96] Voy. not. V. SAGAERT, *Beginselen van Belgisch privaatrecht*, t. V, Goederenrecht (éd. 2021), *op. cit.*, n° 1055.

la controverse existait auparavant, lorsque certains analysaient le canon comme de l'essence du droit d'emphytéose[97], la suppression du caractère obligatoire de celui-ci et son exclusion de la définition du droit d'emphytéose justifient, à notre sens, la réserve émise à l'article 3.17, alinéa 2. Si une obligation personnelle (souvent de payer une somme d'argent en une fois ou de façon périodique) est prévue contractuellement en contrepartie de la constitution du droit d'emphytéose, c'est alors la logique du droit des contrats qui doit l'emporter, et avec elle, la force obligatoire des conventions : libre à l'emphytéote de renoncer à son droit, mais il ne peut unilatéralement se délier de ses obligations personnelles purement contractuelles.

Enfin, toujours à propos de la renonciation, une décision, inédite à notre connaissance, rendue par la cour d'appel de Liège le 14 octobre 2014 à propos d'un droit d'emphytéose portant, semble-t-il[98], sur une parcelle exploitée en champignonnière, rappelle l'obligation de transcrire tant le contrat constitutif d'emphytéose que l'acte de renonciation à pareil droit, pour une pleine efficacité vis-à-vis des tiers protégés de bonne foi. Il s'agissait toutefois du recours contre une décision du gouverneur d'octroyer une indemnité sur la base de la loi du 12 juillet 1976 relative aux calamités naturelles et l'on peut douter que l'État, débiteur de l'indemnité accordée au bailleur emphytéotique et non à l'emphytéote faute de transcription de la renonciation, soit un tiers protégé au sens de l'article 1er de la loi hypothécaire.

**16. Extinction du droit d'emphytéose : accession et indemnisation.** Toujours au titre de l'extinction du droit, sont prévues l'accession et l'éventuelle indemnisation pour les ouvrages ou plantations, propriétés de l'emphytéote. On assiste dans les lois de 1824 à une véritable dichotomie sur ce point entre droit d'emphytéose et droit de superficie. Là où l'article 6 de la loi sur le droit de superficie prévoit, en principe, l'indemnisation du superficiaire de la valeur actuelle des ouvrages ou plantations qui se trouvent sur le fonds à l'expiration du droit, (tout en réservant à l'article 7, dans une logique économique, le cas particulier d'éléments préexistants pour lequel le superficiaire n'aurait rien payé lors de la constitution de son droit), l'article 8 de la loi sur le droit d'emphytéose affirme, tout à l'inverse, que l'emphytéote ne peut contraindre le propriétaire à payer la valeur des bâtiments, ouvrages, constructions et plantations quelconques qu'il aurait fait élever et qui se trouveraient sur le fonds à l'expiration du droit. Cette différence s'expliquait tout à la fois par l'objectif différent de ces deux droits et les contextes factuels dans lesquels ils s'appliquaient, essentiellement agricole pour l'emphytéose, mais aussi par la longue durée du droit d'emphytéose et cette pleine jouissance dont il a longuement profité. Le tout était prévu sous réserve évidemment de clauses contraires, fort usitées en pra-

---

[97] Voy. *supra*, n° 7.
[98] Est, en effet, mentionné tantôt un droit d'emphytéose sur des serres et constructions, tantôt un droit d'emphytéose portant sur une parcelle.

tique, réglant le sort de ces ouvrages et plantations et leur éventuelle indemnisation à la fin du droit.

Ces deux droits diffèrent[99], dans la mesure spécialement où l'emphytéote n'aura pas nécessairement acquis ou réalisés personnellement des ouvrages ou plantations pendant le temps de son droit d'usage, mais dans l'hypothèse où il l'aurait fait, il a paru opportun d'unifier le régime supplétif. Il convenait aussi de libeller les textes en se référant au constituant du droit, autre, le cas échéant, que le propriétaire de l'immeuble[100]. En conséquence, l'article 3.176 rappelle que les ouvrages et plantations réalisés en application de la superficie-conséquence deviennent la propriété du constituant à l'extinction du droit d'emphytéose, sans possibilité donc d'en exiger la démolition aux frais de l'emphytéote. Si les parties n'ont rien prévu, le constituant devra indemniser l'emphytéote sur la base harmonisée de l'enrichissement injustifié, à condition que l'emphytéote ait agi dans les limites de son droit[101]. Le législateur de 2020 précise que «[…] s'agissant de ces constructions obligées, l'obligation (de faire toutes les réparations) va de pair et sera prise en compte dans les contreparties financières des uns et des autres et, à défaut, équilibrée par la théorie de l'enrichissement injustifié prévue à l'article traitant des indemnisations possibles à la fin du droit d'emphytéose. […]»[102].

Enfin, afin de ne pas déjouer les attentes légitimes des intervenants, cette obligation d'indemnisation est transmise à l'ayant cause du constituant en cas de transmission universelle ou à titre universel ou de cession du droit d'emphytéose. Sauf clause contractuelle, elle ne pèse en revanche pas sur le propriétaire du fonds qui viendrait aux droits du constituant, par exemple, en cas d'extinction anticipée du droit de celui-ci.

### Section 2
## Questions choisies en matière de droit de superficie

**17. Observation liminaire.** En 2019, dans le volume 192 de la Commission Université-Palais, notre contribution relative à l'étendue de la propriété immobilière a abordé la question lancinante et controversée d'une possible dissociation perpétuelle de la propriété immobilière en volumes et, dans l'affirmative, sous quelle(s) forme(s), en évoquant d'ailleurs l'arrêt de la Cour de cassation

---

[99] Voy. *supra*, Introduction.
[100] Voy. *supra*, n° 5.
[101] À défaut, en cas d'ouvrages dommageables ou irréguliers, l'emphytéote risque probablement d'avoir violé son obligation de ne pas diminuer la valeur de l'immeuble objet de son droit et pourrait se voir non seulement déchu de ce dernier mais également, comme l'énonce l'article 3.16, assigné immédiatement en cessation ou en réparation en nature.
[102] Voy. Proposition de loi du 16 juillet 2019 portant insertion du livre 3 «Les biens» dans le nouveau Code civil, Commentaire des articles, *Doc. parl.*, Ch. repr., sess. extr. 2019, n° 55-0173/001, pp. 322 et 323.

du 6 septembre 2018[103], interprété de façon diverse en doctrine[104]. Nous nous permettons d'y renvoyer le lecteur[105]. Nous évoquerons évidemment la solution que le législateur de 2020 a proposée en la matière, au numéro traitant de la durée du droit de superficie[106]. De même, ont été examinées dans ledit volume, diverses applications jurisprudentielles dans lesquelles ce n'est pas le propriétaire d'un fonds, ou lui seul, qui construit sur celui-ci, en insistant sur l'hypothèse du couple construisant sur le terrain d'un des deux partenaires[107]. On consultera utilement à ce dernier égard l'article paru récemment au *Tijdschrift voor Notarissen* de Ghijsbrecht Degeest relatif à la renonciation tacite à l'accession[108]. Encore récemment, à titre illustratif, la cour d'appel d'Anvers lie, pour sa part, dans une décision du 27 octobre 2020, automatiquement renonciation au droit d'accession et constitution d'un droit de superficie indivis, né, de surcroît, par renonciation tacite à l'accession d'un partenaire au profit de l'autre[109].

## A. Éléments caractéristiques, objet et droits et obligations des parties

**18. Un droit réel d'usage emportant une propriété de volumes.** Pour rappel[110], l'essence du droit de superficie, à bien distinguer du droit d'emphytéose, est de conférer la propriété (en principe temporaire) d'un volume sur, au-dessus ou en dessous du fonds d'autrui, afin d'y avoir des ouvrages ou plantations.

---

[103] Voy. Cass., 6 septembre 2018, disponible sur https://juportal.be, *T. Not.*, 2019, p. 117, commenté par N. Van Damme, pp. 75 et s., *R.W.*, 2019-2020, p. 55, note V. Sagaert, *R.C.J.B.*, 2019, p. 229, note J. Perilleux, *J.L.M.B.*, 2019, p. 787, note P.L. Voy. encore sur l'adéquation de principe entre renonciation au droit d'accession et constitution d'un droit de superficie (thèse moniste), antérieurement ceci dit à l'arrêt précité de la Cour de cassation du 6 septembre 2018 mais paru postérieurement, Civ. Namur, 16 mars 2017, *R.C.D.I.*, 2020, p. 45 ; Liège, 11 janvier 2017, *J.L.M.B.*, 2017, p. 933 ; Anvers, 23 mars 2016, *R.W.*, 2016-2017, p. 588 ; Civ. Liège, 9 mars 2015, *Rev. trim. dr. fam.*, 2016, p. 343 ; voy. au contraire, reconnaissant le jeu de l'article 553 *in fine*, de l'ancien Code civil, à certaines conditions, aux côtés du droit de superficie, Civ. Liège, 22 juin 2016, *R.C.D.I.*, 2017/3, p. 39.

[104] Voy. encore, récemment, V. Sagaert, « Het opstalrecht in het nieuwe goederenrecht : een eigentijdse volume-eigendom », *T. Not.*, 2022, n°s 44 et 45.

[105] Voy. P. Lecocq, « L'étendue de la propriété immobilière : évolutions présentes, et à venir ? », in P. Lecocq (coord.), *Biens, propriété et copropriété : controverses et réformes*, coll. CUP, vol. 192, Liège, Anthemis, 2019, pp. 77 à 124, spéc. n°s 33 et 34.

[106] Voy. *infra*, n° 22.

[107] Voy. P. Lecocq, « L'étendue de la propriété immobilière : évolutions présentes, et à venir ? », *op. cit.*, n°s 35 à 41.

[108] Voy. G. Degeest, « Stilzwijgende verzaking aan het recht van natrekking als goederenrechtelijke correctie voor vermogensverschuivingen tussen samenwoners ? », *T. Not.*, 2022, pp. 115 à 153. Voy., précédemment, Cass., 26 décembre 2014, *R.W.*, 2015-2016, p. 183, note V. Sagaert.

[109] Voy. Anvers, 22 octobre 2020, *R.W.*, 2021-2022, p. 1393, et les éléments de fait retenus par la cour pour affirmer la renonciation, certes tacite, mais certaine à l'accession. Voy. aussi Gand, 15 mars 2018, *T.B.O.*, 2018, p. 331, *N.j.W.*, 2018, p. 495, obs. G. Degeest.

[110] Voy. *supra*, n° 2.

Que ce soit dans la loi du 10 janvier 1824 sur le droit de superficie, dans la version de celle-ci à la suite de la loi du 25 avril 2014 ou dans le Code civil actuel, le droit de superficie est un droit réel et, en toute hypothèse, un droit réel démembré, ou d'usage dans la nouvelle terminologie. Un droit réel à part entière d'abord, avec toutes les conséquences que cela implique sur le plan du *numerus clausus*, de l'objet et du principe de spécialité, des caractéristiques, du pouvoir de disposition, de la publicité, des modes d'acquisition, spécialement originaires, et des modes d'extinction, examinées au chapitre des dispositions générales. Un droit réel d'usage ensuite, caractérisé par le droit de bâtir, construire, planter sur la propriété d'autrui ; là est l'« utilité » spécifique de la chose d'autrui qu'il confère à son titulaire. La particularité du droit de superficie est qu'il emporte par définition (droit d'« avoir ») la propriété du sursol hier, ou du sous-sol, aujourd'hui, en tout ou en partie, donc entraînant, à notre sens, dans une vision contemporaine tridimensionnelle de la propriété immobilière[111], la propriété d'un volume[112]. Le superficiaire est, en conséquence de son droit de superficie, véritable propriétaire d'un espace, d'un volume. Il ne l'est toutefois que pour un temps, la superficie ayant, en principe une durée maximale et n'existe que dans la perspective de construire ou planter. C'est un droit réel démembré, mais un peu particulier en ce qu'il se décline par rapport au fonds, qui reste le point de repère, mais se définit par sa conséquence essentielle : une propriété immobilière temporaire sur, au-dessus ou en dessous de ce fonds. Celui que l'on nomme en Belgique le superficiaire se trouve toujours en présence, au moins, du propriétaire du fonds, dont la propriété peut, à l'extrême, se trouver réduite, pour un temps (voire dans des cas exceptionnels, sans limite temporelle[113]), à une propriété immobilière plane, en 2D, c'est-à-dire le sol, mais qui reste, en toute hypothèse, le propriétaire du fonds, ayant vocation à récupérer la plénitude des prérogatives sur sa propriété immobilière.

**19. L'objet du droit de superficie : évolutions.** L'article 1er de la loi du 10 janvier 1824 énonçait, dans sa version originale : « Le droit de superficie est le droit réel qui consiste à avoir des bâtiments, ouvrages ou plantations sur le fonds d'autrui ». Avec une majorité de la doctrine, en tout cas francophone[114], mais contrairement à d'autres[115], nous affirmions que le droit de superficie, tel

---

[111] Voy. not. P. Lecocq, « Superficie et emphytéose. Actualités législatives et jurisprudentielles », *op. cit.*, spéc. n° 11 ; J.-Fr. Romain, « Titre 8. La nouvelle dimension de la superficie », *op. cit.*, p. 375.

[112] Voy., pour une analyse en profondeur de cette propriété en volume du superficiaire, V. Sagaert, « Het opstalrecht in het nieuwe goederenrecht : een eigentijdse volume-eigendom », *op. cit.*, pp. 531 et s.

[113] Voy., sur la durée, *infra*, n° 22.

[114] Voy., sur cette question, J. Hansenne, *Les biens. Précis*, t. II, *op. cit.*, n° 1239, spécialement la note (52) et les références y citées ; J.-M. Chandelle, *R.P.D.B.*, v° « Superficie », Complément, t. VII, Bruxelles, Bruylant, 1990, n° 82 ; R. Derine, F. Van Neste et H. Vandenberghe, *Beginselen van Belgisch privaatrecht*, deel II A, Zakenrecht, *op. cit.*, n°s 1022 et 1024 ; voy. aussi, reprenant les différents avis en présence, Ch. Willemot, « De oude dame krijgt een *facelift* – Uitbreding, van het toepassingsgebied van de opstalwet en de relevantie van de wijziging voor de notarieële praktijk », *Not. Fisc. M.*, 2014, n°s 22 à 24.

[115] Voy. not., essentiellement en doctrine néerlandophone, les nombreuses références citées par Y. Delacroix et N. Van Damme, « Le droit de superficie après la loi du 25 avril 2014 », *J.T.*, 2015, pp. 229 à 238,

que régi par la loi de 1824, ne concerne que le sursol et non le sous-sol : au vu de l'utilisation à l'article 1er du mot « sur » le fonds d'autrui[116], de l'emploi du terme même de « superficie », désignant la surface d'un corps surtout dans son étendue et dans son caractère **extérieur** et puisque le mot *superficies* vise tout ce qui se trouve au-dessus de la surface d'un fonds. Dès avant 2014, nous soutenions aussi que si, en général et certainement dans la conception de 1824, le législateur avait pensé à un superficiaire occupant tout le sursol, rien n'empêche de concevoir des superficies partielles, assez aisément comme ne visant qu'une partie du fonds délimitée traditionnellement au sol, mais aussi comme ne visant qu'une partie du fonds en sursol en songeant à «[...] la possibilité d'un droit de superficie partielle en ce qu'il se superposerait non pas directement au sol, mais aux constructions existantes, lesquelles étant exclues du droit de superficie demeureraient acquises au propriétaire du terrain »[117].

La loi du 25 avril 2014 adapte l'article 1er de la loi du 10 janvier 1824 contre le sens courant du mot superficie, en visant désormais expressément le sous-sol, favorisant sans conteste une plus large application de la superficie. Désormais la superficie s'exerce, non seulement, **sur** le fonds d'autrui mais aussi **au-dessus**, **en dessous**, en tout ou en partie. Certains y ont vu la confirmation que l'ancien article 1er ne permettait pas ces possibilités pourtant réclamées par la pratique, d'autres ont considéré que la loi n'est que la consécration claire de solutions déjà admises.

L'article 3.177 poursuit dans la même direction, en se référant expressément aux volumes, bâtis ou non, propriété temporaire inhérente au droit de superficie. C'est toujours bien, selon nous, le fonds qui est l'objet, au sens d'assiette, du droit de superficie mais envisagé dans toutes ses dimensions et ce, en tout ou en partie. On le voit, le droit de superficie peut être plus que jamais à géométrie variable et il conviendra, en toute hypothèse, que les parties précisent exactement ce qui est attribué au superficiaire. Sans autre précision dans la convention (voire dans les actes de possession[118]), l'objet du droit de superficie est toujours le fonds mais la dissociation de propriété est possiblement plus ample encore car, poussée à l'extrême, aussi bien vers le haut que vers le bas, la superficie ne peut laisser au propriétaire qu'une propriété en 2D, réduite à un plan idéal, le sol. À l'inverse, le droit de superficie pourrait aussi être bien plus réduit qu'il ne l'était, en norme, par le passé et ne viser qu'une partie du fonds : seul le sursol ou

---

spéc. n° 15, note (85) et, not., V. SAGAERT, *Beginselen van Belgisch privaatrecht*, t. V, Goederenrecht (éd. 2014), *op. cit.*, n° 762 ; *id.*, «Volume-eigendom ; een verkenning van de verticale begrenzing van onroerende eigendom », *T.P.R.*, 2009, pp. 21 et s., n° 44.

[116] L'expression « sur un fonds appartenant à autrui » pourrait, à juste titre, ne pas être considérée comme déterminante à elle seule lorsque l'on songe aux extensions, en matière de canalisations souterraines, dont a fait l'objet la servitude légale pour cause d'enclave (voy. Cass., 1er mars 1996, *R.C.J.B.*, 1997, pp. 480 à 494, note P. LECOCQ, « L'article 682, al. 1er, du Code civil et la pose de canalisations souterraines. De la victoire de la nécessité sur la propriété ») ; voy., dans le même sens, Y. DELACROIX et N. VAN DAMME, « Le droit de superficie après la loi du 25 avril 2014 », *op. cit.*, n° 15.

[117] Voy. J.-M. CHANDELLE, *R.P.D.B.*, v° « Superficie », *op. cit.*, n° 93.

[118] Dans le cas d'une constitution par prescription acquisitive.

le sous-sol, seul l'un de ceux-ci mais jusqu'à telle altitude, telle profondeur seulement, voire tel volume d'espace délimité à l'aide de trois cotes. Cette détermination, essentielle on l'aura compris, nécessite une identification non seulement juridique dans l'acte notarié[119], mais également cadastrale, à moins que le droit de superficie soit général (complet) et porte sur l'ensemble de la parcelle cadastrale existante, dans toutes ses dimensions verticale et horizontale[120]. Ce sont les arrêtés royal du 30 août 2021 et ministériel du 31 août 2021[121] qui organisent ce cadastre en 3D, en créant le volume cadastral et en distinguant les parcelles cadastrales plan et les parcelles cadastrales patrimoniales[122].

**20. L'objet du droit de superficie : précisions complémentaires.** Conséquence : le droit de superficie (pas plus que le droit d'emphytéose dans la réforme[123]) ne peut porter lui-même sur un droit, serait-il réel et serait-il immobilier. L'objet d'un droit réel principal peut être, en norme[124], une chose corporelle, voire, pour certains d'entre eux, incorporelle, mais point un droit ou alors il ne s'agit là que d'un artifice de langage et d'un leurre juridique car c'est, *in fine*, de la chose corporelle ou incorporelle que le titulaire du droit réel prétendument concédé sur le droit, retire telle ou telle utilité.

En revanche, et pour rappel[125], dès avant la réforme de 2020, la Cour de cassation admet, dans un arrêt du 18 mai 2007, que, dans la mesure où un droit privatif de superficie ne fait pas obstacle à la destination publique d'un bien affecté à l'usage de tous, il peut être établi sur un bien du domaine public[126].

---

[119] Voy., pour différentes hypothèses, V. Sagaert, « Het opstalrecht in het nieuwe goederenrecht : een eigentijdse volume-eigendom », *op. cit.*, n°s 9 à 14.

[120] Voy. dans le même sens, V. Sagaert, « Het opstalrecht in het nieuwe goederenrecht : een eigentijdse volume-eigendom », *op. cit.*, n° 15.

[121] Voy. l'arrêté royal du 30 août 2021 portant modification de l'arrêté royal du 18 novembre 2013 complétant les règles d'identification des biens dans un acte ou document sujet à la publicité hypothécaire, et organisant le dépôt préalable d'un plan à l'Administration générale de la Documentation patrimoniale et la délivrance par celle-ci d'un nouvel identifiant et de l'arrêté royal du 30 juillet 2018 relatif à la constitution et la mise à jour de la documentation cadastrale et fixant les modalités pour la délivrance des extraits cadastraux, *M.B.*, 31 août 2021, p. 92981, et l'arrêté ministériel du 31 août 2021 portant modification de l'arrêté ministériel du 18 novembre 2013 portant exécution de l'article 5 de l'arrêté royal du 18 novembre 2013 complétant les règles d'identification des immeubles dans un acte ou document sujet à la publicité hypothécaire, et organisant le dépôt préalable d'un plan à l'Administration générale de la Documentation patrimoniale et la délivrance par celle-ci d'un nouvel identifiant, *M.B.*, 31 août 2021, p. 92989.

[122] Voy., sur ce nouveau cadastre, not. V. Sagaert, « Volumes in het kadaster : een nieuwe drie-dimensionele realiteit », *R.W.*, 2021-2022, p. 450 ; *id.*, « Het opstalrecht in het nieuwe goederenrecht : een eigentijdse volume-eigendom », *op. cit.*, n°s 15 à 17.

[123] Voy. *supra*, n° 9.

[124] Sauf le cas particulier de l'usufruit (voy. sur ce point, not. E. Jadoul, « Chapitre VI. Droit d'usufruit », in Y.-H. Leleu (coord.), *Chroniques notariales*, vol. 72, Bruxelles, Larcier, 2021, pp. 175 à 206, spéc. n° 149).

[125] Voy. *supra*, n° 10.

[126] Voy. Cass., 18 mai 2007, *N.j.W.*, 2007, p. 652, *Rev. not. belge*, 2007, p. 631, note D. Lagasse, « Remise en cause par la Cour de cassation de l'indisponibilité du domaine public ? », *J.L.M.B.*, 2007, p. 1727, *T.B.O.*, 2008, p. 9, note D. Van Heuven, « Zakelijke rechten op openbare domein zijn mogelijk ! » ; voy. aussi D. Lagasse, « La promotion immobilière et les exigences de la domanialité publique », *Jurim pratique*, 2008/1, p. 41.

Cet arrêt de 2007 fait sans nul doute écho à de précédentes décisions rendues, toujours par la Cour de cassation, à propos d'un droit réel de servitude et selon lesquelles la circonstance qu'un bien appartienne au domaine public n'interdit pas l'établissement sur ce bien d'une servitude, si celle-ci est compatible avec la destination publique de ce domaine, si elle ne fait pas obstacle à l'usage public de ce bien et si elle ne porte pas atteinte au droit de l'administration de régler et de modifier cet usage d'après les besoins et l'intérêt de la collectivité[127]. L'article 3.45 du Code civil lève tout doute en prévoyant, de façon large, que des droits réels ou personnels puissent être constitués sur le domaine public si « la destination publique de ce bien n'y fait pas obstacle ».

**21. Un droit réel d'usage emportant une propriété de volumes dans tous les cas.** Dès 1824, le législateur a songé au superficiaire qui va construire mais aussi aux cas où se trouvent déjà des constructions sur le fonds. En effet, le droit de superficie se conçoit aussi bien sur un terrain bâti que sur un terrain non bâti[128]. Deux dispositions (citées dans leur version antérieure à 2014) en attestent à suffisance. D'une part, l'article 5 de la loi dispose que « pendant la durée du droit de superficie, le propriétaire du fonds ne peut empêcher celui qui a ce droit de démolir les bâtiments et autres ouvrages, ni d'arracher et enlever les plantations, **pourvu que ce dernier en ait payé la valeur lors de son acquisition** ou que les bâtiments aient été construits ou faits par lui » et, d'autre part, l'article 7 prévoit que « si le droit de superficie a été établi sur un fonds sur lequel **se trouvaient déjà des bâtiments, ouvrages ou plantations, dont la valeur n'a pas été payée par l'acquéreur**, le propriétaire reprendra le tout à l'expiration du droit, sans être tenu à aucune indemnité pour ces bâtiments, ouvrages ou plantations ». Les solutions divergent donc dans la loi selon que le fonds est bâti ou non et selon que le superficiaire a payé ou non la valeur des constructions existantes. Si l'on s'accordait à dire que le superficiaire est titulaire d'un droit de propriété sur ce qu'il a construit lui-même ou sur les constructions existantes dont il a payé la valeur lors de la création du droit, il y avait une controverse quant à la nature du droit du superficiaire sur les constructions présentes lors de la naissance de son droit mais dont il n'a pas payé la valeur : un droit de propriété[129], un droit de jouissance analogue au

---

[127] Voy. Cass., 11 septembre 1964, *Pas.*, 1965, I, p. 29, et Cass., 27 septembre 1990, *Pas.*, 1991, I, p. 78, *Rev. not. belge*, 1991, p. 49.

[128] Voy. J. Hansenne, *Les biens. Précis*, t. II, *op. cit.*, n° 1239 a ; J.-M. Chandelle, *R.P.D.B.*, v° « Superficie », *op. cit.*, n° 88 ; R. Derine, F. Van Neste et H. Vandenberghe, *Beginselen van Belgisch privaatrecht*, deel II A, Zakenrecht, *op. cit.*, n° 1024 ; I. Durant, *Droit des biens*, *op. cit.*, n° 0542 ; voy., en jurisprudence, pour une hypothèse de droit de superficie concédé sur des constructions existantes, Liège, 3 décembre 1998, *Rec. gén. enr. not.*, 2001, p. 91, où il est d'ailleurs affirmé que même lorsque la valeur des constructions n'est pas payée, le superficiaire n'en devient pas moins propriétaire temporaire desdites constructions.

[129] Voy. H. De Page et R. Dekkers, *Traité élémentaire de droit civil belge*, t. VI, *op. cit.*, n° 693 ; J.-M. Chandelle, *R.P.D.B.*, v° « Superficie », *op. cit.*, n° 150 ; A. Van Oevelen, « Actuele ontwikkelingen inzake het recht van erfpacht en het recht van opstal », *in Het zakenrecht : absoluut niet een rustig bezit*, XVIIIᵉ Postuniversitaire Cyclus Willy Delva 1991-1992, Anvers, Kluwer, 1992, pp. 321 et s., n° 28 ; P. Lecocq, S. Boufflette, A. Salvé et R. Popa, *Manuel de droit des biens*, t. 2, *op. cit.*, Titre IV. La superficie, n° 9.

droit de jouissance de l'emphytéote, voire un droit de jouissance très limité[130]. Les arguments invoqués contre l'analyse en terme de propriété étaient les trop grandes restrictions dont faisait l'objet ce prétendu droit de propriété en vertu de l'article 5 de la loi et la restitution prévue sans aucune indemnité, à la fin du droit de superficie, en application de l'article 7. Nous nous sommes demandée, à l'époque, si cette situation toute particulière n'était pas en quelque sorte extra-systémique, une trace de l'histoire[131] et avons plaidé pour une conception unique, en termes de propriété, tout en respectant, sauf convention contraire, les contraintes édictées par le législateur[132]. Cette analyse se trouve, à notre avis, confortée lorsqu'on réfléchit en terme de droit de superficie conférant la propriété d'un volume, comme nous y invite encore davantage l'extension en 2014 du domaine d'application de la superficie : le superficiaire qui reçoit un droit de superficie sur un fonds sur lequel se trouvent déjà des bâtiments, dont il ne paie pas la valeur, est titulaire d'un droit réel démembré qui lui confère la propriété d'un volume, et lui permet, comme c'est généralement admis, de construire sur le sol resté disponible ou encore au-dessus des constructions existantes et d'être propriétaire de ce qu'il érige ainsi.

Dans la réforme, le législateur tranche : cette « propriété-conséquence » est affirmée de façon générale, que le superficiaire ait réalisé lui-même les ouvrages ou plantations ou les ait acquis. L'article 3.179 énonce que « Sauf clause contraire dans l'acte de constitution ou de cession d'un droit de superficie sur un immeuble planté ou construit, un tel acte emporte acquisition contractuelle, par le superficiaire ou le cessionnaire et pour la durée de son droit de superficie, de la propriété des ouvrages et plantations préexistants. Ces ouvrages et plantations seront régis par les mêmes règles que si le superficiaire les avait réalisés lui-même. [...] ».

Deux observations.

Premièrement, on remarquera que l'affirmation de principe d'une propriété temporaire des ouvrages et plantations préexistants a lieu sous réserve d'une clause contraire. Il faut toutefois bien comprendre cette réserve dans l'idée du législateur. Il appartient effectivement aux parties de déterminer librement, et précisément si tel est leur souhait, l'objet exact du droit de superficie constitué ou cédé, comme évoqué ci-avant[133]. Mais de deux choses l'une, comme l'énonce l'exposé des motifs « [...] soit les bâtiments sont compris dans le droit de superficie, auquel cas le superficiaire en est propriétaire, soit ces bâtiments ne sont pas compris dans le droit de superficie, auquel cas, il n'a aucune prérogative,

---

130 Voy. J. Hansenne, *Les biens. Précis*, t. II, *op. cit.*, n° 1249, spécialement la note (72).
131 Voy. P. Lecocq, « Superficie, Emphytéose et constructions », *op. cit.*, n° 26.
132 Voy. pour une démonstration assez longue, et convaincante, du droit de propriété du superficiaire, C. Asser's, *Handleiding tot de beoefening van het Nederlands burgerlijk recht*, deel II, Zakenrecht, mise à jour par P. Scholten, *op. cit.*, pp. 275 à 278.
133 Voy. *supra*, n° 19 *in fine*.

hormis les exceptions légales nécessaires à l'exercice de son droit»[134]. La réserve d'une clause contraire indique donc la variation possible dans l'objet du droit de superficie mais ne permet en aucune façon d'exclure contractuellement la conséquence inhérente au droit de superficie que l'on retrouve dans sa définition même : la propriété temporaire du ou des volumes visés[135]. Le législateur précise en effet, toujours dans l'exposé des motifs[136], que l'article 3.179 concernant les ouvrages préexistants est là «Pour éviter que la controverse ne renaisse toutefois quant à la qualification des droits du superficiaire dans cette dernière situation, [...]» dans une perspective d'uniformisation et donc de simplification.

En second, l'article 3.179 précise que, puisqu'il y a un acte juridique de constitution ou de cession, l'acquisition des éléments existants résultant de l'acte est contractuelle, acquisition en propriété mais temporaire, pour la durée du droit de superficie. On connaît les enjeux, spécialement fiscaux : si la cession du droit de superficie emporte effectivement cession des constructions ou plantations réalisées par le superficiaire, cette cession simultanée des constructions est toujours considérée par l'administration comme devant être taxée au taux des mutations conventionnelles immobilières de 10 ou de 12,5 %, position que suit généralement la jurisprudence, mais qui fait l'objet de critiques doctrinales[137]. L'article 3.179 du Code civil n'avalise en aucune manière cette position de l'administration. Il ne dit que ce qu'il dit : cette acquisition n'est effectivement, dans cette hypothèse, que la conséquence d'un contrat ... de constitution ou de cession d'un droit de superficie, et non d'un contrat de vente, de mutation immobilière[138].

**22. Durée(s) du droit de superficie.** L'article 4 de la loi du 10 janvier 1824 sur le droit de superficie prescrit que le droit de superficie ne peut excéder 50 années, sauf faculté de renouvellement. L'article 8 de la même loi énonce

---

[134] Voy. P. Lecocq et V. Sagaert, *La réforme du droit des biens. De hervorming van het goederenrecht. Le projet de la Commission de réforme du droit des biens. Het ontwerp van de Commissie tot hervorming van het goederenrecht*, *op. cit.*, p. 360.

[135] J.-Fr. Romain, «Titre 8. La nouvelle dimension de la superficie », *op. cit.*, n°s 1688 à 1691.

[136] *Ibid.*

[137] Voy., sur cette question controversée, Civ. Bruges, 20 décembre 1993, *Act. dr.*, 1996, pp. 807 et s., note A. Demoulin ; Civ. Charleroi, 9 juin 1994, *Rec. gén. enr. not.*, 1995, n° 24.431 (sauf si les constructions sont cédées pour être démolies) ; voy. aussi, en cas de cession simultanée par l'emphytéote et le bailleur emphytéotique de leurs droits, Déc. adm., 17 juin 1992, *Rec. gén. enr. not.*, 1993, n° 24.166 ; voy. aussi, par le passé, liant cession du droit d'emphytéose et vente des bâtiments érigés, Gand, 25 mai 1901, *Pas.*, 1901, II, p. 334 ; Gand, 14 février 1902, *Pas.*, 1902, II, p. 350 ; voy., pour les développements en matière fiscale, J.-M. Chandelle, *R.P.D.B.*, v° « Superficie », *op. cit.*, n°s 217 et 218 ; L. Herve, « Superficie, emphytéose et travaux : de quelques questions en matière de contributions directes et droits d'enregistrement », in P. Lecocq et al. (dir.), *Droit des biens/Zakenrecht*, Bruxelles, la Charte, 2005, pp. 337 et s., spécialement n° 51 ; J. Verstappen, K. Verheyden, M. Eeman, J. Verhoeye, P. Van Melkebeke, E. Spruyt et H. Pelgroms, *Zakelijke rechten en fiscaliteit*, Anvers, Maklu, 2004, n° 62 et n°s 133 et s.

[138] Voy., semble-t-il, dans le même sens, à tout le moins à propos d'un superficiaire cédant son droit avant la réalisation de constructions, M. Possoz et N. Van Damme, «Transfert d'un droit de superficie : le nouveau droit des biens ne devrait pas entraîner de changement au niveau des droits d'enregistrement », *Rev. not. belge*, 2022, pp. 157 et s. ; J.-Fr. Romain, «Titre 8. La nouvelle dimension de la superficie », *op. cit.*, pp. 411.

que « Les dispositions du présent titre n'auront lieu que pour autant qu'il n'y aura pas été dérogé par les conventions des parties, sauf la disposition de l'article 4 du présent titre », son caractère, d'ordre public *sensu stricto* ou simplement impératif, étant toutefois controversé[139]. À la suite de la réforme de 2014, qui certes ne modifie aucunement cette durée, nous avons écrit que « […] le législateur a démontré, dans une certaine mesure, sa volonté de rendre compte d'une propriété immobilière contemporaine, plus abstraite et plus divisible. Le nouvel article 1er de la loi sur la superficie révèle une volonté de dissocier en sous-sol, sursol, en tout ou en partie, cela pouvant se réaliser de surcroît par tout titulaire d'un droit réel, non propriétaire du fonds. Le droit de superficie n'est plus l'occupation du seul sursol, autorisée par le seul propriétaire du fonds, comme nous le défendions sur la base des textes existant avant la réforme ; la superficie quitte son domaine originaire, son champ d'application s'élargit dans une optique éminemment pratique et contemporaine ; sans remettre en cause l'absoluité du droit de propriété, qui doit rester de principe, tant au niveau de son contenu que de son étendue, il s'agit de saisir au mieux les utilités de la chose, ici immobilière, un peu, comme le note W. Dross, il s'est agi dans le droit féodal "[…] dans une société de pénurie, (il importait) avant tout de tirer le meilleur parti possible des biens, en en répartissant l'ensemble des utilités concevables entre les différents membres du corps social"[140]. En conséquence, la durée maximale du droit de superficie ne peut être aujourd'hui que simplement impérative, et peut-être même devrait-on pouvoir concevoir une superficie perpétuelle, dans des cas exceptionnels, strictement délimités par la loi »[141].

Cette durée peut être renouvelée sous l'empire de la loi de 1824, y compris de façon tacite, la doctrine défendant majoritairement qu'il convient de respecter, au total, la durée maximale de 50 ans si cela a pour résultat d'engendrer un nouveau contrat mais qui lie les parties dès la conclusion du premier contrat[142]. Il importe à cet égard de distinguer prorogation et renouvellement : la première,

---

[139] Voy., sur cette hésitation, tant en jurisprudence qu'en doctrine, J. POETS, « Vijftig jaar als maximumduur van zelfstandige opstalrechten : een te omzeilen problem ? », *op. cit.*, spéc. n° 3 et les références citées en note ; C. MOSTIN, « Emphytéose et superficie. 1. Aspects civils », *op. cit.*, n° 121. Voy., en jurisprudence, affirmant le caractère d'ordre public, not. : J.P. Eeklo, 19 avril 1973, *R.W.*, 1973-1974, col. 1830 (superficie) ; Bruxelles, 2 avril 1980, *Rev. not. belge*, 1981, p. 364 (superficie) ; pour le caractère impératif, voy., mais en matière d'emphytéose, not. Mons, 4 mai 1998, *J.L.M.B.*, 1999, p. 1921 et (sauf erreur de traduction) Civ. Termonde, 5 décembre 2002, *Rec. gén. enr. not.*, 2004, n° 25.416.
[140] Voy. W. DROSS, *Droit des biens*, coll. Domat, Droit privé, 2e éd., Paris, Montchrestien, 2014, n° 12.
[141] Voy. P. LECOCQ, S. BOUFFLETTE, A. SALVÉ et R. POPA, *Manuel de droit des biens*, t. 2, *op. cit.*, Titre IV. La superficie, n° 6.
[142] La sanction prônée étant soit la nullité de la clause de renouvellement (voy. V. SAGAERT, « Oude zakenrechtelijke figuren met nut voor een moderne familiale vermogensplanning. Knelpunten van tontine, vruchtgebruik, erfpacht en opstal », *op. cit.*, pp. 205 à 274, spéc. n° 73 et les références citées), soit la réduction de l'effet du renouvellement ou de la clause du renouvellement au maximum légal, ce qui paraît plus conforme à la jurisprudence récente de la Cour de cassation (voy. R. DERINE, F. VAN NESTE et H. VANDENBERGHE, *Beginselen van Belgisch privaatrecht*, deel II A, Zakenrecht, *op. cit.*, n° 1000 ; D. DELI, « Erfpacht en opstal : burgerrechtelijke aspecten », in D. Meulemans (éd.), *Vruchtgebruik, erfpacht, opstal*, Anvers, Maklu, 1998, pp. 37 à 73, n° 26).

à la différence du second, maintient le contrat initial, seul un nouveau terme (pour un total de 50 ans maximum, sous l'empire de la loi de 1824[143]) étant substitué au premier, ce qui implique que l'accession ne s'est pas produite lors de la prorogation, ce qui n'est pas sans incidences pratiques, spécialement fiscales[144].

Quant aux sanctions, la Cour de cassation, sous l'influence peut-être d'une doctrine et d'une ancienne jurisprudence similaire en matière d'emphytéose[145], a énoncé, toujours sous l'empire de la loi du 10 janvier 1824, à propos d'un droit de superficie constitué pour une durée indéterminée qu'un tel droit de superficie doit être considéré comme conclu pour plus de 50 ans et qu'il n'est certes pas nul mais doit être ramené à la durée légale maximale de 50 ans. La Cour a effectué une forme de réduction de la clause, ce qui pourrait, peut-être, être analysé comme un signe de l'évolution d'une durée d'ordre public *sensu stricto*, vers une durée simplement impérative[146]. La Cour de cassation a confirmé cette position dans un arrêt du 3 décembre 2015 (dans une affaire dont nous ne possédons pas tous les éléments de fait) où elle énonce que le droit de superficie concédé pour une durée indéterminée doit être considéré comme conclu pour plus de 50 ans. À ce titre, il ne doit pas être annulé mais réduit à la durée maximale légale[147]. Ce n'est pas là, selon la Cour, donner une interprétation du contrat conclu par les parties, qui en méconnaîtrait la force probante, mais en déterminer les conséquences juridiques.

L'article 3.180 ne déroge pas à la règle de la non-supplétivité de la durée des droits réels d'usage en débutant par ces mots : « Nonobstant toute clause contraire, … ». Il aligne la durée maximale de principe du droit de superficie sur celles de l'usufruit et de l'emphytéose, à savoir 99 ans, sans le caractère viager du premier, ni la durée minimale du second, pour conserver ainsi à chacun d'eux leur spécificité[148]. Seule la durée maximale est légalement prévue, mais elle peut être moindre en raison de la volonté des cocontractants. Ainsi, sous l'empire de la loi de 1824 et de son délai légal maximal de 50 ans, la cour d'appel de Gand, dans un arrêt du 12 décembre 2019, a eu à connaître d'un droit de superficie constitué, dans le cadre familial, pour une durée de 50 ans maximum, sauf extinction anticipée en raison du décès du dernier survivant des époux[149].

---

[143] Voy. V. Sagaert, *Beginselen van Belgisch privaatrecht*, t. V, Goederenrecht (éd. 2014), *op. cit.*, n° 694.
[144] Voy. aussi sur les distinctions à faire, J. Poets, « Vijftig jaar als maximumduur van zelfstandige opstalrechten : een te omzeilen probleem ? », *op. cit.*, n° 4.
[145] Voy., en matière d'emphytéose, *supra*, n° 11.
[146] Voy. Cass., 15 décembre 2006, *R.W.*, 2007-2008, p. 104, note M. Muylle, « Hoe lang duurt mijn recht van opstal » *T.B.O.*, 2008, p. 68 ; *T. Not.*, 2008, p. 104 ; voy., dans le même sens, Anvers, 8 octobre 2013, *F.J.F.*, 2014, p. 732.
[147] Voy. Cass., 3 décembre 2015, R.G. n° C.15.0210.N, disponible sur https://juportal.be, *N.j.W.*, 2016, p. 578, note J. Malekzadem, *T.B.O.*, 2016, p. 317, *R.W.*, 2016-2017, p. 1133, note V. Sagaert.
[148] Voy. *supra*, Introduction.
[149] Voy. Gand, 12 décembre 2019, *T. Not.*, 2020, p. 887, note N. Carette ; voy. aussi, not. Cass., 7 mai 2018, R.G. n° C.17.0490.F, disponible sur https://juportal.be, qui prévoit, dans le cadre d'une opération immobilière une renonciation à accession pour 24 mois.

Exceptionnellement toutefois, dans la réforme, le droit de superficie pourrait excéder 99 ans.

Premièrement, s'il est la conséquence d'un droit principal d'une durée plus longue, telle une servitude[150] (art. 3.180 *in fine*).

Deuxièmement, à l'instar du droit d'emphytéose, il peut être perpétuel, lorsqu'il est accordé par le propriétaire de l'immeuble, à des fins de domanialité publique car il doit pouvoir se poursuivre tant que durent l'affectation publique et la poursuite de l'intérêt général en question (art. 3.180, al. 2, 1°) ; il s'agit là d'une exception déjà admise sous l'empire de la loi du 10 janvier 1824[151]. Vu la perpétuité, on assiste dans ce cas à un retour au principe : seul le propriétaire du bien, et non pas tout titulaire d'un droit réel d'usage sur ce bien, peut constituer ce type de droit de superficie[152].

Troisièmement, l'article 3.180, alinéa 2, 2°, prévoit qu'il peut également être perpétuel lorsque que et tant que, constitué par le propriétaire du fonds, il vise à «[...] permettre la division en volumes d'un ensemble immobilier complexe et hétérogène comportant plusieurs volumes susceptibles d'usage autonome et divers qui ne présentent entre eux aucune partie commune». C'est là la voie qu'a choisie le législateur belge pour tenter de trouver une issue à la controverse existante, évoquée en observation liminaire[153], entre droit de superficie nécessairement temporaire (thèse dite moniste) ou véritable droit de propriété, perpétuel et imprescriptible, sur un volume immobilier. Les termes de l'article sont repris, à l'évidence, des conditions imposées avec le temps par la pratique notariale, la jurisprudence et la doctrine françaises lorsqu'il s'agit d'organiser des cessions de volumes, en propriété, sur le fondement d'une large interprétation de la finale de l'article 553 de l'ancien Code civil. La pratique belge pourra aisément s'en inspirer. Mais le vecteur est autre : il ne s'agit pas, à la différence du droit français, de droits de propriété, à part entière, sur des portions de foncier, mais bien, dans la réforme du droit belge, d'un droit réel d'usage – avec toutes les conséquences que cette analyse entraîne, notamment en termes d'extinction – perpétuel certes mais prescriptible. L'enjeu est considérable : il s'agit de rien moins que l'utilisation de la propriété immobilière au troisième millénaire. Dans toutes ses dimensions et toutes ses réalités comme le relèvent un article de Kato De Schepper à propos de la pratique des maisons flottantes[154] et une contribution toute récente de Nicolas Bernard, relative au *community land trust*[155].

---

[150] Voy. *supra*, n° 3.
[151] Voy. not. J. Hansenne, *Les biens. Précis*, t. II, *op. cit.*, n° 1239, note (50) ; voy. aussi Bruxelles, 2 avril 1980, *Rev. not. belge*, 1981, p. 364.
[152] Voy., pour une restriction semblable en matière de droit d'emphytéose, *supra*, n° 11.
[153] Voy. *supra*, les références citées au n° 17.
[154] Voy. K. De Schepper, «Beweegbare onroerende eigendom : over de juritectuur van de drijvende woningen», *T.P.R.*, 2022, pp. 283 et s. Comp., de façon générale, R. Timmermans, «Keert met de opstalrechtelijke uitgifte van grond in eeuwigdurende volume-eigendom voor een heterogeen multifonctioneel onroerend complex de middeleeuwse duplo-eigendom weer ?», *R.C.D.I.*, 2022/1, pp. 3 et s.
[155] Voy. N. Bernard, «Les communs (déjà) à l'œuvre dans le domaine de l'habitat : l'exemple du *community land trust*», *J.T.*, 2022, p. 613.

On conclura ce numéro par une brève observation de droit transitoire : il a fallu assurer la sécurité juridique quant aux possibles dissociations en volumes, quelle que soit leur qualification, qui auraient été réalisées en cette période trouble et controversée en la matière que nous avons connue. Le tout en respectant l'esprit de la réforme et la volonté des parties. L'article 38 de la loi vise ainsi tout contrat constitutif d'un droit de superficie ou tout autre contrat emportant dérogation à l'accession verticale conclu avant l'entrée en vigueur de la loi pour permettre que, à certaines conditions bien précises, il puisse, le cas échéant, être considéré comme valable encore qu'il dépasse la durée maximale de 50 ans imposée par la loi de 1824 ou même encore qu'il puisse être réputé constituer un droit de superficie perpétuel au sens de l'article 3.180 du livre 3[156].

**23. Droits et obligations des parties.** Le droit de superficie est un droit subjectif patrimonial, réel, d'usage. Le superficiaire est titulaire de son droit et en a la libre disposition comme l'énonce, de façon générale, l'article 3.6, relatif au pouvoir de disposition. Le superficiaire peut donc, en vertu de l'article 2 de la loi du 10 janvier 1824 et, dans la réforme, de l'article 3.183, le céder ou l'hypothéquer. La cour d'appel d'Anvers, dans un arrêt du 4 janvier 2016, rappelle la possibilité de céder son droit de superficie mais également la nécessité, s'agissant d'un acte translatif d'un droit réel immobilier, d'en assurer la publicité pour sa pleine efficacité vis-à-vis des tiers, de bonne foi, publicité qui n'avait pas eu lieu, seul un acte sous signature privée ayant été dressé[157]. Cédant ou hypothéquant son droit, il cède ou hypothèque également les immeubles (volumes, ouvrages et plantations) dont il est propriétaire, sauf à exclure certains d'entre eux contractuellement de la cession ou de la sûreté[158]. L'inverse, toutefois, n'est pas vrai : à l'instar de ce que nous avons développé en matière d'emphytéose, la propriété, en principe temporaire des volumes, bâtis ou non, n'est qu'une conséquence du droit réel d'usage, elle n'est pas autonome. En conséquence, céder ou n'hypothéquer que les ouvrages, plantations, bref le volume, indépendamment du droit de superficie est, selon nous, inconcevable conceptuellement parlant car cela pourrait en effet conduire à attribuer une propriété temporaire sur des éléments immobiliers qui n'est sous-tendue par aucun droit réel d'usage le justifiant[159]. Ce n'est donc, souvent, que par un abus de langage que l'on vise, par exemple, l'hypothèque des constructions du superficiaire, car celle-ci doit aller de pair avec l'hypothèque, au moins partielle, du droit de superficie,

---

[156] Voy. not. V. Sagaert, « Het opstalrecht in het nieuwe goederenrecht : een eigentijdse volume-eigendom », *op. cit.*, n°s 41 à 43.

[157] Voy. Anvers, 4 janvier 2016, *R.G.D.C.*, 2018, p. 97.

[158] Voy., précité, Cass., 26 novembre 2015, *T.B.O.*, 2016, p. 312.

[159] Voy., pour une analyse similaire, avant même la réforme, encore qu'en matière d'emphytéose, V. Sagaert, « Oude zakenrechtelijke figuren met nut voor een moderne familiale vermogensplanning. Knelpunten van tontine, vruchtgebruik, erfpacht en opstal », *op. cit.*, n° 45, qui décide aussi qu'il n'est pas possible de céder les constructions indépendamment du droit d'emphytéose lui-même ; voy. aussi M. Donnay, « L'emphytéose », *Rec. gén. enr. not.*, 1974, n° 21.803, n° 23, qui après avoir affirmé le principe considère comme fondée une décision jugeant le contraire.

en ce qu'il se rapporte à tel ou tel ouvrage, tel ou tel volume dirons-nous aujourd'hui[160]. C'est toutefois, le plus souvent, à l'occasion de l'extinction du droit de superficie, que l'on s'interroge sur la portée de la cession ou le sort de l'hypothèque. Nous y reviendrons[161].

Le droit de superficie, droit réel démembré, présente cette particularité, on l'a dit, de se décliner par rapport au fonds, droit d'usage sur le fonds d'autrui, mais de se définir par sa conséquence essentielle, une propriété immobilière temporaire sur, au-dessus ou en dessous de ce fonds. La réforme affirme en conséquence à l'article 3.184, intitulé « Droits sur les volumes », que pendant la durée de son droit, le superficiaire exerce sur son volume toutes les prérogatives du propriétaire. Il ne le fait toutefois que dans les limites des droits du constituant et sans porter atteinte aux autres droits existant sur le fonds. Il précise enfin que le superficiaire ne peut détruire les ouvrages ou plantations qu'il était tenu de réaliser ; c'est désormais là le critère pour exclure, en toute logique économique et vu le principe d'exécution de ses obligations, le pouvoir de détruire ce qui était prévu. Dans une décision rendue par la cour d'appel de Bruxelles, le 23 janvier 2019, à propos de l'existence d'avantages en nature, il est énoncé que le superficiaire peut, en tant que propriétaire temporaire des constructions érigées par lui, détruire celles-ci pendant la durée de son droit en application de l'article 5 de la loi sur la superficie, le tout sous réserve de la volonté des parties, qui peuvent, comme en l'espèce, exclure cette possibilité de démolition[162].

Vu les conséquences sur la division de la propriété immobilière qu'emportent la constitution d'un droit de superficie et l'énoncé en propriété des volumes, conséquences dudit droit, les obligations sont plus clairement exprimées dans la réforme que sous l'empire de la loi du 10 janvier 1824. Là où celle-ci distinguait selon les hypothèses, l'affirmation générale aujourd'hui d'une propriété du volume et de son contenu, complétée de l'article 3.179, alinéa 2, ci-avant évoqué – selon lequel le superficiaire n'a aucune prérogative sur les volumes, sur, au-dessous ou en dessous du fonds exclus de son droit, sans préjudicie de l'article 3.116 – permet d'affirmer à l'article 3.185 que pendant la durée de son droit, le superficiaire est tenu de toute les charges et impositions relatives aux volumes, ouvrages et plantations[163], le constituant, le tréfoncier ou leurs ayants droit supportant ces charges et impositions pour ce dont ils sont propriétaires.

De la même manière que pour le droit d'emphytéose, s'agissant des ouvrages ou plantations réalisés par l'emphytéote et dont il est propriétaire temporaire en

---

[160] Voy., sur la période recensée, s'exprimant, à propos de l'hypothèque du droit de superficie, Anvers, 16 juin 2014, *N.j.W.*, 2015, p. 68, note J. Del Corral ; voy. visant tantôt l'hypothèque du droit de superficie, tantôt l'hypothèque des constructions, Cass., 8 novembre 2019, *R.C.J.B.*, 2020, p. 273, note L. Barnich.
[161] Voy. *infra*, n° 28.
[162] Voy. Bruxelles, 23 janvier 2019, *R.A.B.G.*, 2019, p. 1590, note L. Ketels.
[163] Voy., pour l'affirmation de principe, Cass., 19 avril 2018, *F.J.F.*, 2018, p. 221, s'agissant d'un précompte immobilier sur un immeuble bâti, non meublé, dû en l'espèce par un emphytéote.

vertu d'une superficie-conséquence[164], il est prévu, à l'alinéa 2 de l'article 3.185 que chacun doit réaliser, relativement à sa propriété, non seulement les réparations d'entretien et les grosses réparations dont il serait tenu légalement ou contractuellement, mais aussi toutes celles qui seraient nécessaires pour l'exercice d'autres droits d'usage existant sur le fonds. Cela a été prévu dans le souci que puissent coexister véritablement divers droits d'usage sur un même bien, plus encore lorsqu'on rappelle que le législateur a décidé de multiplier, avec des conditions certes, les constituants possibles de pareils droits[165].

Une décision rendue par la cour d'appel de Bruxelles, le 20 janvier 2022[166], rappelle que certes le superficiaire, en tant que titulaire d'un droit réel d'usage sur le bien, peut être assigné sur la base des troubles de voisinage et ajoute que le tréfoncier pourrait également être assigné sur la même base, à condition que le trouble puisse aussi lui être imputé. Selon la cour, le seul fait que les travaux réalisés par le superficiaire aient pu lui profiter ne suffit certes point, mais divers éléments de l'espèce révèlent que le tréfoncier a joué un rôle sinon actif, à tout le moins passif, dans la création de la situation juridique et administrative qui a entraîné la rupture d'équilibre entre les fonds voisins.

## B. Acquisition et extinction du droit de superficie

**24. Acquisition du droit de superficie : précisions à propos du contrat et de la prescription acquisitive.** On l'a vu, l'objet exact du droit de superficie doit être déterminé avec précision. S'agissant d'un droit de superficie né par acte juridique, on recherchera l'intention des parties et on restera attentif à fixer dans la convention les limites exactes du droit de superficie, qui ne concernera donc que la partie délimitée, sans donner au superficiaire d'autre jouissance, ni propriété, des autres parties du fonds que celle nécessaire à l'exercice de son droit, qu'il s'agisse d'accomplir des actes matériels ou des actes juridiques. Ainsi, un superficiaire en sursol seulement ne pourrait accorder de droit d'emphytéose en sous-sol, n'ayant ni la propriété, ni la jouissance de ce dernier.

En outre, il faut rappeler[167] que l'alinéa 2 de l'article 1er de la loi du 10 janvier 1824, repris à l'article 3.178 intitulé « Qualité du constituant » permet que le droit de superficie puisse être constitué par le propriétaire ou par tout titulaire d'un droit réel d'usage dans les limites de son droit. Si le droit de superficie est accordé par une autre personne que le tréfoncier, il conviendra de délimiter au préalable l'objet exact du droit réel d'usage constitué en premier et, dans les limites de ce droit, qu'il s'agisse de l'objet, de la durée ou de ses droits et obligations, de déterminer ensuite les contours du droit de superficie par lui accordé, étant entendu que ce qui n'est accordé ni au premier, ni au second (voire au

---

[164] Voy. *supra*, n° 3.
[165] Voy. *supra*, n° 5.
[166] Disponible sur https://juportal.be.
[167] Voy. sur cette multiplicité de constituants possibles, *supra*, n° 5.

deuxième et aux superficiaires suivants, puisqu'il pourrait y avoir d'autres droits de superficie subséquents) demeure au tréfoncier. L'article 3.179 rappelle à cet égard que le superficiaire ne dispose d'aucune prérogative sur les volumes sur, au-dessus ou en dessous du fonds expressément exclu de son droit, sans préjudice de l'article 3.116, à savoir l'existence des servitudes légales nécessaires dont profite le titulaire d'un droit réel d'usage pour exercer son droit sur le fonds grevé dudit droit réel. Quant à cette multiplicité de constituants possibles, on soulignera que cette possibilité n'est pas inscrite dans la définition des droits et n'est pas libellée de façon contraignante : il appartient dès lors aux parties, en application du caractère supplétif de principe du livre 3 du Code civil[168], d'écarter, si elles le souhaitent, cette opportunité.

Toujours à propos d'un droit de superficie né par la volonté des parties, il n'a jamais été imposé par la loi que le contrat constitutif soit à titre onéreux : une contrepartie peut être, ou non[169] fixée, unique, ou périodique auquel cas l'appellation – trompeuse selon nous – de bail de superficie est alors usitée. Il se déduit aussi de l'absence d'obligation de caractère onéreux que l'acte constitutif peut, selon les circonstances, être qualifié de donation : le tribunal civil de Liège décide, le 9 mars 2015, que le contrat de superficie selon lequel le superficiaire n'est tenu au paiement d'aucune redevance alors que le tréfoncier sera redevable d'une indemnité équivalant à la valeur des constructions au terme du droit de superficie est réalisé *animo donandi* et vaut, partant, donation, ce dont il découle que, conclue entre époux, elle peut être révoquée[170]. Enfin, plus anecdotiquement, une décision du tribunal civil du Limbourg (division de Tongres), en date du 10 juin 2016, admet que la nature réelle du droit de superficie, né par contrat, n'est pas incompatible avec un éventuel caractère *intuitu personae*, en l'espèce en raison de liens familiaux entre superficiaire et constituant, ce dont il déduit qu'il y est mis fin par la faillite du superficiaire sans qu'il soit nécessaire que le contrat de superficie contienne en outre une condition résolutoire[171].

Quant au jeu de la prescription acquisitive, pour les mêmes raisons et motifs qu'en matière d'emphytéose[172], l'article 3.181 dispose que : « En cas d'acquisition par prescription, le droit de superficie est censé établi pour nonante-neuf ans, à moins qu'un acte juridique ne fixe une durée inférieure. La durée du droit se compte à partir de l'entrée en possession utile ou à un moment postérieur fixé dans l'acte juridique ». On observera toutefois, certes sous l'empire de la loi

---

[168] Voy. *supra*, n° 2.
[169] Voy., pour un droit de superficie accordé gratuitement, not. Bruxelles, 26 juillet 2013, *Res jur. imm.*, 2014, p. 127, où les parties se querellaient sur la question de la responsabilité de l'étude du sol nécessaire.
[170] Voy. Civ. Liège, 9 mars 2015, *Rev. trim. dr. fam.*, 2016, p. 343.
[171] Voy. Civ. Limbourg, division de Tongres, 10 juin 2016, *T.B.O.*, 2016, p. 582 ; comp. Gand, 12 décembre 2019, *T. Not.*, 2020, p. 887, note N. CARETTE, qui considère que le droit de superficie n'a pas été constitué *intuitu personae* dans le chef du seul cocontractant (l'époux) mais également au profit de son épouse, par une stipulation pour autrui, le droit de superficie devant perdurer jusqu'au décès du dernier survivant des époux et maximum 50 ans.
[172] Voy. *supra*, n° 13.

du 10 janvier 1824 sur le droit de superficie, une décision rendue par la cour d'appel de Gand le 25 mai 2018, qui prévoit effectivement que la durée est, dans cette hypothèse, la durée maximale, soit, à l'époque 50 ans, mais qui commence à faire courir ce délai après celui, de 30 ans, de prescription[173].

**25. Acquisition du droit de superficie : précisions à propos de la superficie-conséquence.** Le concept fondamental de superficie-conséquence, désormais inscrit dans la loi à l'article 3.182 du Code civil, a été examiné antérieurement[174]. On a souligné aussi le caractère d'interdépendance entre le droit de superficie, principal ou conséquence, et la propriété des ouvrages ou plantations en découlant, inhérente au droit de superficie, mais aussi entre le droit principal et la superficie-conséquence comme l'énonce l'article 3.182, alinéa 2 : « […] Le droit de superficie-conséquence et la propriété des ouvrages et plantations en découlant ne peuvent être cédés, saisis ou hypothéqués isolément du droit dont ils découlent ».

Cet article a toutefois fait l'objet d'une modification par une loi du 12 juillet 2021, portant des dispositions urgentes en matière de justice : un alinéa 3 a été ajouté à cet article, alinéa selon lequel « L'alinéa 2 ne s'applique pas en ce qui concerne la saisie et l'hypothèque lorsque le droit de superficie-conséquence découle d'un droit d'usage administratif ». On peut lire dans l'exposé des motifs que si l'interdiction de saisir un droit de superficie-conséquence indépendamment du droit principal ne génère en général pas de difficultés lorsque le droit principal peut être hypothéqué, en pratique, « […] Il en va autrement lorsque le droit principal, auquel le droit de superficie-conséquence est lié, est un droit d'usage administratif, par exemple une concession ou une autorisation domaniale : il n'est alors en effet pas susceptible d'être hypothéqué, ou saisi. […]. Afin d'éviter toute insécurité juridique quant à cette pratique courante, par exemple dans les zones portuaires, et, partant, de garantir la continuité des pratiques de financement existantes, le législateur énonce expressément que l'interdiction d'hypothèque et de saisie visée à l'article 3.182, alinéa 2, du Code civil, ne vaut pas lorsque le droit de superficie-conséquence est lié à un droit d'usage administratif ». Et l'exposé de préciser encore : « L'interdiction de transférer un droit de superficie-conséquence ou les ouvrages et plantations qui en découlent indépendamment du droit principal demeure : la personne à qui le droit de superficie-conséquence et les ouvrages et plantations sont transférés (que ce soit ou non après réalisation d'une hypothèque) deviendra nécessairement aussi titulaire du droit d'usage administratif »[175].

**26. Extinction du droit de superficie : généralités.** S'agissant des modes d'extinction de droit commun, on se référera désormais aux articles 3.15

---

[173] Voy. Gand, 25 mai 2018, *T.B.O.*, 2020, p. 259.
[174] Voy. *supra*, n° 3.
[175] Voy. Proposition de loi du 23 juin 2021 portant des dispositions urgentes en matière de justice, Développements, *Doc. parl.*, Ch. repr., sess. ord. 2020-2021, n° 55-2084, pp. 12 et 13.

et 3.16 du livre 3. Au-delà de l'éventuel caractère *intuitu personae* aussi précédemment évoqué[176], les causes d'anéantissement du titre d'acquisition du droit réel, visées à l'article 3.15, 3°, sont fréquentes en pratique. Une décision, à notre connaissance inédite, rendue par la cour d'appel d'Anvers le 8 septembre 2014, rappelle la possibilité d'intenter une action en résolution d'un contrat constitutif de superficie pour non-paiement de la redevance par le superficiaire, joint à la cessation, par lui, de toute activité. On rapprochera de cette action en résolution, d'une part, d'éventuelles clauses résolutoires, notamment en cas de faillite, voire de véritables conditions résolutoires, jouant de plein droit comme le décide la cour d'appel d'Anvers, dans une décision du 16 juin 2014, tout dépendant de la volonté des parties[177]. D'autre part, il peut aussi s'agir d'une résiliation de commun accord, à condition, à l'évidence, qu'il s'agisse de la volonté réelle des parties et non d'une simulation[178]. Sur ce point, on rappellera que les conventions de renonciation anticipée ont agité doctrine et jurisprudence, spécialement sur le plan fiscal durant quelques années[179] : fidèle à la tendance qui s'est majoritairement dégagée, la cour d'appel de Gand énonce, le 7 janvier 2020, que la résiliation anticipée d'un droit de superficie, même non prévue contractuellement est valable et peut être enregistrée au droit fixe dès lors que l'indemnité versée par le propriétaire au superficiaire pour les constructions n'est pas le paiement d'un prix mais correspond à l'acquisition légale par accession, que les parties n'ont manifestement pas écartée dans leur contrat[180].

Dans les causes d'extinction propres aux droits réels d'usage, parmi lesquels le droit de superficie, outre l'arrivée du terme, contractuel ou légal[181], on relèvera aussi la confusion, par la réunion des qualités de titulaire de droit réel et de constituant du droit réel ; cette situation pourrait se produire, notamment, lorsque l'on procède à un partage d'un droit de superficie entre anciens cohabitants et que c'est le propriétaire du sol, ayant précédemment renoncé à l'accession, qui reprend les constructions lors du partage[182].

---

[176] Voy. *supra*, n° 24.
[177] Voy. Anvers, 16 juin 2014, *N.j.W.*, 2015, p. 68, note J. DEL CORRAL, qui exclut d'ailleurs, non seulement, l'analyse, en l'espèce, en clause résolutoire expresse, mais aussi en déchéance.
[178] Voy., Civ. Mons, 7 novembre 2017, *Rec. gén. enr. not.*, 2019, p. 39.
[179] Voy., sur ce point, P. LECOCQ, S. BOUFFLETTE, A. SALVÉ et R. POPA, *Manuel de droit des biens*, t. 2, *op. cit.*, Titre IV. La superficie, n° 36 et les références citées.
[180] Voy. Gand, 7 janvier 2020, *T. Not.*, 2022, p. 625 ; comp. en matière d'emphytéose, la matière se compliquant de l'exigence d'une durée minimale de l'emphytéose, *supra*, n° 14.
[181] Voy., pour un droit de superficie accordé pour la durée de vie de son titulaire ou de son partenaire, encore que se prononçant non à propos du droit de superficie mais d'une possible stipulation pour autrui, Cass., 15 janvier 2021, *R.W.*, 2020-2021, p. 1055 ; voy., pour un droit de superficie accordé pour 5 ans, dans le cadre d'une opération de promotion immobilière, Liège 11 janvier 2017, *J.L.M.B.*, 2017, p. 933, et, dans la foulée, Cass., 8 novembre 2019, *R.C.J.B.*, 2020, p. 273, note L. BARNICH ; voy. aussi Anvers, 4 janvier 2016, *R.G.D.C.*, 2018, p. 97.
[182] Voy., notamment, pour un cas de droit de superficie en indivision, Gand, 8 février 2018, *N.j.W.*, 2018, p. 489 ; voy. aussi, Gand, 15 mars 2018, *T.B.O.*, 2018, p. 331.

**27. Extinction du droit de superficie : précisions.** Quant à la disparition de l'objet d'un droit réel, cause générale d'extinction des droits réels en application du principe de spécialité (art. 3.15, 2°), l'article 3.186 précise que le droit de superficie ne s'éteint pas par le seul fait de la disparition des ouvrages ou plantations du superficiaire. En effet, le fonds, et les volumes le composant, en termes de contenant et non de contenu, n'ont, dans cette hypothèse, pas disparu.

L'article 3.187 reprend quant à lui, à l'identique, l'extinction possible pour cause de perte de toute utilité, mentionnée à propos de l'emphytéose[183]. Les cas pourraient toutefois ici être plus fréquents puisque le droit de superficie connaît une hypothèse de perpétuité qui lui est propre, en cas de division en volumes superficiaires[184].

**28. Extinction du droit de superficie : accession, indemnisation subrogation réelle.** Parmi les points de convergence dans les régimes, supplétifs, du droit d'emphytéose et de superficie, l'accession et l'indemnisation sur la base de l'enrichissement injustifié[185] créent une différence notoire par rapport aux lois de 1824 : les articles 3.176 et 3.188 sont de parfaits copier-coller l'un de l'autre. *Quid* en cas d'extinction du droit de superficie ? Outre le droit de rétention dont bénéficie – sauf clause contraire – le superficiaire sur le volume dont il est propriétaire (comme l'emphytéote au demeurant, sur les ouvrages ou plantations réalisés ou acquis par lui, art. 3.176 C. civ.) jusqu'à indemnisation[186], la question se pose si cette somme pourra, dans une certaine mesure, remplacer le bien – à savoir le droit de superficie éteint – disparu ? Nous eussions pu aborder cette question à propos du droit d'emphytéose puisque l'article 3.176 du Code civil, prévoyant aussi, à titre supplétif une indemnisation, le mécanisme de la subrogation réelle (prévue, dans la réforme, de façon générale à l'article 3.10) peut jouer dans un cas comme dans l'autre.

En pratique cependant, c'est à propos du droit de superficie que la jurisprudence s'est prononcée plus récemment. En effet, si un droit réel, notamment d'hypothèque, a été constitué sur un droit de superficie, comme le permettent l'article 3.183 (et, avant lui, l'article 2 de la loi du 10 janvier 1824 sur le droit de superficie) et l'article 45 de la loi hypothécaire, et que le droit de superficie s'éteint, le droit d'hypothèque s'éteint également, en principe[187], en application du principe de spécialité. Un arrêt rendu par la Cour de cassation le 8 novembre 2019[188] reconnaît le mécanisme de la subrogation réelle à propos d'un droit de superficie. La Cour y énonce : « Dès lors que l'hypothèque accordée au créancier

---

[183] Voy. *supra*, n° 14.
[184] Voy. *supra*, n° 22.
[185] À supposer, évidemment, dans la matière de l'emphytéose, que l'emphytéote bénéficie dans les faits d'une superficie-conséquence (voy. *supra*, n° 16).
[186] Voy., pour une application jurisprudentielle, Civ. Gand, 4 septembre 2018, *R.W.*, 2019-2020, p. 473.
[187] Sauf, notamment, protection des tiers.
[188] Voy. Cass., 8 novembre 2019, *R.C.J.B.*, 2020, p. 273, note L. BARNICH ; voy. aussi, en degré d'appel, Liège, 11 janvier 2017, *J.L.M.B.*, 2017, p. 933.

hypothécaire sur les constructions érigées par le superficiaire leur a donné une valeur d'affectation, les droits du créancier hypothécaire à l'expiration du droit de superficie, partant de l'hypothèque, s'exercent, en vertu d'une subrogation réelle, sur l'indemnité due par le tréfoncier au superficiaire en application de l'article 6 de la loi du 10 janvier 1824 ». On comparera une décision, précitée, rendue par la cour d'appel d'Anvers le 16 juin 2014 qui applique les mêmes principes mais qui constate que la subrogation réelle ne peut opérer, faute de sommes versées, en l'espèce, en application de la convention des parties, au superficiaire[189].

Pour revenir un instant sur la précision ci-dessus selon laquelle le droit d'hypothèque s'éteint **en principe** à la suite de l'extinction du droit sur lequel il porte, on doit en effet réserver la protection des tiers. On pointera d'abord l'article 3.17, alinéa 1er, qui tente d'atténuer, dans certaines hypothèses et au profit des tiers de bonne foi, les effets de l'extinction des droits réels : « La renonciation, la révocation, la résolution pour inexécution, la résiliation de commun accord, la confusion et la déchéance ne portent pas atteinte aux droits des tiers qui sont acquis, de bonne foi, sur le droit réel anéanti ». Mieux ou pire, selon les écoles[190], un arrêt rendu par la Cour de cassation le 22 janvier 2021[191] affirme une protection générale accordée à la confiance légitime dans les registres hypothécaires. S'agissant d'un droit réel d'hypothèque accordé sur un bien, propriété du débiteur, dont le titre d'achat est ensuite frappé de **nullité** (nous soulignons), la Cour énonce que : « Indien de titel van diegene die de hypotheek heeft verleend met terugwerkende kracht tenietgaat, gaat bijgevolg ook de hypotheek teniet, onder het voorbehoud van de bescherming van derden die te goeder trouw en onder bezwarende titel beperktezakelijkerechten hebben verkregen. Het tenietgaan van de titel doet aldus geen afbreuk aan de hypothecaire rechten van de derde die zijn rechten verkreeg an diegene wiens titel was overgeschreven en die het gewettigd vertrouwen mocht hebben met de ware gerechtigde te hebben gehandeld ». La Cour de cassation, on l'observera, s'exprime tout à la fois de façon générale, visant « un droit réel limité » et non la seule hypothèque, et ciblée, puisque seules les acquisitions à titre onéreux jouissent de cette protection.

Affaire à suivre…

---

[189] Voy. Anvers, 16 juin 2014, *N.j.W.*, 2015, p. 68, note J. Del Corral.

[190] Voy., pour des commentaires, V. Sagaert, « Inschrijving en overschrijving gelden (soms) als titel : (eindelijk) bescherming van het rechtmatig vertrouwen in de hypotheekregisters », *Not. Fisc. M.*, 2021/2-3, pp. 38 à 46 ; B. Verheye, « De (beperkte) theorie van onroerende schijneigendom naar Belgisch recht », *R.W.*, 2020-2021/34, pp. 1335-1342 ; voy., évoquant « une protection des tiers de bonne foi, d'une intensité inédite en droit belge. Au regard de la sécurité juridique qu'elle insuffle, cette évolution doit assurément être approuvée », la note du cabinet d'avocats Elegis, disponible sur www.elegis.be/de/node/35014 ; comp. M.E. Storme et R. Jansen, « Het rechtmatig vertrouwen als correctief op beschikkingsonbevoegdheid », note sous Cass., 22 janvier 2021, *R.G.D.C.*, 2022, p. 294, n° 15.

[191] Voy. Cass., 22 janvier 2021, R.G. n° C.20.0143.N, disponible sur https://juportal.be ; dans les conclusions de l'avocat général précédant cet arrêt, l'article 3.17 du Code civil est d'ailleurs expressément mentionné.

# Table des matières

**Prologue** ............................................................................... 7

## 1
### Servitudes du fait de l'homme : questions choisies ......... 9
Noémie Gofflot
assistante et maître de conférences à l'ULiège, référendaire près la Cour de cassation

**Observations liminaires** ........................................................ 10

Section 1
**Notion et classifications** ...................................................... 10

Section 2
**Modes spécifiques d'acquisition** ......................................... 21

Section 3
**Droits et obligations des parties** ......................................... 39

Section 4
**Modes d'extinction** .............................................................. 54

Section 5
**Aspects de droit judiciaire** .................................................. 61

## 2
### Les servitudes légales d'utilité privée ......... 67
Laura Deru
assistante à l'ULiège, avocate au barreau de Liège-Huy

**Introduction** ......................................................................... 68

Section 1
**Le régime des eaux** .............................................................. 68

    A. Écoulement d'eaux entre fonds voisins .......................... 68

B. Égout des toits .................................................................................... 75
C. Réglementation des sources et des eaux courantes ................... 76

## Section 2
## Les distances ................................................................................................ 78

A. Distances pour les fenêtres, ouvertures de murs et autres ouvrages semblables ......................................................................... 78
B. Distances de plantations ...................................................... 87
C. Branches et racines envahissantes ....................................... 99

## Section 3
## L'enclave ........................................................................................................ 106

A. Notions .................................................................................. 106
B. Acquisition de la servitude légale de passage .................... 113
C. Modification et suppression de la servitude légale de passage ... 117
D. Éléments communs aux deux types d'action ..................... 119

## Section 4
## Les « nouvelles » servitudes légales ................................................... 121

# 3
## Usufruit : questions choisies ........................................................... 123
François Boussa
assistant à l'ULiège et à l'U.L.B., collaborateur notarial

## Introduction générale ........................................................................... 124

## Section 1
## Les contours généraux de l'usufruit ................................................ 126

A. Définition ............................................................................. 126
B. Sort du droit d'usage et du droit d'habitation ................... 127
C. Objet du droit d'usufruit et qualité du constituant ........... 130
D. La durée du droit d'usufruit ............................................... 131
E. L'extinction du droit d'usufruit .......................................... 131
F. Extinction du droit d'usufruit et sauvegarde des droits de certains tiers ... 133

## Section 2
## Les droits des parties ... 138

- A. Droit sur le droit ... 138
- B. Usage du bien ... 139
- C. Conservation du bien ... 140
- D. Administration ... 141
- E. Jouissance : fruits et produits ... 144
- F. Pouvoir de disposition du bien grevé ... 145
- G. Droit de visite du nu-propriétaire ... 146

## Section 3
## Les obligations des parties ... 146

- A. Description du bien grevé ... 146
- B. Obligation d'assurance de l'usufruitier et droit d'agir en justice ... 149
- C. Les réparations ... 149
- D. Charges du bien grevé et dettes corrélatives ... 152

## Section 4
## Règles spécifiques d'extinction ... 153

## Section 5
## Dispositions spécifiques concernant des biens particuliers ... 155

# 4
## Emphytéose et superficie : questions choisies ... 159
Pascale Lecocq
professeur à l'ULiège et à l'U.L.B.

## Introduction ... 160

## Section 1
## Questions choisies en matière d'emphytéose ... 167

- A. Éléments caractéristiques, objet, droits et obligations des parties ... 167
- B. Acquisition et extinction du droit d'emphytéose ... 179

Section 2
**Questions choisies en matière de droit de superficie** ............ 184
    A.  Éléments caractéristiques, objet et droits et obligations des parties ............ 185
    B.  Acquisition et extinction du droit de superficie ............ 197

# Titres parus dans le cadre de la Commission Université-Palais (CUP)

Les ouvrages édités depuis 2017 sont disponibles à la vente chez Anthemis :
tél. : +32 (0)10 42 02 90 – fax : +32 (0)10 40 21 84 – e-mail : commande@anthemis.be.

| | |
|---|---|
| **Novembre 2022 (vol. 217)** | Le droit pénal et la procédure pénale en constante évolution (402 pages) |
| **Octobre 2022 (vol. 216)** | Le nouveau droit des obligations (452 pages) |
| **Septembre 2022 (vol. 215)** | Droit familial international (266 pages) |
| **Juin 2022 (vol. 214)** | Varia en droit de l'insolvabilité (428 pages) |
| **Mai 2022 (vol. 213)** | Les relations patrimoniales des couples (252 pages) |
| **Mars 2022 (vol. 212)** | La réparation du dommage (258 pages) |
| **Février 2022 (vol. 211)** | Contrats spéciaux (190 pages) |
| **Décembre 2021 (vol. 210)** | Actualités choisies des droits fondamentaux (268 pages) |
| **Novembre 2021 (vol. 209)** | Questions qui dérangent en droit judiciaire (330 pages) |
| **Octobre 2021 (vol. 208)** | Actualités en droit économique : l'entreprise face au numérique (252 pages) |
| **Septembre 2021 (vol. 207)** | Actualités en droit de la circulation (264 pages) |
| **Juin 2021 (vol. 206)** | Actualités en droit du bail (306 pages) |
| **Mai 2021 (vol. 205)** | Actualités de droit fiscal (236 pages) |
| **Avril 2021 (vol. 204)** | Actualités choisies en droit de l'urbanisme et de l'environnement (478 pages) |
| **Février 2021 (vol. 203)** | Contentieux des droits fondamentaux (192 pages) |
| **Décembre 2020 (vol. 202)** | Actualités en droit de la construction (390 pages) |
| **Novembre 2020 (vol. 201)** | Actualités en droit des assurances (390 pages) |
| **Octobre 2020 (vol. 200)** | Regards croisés sur le statut, le rôle et la déontologie du mandataire de justice (310 pages) |
| **Septembre 2020 (vol. 199)** | Actualités de droit de la famille (220 pages) |
| **Mai 2020 (vol. 198)** | Les rapports entre responsabilité contractuelle et responsabilité extracontractuelle (246 pages) |
| **Avril 2020 (vol. 197)** | Actualités du contentieux administratif (354 pages) |
| **Mars 2020 (vol. 196)** | Responsabilités professionnelles (322 pages) |
| **Février 2020 (vol. 195)** | Le Règlement général sur la protection des données (R.G.P.D./G.D.P.R.) : premières applications et analyse sectorielle (328 pages) |
| **Décembre 2019 (vol. 194)** | Actualités de droit pénal et de procédure pénale (532 pages) |
| **Novembre 2019 (vol. 193)** | La réforme du droit de la preuve (302 pages) |
| **Octobre 2019 (vol. 192)** | Biens, propriété et copropriété : controverses et réformes (252 pages) |
| **Septembre 2019 (vol. 191)** | Casus de droit social (184 pages) |
| **Mai 2019 (vol. 190)** | Les réformes du droit économique : premières applications (262 pages) |
| **Avril 2019 (vol. 189)** | Libéralités et successions (540 pages) |

| | |
|---|---|
| **Mars 2019 (vol. 188)** | La transparence : une obligation ou un atout pour l'avocat ? (160 pages) |
| **Février 2019 (vol. 187)** | Enjeux et défis juridiques de l'économie de plateforme (252 pages) |
| **Décembre 2018 (vol. 186)** | Le Code des sociétés et des associations (176 pages) |
| **Novembre 2018 (vol. 185)** | Les contrats spéciaux : développements récents (276 pages) |
| **Octobre 2018 (vol. 184)** | Comprendre et pratiquer le droit de la lutte contre les discriminations (234 pages) |
| **Septembre 2018 (vol. 183)** | Actualités en droit judiciaire : un peu de tout après six pots-pourris (424 pages) |
| **Mai 2018 (vol. 182)** | Actualités et innovations en droit social (402 pages) |
| **Avril 2018 (vol. 181)** | Métamorphoses de la subrogation (186 pages) |
| **Mars 2018 (vol. 180)** | Actualités du droit des personnes et des familles (262 pages) |
| **Février 2018 (vol. 179)** | Questions pratiques de (co)propriété, de possession et de voisinage (232 pages) |
| **Décembre 2017 (vol. 178)** | Modes alternatifs de règlement des conflits (178 pages) |
| **Novembre 2017 (vol. 177)** | Actualités en droit de la jeunesse (286 pages) |
| **Octobre 2017 (vol. 176)** | Les sûretés réelles mobilières (236 pages) |
| **Septembre 2017 (vol. 175)** | Théorie et pratique de l'expertise civile et pénale (306 pages) |
| **Juin 2017 (vol. 174)** | Responsabilité, indemnisation et recours (276 pages) |
| **Mai 2017 (vol. 173)** | L'accès à la justice (248 pages) |
| **Avril 2017 (vol. 172)** | Le droit fiscal en 2017 (304 pages) |
| **Février 2017 (vol. 171)** | Les droits du justiciable face à la justice pénale (448 pages) |

Les ouvrages édités entre 2013 et 2016 sont disponibles à la vente chez Groupe Larcier : tél. : +32 (0)2 548 07 13 – fax : +32 (0)2 548 07 14 – e-mail : commande@larciergroup.com.

| | |
|---|---|
| **Décembre 2016 (vol. 170)** | Crédit aux consommateurs et aux P.M.E. (444 pages) |
| **Novembre 2016 (vol. 169)** | Les contrats commerciaux en pratique (300 pages) |
| **Octobre 2016 (vol. 168)** | Théorie générale des obligations et contrats spéciaux (442 pages) |
| **Septembre 2016 (vol. 167)** | Actualités du droit disciplinaire (218 pages) |
| **Mai 2016 (vol. 166)** | Droit de la construction (260 pages) |
| **Avril 2016 (vol. 165)** | La protection des personnes majeures (200 pages) |
| **Mars 2016 (vol. 164)** | Pot-pourri I et autres actualités de droit judiciaire (386 pages) |
| **Janvier 2016 (vol. 163)** | Actualités de droit des familles (390 pages) |
| **Décembre 2015 (vol. 162)** | Droit administratif et contentieux (400 pages) |
| **Novembre 2015 (vol. 161)** | La vente immobilière (320 pages) |
| **Octobre 2015 (vol. 160)** | Actualités de droit pénal (254 pages) |
| **Septembre 2015 (vol. 159)** | La cession d'une entreprise en difficulté (328 pages) |
| **Mai 2015 (vol. 158)** | Pas de droit sans technologie (286 pages) |
| **Avril 2015 (vol. 157)** | Droit de la responsabilité (298 pages) |
| **Mars 2015 (vol. 156)** | Le Code de droit économique : principales innovations (282 pages) |

| | |
|---|---|
| **Février 2015 (vol. 155)** | Droit patrimonial des couples (210 pages) |
| **Décembre 2014 (vol. 154)** | Actualités en droit des assurances (270 pages) |
| **Novembre 2014 (vol. 153)** | Insolvabilité et garanties (198 pages) |
| **Octobre 2014 (vol. 152)** | Les droits réels démembrés (208 pages) |
| **Septembre 2014 (vol. 151)** | Droit de l'immigration et de la nationalité : fondamentaux et actualités (388 pages) |
| **Juin 2014 (vol. 150)** | Questions spéciales de droit social. Hommage à Michel Dumont (488 pages) |
| **Mai 2014 (vol. 149)** | Chronique de jurisprudence sur les causes d'extinction des obligations (2000-2013) (258 pages) |
| **Mars 2014 (vol. 148)** | Actualités de droit pénal et de procédure pénale (448 pages) |
| **Février 2014 (vol. 147)** | Actualités en droit du bail (376 pages) |
| **Décembre 2013 (vol. 146)** | Les droits de la défense (242 pages) |
| **Novembre 2013 (vol. 145)** | Actualités en droit judiciaire (430 pages) |
| **Octobre 2013 (vol. 144)** | Actualités de droit fiscal, anno 2013 (320 pages) |
| **Septembre 2013 (vol. 143)** | Chronique d'actualités en droit commercial (280 pages) |
| **Mai 2013 (vol. 142)** | Le dommage et sa réparation (224 pages) |
| **Avril 2013 (vol. 141)** | Actualités de droit des personnes et des familles (248 pages) |
| **Mars 2013 (vol. 140)** | Le règlement collectif de dettes (408 pages) |
| **Janvier 2013 (vol. 139)** | Saisir le Conseil d'État et la Cour européenne des droits de l'homme (200 pages) |

**Pour les titres parus antérieurement à 2013 et leur état de disponibilité, voyez le site de la Commission Université-Palais (https://dpc.droit.uliege.be/cup/), sous l'onglet « Éditions ».**

# Notes